房地产经纪人认知与操作

主编　郭险峰　刘思正　尹家珍

FANGDICHAN JINGJIREN
RENZHI YU CAOZUO

西南财经大学出版社
Southwestern University of Finance & Economics Press

图书在版编目(CIP)数据

房地产经纪人认知与操作/郭险峰,刘思正,尹家珍主编．—成都:西南财经大学出版社,2014.1

ISBN 978-7-5504-1307-8

Ⅰ.①房… Ⅱ.①郭…②刘…③尹… Ⅲ.①房地产业—经纪人—基本知识

Ⅳ.①F293.3

中国版本图书馆 CIP 数据核字(2013)第 304087 号

房地产经纪人认知与操作

郭险峰 刘思正 尹家珍 主编

责任编辑:张明星

助理编辑:李 才

封面设计:杨红鹰

责任印制:封俊川

出版发行	西南财经大学出版社(四川省成都市光华村街 55 号)
网　　址	http://www.bookcj.com
电子邮件	bookcj@foxmail.com
邮政编码	610074
电　　话	028-87353785 87352368
照　　排	四川胜翔数码印务设计有限公司
印　　刷	四川森林印务有限责任公司
成品尺寸	185mm×260mm
印　　张	18.75
字　　数	425 千字
版　　次	2014 年 1 月第 1 版
印　　次	2014 年 1 月第 1 次印刷
印　　数	1—1000 册
书　　号	ISBN 978-7-5504-1307-8
定　　价	38.00 元

前言

20世纪80年代后期以来，随着房地产交易量日益扩大，房地产经纪人从业队伍迅速发展成为一支职业大军。截至2012年，全国房地产经纪人执业资格考试共举办了11次，有47 707人通过考试取得了房地产经纪人执业资格。据统计，目前全国房地产经纪从业人员超过百万人，房地产经纪机构已有3万余家。其中有资质的房地产经纪机构有21 278家，并且已经成长起一批“门店逾百、人员过千、拥有自主品牌、实现连锁经营”的具有较大社会影响的房地产经纪机构，在房地产开发、销售、租赁、购买、投资、转让、抵押、置换及典当等各类经济活动过程中，以第三者的独立身份，从事顾问代理、信息处理、售后服务、前期准备和咨询策划等工作。而且其从事的职业活动也随社会经济发展而进一步拓展，从规划设计、建造运筹、经营促销到物业管理的咨询策划，全方位地融入房地产经营开发，对促进房地产业的正常发展日益发挥着不可替代的巨大作用。

由于国内房地产业中新建房势头正猛，二手房市场日见广阔，加上社会上二次置业潮流方兴未艾，本职业的前景预期良好，预计在未来的二三十年内，从业人员总数将呈几何级数增长，整个行业从业人员将大幅增加，属于快速发展的朝阳型职业之一。

在中国香港和台湾地区，本职业是比律师更为人们所看好的职业；在人口流动性较大的美国和西欧，本职业更是最近百余年来平均收入稳居全国前20名的传统而又不断获得新生活力的职业之一。

在房地产经纪行业迅猛发展、房地产经纪从业人员需求猛增的形势下，我们在进行大量市场调查，充分了解房地产经纪人从业需求的基础上，结合多年的教学经验，编写了《房地产经纪人认知与操作》这本教材。

本教材编写的指导思想是：提炼实际操作要求，培养学生技能。高职高专教育培养的是高等技术应用型人才，这就要求我们的教育必须以社会需求为目标，以技术应用能力的培养为主线，设计学生的知识、能力、素质结构和培养方案，以应用为主旨和特征构建课程体系和教学内容体系。基于以上时代背景，本教材构建了“一个中心”和“两大板块”的内容体系。

两大板块分为上篇和下篇两大部分。上篇主要讲述房地产经纪人从业需要了解的基础性知识，包括房地产、房地产经纪、房地产经纪人以及房地产经纪法律法规知识。

这些基础性知识是房地产经纪人从业必备的理论武器。下篇主要讲述房地产经纪人从业业务操作的基本知识，包括房源管理、客户服务、交易促成、价格谈判、合同签订以及过户登记等业务操作的流程和技巧。这些知识是房地产经纪人从业必备的技术装备。

本教材编写目标直接明了，即培养房地产经纪业务岗位第一线所需的能够直接上岗的经纪从业人员。为达到此目标，该教材在内容上突出知识教育和技能教育，即以作为房地产经纪从业人员需要具备的经纪从业知识和开展业务活动需要的从业技能为主线来组织和安排内容，希望学生通过该教材的学习，能对将从事的房地产经纪业务有整体上的认识和能力的提高。

本教材的特点是：①成熟性。所编写内容尽量保证其已发展成熟，涉及理论上不同观点的争论则尽量坚持以中立者的角度进行介绍。②规范性。涉及有关业务标准等内容保持与国家规范、标准一致。③政策性。所有内容以符合目前国家政策为前提，地方政策与国家政策有冲突时以国家政策为准。④实用性。所编写内容强调可操作性，有关概念和理论分析以实务需要为原则进行阐述。

本书的编写成功是集体智慧和劳动的结果。第1章、第2章由郭险峰编写；第3章、第8章由刘芮希编写；第4章、第10章由李婵编写；第5章、第7章由刘思正编写；第6章由陈巍编写；第9章由杨春荣编写。全书的结构设计、编纂、修改等工作由郭险峰、刘思正承担；尹家珍同志承担了本书的组织协调工作，参与了大纲结构的设计、编写工作。本书由郭险峰、刘思正、尹家珍担任主编。

在此，对本书成功编写给予热忱关心、帮助和支持的各级领导、同行表示诚挚的谢意。本书可能存在缺点和错误，这可能源于各种客观条件和编者的能力所限，我们热忱地欢迎各界人士提出批评和建议。

编　者

2013年7月1日于成都

目 录

上篇　房地产经纪人认知

上篇
房地产经纪人认知

第 1 章　房地产认知

学习目标

1. 知识目标

了解房地产市场基础知识；了解房屋建筑基础知识；了解环境对房地产价格的影响；了解房地产估价原则、程序和基本方法；了解房地产金融基础知识。

2. 技能目标

掌握基础理论，为其后的房源、客源管理和工作对象的深刻把握打下坚实的理论基础。

学习内容

1. 认识房地产市场
2. 把握房屋建筑
3. 了解房地产环境
4. 了解房地产估价
5. 认识房地产金融

引导案例

从事房地产经纪工作不简单

某高校经济学专业的小王毕业后从事的第一份工作就是房地产经纪人。在他看来，凭他本科所学的经济学知识和他的个人能力担当这份工作绰绰有余。某天，一个客户看中了门店所贴出的附近一个高档社区的房源，要求去楼盘现场看房子。由于其他经纪人都已带客外出，门店经理只好在交代了正在实习期的小王一些注意事项后，安排小王带客户前往看房。兴奋不已的小王在路上暗暗下定决心，一定要拿下这单生意。到了楼盘现场，客户对房子很满意，然后开始询问小王小区的容积率、户型配比、邻居状况、房屋建筑结构以及办理二手房贷款相关事宜等问题。小王暗暗叫苦，有些名词术语他还在学习过程中，对于这个楼盘的了解还不多，他只有一连声地说“待会儿回去后坐下来我详细给您介绍！”客户淡淡地看了小王一眼，不再吭声，回去后就跟门店经理要求换一个熟练的经纪人再去看房。

小王这才知道，要从事好房地产经纪工作并不是那么简单，需要掌握相当多的基础理论知识，用自己的专业知识来打动客户，为客户提出科学的、合理的置业建议。但是从事房地产经纪工作要掌握哪些基础理论呢？我还该学习和补充哪些知识呢？小王陷入了深深的思考中。

引导案例引发的思考：

1. 房地产经纪人要掌握哪些基础知识？

2. 房地产经纪工作的专业性体现在哪方面?

3. 如何才能成为优秀的房地产经纪人?

房地产经纪工作是一门专业性很强的工作，其业务的开展需要房地产经纪人员拥有广博的知识，特别需要掌握建筑学、房地产市场、房地产金融、房地产估价等专业知识，才能为客户提供更好的专业服务。本章将对房地产经纪业务开展需要掌握的相关理论基础知识进行简单介绍，为房地产经纪人开展实务工作奠定相应的理论基础。

1.1 认识房地产市场

房地产市场是社会主义市场体系的一个组成部分，在消费品市场和生产资料市场中占有重要地位。健全房地产市场体系，规范房地产交易秩序，是促进房地产业持续、稳定发展的关键所在。

1.1.1 房地产市场含义和内容

1. 房地产市场的含义

房地产市场就是房地产交易的场所吗?当然，这种理解并没有错，因为正如市场有广义和狭义两个层面一样，房地产市场也有广义和狭义两个层面。房地产市场主要是指房地产产品市场，它是进行房地产交易，包括买卖、租赁、抵押、典当等交易活动的场所，如房屋使用权转移或让渡的场所。这是从狭义上来界定房地产市场；从广义上来讲，房地产市场则是指房地产再生产过程中所有交易活动和交换关系的总和，它不仅包括房地产产品市场，而且包括房地产再生产过程中所有交换关系的总和。除房地产产品市场，房地产市场还包括房地产再生产过程中涉及的土地、资金、劳动力、信息、技术等要素市场。一个完整的房地产市场是由市场主体、客体、价格、资金、运行机制等因素构成的一个系统。狭义的房地产市场是将房地产产品作为单一商品来对待的，而广义的房地产市场则是将房地产产品置于房地产业大系统中综合加以考虑。在此，我们所指的房地产市场，是广义的房地产市场。

2. 房地产市场的内容

根据广义的房地产市场含义，我国的房地产市场包括以下内容：

(1) 土地所有权的让渡——国家通过征收，将集体所有土地变更为国家所有；

(2) 土地使用权的有偿出让；

(3) 土地使用权的有偿转让；

(4) 房产的出售——一手房市场；

(5) 房产的转售——二手房市场；

(6) 房产的出租市场；

(7) 房产的转租市场。

1.1.2　房地产市场特征

要了解一个客体，除了从概念上来把握，通常还要了解这个客体独具的特性。概括来说，房地产市场具有如下特征：

1．交易对象的固定性，导致交易内容主要是权利和权益的转移

房地产市场交易对象是房产和地产，而这两者都是固定的、不能移动的，这就决定了房地产市场上交易的内容是权利和权益的转移，而每块土地和房屋都只能因地制宜加以利用而不能随意移动。

2．交易形式的多样性和交易费用的高昂性

房地产交易可以是一次性付款、钱货两讫的现房买卖交易，也可以是分别支付阶段性使用权价格的长短期租赁交易，还可以是分期支付价款的按揭型交易，甚至还可以是抵押、典当、信托等部分权利的交易。这便使房地产市场交易具备了更加丰富多彩的内容，同时也给了市场交易主体更大的选择余地。由于房地产交易中涉及大量的专业、技术以及法律等知识，交易双方均需要聘请各类专家进行咨询，提供各种专业服务，而这些服务通常是要支付费用的，如广告费、代理佣金、法律咨询费、价格评估费、按揭税费、印花税等，这就使交易费用大大提高。

3．市场的不完全竞争性，导致垄断与竞争为一体

完全竞争市场必须具备的条件如下：①市场上有众多的生产者和消费者，任何一个生产者或消费者都不能影响市场价格；②企业生产的产品具有同质性，不存在差别；③生产者进出市场，不受社会力量的限制，既可以自由进入某个市场，也可以自由退出某个市场；④市场交易活动自由、公开，没有人为的限制；⑤市场信息畅通准确，市场参与者充分了解各种情况；⑥各种资源都能够充分地流动。

房地产自身特质决定了房地产市场不是一个完全竞争的市场：房地产的耐用性和高价性决定了它不像日用商品那样交易频繁，买卖双方人数多；房地产位置的固定性决定了“世上没有两宗完全一样的房地产”，并且不同的消费者对同一宗房地产的主观价值判断也不相同；房地产开发经营企业一般需要获得一定的资质或资格，获得政府许可才能营业，即它不是自由地进出市场的；房地产位置固定，其属性信息量大，很难获得完全的房地产信息。综合以上四方面内容，可以看出：房地产市场不可能是充分竞争的市场，而只能是垄断竞争性市场，但不是高度集中的行政垄断，而是基于规模经济、资源合理配置以及其他社会目标要求的经济性垄断。

4．交易对象的增值保值性，导致房地产市场投资和投机并存

房地产的增值、保值功能使其对社会游资具有较强的吸引力。资金持有者中的大部分是为了实现和创造房地产的有效需求，而也有部分持有者将房地产视作牟利的手段或工具，往往采取买空卖空等投机手段于房地产交易中赚取暴利。由于投机者为卖而买，所以他们对房地产的需求应视为虚拟的需求。积极的投资当然是拉动房地产业乃至整个国民经济的基本动力，适度的房地产投机对引导社会闲散资金投向房地产业具有一定的积极作用；过度的房地产投机，不仅会造成房地产占有和使用以及资金使用的无效率，而且还会扰乱房地产市场秩序，导致房地产市场运作的低效。

1.1.3 房地产市场结构与构成要素

1. 房地产市场分类

房地产市场是一个统称，按照不同的内容和指标，可作如下分类：

（1）按照经营对象，分成土地市场和房产市场。土地市场又分生地市场、毛地和熟地市场、成片土地市场和单块土地市场；房产市场分成新房市场和旧房市场等。

（2）按照经营性质，分成买卖市场和租赁市场。

（3）按照经营层次，分为一级市场、二级市场和三级市场。一级市场即土地使用权出让市场，二级市场是土地使用权转让市场，三级市场是商品房出售市场。整体来看，房地产市场构成可以用图1-1来表示：

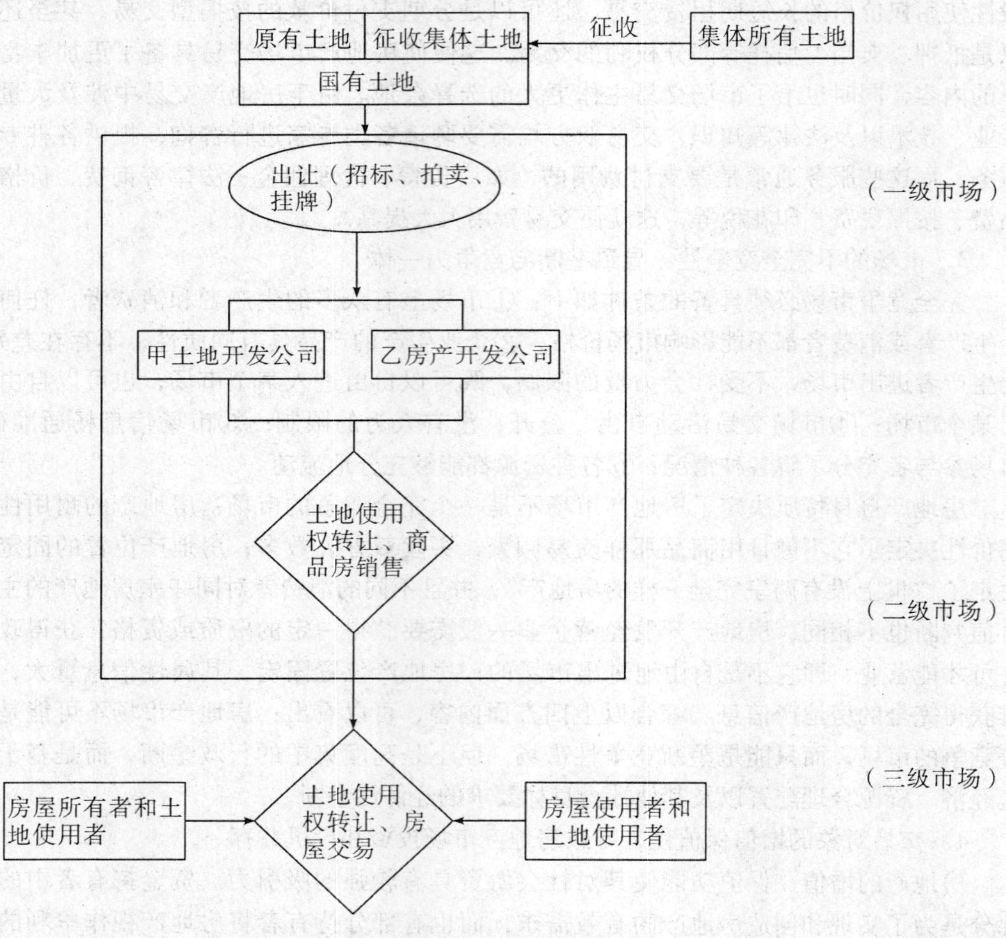

图1-1 房地产市场构成图

2. 房地产市场构成要素

房地产市场构成包括三大要素：主体（市场参与者）、客体（交易对象）和市场组织形式。

（1）房地产市场的参与者

房地产市场参与者，主要包括如下主体：

第一，国家以及政府管理部门。

国家是土地的供给者，而且在一级市场上，是唯一的土地供应者。另外，国家也是经济适用房和廉租房等保障性住房的供给者。对于政府管理部门来说，其职责主要是理顺房地产交易各方的经济关系，维持正常的交易秩序。在我国，对房地产市场行使管理职能的主管部门是国有土地管理局和建设部门。此外，物价局、工商局和税务局等也兼管房地产市场。

第二，土地开发公司和房地产开发公司。

土地开发公司主要是在二级市场上，通过出让的方式获取土地使用权后进行土地使用权的转让业务；房地产开发公司主要经营业务是在获取使用权的土地上进行房屋的开发建设，然后出售、出租，它是房地产商品供给的骨干力量，是具有法人资格的企业。

第三，各种企事业单位。

在我国，企事业单位参与房地产市场主要以两种方式：一是作为土地使用权的转让者。有的企事业单位可将弃之不用或在其上经营效益不高的土地的使用权转让给别的企业或其他单位。二是将单位原有的住房出售或出租给职工。

第四，居民。

我国居民主要是房地产品的需求者，他们参与房地产交易主要出于自住、自用、投资等目的。

第五，农村集体经济组织。

当国家需要建设用地，向农村征收时，农村集体经济组织是唯一的土地供给者。

第六，各类中介人。

中介人主要有房地产交易所、经纪人以及在房地产交易中涉及房地产所有权或使用权的调查与保险、法律手续、财产评估、财务谈判等活动的中间人。房地产中介人在房地产市场中起着不可忽视的作用，它有助于降低交易成本，提高交易效率，扩大交易量。

总体来说，这些参与者又可以按在市场中所处的地位不同，划分为供给者、需求者、中介人和管理者四类。

（2）房地产市场的交易对象

房地产市场上的交易对象是地产和房产。对地产来说，《中华人民共和国土地管理法》规定：城市市区的土地属于全民所有即国家所有；农村和城市郊区的土地，除法律规定属于国家所有的以外，属于集体所有。因此，土地所有权的转让只在国家和农村集体经济组织之间进行，其余的土地交易对象均只涉及土地使用权的交易。在我国，土地使用权交易有以下几种情况：国家向其他经济主体“批租”土地，出让土地的使用权；土地使用仅在单位之间有偿转让；土地转租，即由一个使用者转租给另一个使用者；土地抵押，是土地使用者用土地使用权的凭证——租地契约作为无形资产进行抵押以获得贷款的一种形式。

在我国，房屋既有公有住房，又有私有住房。房屋的交易可以在公有与公有、私有与私有、公有与私有之间进行，交易的既可以是房屋的所有权，也可以是房屋的使用权。交易的形式主要有买卖、租赁、交换、抵押、信托等。

(3) 房地产市场的组织形式

同房地产市场狭义和广义的概念相对应，房地产市场组织形式也具有有形的房地产交易所和无形的场外交易两种组织形式。

①房地产交易所

房地产交易所是专门从事房地产交易的固定场所。我国的房地产交易所主要从事以下业务：组织房地产交易各方进行交易，提供洽谈场所，提供政策、业务咨询，提供房源信息，发布市场行情和动态；出售新建商品住房，收购各种空闲房屋；接受委托，代办房屋的出售、购买、出租、承典、典当及办理各种交易手续；组织临街铺面房的招标、拍卖、出租等活动；对参与交易的房屋进行现场勘察评估。

房地产交易所的功能主要在于能够把众多的房地产供给者、需求者和中介人集中在一起，有利于交易各方沟通信息，了解行情，易于成交，提高市场效率，便于管理。随着改革的不断深入，房地产交易所会越来越多。

②场外交易

这是指在房地产交易所以外进行的房地产交易关系的总和。在我国，大量的房地产交易事实上是在场外市场发生的，这是一个无形的市场，也是没有专门组织的比较分散的市场交易。

1.2 认识房地产环境

1.2.1 房地产环境概述

近年来，随着生活水平的提高，居民对居住质量的要求也日益提高，人们看房、选房，一个很重要的因素就是房地产周边的生态环境质量。在户型、材料等产品质量不断提升的同时，园林绿化、环境生态成为影响房地产开发价值的重要因素，并且这种影响还在继续加大。比如豪宅、别墅，一个必不可少的要素就是优越的景观和生态资源。环境质量恶化和污染严重地区的房地产价格则一定呈下跌势头。环境生态因素对房地产价值的影响进一步凸显出来。

环境有自然环境和人工环境两种形态。自然环境是一切直接或间接影响人类的自然形成的物质、能量和现象的总和，即地球的空间环境、阳光、空气、水、土壤、岩石、动植物以及地壳的稳定性等自然因素的总和。自然环境资源作为一种稀缺资源对房地产的开发，尤其是生态住宅开发有很大价值。人工环境从广义上讲，是指由于人类活动而形成的环境要素，它包括由人工形成的物质能量和精神产品以及人类活动过程中所形成的人与人的关系，后者也称为社会环境。从狭义上讲，人工环境是人类根据生产、生活、科研、文化、医疗等需要而创建的环境空间，如各种建筑构筑物、园林等。

1.2.2 房地产环境构成

这里所讲的房地产环境构成，主要是从狭义的角度来讲的，即房地产的自然环境构成要素。房地产自然环境包括如下五个方面：

1. 大气环境

大气是人类赖以生存、片刻也不能缺少的物质。大气环境是指生物赖以生存的空气的物理、化学和生物学特性。大气的物理特性主要包括空气的温度、湿度、风速、气压和降水，这一切均由太阳辐射这一原动力引起。化学特性则主要为空气的化学组成：大气对流层中氮、氧、氢3种气体占99.96%，二氧化碳约占0.03%，还有一些微量杂质及含量变化较大的水汽。人类生活或工农业生产排出的氨、二氧化硫、一氧化碳、氮化物与氟化物等有害气体可改变原有空气的组成，并引起污染，造成全球气候变化，破坏生态平衡。

像鱼类生活在水中一样，我们人类生活在地球大气的底部，并且一刻也离不开大气。大气质量的好坏，对人体健康十分重要。因此人们在做房地产产品区位选择时，通常都愿意选择“上风上水”的地方，上风上水，意味着大气环境好，空气污染少，空气质量高。相反，房地产产品所处的地区如有难闻气味、有害物质和粉尘（如悬浮颗粒物）等，人们多不愿选择，则房地产产品价格也就相应较低。

2. 声觉环境

所谓声觉环境，就是房地产周边的声音状况，特别是噪声情况。噪声也是一种污染，而且是四大环境污染（空气污染、水污染、垃圾污染、噪声污染）之一。声觉环境污染对人的危害主要表现为生理和心理两方面，其程度主要取决于噪声的频率、强度及暴露时间。

噪声危害主要包括：①强的噪声可以引起耳部的不适，如耳鸣、耳痛、听力损伤。②使工作效率降低。长期暴露在高强度声觉环境下，会使人感到心烦意乱，人们会感觉到吵闹，因而无法专心地工作，结果会导致工作效率降低。③损害心血管。噪声是心血管疾病的危险因子，噪声会加速心脏衰老，增加心肌梗死发病率。④噪声还可以引起神经系统功能紊乱、精神障碍、内分泌紊乱等，甚至使事故率升高。高噪声的工作环境，可使人出现头晕、头痛、失眠、多梦、全身乏力、记忆力减退以及恐惧、易怒、自卑甚至精神错乱。⑤干扰休息和睡眠。休息和睡眠是人们消除疲劳、恢复体力和维持健康的必要条件。但噪声使人不得安宁，难以休息和入睡。当人辗转不能入睡时，便会心态紧张，呼吸急促，脉搏跳动加剧，大脑兴奋不止，第二天就会感到疲倦，或四肢无力，从而影响工作和学习。久而久之，人就会得神经衰弱症，表现为失眠、耳鸣、疲劳。⑥噪声对儿童身心健康危害更大。因儿童发育尚未成熟，各组织器官十分娇嫩和脆弱，不论是体内的胎儿还是刚出世的孩子，噪声均可损伤听觉器官，使听力减退或丧失。⑧噪声对视力的损害。人们只知道噪声影响听力，其实噪声还影响视力。长时间处于噪声环境中的人很容易发生眼疲劳、眼痛、眼花和视物流泪等眼损伤现象。

汽车、火车、飞机、工厂、人群（如周围有农贸市场）等，都可能形成噪声。对于住宅、旅馆、办公、学校、科研等类房地产来说，噪声大的地方，房地产价格较低；反之，则高。

3．水文环境

所谓水文环境，就是房地产产品周边的水体状况——一是有无水体，二是水体的分布情况，三是水体的质量。中国人历来都有“择水而栖”、“靠水而居”的选择，水已经成为了住宅的灵魂。随着城市居住密度的加大，“小桥流水人家”式的风景日益为人们所向往，房地产项目周边的美丽水体常常成为该项目亮丽的风景与成功销售的卖点，能在很大程度上提升房地产的价格。地下水、沟渠、河流、江湖、海洋等的污染程度如何，对其附近的房产价格也有很大影响。

4．视觉环境

所谓视觉环境，主要指人们生活工作中带有视觉因素的环境状况。视觉环境的状况又主要分为两种情况：一是视觉陈视情况，二是光环境情况。视觉环境状况会影响人的工作效率和心理的舒适度。很显然，房产周边视觉环境好，则带给人美好的享受，使人工作生活起来赏心悦目，心旷神怡；而视觉环境差，甚至存在视觉污染，则会使人的舒适感大大下降。所以房地产周边视觉环境状况也是影响房地产价格的一个重要因素。

5．卫生环境

卫生环境，就是房地产产品周边的清洁卫生状况，包括垃圾堆放情况等。卫生环境，也影响着人们工作生活的舒适度，从而对房地产产品价格也有影响。

1.2.3　房地产环境质量

环境质量是指环境优劣的程度，即一个具体的环境中，环境总体或某些要素对人体健康、生存和繁衍以及社会经济发展的适宜程度。环境质量的好坏是影响房地产产品价值的重要因素之一，比如一个水体污染严重的地区会逐渐失去对人们的吸引力，房地产产品价值会逐步下降。各种环境要素的优劣是根据人对环境的要求即环境质量标准进行评价的。环境质量可以通过环境质量评价来判定，环境质量评价是确定环境质量的手段、方法。

如果简化来看，房地产环境质量主要体现在两个方面：一是有无环境污染；二是房地产周边的景观状况。

环境污染是指有害物质或因子进入环境，并在环境中扩散、迁移、转化，使环境系统结构与功能发生变化，对人类及其他生物的生存和发展产生不良影响的现象。环境污染是人类活动的结果。随着工业化和城市化的发展及人口的增加，如果对自然资源进行不合理的开发利用，环境污染将会日趋严重。

环境污染有许多类型，因目的、角度的不同而有不同的划分方法。按照环境要素，环境污染分为大气污染、水污染、土壤污染等。按照污染物的性质，环境污染分为物理污染（如声、光、热、辐射等）、化学污染（如无机物、有机物）、生物污染（如真菌、细菌、病毒等）。按照污染物的形态，环境污染分为废气污染、废水污染、噪声污染、固体废物污染、辐射污染等。按照污染产生的原因，环境污染分为工业污染、交通污染、农业污染、生活污染等。按照污染的空间，环境污染分为室内环境污染和室外环境污染。按照污染物分布的范围，环境污染分为全球性污染、区域性污染、局部性污染等。

景观分为自然景观和人文景观。自然景观通常是指未经人类活动而自然形成的水域、地表起伏与自然植物所构成的自然地表景象及其给予人的感受。人文景观是指经人类活动改变过的自然环境，即自然景观加上人工改造所形成的景观及印象。人们对自然景观的观赏，主要通过人的视觉、听觉、嗅觉、味觉、触觉等途径的直接感受，进而产生联想，并通过理念的感知印象和综合分析，产生美感并获得精神上与物质上的享受。

房地产产品所处的地理区位在很大程度上取决于外围的自然景观，自然景观的优劣对房地产企业的开发经营活动有着直接的影响。自然景观优美、舒适，则房地产环境质量高；反之，则差。

1.3　认识房地产估价

1.3.1　房地产价格构成与影响因素

1. 房地产价格构成

从一个房地产产品从无到有的整个开发经营过程来看，房地产价格构成主要分成8大项：

(1) 土地开发费用

①生地价格。生地价格是指国家向土地开发经营者出租未开发土地的价格，一般表现为土地出让金。

②土地征用及迁移补偿费。

③前期工程费，包括勘察设计费、项目可行性研究费、“三通一平”费、原有障碍物的处理及原有管网的迁建费用。

④基础设施建设费。基础设施建设是将生地变为熟地的主要工作，一般要求“七通一平”，即道路通、上水通、下水通、雨污水通、电力通、通信通、煤气通、土地平整。

⑤土地开发企业的管理费。

⑥土地开发企业的盈利。

上述六项构成熟地价格。如果土地开发由政府组织，熟地价格表现为熟地的土地出让金；如果土地开发是由房地产企业进行，熟地价格则具体表现为熟地转让价格。

(2) 工程设计费

工程设计费是设计单位为建造房屋建筑进行设计、提供图纸而收取的费用，包括工程设计前期工作费、直接设计费、现场服务费、技术专利费、生产技术资料费、工程设计管理费、工程设计利润和税金。

(3) 建筑安装工程费

建筑安装工程费又称工程建筑造价，它是房产开发企业向建筑施工企业支付的建造房屋建筑的费用。

①直接费用，包括人工费、材料费、施工机械使用费和其他直接费用。

②间接费用，包括施工管理费和临时设施费。

③施工图预算包干费。

④计划利润和税金。

(4) 设备工程费

设备工程费是指对房屋使用不可缺少的设备购置安装费，比如电梯的购置与安装。

(5) 其他工程开发费

①室外工程费；

②附属工程费；

③配套工程费。

(6) 商品房销售费用

(7) 房产开发企业管理费

(8) 房产开发企业利润和税金

房产是一种特殊商品，房产价格除上述项目外，还需根据房屋装修、房屋设备、房屋附属设施和地段、层次、朝向等因素加以调整。

2. 房地产产品价格影响因素

影响房地产产品价格的因素很多，这些影响因素可以从不同的角度进行分类。下面我们按照影响因素的层次性，将其分为宏观因素、区域因素和个别因素三类。而这三类的具体影响因素又可具体做进一步的划分（图 1-2）。

(1) 宏观因素

宏观因素，亦称一般因素，是指对房地产价格及其走势有普遍性、一般性和共同性的影响因素。宏观因素中，主要有行政因素、经济因素、社会因素、人口因素、心理因素和国际因素等。这类影响因素对房地产价格的影响一般是整体性的、全面性的，其覆盖范围可以是一个地区、一个国家乃至全球。显然，这类影响因素对于具体某一宗房地产价格而言，并不直接，但它们往往是决定具体房地产价格及其趋势的基础和关键。

①行政因素

行政因素是指国家政策、法律、法规和行政法令对房地产市场和房地产价格的影响和干预。行政因素中主要有土地制度、住房制度、税收政策、城市规划和行政隶属变更等因子，比如2010年国家出台的第二套房房贷的相关政策，就极大地抑制了房地产需求，从而使房地产价格走低。

②经济因素

房地产价格本身就是国家或地区经济情况的直接反映。经济因素中，主要有经济发展状况水平、物价与利率水平等因子。如经济发展状况良好时，房地产投资与需求

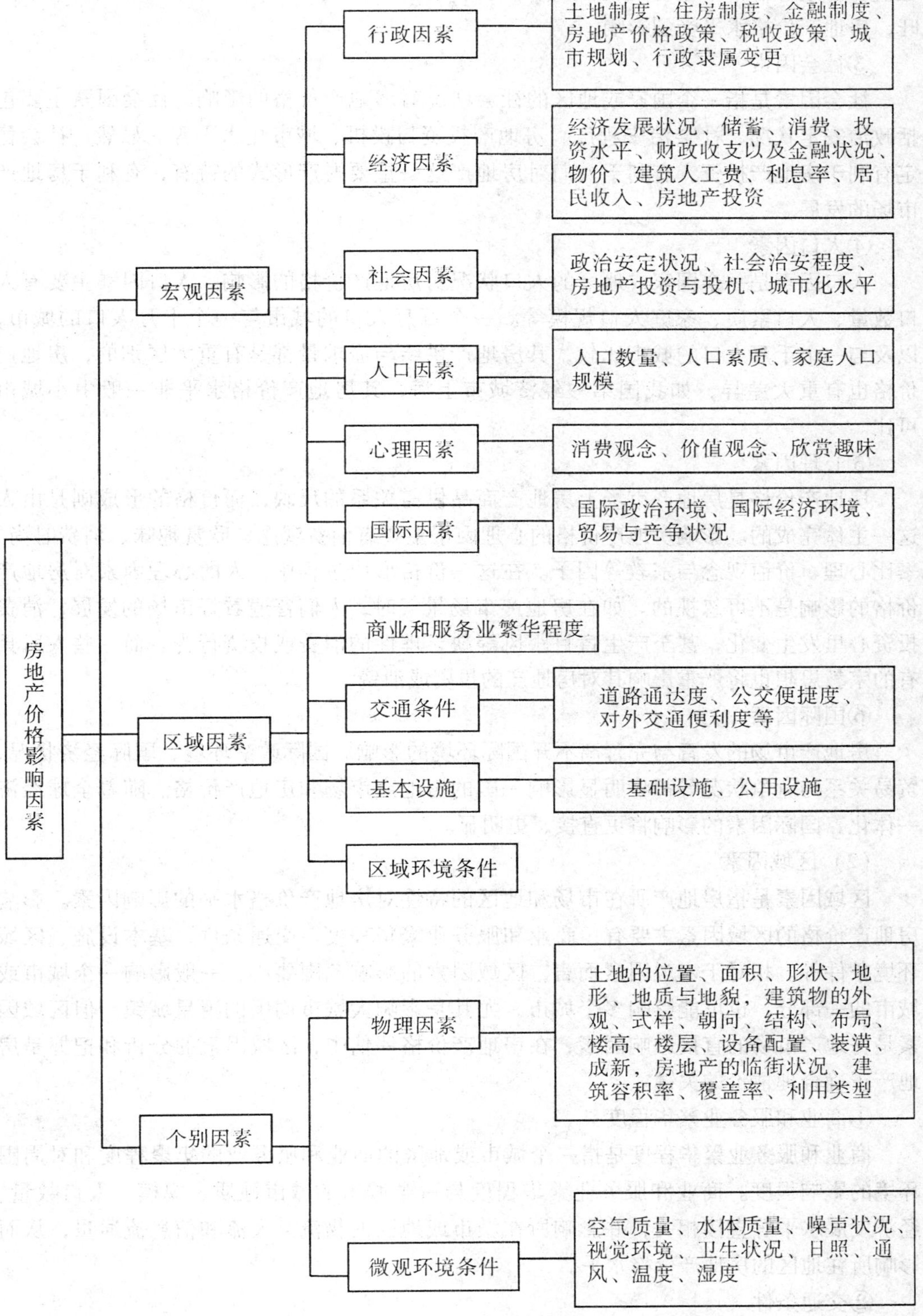

图1-2　房地产价格影响因素

旺盛，房地产价格水平亦随之上升；相反，经济不景气时，房地产投资不足，需求不旺，房地产价格水平受到影响。

③社会因素

社会因素是指一个国家或地区的社会状况对房地产价格的影响。社会因素主要包括政治安定状况、社会治安程度、房地产投资与投机、城市化水平等。显然，社会稳定有利于房地产投资，有利于人们对房地产这一重要财产形式的持有，有利于房地产市场的发展。

④人口因素

人口因素是一个国家或地区的人口状况对房地产价格的影响。人口因素主要有人口数量、人口素质、家庭人口规模等。一个百万人口的城市与一个十万人口的城市，以及与一个千万人口的城市比较，其房地产供给与需求量都是有重大区别的，房地产价格也有重大差异，如我国第一经济城市上海，其房地产价格水平非一般中小城市可比。

⑤心理因素

房地产价格是房地产市场上房地产商品供需关系的反映，而价格的形成则是由人这一主体完成的。影响房地产价格的心理因素主要有消费观念、欣赏趣味、消费时尚、攀比心理、价值观念与宗教等因子。在这一价格形成过程中，人的心理因素对房地产价格的影响是不可忽视的。如在房地产市场景气时，人们普遍看好市场的发展，消费投资心里发生变化，甚至产生盲目跟风等缺乏理性的消费或投资行为。而一些人所具有的宗教思想也将严重影响其对房地产的投资或消费。

⑥国际因素

房地产市场的发育与完善离不开国际环境的影响。国际政治环境、国际经济状况、贸易关系与竞争状况等都将明显影响一国的房地产市场和房地产价格。随着全球经济一体化，国际因素的影响将更直接、更明显。

（2）区域因素

区域因素是指房地产所在市场和地区的特性对房地产价格水平的影响因素。影响房地产价格的区域因素主要有：商业和服务业繁华程度、交通条件、基本设施、区域环境条件等。相对于宏观因素而言，区域因素的影响范围要小，一般影响一个城市或城市的一部分，也可能影响多个城市，尤其是影响大城市周围的卫星城镇。但区域因素是房地产市场的直接影响因素，在房地产价格评估中，区域因素的分析和把握是房地产正确合理估价的关键。

①商业和服务业繁华程度

商业和服务业繁华程度是指一个城市或地区的商业和服务业的集聚程度和对周围环境的影响程度。商业和服务业繁华程度与一个城市的城市性质、规模、人口数量、经济发展水平等直接相关，并影响所在城市或地区的物流、人流和信息流通量，从而影响所在地区的房地产价格水平。

②交通条件

交通条件是指一个城市或地区的交通通达程度与便利状况。交通条件的优劣将直接影响城市人流、物流的通达性及其交通运输成本（包括交通时间），明显影响人们的出行方便程度，从而影响房地产价格水平。

交通条件中，主要有道路通达度、公交便捷度和对外交通便利度等影响因子。

③基本设施

基本设施是一个城市或地区的基本设施状况，包括城市供电、供气、电信、给排水等基础设施和学校、医院、银行、邮筒等公用设施。城市基本设施的优劣将影响人们生活、学习、工作的方便程度，影响人们的区位认知，进而影响房地产价格。

④区域环境条件

区域环境条件是指房地产所在区域的环境质量，包括空气质量、水环境质量、噪声程度等。显然，随着人们生活水平的提高，对房地产，尤其是住宅类房地产的环境质量的要求将越来越高，这也将成为人们选购房地产的重要因素。

（3）微观因素

微观因素，亦称个别因素，是指具体影响某宗房地产价格的影响因素，它对房地产市场的影响程度和影响范围最小，但对具体房地产价格的影响却是最直接、最具体的。影响房地产价格水平的微观因素包括物理因素和微观环境条件。

①物理因素

物理因素是房地产本身的自然条件，包括土地的位置、面积、形状、地形、地质与地貌，建筑物的外观、式样、朝向、结构、布局、楼高、楼层、设备配置、装潢、成新，房地产的临街状况、建筑容积率、覆盖率、利用类型等因子。

②微观环境条件

这里的环境条件是指影响具体房地产或房地产小区的微观环境，包括空气质量、水环境质量、噪声状况、视觉、环境卫生以及日照、通风、温度、湿度等因子。

上述众多的房地产价格影响因素中，各因素对房地产价格的影响性质、影响程度及表现形式是不同的。有的因素是概括性的，如政策制度，有的则是具体的，如建筑物朝向；有的是明显的，如商业和服务业繁华程度，有的则是隐含的，如环境质量；有的是单向的，或抬高或降低房地产价格水平，如行政隶属变更，有的则是变化的，有时是抬高房地产价格水平，有时则是降低房地产价格水平，如房地产投机；有的是线性的，而大多是非线性的、复杂的。因此，在分析房地产价格影响因素时，一定要根据实际情况具体分析，而不能教条化和生搬硬套。

1.3.2　房地产估价原则与基本程序

1．房地产估价原则

房地产估价是房地产专业估价人员对一定类型、一定目的、一定产权设置及一定时间点的房地产价格（价值量）的推测和判断。由于房地产价格的形成受众多因素的影响，房地产市场又是一种典型的不完全市场，决定了房地产估价是一项十分复杂的实践活动，既有其严谨科学的一面，又有其艺术和经验的一面。为了客观、公正、科学、合理地评估房地产价格，将待估房地产在一定时点、一定产权状态下的价值量客观、合理地反映出来，除了要求估价人员根据待估房地产的估价目的，深入了解房地产市场情况，全面分析房地产价格影响因素，采用科学的估价方法，以及结合估价人员的实务经验和理性判断外，还必须遵循一定的估价原则。

房地产估价原则是房地产估价理论的重要组成部分，是对房地产价格形成及其变化规律的客观认识和科学总结，是房地产估价实践活动的行动指南，也是房地产估价实务中必须遵循的基本准则。根据建设部颁布的《房地产估价规范》，房地产估价至少应该遵循六大原则，即：合法原则；最高最佳利用原则；替代原则；估价时点原则；独立、客观、公正原则和谨慎原则。

（1）合法原则

合法原则要求房地产估价应以估价对象的合法权益为前提进行。合法权益包括合法产权、合法使用、合法处分等方面。

遵循合法原则，应当做到：①在合法产权方面，应以房地产权属证书、权属档案的记载或者其他合法证件为依据。现行的房地产权属证书有房屋权属证书、土地权属证书或者统一的房地产产权证书，如房屋所有权证、土地使用权证、房地产权证等。②在合法使用方面，应以使用管制（如城市规划、土地用途管制等）为依据。比如，如果城市规划规定了某宗土地的用途、建筑高度、容积率、建筑密度等，那么，对该宗土地进行估价时就应以其使用符合这些规定为前提。③在合法处分方面，应以法律、法规或合同（如土地使用权出让合同）等允许的处分方式为依据。处分方式包括买卖、租赁、抵押、典当、抵债、赠与等。

（2）最高最佳使用原则

最高最佳使用原则，或称最有效使用原则（Principle of Best Use），它是基于经济学中的利润最大化原理，主要以投资者的理性投资行为为基础而形成的基本原则。

最高最佳使用原则在经济方面具有的实质内容，主要包括：

①法律许可范围内最佳的用途，具体表现为规划许可前提下，最大限度地发挥房地产的使用效果。如中心城市商业和服务业繁华地段的房地产，若规划用途为商业和服务业，但有一宗房地产，由于历史原因，目前为工业用途，效益明显偏低，其用途显然不是最优。估价时，则不应以现状用途为估价依据，而应以可能的最优用途（商业和服务业）进行估价。

②最佳的规模。土地是最基本的生产要素，在土地、资本、劳动和管理等要素中，只有各要素合理配置与组合，才能发挥最佳效果。如果一个企业或一宗土地，建筑物的面积太小或太大，均不能发挥房地产的最佳效益。太小，则空间场地不够，人流物流拥挤，影响其他生产要素的发挥；太大，则造成资源浪费，资产效益降低，同样影响其他生产要素的发挥。

③最佳的集约利用度。这里的最佳集约利用度并不是最大集约利用度，也不是单纯地追求容积率或其他某些指标，而是包括生态环境、社会经济要素在内的综合的集约利用度。这就要求土地、建筑物与周围环境（如绿地比例、配套设施）以及竞争性房地产的数量、分布等相协调，实现广义下的最佳集约利用。

（3）替代原则

替代原则（Principle of Substitution），是基于经济学中的替代原理，主要以消费者正常的和理性的消费行为为基础而形成的基本原则。

所谓替代原理，就是在经济理性主义假定下，同一市场上，当两种或两种以上商品具有相同效用时，消费者总是愿意以较低价格购买具有同样效用的商品；反之，当消费者以一定价格去购买商品时，总是期望购买对他而言是最大效用的商品。

作为纳入市场的房地产这一特殊商品，同样遵循这一基本原理，即：当处于同一供需图内的房地产市场上同时存在两宗或两宗以上效用相同或相近的房地产时，其价格将在市场机制的作用下趋于一致。以替代原理为理论依据，指导房地产估价的实践活动，即形成房地产估价中必须遵循的替代原则。

(4) 估价时点原则

估价时点原则要求房地产估价结果应是估价对象在估价时点的价值。影响房地产估价的因素是不断变化的，房地产市场是不断变化的，房地产价格自然也是不断变化的。因此，在不同的时点上，同一宗房地产往往会有不同的价格，而估价通常是求取估价对象在某个特定时点上的价值，而且这个特定的时点既不是委托人也不是估价人员可以随意假定的，必须根据估价目的来确定，这个特定的时点就是估价时点，一般用公历年、月、日表示。

在实际估价中，通常是评估现在的价值，将估价人员实地查勘估价对象期间或估价作业期内的某个日期确定为估价时点。在具体的估价项目中，估价时点究竟是现在还是过去或未来，是由估价目的决定的，并且所对应的估价对象状况和房地产市场状况也不相同。因此，在估价中要特别注意估价目的、估价时点、估价对象状况和房地产市场状况四者的内在联系。

(5) 独立、客观、公正原则

独立、客观、公正原则是房地产估价的最高行为准则。所谓独立，一是要求估价机构本身是一个独立机构，不能受他人约束；二是要求估价机构和估价人员与估价对象、相关当事人没有利害关系；三是要求估价机构和估价人员在估价中排除外部因素的干扰，凭借自己的专业知识和经验进行估价。所谓客观，是要求估价机构和估价人员不带着自己的情感和偏见，完全从实际出发，按照事物的本来面目去估价。所谓公正，是要求估价机构和估价人员在估价中应公平公正，不偏袒任何一方。

(6) 谨慎原则

谨慎原则是在评估房地产抵押价值时应当遵循的一项原则。谨慎原则要求在存在不确定因素的情况下做出估价相关判断时，应当保持必要的谨慎，充分估计抵押房地产在抵押权实现时可能受到的限制、未来可能发生的风险和损失，不高估假定未设立法定优先受偿权下的价值，不低估房地产估价师知悉的法定优先受偿款。

2. 房地产估价基本程序

房地产估价是一项细致复杂的工作，需要有一套科学合理的评估程序，以确保估价工作有条不紊地开展。

房地产估价的程序是指对要评估的房地产需要做哪些工作，应该先做什么、后做什么。因此，通过房地产估价的程序，人们可以看到房地产价格评估的全过程，了解到各项评估活动之间的内在逻辑关系。

具体而言，评估一宗房地产价格的全过程程序如下：

（1）受理估价业务

受理业务是房地产价格评估机构接受房地产评估委托人的评估申请书或评估委托书的阶段。

评估申请书或评估委托书应载明的内容包括：

①当事人的姓名、职业、地址；

②标的物的名称、面积、坐落位置；

③申请价格评估的理由和要求；

④当事人认为其他需要说明的内容。

评估申请书或委托书应当附有标的物的产权证书和有关的图纸、资料或影印件。

受理评估业务时，需要与评估委托人就价格评估的对象、目的、评估时点、评估报告书的交付日期、评估收费标准、收费方式等协商确定。在明确了有关事项之后，双方应当签订估价合同（或协议）。估价合同（或协议）的作用是：①确立受法律保护的委托与受托关系；②明确合同双方的权利和义务；③明确价格评估的基本事项。

（2）制订估价作业计划

房地产估价作业计划主要内容包括：

①评估人员的选定和工作安排，每个评估人员分工负责的范围；

②作业各阶段的时间和时限的规定；

③制作评估作业备忘录；

④初选评估方法；

⑤拟定评估所需收集的资料。

（3）收集估价所需资料

收集资料的目的，一方面是为下一作业阶段——实地勘察做准备工作，另一方面是为价格评估提供依据。除了来源于评估委托人提供的必要资料外，评估人员还应从评估机构建立的资料存储档案中提取有关资料，或向房地产主管部门调阅有关信息。房地产估价需要收集的资料主要包括以下几方面：

①产权资料：产权资料是反映房地产所有权的归属及其变更情况的综合资料。评估人员通过查阅产权资料，可以了解房屋所有人取得产权的来源、时间、房屋坐落、建造年限、类型、结构、部位、面积等情况，做到心中有数。

②房屋建筑资料：房屋建筑资料是反映房屋类型、建造年代、结构、设备、造价等的综合资料，它是评估房地产价格最重要的参考资料。

③土地资料：许多城市根据土地位置、周围环境、公共设施和交通情况等，划分了城市土地的等级。等级不同，价格也不一样。

④市场交易资料：市场交易资料是指当事人双方达成交易协议或意向的记录，以及收益实例、建设实例等。它能及时地反映当前的供求状况及市场行情，也是极其重要的参考资料。

（4）实地勘察

实地勘察的内容有：

①对土地的勘察：包括了解地块的坐落位置、土地使用类别、地貌、地下和地上建筑物的情况以及地块与周边地块的搭界情况等。

②对房屋的勘察：包括房屋的结构、装修、外墙、内墙、楼面、屋顶、门窗、设备、朝向、采光和房屋的维修保养情况等。

③周围环境勘察：包括当地公共设施的配套、维修和保养情况，周围的景观和绿化程度等。

④当地房地产市场调查：包括同类建筑物售价、开发公司的租售率以及需求状况等。

（5）选定估价方法进行计算

根据掌握的资料确定正式采用的估价方法，以求各方法之间能够相互补充、印证。由各种方法计算出的多个价格可以通过简单算术平均和加权算术平均、中位数、众数等方法综合得出一个价格，但这个价格还不能确定为待估房地产的价格，一般还要根据估价人员的经验以及影响价格的因素分析，最后综合确定出评估额。最后的评估额可能以计算出的价格结果为主，也可能以估价人员的其他判断为主，计算结果只作为参考。

（6）撰写估价报告书

一份完整的估价报告书应包括以下内容：

①委托方和受托方名称；

②价格评估的目的；

③价格评估的基准日期；

④价格评估的依据；

⑤评估标的物所处地理位置、现状、未来前景；

⑥规划设计条件；

⑦价格评估的原则；

⑧价格评估的方法及结果；

⑨评估结果的限制条件；

⑩评估报告的附件（包括估价所需的权利证书、图纸、照片资料及实地勘察的数据等）；

⑪其他需要说明的情况；

⑫价格评估人员和机构名称。

（7）审批

审批是保证房地产评估质量，使评估结果达到公正、客观的关键程序。估价报告须经有关主管部门审批后方可交送评估委托人。当事人如对估价结果有异议，可以在收到估价报告书之日起十五日内，向原估价机构申请复核。对复核结果仍有异议的，可以向当地房地产仲裁机构申请仲裁，也可以向人民法院起诉。

将完成的估价报告交付委托估价者，在交付时可就某些问题作口头说明，这样就完成了对委托人的服务，然后按照规定的标准收取服务费。

1.3.3 房地产估价基本方法

房地产估价方法有很多，如图 1-3 所示：

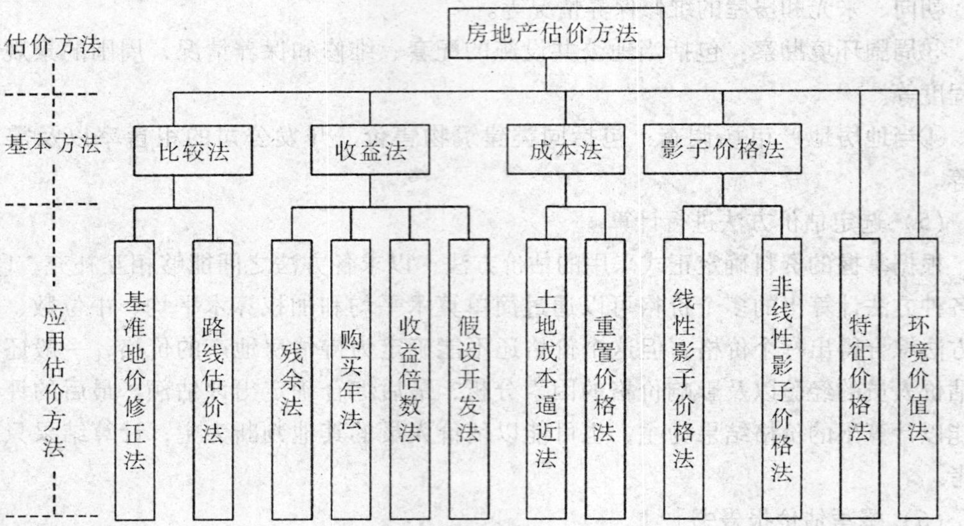

图 1-3 房地产估价方法

在此我们主要简单介绍一下房地产估价三大基本方法，即市场比较法、收益法和成本法。

1. 市场比较法

(1) 市场比较法的含义

市场比较法，又称市场法、交易实例比较法、市价比较法、现行市价法、买卖实例比较法、市场资料比较法等。它是房地产估价中常用的基本方法之一，也是目前国内外广泛应用的经典估价方法。

所谓市场比较法是指将估价对象与估价时点的近期有过交易的类似房地产加以比较，对这些类似房地产的成交价格做适当修正，以此估算估价对象的客观合理价格的方法。这里所说的类似房地产是指包括区位、实物和权益三个方面应与待估房地产相同或相近。

(2) 市场比较法的理论依据

市场比较法的理论依据是替代原则。根据经济学理论，在同一市场上，具有相同效用的物品，应具有同一的价格，即具备完全的替代关系。这样，在同一市场上，两个以上具有替代关系的商品同时存在时，商品的价格就是由这种有替代关系的商品相互竞争，使其价格相互牵制而最终趋于一致。市场上经济主体的这种交易行为的结果，使得效用均等的物品之间产生相同的价格。具体到房地产上，在从事房地产交易时，任何有理性的当事人都会依据替代原理将拟交易的房地产的价格与类似房地产的价格进行比较，然后决定其行动。

但由于房地产的独特性，交易实例与待估房地产之间总是存在一定的差异，这些差异便影响和决定了两者之间价格的差异。因此，在根据交易实例的价格来推测待估房地产价格的过程中，必须对交易实例和待估房地产进行认真比较，分析两者之间的差异，进而定量估算由这些差异影响所产生的价格差异，最终求得待估房地产的合理市场价格。

（3）市场比较法适用条件与范围

市场比较法的优点是具有很强的现实性，适用范围广，简单明了，易于采用。运用市场比较法也有一定的前提条件。具体来说，采用市场比较法有三个条件：

①要有足够数量的、正常的房地产交易比较案例

市场比较法的应用必须以一个发育健全的房地产市场为基本条件，并保证获取充分有效的市场交易资料。国外不动产市场比较发达的国家，一般要求至少要选择十个可比较的交易案例，我国由于土地市场正处于发育和发展阶段，要求市场比较交易案例至少三个。

很显然，诸如房地产开发用地、普通商品住房、高档公寓、写字楼、商铺及标准厂房等交易频繁或交易案例很多的房地产，适合采用市场比较法。而对于某些交易实例极少、类型特殊的房地产，如园林、特殊厂房、学校、纪念馆、古建筑、教堂、寺院等，则不宜运用市场比较法进行估价。另外，一些房地产市场尚不发达或交易规模很小的地区，因为交易案例缺乏或很少，也不宜采用市场比较法进行估价。

②交易实例与估价对象具有替代性，市场供给方面存在充分竞争

通过市场供求和竞争机制的作用，效用均等的商品之间将产生替代效应，最终使得市场上具有同等效用的商品获得相同的市场价格。因此，交易实例必须与估价对象有替代关系，其市场价格才能成为估价对象价格估计的依据。

另外，市场比较法使用的前提是存在充分竞争，这样供给和需求双方作用的结果才能产生均衡价格。如果不存在充分竞争，则有可能形成价格联盟或者垄断，这样形成的价格信号是扭曲的，不能用作借鉴参考。

③收集的交易资料要可靠

市场交易资料的可靠性是市场比较法评估正确的根本保证。因此，要保证资料来源的可靠和资料内容的真实，在具体利用资料时还要对确定为交易实例的有关因素进行修正，以切实保证资料的可靠和适用。

（4）市场比较法估价操作步骤

市场比较法估价操作步骤可以合并为4个大步骤，即：收集交易实例；选取可比实例；可比实例成交价格的处理；求取比准价格。具体可以分为以下7个步骤：

①收集交易实例；

②选取比较实例；

③建立价格比较修正基础；

④交易情况修正；

⑤交易日期修正；

⑥房地产状况修正；

⑦综合求取比准价格。

2. 收益法

(1) 收益法的内涵

收益法是从未来的角度来评估房地产价格，是房地产估价人员常用的方法之一。收益法又称为收益资本化法、收益还原法，在土地经济理论中及土地估价时又称为地租资本化法。收益法是预测估价对象的未来收益，然后利用报酬率或资本化率、收益乘数将其转换为价值后求取估价对象价值的方法。用收益法求出的价格，通常称为收益价格。

根据未来预期收益转换为价值的方式不同，即资本化的方式不同，收益法可以分为直接资本化法和报酬资本化法。

直接资本化法（Direct Capitalization）是将估价对象未来某一年的某种预期收益除以适当的资本化率或者乘以适当的收益乘数来求取估价对象价值的方法。其中，将未来某一年的某种预期收益乘以适当的收益乘数来求取估价对象价值的方法，称为收益乘数法。

报酬资本化法（Yield Capitalization）即现金流量折现法，是将房地产未来各年净收益的现值之和作为其价值的方法。具体来说，就是预测估价对象未来各期的净收益（净现值流量），选用适当的报酬率（折现率）将其折现到估价时点后相加来求取估价对象价值的方法。

(2) 收益法的理论依据与适用范围

①收益法的理论依据

收益法的理论依据是效用价值论，即房地产投资的预期收益原理。房地产的价格是由房地产未来能给权利人带来的全部经济收益的现值来决定的，而不是过去已获得的收益。需要注意的是“房地产的预期收益”，房地产的价格是建立在不一定能实现的预期之上的。这是由房地产具有使用长期性的特点决定的，在房地产的耐用年限内，将会源源不断地给权利人带来经济收益。对投资者而言，购买房地产的目的是为了获得该房地产将来较长时间内所能带来的收益，而不管是否将其用于出租。

从效用角度看，购房者支付房产的价格不能超过该房产在其寿命和他的权利期限内将要产生的所有折现值之和。不然，对购房者来说不仅不符合效用最大化，也是不经济的；而对售房者来说正好相反。于是，对购、售房双方来说都能接受的价格便是该房产在寿命和权利期限内将要产生的全部收益的现值之和。如果把一笔资金存入银行，其每年产生的利息收入与某一房地产每年产生的净收益相同，在该时点，该房地产的价格就相当于这一资金额。

用公式来表示：某一货币额×利息率=房地产净收益

于是就有：房地产的价格=房地产的净收益/利息率

在这里，利息率应该是资本化率。

②收益法的适用范围

收益法的适用范围是有收益或潜在收益，且收益和风险都能量化的房地产，如写字楼、公寓、餐馆、游乐场、旅馆、饭店、停车场、加油站、影剧院、农地等。如果房地产的收益或潜在收益难以量化，则收益法不适用，如学校、公园、图书馆、政府办公楼等公用或公益性房地产的估价一般不用收益法。另外，收益法还被广泛地用于检验市场比较法和成本法评估结果的可靠性。

（3）收益法估价操作步骤

收益法估价可以合并为 4 个大步骤，或者分列为 7 个小步骤。

4 个大步骤包括：收集并确认与估价对象有关的未来预期收入和费用的数据资料；估算估价对象的未来净收益；求取报酬率或资本化率、收益乘数；选用适宜的收益法计算公式计算收益价格。

7 个小步骤如下：

①收集有关收入和费用的资料；

②估算潜在毛收入；

③估算有效毛收入；

④估算运营费用；

⑤估算净收益；

⑥选取适当的报酬率；

⑦选用适宜的计算公式求出收益价格。

3．成本法

（1）成本法的含义

成本法（Cost Approach）又称原价法、重量成本法、承包商法、成本逼近法等，是房地产估价的三大基本估价方法之一。成本法是指在估价时点以假设重新建造（开发）待估房地产所需耗费的各项必要费用以及正常的利润、税金为依据来评估估价房地产价格的一种估价方法。对于旧有的房地产，成本法指估价对象房地产在估价时点的重新购建价格（重置价格或重建价格），扣除折旧，以此估算估价对象房地产客观合理的价格或价值的方法。由于成本法求出的价格是由房地产价格各构成部分的累加而得，因而被称为积算价格。成本法的本质是以房地产的开发建设成本为导向求取估价对象的价值，

成本法的“成本”，不是通常意义上的成本，而是指价格，即估价对象房地产在估价时点的重置价格，不仅包括开发商的成本，还包括开发商的正常利润和应纳税金。

（2）成本法的理论依据

成本法的理论依据是生产费用价值论——商品的价格是依据其生产所必要的费用而决定。从卖方角度来看，房地产的价格是基于其过去的“生产费用”，重在过去的投入。具体讲就是卖方愿意接受的最低价格不能低于他为开发建设该房地产已花费的代价；如果低于该代价，他就要亏本。从买方角度来看，房地产的价格是基于社会上的“生产费用”，类似于“替代原理”，具体讲就是买方愿意支付的最高价格不能高于他所预计的重新开发建设该房地产所需花费的代价；如果高于该代价，他还不如自己开发建设（或者委托另外的人开发建设）。

（3）成本法的适用对象与条件

归纳起来，成本法的适用对象包括：

①适用于无收益或很少发现交易（没有市场）的公用、公益房地产，如学校、图

书馆、体育馆、剧院、政府办公楼、军队营房、公园等的估价。

②对于一些特殊用途的并独特设计的房地产，如化工厂、钢铁厂、发电厂、油厂、码头、机场等的估价。

③用于房地产保险（包括投保与理赔）、抵押贷款、物业拍卖“底价”确定、拆迁物业补偿及其他损害赔偿的房地产估价。

④对于新开发的土地，如新城区、各类开发区，往往出于已完成开发的土地尚未形成活跃的土地市场，也常常采用成本法进行估价。

⑤适用于衡量非常投资效益，为投资者进行可行性分析提供依据，同时也能为消费者提供更为有利的市场目标的选择。

（4）成本法估价基本公式

成本法最基本的公式可表示为：$P=L+C-D$

式中：

P——待估房地产在估价时点的价格；

L——待估房地产在估价时点的土地价格；

C——建筑在估价时点的重新建造成本；

D——建筑在估价时点的减价修正额，又可称为累计折旧。

对于不同情况下的房地产，成本法基本公式有不同的表示：

①旧房地产估价的成本法基本公式：

旧房地产价格 = 房地重新建造完全价值 - 建筑物折旧

旧房地产价格 = 土地的重新购建价格 + 建筑物的重新购建价格 - 建筑物折旧

上述公式中，必要时还要扣除旧建筑物的存在导致的土地价值减损。

②在旧有建筑物情况下，成本法估价的基本公式为：

旧建筑物价格 = 建筑物的重新购建价格 - 建筑物折旧

③新建房地产价格 = 土地取得成本 + 土地开发成本 + 建筑物建造成本 + 管理费用 + 投资利息 + 销售费用 + 销售税费 + 开发利润

④在新建建筑物的情况下，上述公式不含土地取得成本、土地开发成本及应归属于土地的管理费用、投资利息、销售费用、销售税费和开发利润，即：

新建建筑物价格 = 建筑物建造成本 + 管理费用 + 投资利息 + 销售费用 + 销售税费 + 开发利润

在实际估价中应根据估价对象和当地的实际情况，对上述公式进行具体化。

⑤新开发土地成本法估价的基本公式：

新开发土地价格 = 土地费用 + 开发费用 + 正常利税

新开发土地包括填海造地、外山造地、征用农地后进行“三通一平”等开发的土地，在旧城区中拆除旧建筑物等开发的土地。在这些情况下，成本法更具体的公式可表示为：

新开发土地价格 = 取得待开发土地的成本 + 土地开发成本 + 管理费用 + 投资利息 + 销售费用 + 销售税费 + 开发利润

对于成片开发完成后的熟地（如新开发区土地）的分宗估价，上述公式又可具体化为：

新开发区某宗土地单价 =（取得待开发土地的总成本 + 土地开发总成本 + 总管理费用 + 总投资利息 + 总销售费用 + 总销售税费 + 总开发利润）/（开发区用地总面积 × 开发完成后可转让土地面积的比率）× 用途、区位等因素调整系数

（5）成本法估价操作步骤

根据《房地产估价规范》第 5.2 条，运用成本法估价，应按下列步骤进行：

①收集成本、税费、开发利润等资料；

②测算重新购建价格；

③估算折旧；

④求取积算价格。

1.4　认识房地产金融

1.4.1　房地产金融基础知识

要了解房地产金融，首先必须认识和了解金融。所谓金融，简单地说就是资金的融通，也就是有关货币资金融通的一切经济活动。金融是商品货币关系发展的必然产物。在社会经济生活中，货币的发行、保管、流通、回笼，存款的吸收和提取，贷款的发放和回收，商品交换单位之间的货币转账、结算以及有价证券的发行与转让等活动系统称为金融活动。

1. 房地产金融概念

房地产金融有广义和狭义两种概念。从广义来说，房地产金融就是指通过各种使用方式、方法及工具，为房地产业以及相关部门筹集、融通、清算资金并提供相应服务的一切金融行为。房地产部门由生产、分配、交换、消费各项活动引起的货币流通和各种形式的资金融通活动都属于房地产金融的范畴。从狭义上说，房地产金融是指金融直接服务于房地产业的行为。房地产金融是伴随房地产业的发展应运而生的，并且反过来有效地推动房地产业的发展。

房地产信贷资金的筹集和分配是房地产金融活动的核心。对社会再生产和流通过程中，因货币资金分布不均衡而存在的一部分资金处于暂时闲置状态，而另一部分需要临时补充资金的矛盾进行有效的调剂，是房地产金融的基本职能，也是挖掘资金潜力、充分发挥资金效果、促进房地产经济发展的重要手段。

2. 房地产金融分类

（1）按经营性质可分为政策性房地产金融和自营性房地产金融

政策性金融是指按政策规定办理的与房地产有关的各种货币资金的筹集、融通和结算等信用活动。目前主要指与住房制度改革有关的金融业务，主要包括公积金存款、住房公积金贷款、合作建房贷款、经济适用房开发贷款等。

自营性房地产金融是指银行与非银行金融机构在国家政策允许的范围内办理的与房地产有关的资金筹集、融通和结算等信用活动。

(2) 按融资方式可划分为直接金融和间接金融

房地产直接金融是指不经金融中介机构等媒介而由资金供给者和房地产资金需求者双方直接协商所进行的融资。直接金融方式主要有：政府发行的住房建设债券、住房公债、土地债券、投资基金，房地产公司发行的股票、债券、房地产投资券等。

房地产间接金融是指经过金融中介机构参与的资金融通活动。间接融资的主要形式有：银行吸收的各种长期存款、短期存款，向房地产开发企业提供的土地开发贷款、商品房开发贷款、短期流动资金贷款以及向居民个人发放的住房消费贷款等。

(3) 按放款形式划分为信用放款和担保放款

信用放款是指凭借款人的信誉，无须提供任何担保的融资活动。担保放款是指借款人需提供第二人担保，或提供财产作担保的融资活动，即人和物的担保。人的担保主要有保证方式；物的担保主要有抵押、质押、按揭等方式。

1.4.2 房地产金融市场

1. 房地产金融市场的内涵

金融市场就是指资金供求双方运用金融工具进行各种资金交易活动的总称，它可以是有形的，具备固定的场所，也可以是无形的，无固定的场所，而只是通过电信手段进行交易。房产金融和地产金融的发展进而形成了房产金融市场和地产金融市场。

房产金融市场是以房产信贷为主的房产货币资金融通的场所。地产金融市场是指为充分发挥土地财产功能，以土地为抵押，进行资金借贷、融通资金，用于土地的开发、利用和建设的场所。房产金融市场和地产金融市场在现代社会中融合成为房地产金融市场。由此，房地产金融市场就是指从事与房地产有关的各类资金交易的市场。它利用多种信用工具和信用形式，进行直接或间接投资，并建立三级证券市场为政府、公司企业和个人提供可以选择的多种投资手段和筹资市场。

房地产金融市场的业务内容主要有：房地产直接投资、房地产合资联营、房地产抵押贷款、房地产租赁、房地产信托、房地产业务代理、住房储蓄、房地产保险、房地产存储信贷、资金结算、信息咨询、个人住房抵押贷款、发放房地产债券等。

2. 房地产金融市场构成

一个市场的构成要素主要有三种：市场参与者、场所和交易工具。房地产金融市场同样包括这三类要素。

(1) 房地产金融市场的参与者与中介机构

一般来说，房地产金融市场的参与者和中介机构，主要包括政府部门、房地产金融机构、房地产企业、居民个人、经纪人等几类。

①政府部门

在房地产金融市场的运行中，政府充当双重角色——一是作为借款者，二是作为调节者，表现较为复杂。首先，政府公债特别是中短期的国库券成为中央银行实施公开市场操作的主要对象，中央银行通过在公开市场上买卖国库券，调节金融市场及房地产金融市场上的货币供应量以达到宏观控制的目的；其次，政府可以运用其行政职能，明确规定各种金融市场的交易规则、各种金融工具的流通范围及各类金融机构的业务划分等，使金融市场及房地产金融市场规范化。

②房地产金融机构

房地产金融机构已是许多国家金融体系的重要组成部分。房地产金融业务联系着各行各业与千家万户，非常广泛。房地产金融机构不仅繁多，而且业务量很大，业务种类和形式多种多样。这些房地产金融机构，已成为房地产金融市场的主要资金供给者。我国房地产金融机构指交通银行、中信银行、信用社和邮政储蓄机构等房地产金融市场的参与者。居民个人的储蓄和这些银行创造的信用成为资金的供给者。房地产市场信用工具的发行和流通也依赖于金融机构。这些金融机构一方面代理房地产筹资者和投资者进行融资与投资活动，另一方面其自身也有直接发行证券、筹集资金的需求，以及从事以自营为特征的投资活动。总之，房地产金融机构在金融体系中起着关键作用，它既发行与创造房地产金融工具，同时也是购买各种金融工具的重要投资者，其活动构成房地产金融市场融资活动的主体。

③房地产企业

房地产企业既是资金的需求者，又是资金的供给者。房地产企业作为资金的需求者（资金短缺）与资金的供给者（资金盈余）参与房地产金融市场的资金融通活动。这些企业除了通过银行等金融中介机构进行资金余缺的融通外，资金短缺者也可通过在房地产金融市场上发行相应的金融工具得到所需的资金，而资金盈余者可通过从房地产金融市场上购得金融工具，将其暂时盈余的资金投资于生息资产。另外，为扩大再生产，房地产企业可以发行股票、公司债券等筹措所需的资金，通过房地产金融市场的中介功能、信息传递功能、资源再分配功能等，为社会再生产服务。由此可见，房地产企业不论是作为资金的需求者，还是资金的供给者，它们在房地产金融市场上都处于非常突出的地位。

④居民个人

家庭或者居民个人货币收入除去必要的消费支出外，一般会出现剩余。居民个人通常将这部分剩余一方面直接购买各种房地产债券和股票，投资于房地产的生产建设与流通；另一方面大多数的个人储蓄存款是房地产金融机构的主要资金来源，这属于间接性金融投资。所以家庭或居民个人是房地产金融市场的重要的资金供给者。随着经济的发展，个体户、专业户也可直接参与住房金融市场的活动。

居民个人参与房地产金融市场的特点有：首先，居民个人主要是以资金出借者、金融资产的购买者或投资者的身份进入市场的，即使有时会出卖金融资产，也只是变换金融资产的结构或将金融资产变为最具有流通性的资金；其次，居民个人参与房地产金融市场是以盈利为目的的；最后，居民个人参与市场多数是委托经纪公司代为办理的。

⑤经纪人

在金融市场中较为活跃的是证券经纪人，在证券市场中有两种性质不同的经纪人：一种是纯属代客买卖证券，从中收佣金；另一种主要是自己买卖房地产等各种证券以获取利润，偶尔也代客买卖收取佣金。前者常称为证券经纪商，后者常称为证券买卖商。前者仅是代理人身份，遇有亏损情况，责任一般由买方和卖方自负，而后者必须受到有关法律的约束。在证券交易中是代客买卖还是自己买卖须向顾客说明，以便确定法律关系。由于实际生活中经纪人办理各种证券买卖，因此房地产金融市场中的经纪人和一般金融市场中的经纪人相同。

（2）房地产金融市场信用工具

金融市场的资金交易与一般的商品交易不同，它是通过签订各种金融合同的形式来进行的。这是出于资金盈余者和资金不敷者借助某种手段通过市场而形成资金借贷关系，这种借贷关系最终必须变成书面形式的文件并通过法定程序予以保证，其中书面形式的文件就是信用工具。信用工具的发行和流通，成为资金市场的交易对象，对出售者或发行人，它是一种债务；对购入者和持有人，它是债权和资产。显然，没有信用工具作为媒介，金融市场就没有交易对象，也就无法运转。随着金融市场的发展和繁荣，信用工具的种类和形式也越来越多，而信用工具的多样化无形中拓宽了金融市场涉及的领域。

房地产金融市场中的信用工具有两类：一类是一般金融市场中都有的，如股票、债券、票据等；另一类是房地产企业、银行、国家发行的用于房地产开发建设筹资的债券、股票，如房地产金融债券、房地产抵押债券、国家建设债券等。在这里之所以还提到前者是因为房屋买卖和房地产开发都需要大量资金，房地产企业可以通过发行债券、股票筹资，还可以和个人一样，把自己所拥有的各种股票、债券、商业票据、银行存单通过金融市场变成自己需要的资金。

（3）房地产金融市场交易场所

房地产金融市场是一个广泛而复杂的市场，在实际的活动中，交易多是在没有统一组织的情况下进行的，它没有一个系统的交易程序和交易章程。因此房地产金融市场既可以是某个建筑物内的营业大厅这种具体场所，也可以在家里、在宾馆、办公室甚至娱乐场所等，可用电话、电传、联网的电脑或是当面直接洽谈以及通过中介做媒介成交。由于现代科学技术的发展，各种前所未有的通信工具出现，人们已开始步入信息社会，因此整个世界的空间正在相对变小。房地产金融市场的空间却在相对变大，融资范围有全球化的趋势，房地产金融市场的交易场所已不局限于固定的交易场所，它把整个世界通过现代化的信息传递手段联成一个跨越地区、跨越国境的广阔市场。

1.4.3 二手房按揭贷款

1. 二手房按揭贷款含义

二手房按揭贷款是指个人在购买售房人具有房屋产权证、能在市场上流通交易的住房或商业用房时，自己支付一定比例的首付款，其余部分以要购买的房产作为抵押，向合作机构申请的贷款。

2. 二手房按揭贷款申请条件

要申请二手房按揭贷款，一般说来需要如下条件：

（1）借款人合法的身份证件；

(2) 借款人经济收入证明或职业证明；

(3) 借款人家庭户口登记簿；

(4) 有配偶的借款人需提供夫妻关系证明；

(5) 有共同借款人的，需提供借款人各方签订的明确共同还款责任的书面承诺；

(6) 所购二手房的房产权利证明；

(7) 与售房人签订的房屋买卖合同及售房人提供的划款账号；

(8) 抵押物需评估的，需由贷款人认可的评估机构出具抵押物评估报告；

(9) 所购房屋产权共有人同意出售房屋的书面授权文件；

(10) 贷款人要求提供的其他文件或资料。

3. 二手房交易按揭贷款的基本操作流程

由于区域情况的不同，各地二手房按揭贷款的办理程序有差别。但一般来说，二手房按揭贷款都需要如下8个程序和步骤：

(1) 确定按揭服务公司和贷款方案

借款人在办理贷款前首先需要与中介确定按揭服务公司，并向按揭服务公司提出贷款咨询，确定贷款方案。

(2) 查询公积金（如需公积金贷款）

与卖方确定购房意向后，借款人提供公积金账号，由按揭服务公司进行公积金查询，确定可贷款的金额和贷款年限。

(3) 签订房屋买卖合同

借款人与卖方签订房屋买卖合同。

(4) 准备贷款资料，审核贷款资质

按揭服务公司协助借款人按照银行要求准备贷款资料，有的房屋需要由指定的评估公司进行房价评估，并且由按揭服务公司进行初步审核。

(5) 签订贷款协议，进行公证以及购买保险

按揭服务公司将初审后的贷款资料交贷款银行审核，通过后，按揭服务公司将安排借款人与银行签订贷款协议和办理协议公证，同时收取费用，包括房屋保险费等。

(6) 办理房屋过户和抵押手续

借款人到房屋所在区的交易中心办理房屋过户和抵押手续，并将抵押收据通过按揭服务公司交贷款银行。

(7) 办理房产证和抵押证明

贷款人的房产证和他项权利证明办好后，按揭服务公司将房产证复印件和他项权利证明原件交银行。

(8) 银行放款

银行在收到借款人的以上两证后，按揭服务公司将所贷金额发放给借款人。

4. 二手房按揭贷款的两种方式

二手房按揭贷款，按发放贷款资金来源方式的不同，分为商业贷款和公积金贷款两种。

商业贷款，就是中国人民银行批准设立的商业银行和住房储蓄银行，为城镇居民

购买自用普通住房提供的贷款，执行法定贷款利率。目前全国多家商业银行都有此项业务，如建行、农行、工行等。申请贷款手续也基本一致。

住房公积金贷款是指由全国各地市住房公积金管理中心及所属管理部，运用住房公积金，委托银行向购买、建造、翻建、大修自住住房的住房公积金缴存人和缴存单位的离退休职工发放的贷款，并由借款人或第三人提供符合住房公积金管理中心要求的担保。个人住房公积金贷款属政策性的个人住房贷款，具有一定的政策补贴性质，只要个人所在单位建立过住房公积金且按期缴交了公积金的均有权申请贷款。住房公积金贷款和商业贷款相比，最大的优点是利率低，通常不仅低于现行同期银行个人住房按揭贷款利率（一般比银行个人住房按揭贷款利率低 1 个百分点左右），而且要低于现行同期的银行存款利率。也就是说，在公积金贷款利率和银行存款利率之间存在一个利差。但是住房公积金贷款也有其缺点，即相对于商业贷款来说，其贷款手续繁琐，审批时间长。

无论是二手房商业贷款，还是住房公积金贷款，都可以采取等额本息还款法和等额本金还款法。等额本息还款法下每期偿还本息金额相等，还款压力平均分布；等额本金还款法下初始每期的还款金额较多，以后每期的还款金额较少，还款压力呈前紧后松分布。采用等额本息还款法支付本息总额略高于等额本金还款法。

（1）二手房商业贷款流程

二手房商业贷款流程如图 1－4 所示：

买卖双方签订《××市存量房合同》

↓

双方到场与银行、担保机构签订合同

↓

银行审批

↓

房产证过户

↓

银行放冻结款至卖方账户

↓

买方办理土地证、房屋他项权证

↓

银行解冻卖方账户

↓

买方按月向银行偿还贷款

图 1－4　二手房商业贷款流程图

（2）二手房公积金贷款流程图

二手房公积金贷款流程如图 1－5 所示：

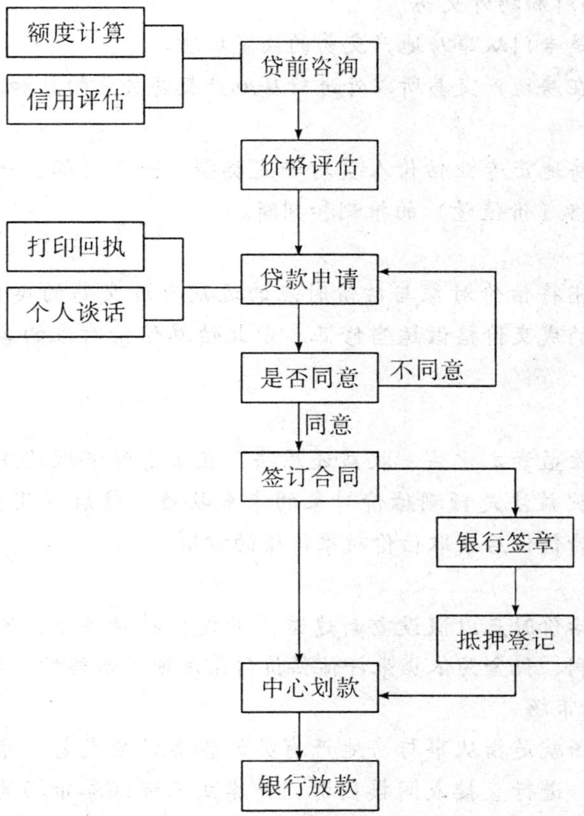

图1－5 二手房公积金贷款流程图

主要概念（明确基本认识，准确把握概念）

1．房地产市场

房地产市场主要是指房地产产品市场，即进行房地产交易，包括买卖、租赁、抵押、典当等交易活动的场所，如房屋使用权转移或让渡的场所。

2．自然环境

自然环境是一切直接或间接影响人类的、自然形成的物质、能量和现象的总体，即地球的空间环境、阳光、空气、水、土壤、岩石、动植物以及地壳的稳定性等自然因素的总和。

3．人工环境

人工环境从广义上讲，是指由人类活动而形成的环境要素，它包括由人工形成的物质能量和精神产品以及人类活动过程中所形成的人与人的关系，后者也称为社会环境。从狭义上讲，人工环境是人类根据生产、生活、科研、文化、医疗等需要而创建的环境空间，如各种建筑、园林等。

4. 房地产交易所和场外交易

房地产交易所是专门从事房地产交易的固定场所。

场外交易是指在房地产交易所以外进行房地产交易关系的总和。

5. 房地产估价

房地产估价是房地产专业估价人员对一定类型、一定目的、一定产权设置及一定时间点的房地产价格（价值量）的推测和判断。

6. 市场比较法

市场比较法是指将估价对象与估价时点的近期有过交易的类似房地产加以比较，对这些类似房地产的成交价格做适当修正，以此估算估价对象的客观合理价格或价值的方法。

7. 收益法

收益法又称为收益资本化法、收益还原法，在土地经济理论中及土地估价时又称为地租资本化法。收益法是预测估价对象的未来收益，然后利用报酬率或资本化率、收益乘数将其转换为价值后求取估价对象价值的方法。

8. 成本法

成本法是指在估价时点以假设重新建造（开发）待估房地产所需耗费的各项必要费用以及正常的利润、税金为依据来评估估价对象房地产价格的一种估价方法。

9. 房地产金融市场

房地产金融市场就是指从事与房地产有关的各类资金交易的市场。它利用多种信用工具和信用形式，进行直接或间接投资，并建立三级证券市场为政府、公司企业和个人提供可以选择的多种投资手段和筹资市场。

10. 二手房按揭贷款

二手房按揭贷款是指个人在购买售房人具有房屋产权证、能在市场上流通交易的住房或商业用房时，自己支付一定比例的首付款，其余部分以要购买的房产作为抵押，向合作机构申请的贷款。

■ 基本训练（描述业务情境，提出实训要求）

基本训练1：

周先生看中了成都市光华村街二环路口一套房子，希望了解周边环境。请问你应当向他介绍哪些环境内容？

基本训练2：

罗小姐在成都市武侯区有一套102平方米的房子需要出售，在将该房子委托给你所在的经纪公司出售时，罗小姐要求作为房地产经纪人的你帮她先估个价，再把房子按照这个价格挂出去。请问你将用什么样的方法给罗小姐的房子估个合理的价格？

案例分析（运用基本知识，分析案例问题）

案例：家庭购房组合贷款筹集方式

一对夫妻看中了一套100平方米的商品房，按每平方米售价5 000元，房款一共50万元。而这对夫妻的积蓄只有10万元，由于夫妻俩都参加了公积金存款，按有关规定买房时可申请公积金贷款16万元，积蓄加上公积金贷款共26万元，离购房还差一大截，该家庭怎么办呢？该家庭除了办理住房公积金贷款外，又到银行申请按揭贷款。但目前，建设银行推出了将公积金贷款和一般按揭贷款组合在一起的新型贷款组合，这种情况下，该家庭不用跑两次贷款手续了，直接找建设银行办理组合贷款即可，即申请公积金贷款16万元，按揭贷款24万元即可。公积金贷款按公积金的利率计算，按揭贷款按按揭贷款的利率计算。

案例思考问题：

1. 建设银行推出的按揭贷款实质是什么？
2. 一般申请公积金贷款的条件和流程是什么？
3. 申请按揭贷款需要什么条件？

练习题

一、判断题（运用基本知识，判断对与错）

1. 房地产金融的基本职能是中介服务。
2. 俗称的“按揭”就是指用住房担保贷款。
3. 从狭义上来讲，房地产市场是指房地产再生产过程中所有交易活动和交换关系的总和，它不仅包括房地产产品市场，而且包括房地产再生产过程中所有交换关系的总和。
4. 房地产市场按照经营性质，分成土地市场和房产市场。
5. 影响价格的因素主要有市场因素、社会因素、一般因素、政治因素。
6. 房地产商品所处的地理区位在很大程度上取决于外围的自然景观，自然景观的优劣对房地产企业的开发经营活动有直接的影响。
7. 土地开发费用包括了工程设计费。
8. 新建房地产价格＝建筑物建造成本＋管理费用＋投资利息＋销售费用＋销售税费＋开发利润
9. 房地产估价方法中的市场比较法的理论基础是效用价值论。
10. 住房公积金贷款，就是中国人民银行批准设立的商业银行和住房储蓄银行，为城镇居民购买自用普通住房提供的贷款，执行法定贷款利率。

二、简答题（简要回答基本问题）

1. 房地产周边环境如何影响房地产价格？
2. 二手房按揭贷款的程序是怎样的？
3. 房地产市场分为几级市场？各级市场的主要内容是什么？

4. 房地产估价主要方法的内涵和理论基础各是什么?

5. 房地产金融市场的参与者有哪些? 各自的角色是什么?

三、业务分析题(运用业务知识,分析说明问题)

工业房地产估价涉及各类工业,各类工业有各自的行业特点、生产要求。即使生产同一产品的工业企业,由于工艺、流程的不同,对厂房、用地的要求也可能截然不同,因此进行工业房地产估价时,首先应该了解相应企业所属行业的一些行业知识。工业房地产估价时采用较多的是成本法。标准厂房较易确定统一的重置价格,从而可以制定当地统一重置价格表。非标准厂房的重置价格的确定则有两个主要途径:一是参考预算价格计算;二是利用标准厂房的重置价格表,根据跨度、柱距、高度等修正,修正参数由经验得出。

问题1:工业房地产估价为什么多数采用成本法?

问题2:运用成本法如何估价?

四、技能操作题(运用专业知识,训练操作技能)

运用专业知识,整理从事房地产经纪业务应该掌握的基础知识。

第 2 章　房地产经纪认知

■ 学习目标

1．知识目标

了解房地产经纪基础知识；了解房地产经纪机构；了解房地产经纪各项业务内容。

2．技能目标

掌握各类型房地产经纪业务内容和操作流程。

■ 学习内容

1．认识房地产经纪基础知识

2．了解房地产经纪机构运作模式

3．掌握房地产经纪业务类型和内容

4．掌握房地产经纪业务操作流程

■ 引导案例

如何成立房地产经纪公司

张小姐是成都市一名房地产经纪人员，在从事了两年房地产经纪业务后，准备与朋友小唐共同出资 100 万元开办一家房地产经纪公司。首先是办理营业执照，公司名称要预先核准，申报各项材料后在银行指定账户存入 100 万元，并办理验资证明。两人准备了相关材料，到所在区域的房地产行政管理部门申报审核，然后到工商管理部门进行了设立登记，领取了营业执照。领取营业执照后，进行房地产经纪机构备案初始登记，完成了公司的设立。

引导案例引发的思考：

1．房地产经纪机构的设立需要什么条件？

2．申请设立房地产经纪机构的程序是什么？

房地产经纪活动是一种重要的中介服务活动，它以专业性、服务性等为促成房地产交易，提高交易效率，降低交易成本发挥了重大作用，是房地产经济中一个必不可少的组成部分。本章首先介绍房地产经纪的概念、房地产经纪服务的内容，然后介绍房地产经纪活动开展的载体——房地产经纪服务组织及其经营模式。本章重点放在房地产经纪的三大业务类型，即房地产咨询、房地产居间和房地产代理业务的介绍上，最后介绍房地产经纪相关业务内容。

2.1 房地产经纪概述

2.1.1 房地产经纪概念

房地产经纪是房地产中介的一部分，是指房地产经纪机构为委托人提供房地产信息、居间和代理业务的经营活动。

房地产经纪服务包括在房地产投资、开发、销售、管理等各个环节提供的信息、咨询、代理等服务，在这个过程中，经纪人向当事人收取中介费。

2.1.2 房地产经纪服务的内容

房地产是特殊的商品，其自身的特性决定了房地产交易的特殊性和复杂性。另外，在房地产市场交易中，交易主体多样化、政策多元化、程序多层化，使得房地产交易过程显得非常复杂。在这种情况下，房地产经纪服务的重要性也就凸显出来。房地产交易过程需要相应的房地产经纪服务，房地产经纪服务贯穿于房地产经纪活动的始终。房地产经纪服务的内容因提供服务的环节不同而有所不同，主要有如下内容：

1. 房地产生产环节的经纪服务内容

房地产生产环节包括房地产的投资决策、土地开发、房屋建设等。这个环节所涉及的服务对象主要是房地产开发者和土地供求者，包括开发房地产的企业、有权出让或转让土地使用权的土地供应者及诸多土地使用权的受让者。

房地产经纪在这个环节所提供的服务有：

(1) 为房地产开发商寻找项目用地或投资伙伴；

(2) 为房地产开发项目进行可行性分析与研究；

(3) 为房地产开发企业提供融资与信贷信息服务；

(4) 为房地产开发商代办工程项目立项、申请规划条件、申请用地规划许可证、申请建设工程规划许可证、申请房屋拆迁许可证、申请国有土地使用许可证、申请建设工程开工证等申请手续，代领有关证件；

(5) 代办工程招投标事宜、协助选择承建商等。

2. 房地产流通环节经纪服务内容

房地产流通环节主要指房地产的营销等，经纪服务对象多种多样，如新商品房、存量房的购买者及经营销售者，房地产产权交易者，房屋出租、承租者，差价换房者，房地产抵押者以及典当者等。

在这个环节所提供的经纪服务主要有：

(1) 承担销售策划、广告推介等工作；

(2) 对各种房屋进行价格评估；

(3) 为房地产开发商代理销售或出租新建商品房；

(4) 为房屋需求者购买或租赁新建商品房；

（5）为存量房地产所有者出售、出租、转让房地产；

（6）为存量房地产需求者购买、承租或受让房地产；

（7）为房地产产权交换者与差价换房者寻找交换目标和换房对象，组织双方洽谈，帮助双方协议成交，代办申请批准手续，领取有关证件；

（8）为公有房屋使用权转租、转让者寻找承租者或受让者，组织双方洽谈，帮助双方协议成交；

（9）为房地产买卖双方代办土地使用权出让、转让和房屋交易过户手续，领取房屋所有权证与土地使用权证；

（10）为房地产抵押、房屋租赁代办抵押登记与租赁备案手续，领取房屋租赁证、抵押贷款登记证件；

（11）为购买新房屋者向资金管理中心和商业银行融资，代办抵押贷款手续。

3．房地产消费环节经纪服务内容

房地产消费环节主要指房地产交易完毕后的房屋交付使用。其服务内容主要有：

（1）代理物业管理，为房地产业主和物业管理公司牵线搭桥，为双方协商物业管理事项提供服务；

（2）为房屋保险者代办房险手续；

（3）其他房产服务内容。

2.2　房地产经纪服务组织

2.2.1　房地产经纪服务组织形式

房地产经纪服务组织，是指依法以各种方式充当房地产交易媒介，为单位和个人提供有偿服务的组织。它包括以下几种形式：

1．房地产经纪机构

房地产经纪机构，是指按一定法律程序设立的，为协调、配合、帮助房地产交易双方进行谈判达成交易协议、提供各种代理业务和有偿服务的组织。其主要业务内容有：

（1）居间或代理房地产买卖、租赁、抵押、典当等各种交易；

（2）代办各种交易手续；

（3）代为介绍产品、进行质量鉴定等。

2．房地产咨询机构

房地产咨询机构，是指按一定的法律程序设立的专门从事房地产政策、业务等的咨询服务的组织。其主要业务内容有：

（1）为客户提供国家、地方政府有关房地产方面的法律法规、政策咨询；

（2）为客户提供房地产投资、项目开发、交易等业务咨询；

（3）为发展商进行房地产投资项目可行性研究，提供经营决策依据；

（4）有偿提供各种房地产信息咨询、房源信息、投资伙伴和投资招商信息等。

3. 房地产评估机构

房地产评估机构，是指按一定法律程序设立的专门从事房地产估价的组织。其主要业务内容有：

（1）接受委托进行房地产交易价格评估，提出评估报告，供交易双方作决策参考；

（2）接受地方政府委托，对某一区域或某一类型房地产价格进行评估，为政府确定各类房地产基准价格提供依据；

（3）接受地方政府委托，评定公房出售价格；

（4）接受地方政府委托，进行房地产价格评估基础资料的收集、整理、发布等工作；

（5）接受社会各界委托，对涉及折资入股、金融担保、法律诉讼等房地产进行价格评估。

2.2.2 房地产经纪服务机构的设立

从事房地产经纪业务，应当设立房地产经纪服务机构。房地产经纪服务机构，应是具有独立法人资格的经济组织。《中华人民共和国城市房地产管理法》（以下简称《房地产管理法》）第五章第二十六条明确规定：房地产中介服务机构包括房地产咨询机构、房地产价格评估机构、房地产经纪机构等。房地产经纪机构已经成为活跃在房地产市场中的一个重要组成部分。

1. 房地产经纪服务机构的设立条件

房地产经纪服务机构是房地产中介服务机构的一部分，它的设立必须具备房地产中介服务机构设立的一般条件。按照《房地产管理法》和《城市房地产中介服务管理规定》，设立房地产中介服务机构应具备下列条件：

（1）有自己的名称和组织机构；

（2）有固定的服务场所；

（3）有必要的财产和经费；

（4）有规定数量的房地产经纪人及其他专业人员；

（5）设立公司制组织形式的，需符合《中华人民共和国公司法》（以下简称《公司法》）的有关规定；

（6）法律、行政法规规定的其他条件。

2. 经纪机构（公司）的设立条件

房地产经纪服务机构作为一个特殊机构，除了具有房地产中介机构的共性外，也具有不同于其他中介机构的特点。它兼有房地产业和经纪行业的双重特点，受到两个行业的双重制约。

《中华人民共和国经纪人管理办法》第三章第九条规定：经纪公司是负有限责任的企业法人。

设立房地产经纪公司应当符合以下条件：

（1）有相应的组织机构和固定的业务场所；

（2）有必要的财产和经费，注册资金在十万元以上；

（3）有与其经营规模相适应的一定数量的专职人员，其中取得经纪人资格证书的不得少于五人；

（4）兼营特殊行业经纪业务的，应当具有两名以上取得相应专业经纪资格证书的专职人员；

（5）专门从事某种特殊行业经纪业务的，应当具有四名以上取得相应专业经纪资格证书的专职人员；

（6）《公司法》及其他有关法规规定的其他条件。

2.2.3　房地产经纪机构经营模式

房地产经纪机构经营模式主要有三种，即：无店铺经营模式、直营连锁经营模式、特许加盟连锁经营模式。

1. 无店铺经营模式

无店铺形式，并非指没有经营的场所，而是指不设立连锁店。在一般情况下，综合性的房地产经纪机构（特别是从事增量市场代理的机构）往往采取这种形式，除了派往开发商处的销售人员，所有员工在同一办公场所内办公。

2. 直营连锁经营模式

连锁经营形式是零售业在 20 世纪的一项重要发展。直营连锁经营，即由同一公司所有，统一经营管理，具有统一的企业识别系统，实行集中采购和销售，由两个或两个以上连锁分店组成的一种形式。

3. 特许加盟连锁经营模式

特许经营起源于美国，是指特许者将自己所拥有的商标（包括服务商标）、商号、产品、专利和专有技术、经营模式等以特许经营合同的形式授予被特许者使用。被特许者按合同规定，在特许者统一的业务模式下从事经营活动，并向特许者支付相应的费用。

特许经营具有以下四个共同特点：

（1）法人对商标、服务标识、独特概念、专利、经营诀窍等拥有所有权；

（2）权利所有者授权其他人使用上述权利；

（3）在授权合同中包含一些调整和控制条款经营活动；

（4）受许人需要支付权利使用费和其他费用。

4. 直营连锁经营和特许经营之比较

直营连锁经营和特许经营在外在表现形式上都表现为统一的标识系统、统一的经营方式，但对于房地产经纪机构而言，这两种方式却大不相同。

在直营连锁经营方式下，整个经纪机构是在一个相对封闭的组织下进行运作，各连锁店之间虽然也可能存在利益竞争关系，但是由于所有的连锁店都为一个机构所拥有，整体上的利益关系还是一致的，可以通过内部的协调机制来解决。同时，因为各连锁店属于同一个所有者，管理权力绝对集中，在管理上相对容易，所有者的经营理念容易贯彻。但是，随着连锁经营规模的扩大，扩张成本相对较高。

特许经营模式目前逐渐被越来越多的大型房地产经纪机构所接受，通过特许经营可以实现低成本、高速度的扩张。但是由于每一家加盟连锁店都是由不同人组成，机构人员素质参差不齐，信息难以共享，服务质量难以保证，管理上相对困难。

5. 房地产经纪机构经营规模的确定

对房地产经纪机构形式的选择，实质上是一个经营规模的问题。房地产经纪机构保持何种规模，除了考虑可能的边际成本递减或递增带来的规模经济或规模不经济这一因素外，主要还应考虑以下因素：

（1）是否有充足的客户信息和房源信息；

（2）是否有充足的人力资源；

（3）整体服务质量和服务水准是否会下降。

2.2.4 房地产经纪机构主要岗位设置

房地产经纪机构的主要岗位设置可以区分为不同的序列，即销售序列、研发序列、管理序列和业务辅助序列以及辅助序列。所谓岗位序列，也可以称为“岗位群落”、“职能级别”等，也就是将从事相同工作内容的工作岗位进行归类管理的结果。不同的序列岗位设置安排如下：

1. 销售序列

所谓销售序列，指专业从事专职销售或市场开拓等工作的岗位，一般工作场所不固定，甚至在外时间比在公司的时间长。这些岗位的绩效考核、薪酬激励的内容与其他岗位的差异是最大的。作为房地产经纪公司的销售序列，主要包括销售员岗位、案场销售经理岗位、连锁店经理岗位、销售副总经理岗位。

（1）销售员岗位：主要从事二手房房源和客源的开拓以及交易匹配业务。

直接上级：案场销售经理（房地产代理机构）或是连锁店经理。

（2）案场销售经理岗位：对销售人员进行管理。

直接上级：销售副总经理。

（3）连锁店经理岗位：负责某一个具体连锁店的业务和人员管理。

直接上级：销售副总经理。

（4）销售副总经理岗位：负责整个经纪机构的业务管理和公司发展规划。

直接上级：总经理。

2. 研发序列

研发序列主要指从事项目开发、市场调研等前期准备工作的岗位。

（1）项目开发岗位

直接上级：所在部门的部门经理。

（2）市场调研岗位

直接上级：所在部门的部门经理。

（3）信息管理岗位

直接上级：所在部门的部门经理。

（4）专案研究岗位

直接上级：所在部门的部门经理。

3. 管理序列

管理序列是指从事管理工作并拥有一定职务的职位。企业因其承担的计划、组织、领导、控制职责作为主要的付薪依据，即一般企业中常用的所谓“中层和高层”的概念。

(1) 部门经理岗位

直接上级：分管副总经理。

(2) 副总经理岗位

直接上级：总经理。

(3) 总经理岗位

主要工作：负责房地产经纪机构的全面管理，包括组织制定和调整机构经营模式、内部组织结构、内部管理制度和任免各岗位的工作人员等。总经理对董事会（有限责任公司或股份责任公司）或投资人（合伙企业）负责。

4. 业务辅助序列

业务辅助序列是直接辅助支持业务工作岗位的职位。

(1) 办事员

直接上级：所在部门的部门经理。

(2) 咨询顾问

直接上级：所在部门的部门经理。

5. 辅助序列

辅助序列是公司整体运转的辅助和支持岗位，主要包括会计、出纳，较大规模的房地产经纪机构内通常还有秘书、接待台服务生、保安、司机、保洁员等岗位，以辅助机构的运转。

2.3 房地产经纪业务类型

2.3.1 房地产咨询业务

1. 房地产咨询的概念和作用

房地产咨询是指在房地产开发及流通过程中为客户提供信息、建议、策划、可行性研究等各种智能服务的活动。房地产咨询可以为房地产投资者提供包括法律咨询、政策咨询、决策咨询、工程咨询、经营管理咨询在内的各种咨询服务，也可为房地产市场交易行为中的客户提供信息咨询、技术咨询等中介服务。当然，房地产咨询业务中目前最大的工作是为客户置业提供购房指南等。建设部的《城市房地产中介服务管理规定》中所称的房地产中介服务是指房地产咨询、房地产价格评估、房地产经纪等活动的总称。因此，房地产咨询是一种中介服务。目前，在我国房地产经纪人的业务也涵盖了房地产咨询工作。

房地产咨询的作用主要体现在：

（1）房地产咨询可以使房地产投资决策更科学，推动房地产业的健康发展

房地产咨询是由房地产业各方面的专家，运用专门的科学技术和方法，凭借专家头脑中所储备的知识和经验向客户提供各类信息以及各类解决问题的方案、知识和技术。咨询成果作为“软件”产品进入房地产市场，可以直接或间接地为客户创造价值，帮助房地产业主进行科学化决策，从而推动房地产业健康发展。房地产咨询业的发展，有利于我们研究国外先进的房地产投资决策系统，研究国际上房地产项目的管理惯例以及涉及房地产经济、金融、估价、物业管理等方面的先进经验及做法等。

（2）房地产咨询的介入，可以提高我国房地产行业的决策、管理水平

房地产咨询从业人员是一支专家队伍，他们不仅有丰富的房地产开发经营管理的理论知识，而且还懂得建筑、经济、金融、保险等多方面知识。随着房地产咨询队伍的壮大，房地产咨询人员的参与，不仅使房地产业的从业人员得益于咨询专家的专业指导，从而提高自身的水平，而且可以使我国的房地产业的决策水平、投资效益、管理能力上一个新的台阶。

（3）房地产咨询业的发展，使房地产业的分工更为合理

由于房地产咨询业的运作及发展，咨询业从房地产中介服务业中分离出来，使房地产业的分工更为合理。在市场经济条件下，房地产咨询可以为房地产开发企业、经营企业、管理企业解决许多在企业求生存图发展过程中迫切需要解决的技术问题、经济问题、法律问题等。任何一个房地产企业都不可能拥有能解决所有问题的专家，也不可能花高薪去聘用不经常使用的专家。有了房地产咨询机构，房地产企业遇到问题就可以向咨询机构中的专家请教，付出较小的费用，获取较大的收益。

2. 房地产咨询业务类型

根据我国房地产经纪人咨询业务的内容现状，房地产咨询业务大致有以下几种类型：

（1）法律咨询

法律咨询业务大致有以下五类：

①为委托人提供解决房地产纠纷的法律依据；

②兼有律师资格的可以受聘担任各类房地产企业的法律顾问；

③为委托人化解可能因法庭判决产生的风险；

④为维护委托人的正当利益提供法律依据；

⑤为委托人组织诉讼文件资料，通过法庭来保护委托人的合法权益。

（2）房地产企业管理咨询

一个房地产企业，尤其是一个大型的房地产企业，要按照现代企业制度的要求来组织管理，是一件十分复杂、专业化程度很高的工作。房地产企业管理的具体内容包括组建合理的组织机构、领导体制、发展战略、决策体制、计划管理、人事管理、分配管理、财务管理、科技管理、教育培训管理等。这些管理工作在各类企业之间有共性的方面，但也有房地产企业特殊性的要求，每一项管理工作都有其相应的专业要求。要使各项管理工作比较完善，往往不是一个企业内部力量所能完成的，这就为房地产企业管理的咨询提供了一个活动空间。房地产企业管理咨询员通常的业务是对企业管

理中的一些重大任务，如企业发展战略方案的编制、企业主要计划和决算的编制及经济运转情况分析等问题进行专题研究，并在此基础上提出咨询报告。

(3) 房地产企业经营咨询

房地产企业经营包括从房地产开发到销售及售后的物业管理等，是一个庞大的业务体系。企业要使每一项工作都做得完善、高水平完成是十分不容易的，因为这些工作涉及多方面的专业知识、专业技能、经验甚至社会关系。这些条件往往不是每一个企业都能具备的，因此，通过咨询协助做好某些环节的工作，是房地产业众多企业所企求的。在这方面主要咨询工作内容有：

①开发项目的前期策划和可行性研究；

②为开发项目作市场调查和分析；

③为开发项目作营销策划、拟订营销策略；

④为企业编制土地使用、工程建设、物业管理等招标或投标的标书；

⑤为企业编制项目预算、计划及结算报告和分析等。

(4) 房地产服务咨询

在房地产使用过程中，居民要与许多部门打交道，如与物业管理公司打交道就是其中经常遇见的事情。居民如何将自己的物业委托给物业管理公司管理，居民将自己多余的住房用于出租如何办理有关手续，业主的权利如何得到维护以保证物业的正常使用等，这些是房地产消费服务方面可以开展咨询的业务内容。同时，在生产、开发及管理方面，房地产开发、经营企业和物业管理公司如何组建，以及房地产开发经营企业如何从暂定资质转为正式资质，甚至连房地产开发项目的建设涉及的方方面面的公关，包括建设程序的安排、各种证书的申报等，都可以委托给房地产咨询服务人员。这样，既可以为开发商赢得时间，又可为开发商节约资金，尤其在各种关系没有完全理顺的情况下，房地产服务咨询工作更受欢迎。

3. 房地产咨询的服务方式

现代咨询机构的服务方式与传统的咨询服务方式相比，有了很大的进步，基本上可分为三类：

(1) 直答式服务方式

所谓直答式服务方式，指客户提出需要咨询的问题，由咨询机构中的咨询专家(或人员) 给予口头或书面的直接答复。这也是房地产咨询机构中最常见的一种咨询服务方式。

这类客户提出的咨询问题一般都比较简单，涉及客户想要了解的如房源信息、房价、购买办理手段等问题，这些往往是房地产交易过程中涉及的一些具体问题。这类咨询服务工作要求房地产经纪人具备这方面的知识和经验，能从事直答式的咨询服务工作。

(2) 网络式服务方式

随着计算机和网络的普及，咨询机构通过其建立的局部的或区域性的信息和咨询服务网络向客户提供各类咨询服务。目前网络式服务方式已成为普遍运用并具有代表性的服务方式。其优点是使咨询服务更具广泛性、时效性、可靠性及实用性。如四川省一大批房地产经营公司、中介公司及经纪人公司在房地产经纪人协会的共同努力下，已建立了网员网络，相关信息及资源在网员单位之间流通，做到信息资源共享。特别对于房产交易、房产租赁、置换、抵押等信息，每个经纪公司的工作人员、咨询人员坐在自己的微机终端前都能查询储存于网络中的信息，做到互惠互利。

（3）项目式服务

这种服务方式一般有两种形式：一种是由客户提出项目，房地产咨询机构根据客户要求，进行调查、研究、论证，回答客户项目中提出的各种问题，如开发计划的咨询、评价开发可行性咨询、工程项目造价咨询、工程计划研究咨询、招投标咨询等。就客户提出的具体项目要求而由咨询机构提供咨询意见这类服务的运用较为普遍。另一种是由咨询机构（人员）向客户提供咨询项目，由客户自行选择。这一类型的服务突出了咨询机构（人员）的主动性，咨询人员为客户设计咨询项目，并承担咨询任务。

2.3.2 房地产居间业务

1．房地产居间的含义

所谓居间，就是处在双方之间。由此，房地产居间是指以房地产或有关房地产的业务为对象，通过居间人的协调，促成交易双方达成交易，居间人依法取得合理的中介报酬的经营活动。在房地产居间活动中，一方当事人为居间人（中介人），即房地产经纪人，另一方为委托人，即与居间人签订居间合同的当事人。相对人为委托人的交易方。委托人支付给中介人的报酬称为佣金。

房地产居间业务，根据居间人所受委托内容的不同，可分为指示居间和媒介居间。指示居间是指居间人仅为委托人报告订约机会的居间；媒介居间是指居间人仅为委托人订约撮合、媒介的居间。

房地产业务内容丰富、手续繁杂、涉及面广等特点，决定了房地产居间活动对房地产业发展起着重要的作用，成为房地产市场中不可缺少的经营活动。随着房地产业的发展，房地产居间业务量不断提高。为了适应这种市场需求，不同内容的房地产居间活动也逐步发展成为专业化操作的相对独立的领域，如房地产买卖居间、房地产投资居间、房地产抵押居间、房地产租赁居间等。

2．房地产居间活动的特征

（1）房地产居间人只以自己的名义进行活动

房地产居间人并不具体代表其中任何一方，只以自己的名义为委托人报告订约机会或替交易双方撮合交易，因此，居间人没有代为订立合同的权利。如果经纪人代理委托人签订合同，这时经纪人的身份就不是居间人，而是代理人的身份了。代理人与相对人签订合同只能以被代理人的名义，而不能以代理人自己的名义签订。经纪人在居间活动中的法律地位与在代理中的法律地位是不一样的。

（2）房地产居间活动业务内容广

房地产居间活动可以渗透到房地产经济活动的整个过程，从房地产项目的筹划开始就可以涉足，在融资筹资、地块选取、规划设计、施工、销售各个阶段，都可以发挥牵线搭桥的作用。所以，在房地产整个经济活动过程中无不渗透着房地产居间活动。

房地产居间业务可以包括房屋买卖居间、房屋租赁居间、房屋置换居间、土地使用权转让居间等。

(3) 房地产居间人介入房地产交易活动程度较浅

房地产居间人介入交易双方的交易活动程度较浅，居间人只是向委托人报告成交机会或撮合双方成交，起到穿针引线、牵线搭桥的作用，其服务内容较为简单，参与双方交易过程的时间也比较短。

(4) 房地产居间是一种有偿的商业服务行为

任何一种居间行为都是有偿的，只要经纪人完成了约定的居间活动，促成交易双方成交，经纪人就有权收取佣金。由于房地产的价值大，因此，佣金收入也较高。

(5) 房地产居间业务专业性强

房地产居间活动要求经纪人具有一定的房地产专业知识。房地产是一种特殊的商品，交易双方投入的资金比较大，当事人对这种不动产的交易行为都比较慎重。随着居民文化素质的提高，对房地产经纪人的要求也越来越高。房地产居间活动要求房地产经纪人具有丰富的房地产业务知识及有关法律和税务知识；对当地社区环境、经济条件熟悉，能掌握市场行情；消息灵通，反应灵敏，判断力强；信誉良好，诚实可靠，按职业道德准则办事。

2.3.3 房地产代理业务

1. 房地产代理内涵

房地产代理，即代理人（经纪人）在委托人委托的权限内以委托人的名义从事有关房地产租售业务的行为。房地产代理业务是房地产经纪业务的一种主要形式，而房地产代理中最常见的是销售代理与租赁代理。

一般来说，经纪人从事代理业务，必须具备相应的执业资格，获得委托人的书面或口头委托。经纪人在代理活动中，只能在委托人委托的权限范围内行事，越权代理的行为是无效的代理行为，代理人要承担行为的责任，除非这种代理行为得到委托人的追认。

2. 房地产代理业务类型分类

房地产代理存在于房地产开发经营管理的全过程，其代理业务可以做如下划分：

(1) 根据服务对象的不同，房地产代理可分为卖方代理和买方代理。卖方代理是指委托人为房地产开发商、存量房的所有者或是出租房屋的业主而进行的代理行为。买方代理指受需要购买或承租房屋的机构或个人委托而进行的代理行为。从业务总量上看，房地产卖方代理远远多于房地产买方代理。

(2) 根据代理标的物的不同，房地产代理可分为新商品房买卖代理、房屋租赁代理、二手房买卖代理。

(3) 根据代理运作方式的不同，房地产代理主要有一般代理、总代理、独家代理、差额佣金代理、选择性代理、风险包销代理等形式。

一般代理也叫开放性代理，即卖主选择多家经纪人，给若干经纪人一个平等竞争、获得佣金的机会，但佣金只属于成功完成代理业务，使买卖双方达成交易的经纪人。

如果由被代理人自己售出物业，则可以不支付佣金。

总代理指被代理人通常只与一个经纪人确定代理关系。如果被代理人自己售出物业，则有权不支付佣金。

独家代理指经纪人有独家销售该物业的权利，在代理合同的有效期内，其他任何人包括业主售出该物业，独家代理人仍有权获得佣金。独家代理是美国运用最广泛的一种代理形式。

差额佣金代理允许经纪人获得的佣金为物业的实际卖价与业主期望的卖价之间的差额。

选择性代理，也称包销包租代理。这种代理形式给了经纪人自己买入该物业或让顾客买入该物业的选择。经纪人可以自己先从业主手中将该物业买入，过一段时间再转卖给别的买主；也可以先由经纪人叫买主把该物业买下来，并向其保证，过一段时间再帮他转卖给别人或保证出租给别人。

风险包销代理，就是保证在一定的时间内销售一定的数量。如果在规定的时间内销不到规定的数量或有剩余，则风险包销就转化为购买。这种代理形式只规定在一定时间内包销的数量而不包底价。由于这种代理形式风险大，因此，中介费提取的比例也大些。

目前，在我国，房地产代理业务的运作方式还比较单一，主要是开放性代理。

(4) 根据供需双方房屋需求类型的不同，划分为房屋买卖代理、房屋租赁代理和房屋置换代理。

房屋买卖代理指房地产经纪人接受房地产开发商或者业主的委托，按委托人的基本要求进行商品房销售并收取佣金的行为。房地产经纪人须经开发商或者业主委托，在委托范围内（如价格浮动幅度、房屋交付使用日期等）替开发商行使销售权。

房屋租赁代理是指房地产经纪机构（或者经纪人）接受房屋承租方（或者出租方）委托，代理承租（或者出租）房屋，最终促成双方租赁成功同时收取佣金的行为。

2.3.4 房地产经纪相关业务

房地产经纪除了房地产居间和代理服务外，还可以提供以下服务：

1. 房地产交易登记及权证代办

房地产权属登记是保障房地产权利人的基本手段。具有完全民事行为能力的权利人可以自己办理房地产权属登记。限制行为能力的人和无行为能力的人，可由他们的法定代理人代理登记。由于许多权利人并不了解登记过程中所需的各种前提条件和需准备的资料以及应遵循的程序，因此人们常常委托房地产经纪人代为办理。房地产经纪人可以将自己所承揽的多笔代办业务集中办理，降低每笔登记所耗费的时间和精力。经过登记，房地产登记机构将代表政府向房地产产权人颁发产权证。

2. 房地产抵押贷款手续代办

目前，我国的个人住房抵押贷款主要有公积金贷款与商业贷款两种基本形式，以及由此派生出来的个人住房组合贷款，即公积金贷款和商业贷款的组合，共计三种形式。在办理抵押贷款过程中，房地产经纪人可以协助购房者办理有关手续。抵押合同生效后，借款人应直接向贷款人提出借款申请，并提交以下资料：身份证件、稳定的经济收入证明、符合规定的购买住房合同意向书、协议或其他批准文件、抵押物权属证明以及有处分权人同意抵押或质押的证明、抵押物价值的证明（如估价报告）、保证人同意提供担保的书面文件和保证人资信证明，申请公积金贷款的，需持有住房公积金管理部门出具的证明、贷款人要求提供的其他文件或资料。

3. 房地产价格评估

房地产经纪活动中的评估，并不是一种经济鉴证活动，评估结果只是作为一种参考信息，所以它并不是必须由房地产估价师来进行评估。房地产经纪人常常可以提供比较准确的房地产价格评估。

4. 房屋装潢及搬家推介服务等

房地产经纪人可以为客户推介信誉好、质量优、价格合理的房屋装潢企业，或代为监管房屋装潢过程，为客户提供更加细致、周到的服务。

2.4　房地产经纪业务工作流程

2.4.1　房地产居间业务基本流程

1. 收集、整理、传播信息

房地产经纪人的工作就是为买卖双方牵线，完成信息的传递，促成交易。因此，信息是经纪人拥有的资源和资本，经纪人拥有的信息量的多少及其重要程度，决定着经纪人业务成就的大小。因此，获取和整理信息是房地产经纪人业务活动的第一项工作。

（1）信息的收集

收集信息是房地产经纪人实施居间服务的起点。收集信息要能做到主动及时，以保证信息的时效性；要真实可靠，将收集到的信息进行严格核实、检测、筛选，去伪存真，以保证信息的准确性；要明确信息收集的任务、目的、对象，避免盲目性，收集信息要有针对性。

信息收集一般有以下几种渠道：

①通过报刊资料整理收集信息。各类报纸杂志中包含有丰富的信息资源。除专业的房地产报纸杂志外，其他书刊也有房地产栏目。

②通过房地产开发企业内部收集。经纪人应与开发企业建立良好的合作关系，以便获得第一手信息资料。

③通过定期交纳一定的费用加入信息网络组织以获取信息。通过网络组织成员之间的相互交流，或者通过网络成员之间提供刊物和联机服务、咨询能获得大量信息。

（2）信息的整理

经纪人收集到的信息是大量的，而真正达成交易、直接获利的信息只是少数。因此，经纪人必须对收集到的信息进行加工、整理。其方法和步骤如下：

①筛选。通过归纳、分析、对比，去粗取精，去伪存真，剔除重复信息。

②分类排序。对有价值的信息按目的、要求、时间、地域、需求层次等进行分类、排列成序。

③存贮。许多信息一时用不上，有些信息可能不止用一次，必须存贮。

④评估、分析。对信息的含量、价值、时效等作出评估、判断，挑选出直接用于交易的信息，同时提取一批与之相关的信息，为交易谈判服务。完成以上工作后，即可着手寻找客户了。

（3）信息的传播

房地产信息传播的方式与渠道有多种形式，包括派发单张广告、楼盘现场展示、各种媒体宣传等。随着网络技术的普及，房地产信息在网上的宣传力度与专业性日益增强。

2. 寻找客户

经纪人是买卖双方的中介，没有客户就无所谓经纪。寻找客户是经纪人达成交易的关键，经纪人必须遵循“客户至上”的原则，自己想方设法寻找客户。当然，一些信誉好的经纪人事务所、经纪公司也会有客户找上门来。这是客户来源的渠道之一，而且是被动的。经纪人必须培养主动寻找客户的技能。

寻找客户可以从以下几方面入手：

（1）确定客户的范围，挑选出一批客户候选人

从市场的细分情况可以排列出一批潜在客户面来分析：一是从房屋的性质来划分，划分的结果可以为商品房、公房，住宅、商业用房或者闲置厂房；从房屋的面积大小来划分，划分的结果是别墅式、三居室、二居室、一室户等；从房屋所处的地理位置来划分，划分的结果是市中心、新城区、城郊结合部的房屋。二是从买方的经济承受能力或卖方的供楼能力来划分，如买方是外商、外企职员、工薪阶层还是打工族，卖方是开发商还是居民个人，出租方出租的是私房还是公房；从房屋的价格或租金水平也可以划分出一批客户候选人，如所需房屋是全装修、简单装修或是简易房屋。

经纪人在自己贮存的信息资料中挑选出一批可能成为客户的候选人，对客户候选人要按可能性大小，依顺序落实。

（2）与客户候选人联系，确定现实的买主或卖主

客户候选人只是潜在的客户，要使潜在的客户变成现实的客户，还要做大量的工作。这也是寻找客户过程中最关键的一环。与客户联系的方法可以用电话、信函。如果对客户候选人过去并不熟悉，一般要求经纪人登门拜访，当面会晤。开拓新客户是一门艺术，有许多技巧需要经纪人在实践中去摸索。在与客户联系的过程中，有几个原则应当遵守：一是信誉至上；二是真诚服务；三是耐心细致。信誉是经纪人得以生存和发展的根本。由于几千年来，社会对经纪人一直有偏见，加上前些年经济秩序比较乱，交易行为不规范，人们对经纪人有防范心理。因此，经纪人更应该以信誉立足社会，用真诚感动客户，靠耐心细致发现机会，把握住商机。

（3）在竞争中争取更多的客户

在当今竞争激烈的商业社会，必须不断开发新客户才能有生存的空间。要收集新

客户的信息，可以采取以下几种方法：一是直接拜访法，先以电话或信函联系后登门拜访。二是缘故法，即通过亲戚、朋友、同学等介绍，然后再按计划去拜访。由于熟人介绍容易取得信任，此法效果颇佳。三是其他方法，比如通过扩大自己的交际圈，如参加各种俱乐部、社会团体、同乡会、同学会、行业协会等，以增进人际关系。在当今信息时代，广泛的社会关系、良好的人缘对经纪人而言就是一种无形资产。俗话说“多一个朋友多一条路”，这句话对经纪人来说就是多一个朋友就多一条信息的来源渠道。

3．撮合成交

经纪人在找到买卖双方后，接着就是促成买卖双方签订成交合同。经纪人撮合成交的过程因经纪活动的情况各异而有所不同。

（1）经纪人作为中介人不参与成交谈判和合同的签订

在这种情况下，经纪人完成牵线搭桥的任务，把买卖双方拉到一起后，经纪活动就已完成，经纪人促成双方成交的工作要在买卖双方见面前完成。经纪人要把买卖双方需求的详细情况分别告知对方，等到双方基本上取得一致，只剩下签合同的具体工作时，经纪人才让双方见面。这样，就增大了成交的把握，也让客户感到经纪人确实做了许多工作，认为付给经纪人佣金是应该的，从而减少被客户抛弃的风险。为减少被抛弃的风险，双方首次见面的时间、地点最好由经纪人协助确定。

（2）经纪人作为中介人参与合同签订的全过程

在这种情形下，经纪人除了要为双方签订合同提供具体的信息资料外，还要在双方有分歧时做一定的协调工作，直到双方签约成交才能提取佣金。应当指出的是经纪人在整个经纪活动中的法律地位既不是任何一方的代理人，也不是任何一方的保证人，其身份仍然是中介人。即使经纪人在合同上签字，其身份的性质也并未改变。经纪人对其签字只承担见证责任。

4．提取佣金

经纪人的佣金根据居间业务的不同有多种计算方式。如房屋买卖居间一般以房屋的成交价按比例提取，而房屋租赁居间也可以以年租金按比例提取，商业习惯中也有提取相当于一个月的租金作为佣金的。

提取佣金的方法主要有以下三种：

（1）在成交前提取佣金。这种情况不太多。这种佣金相当于信息咨询费，每笔佣金的数量也不大。一般的做法是经纪人要求委托人预付部分佣金或提供保证金，其余的在成交后支付。

（2）在买卖双方成交后提取佣金。这是一种较普遍的方式。在这种情况下提取佣金，对经纪人来说风险较大。因此，经纪人应改与委托人事先签订书面的居间合同。

（3）根据口头协议在成交后提取佣金。这种方式是业余经纪人常采用的方式。这种做法虽然简便，但风险大，经纪人容易被抛弃。

经纪人得到佣金后，一项经纪活动随之结束。

2.4.2 房地产代理业务基本流程

房地产代理的形式虽然较多，但就其实质而言，主要是确定了经纪人作为代理商与开发商或业主的权利义务关系。而房地产代理作为一种中介活动自身有其规律。房屋买卖代理是房地产代理业务中最为广泛的，下面以房屋买卖代理业务为例，介绍代理业务的一般操作步骤：

1．确定委托代理关系

房地产经纪人与开发商或业主通过签订委托合同，得到开发商或业主的授权委托，取得代理商的身份，并在委托合同中明确代理方式、中介费用的支取方式及其比例等。经纪人在接受委托时应审查开发商有无商品房销售许可证，涉外销售的，还应有涉外销售许可证。对二级市场上委托出售的房屋应审查有无房屋所有权证和土地使用权证。如果不具备这些合法权证，该房销售前景再好，中介利益再丰厚，都不能接受委托，以免引起纠纷。

2．进行市场销售的可行性论证

经纪人取得代理商身份后，就应着手进行市场销售前景的分析、论证。对房地产这种特殊商品来说，其所处的地理位置是至关重要的。当然，房屋的价格及其建筑风格、品位也决定了其消费对象和消费层次。因此，对代理项目应从其所处的区域、地段、投资结构、平面布局、小区环境以及开发商或业主的报价等进行市场可行性论证，把握市场的消费层次及其特点。

3．制订促销计划

代理商在进行了可行性论证的基础上，对确定的消费对象设计促销广告、制作售楼书及楼盘模型，并确定房屋的基价、层次价、朝向价。

4．与客户接洽、谈判、签约

（1）接受客户的咨询，介绍所代理物业。客户购置房产都比较慎重，又由于对房地产市场行情及房屋的建筑性质缺乏了解，因此，客户都要“货比三家”，所要咨询的内容较多。代理商应着重从以下几方面介绍：首先是了解客户所需房屋的性质及类型（比如是住宅还是商业用房）、房型、层次及地段等；然后应针对客户的需求有选择地向客户推荐自己所代理的物业。代理商的介绍除了要让客户了解物业的面积大小、平面布置、层次、朝向、价格及物业管理情况外，还应介绍该物业的建筑性质是砖混结构、砖木结构还是钢混结构或浇注式框架结构等。通常，代理商都应备有售楼说明书、房屋价目表等供客户查阅、询问。

（2）与客户签订购房意向书或购房委托书。客户如有购房意向，首先应要求其与代理商签订购房意向书或与经纪人确定委托代理关系，签订购房委托书，然后可以带客户去现场看房。购房委托书的签订意味着客户承认了经纪人的代理身份或者是代理商接受了客户的委托，这是代理中介活动具有实质意义的关键一步。

（3）现场看房。在客户已有明确的购房意向后，就可以带客户到现场看房。看房时，代理人可以要求客户在售楼现场进行看房登记。然后，由代理人带客户进入现场看房。客户自己也可以直接去现场看房，客户应在售楼现场登记并支付一定的看房费或钥匙押金。进行看房登记，代理人一方面可以统计客户对各类房屋的需求情况，另一方面也可以让业主了解物业的销售情况，为以后支付代理费提供依据。

（4）签约、付款。在客户正式选中房后，就应该要求客户签订购房协议。代理人代表业主签订售房协议必须要有业主的授权委托书。代理商在与客户签约时也应要求客户出示本人身份证。合同签订后，在买主付清房款后双方应到房地产交易市场及产权监理处办理登记过户手续。

5. 代理费的收取

房地产代理商的代理费应当向委托人（业主）收取而不能向交易相对人即第三方收取。目前，代理业务较难开展或者说客户不太愿意找代理商买房，其中原因之一就是客户误认为代理商收取的代理费是要由客户来承担的，找代理商实际上是多了一道收费环节。因此，代理商在与客户签约之时就应向其说明，以消除其误解。

目前，国家对房地产代理业务的收费标准的规范性文件是国家计划委员会和建设部于1995年7月17日联合发布的《关于房地产中介服务收费的通知》。该文件所规定的收费标准对各地的房地产代理商的收费具有指导作用。其中规定：

（1）房屋租赁代理收费。无论成交的租赁期限长短，均按半月至一月成交租金额标准，由双方协商议定一次性计收。

（2）房屋买卖代理业务收费，按成交价总额的0.5%～2.5%计收。由于房地产的成交金额大，在实际操作中房屋买卖代理收费可按成交价总额分档累进递减计收。

（3）实行独家代理的，收费标准由委托方与房地产代理商协商，可适当提高，但最高不超过成交价的3%。

（4）对土地使用权代理业务收费，也可按成交价格分段累进递减计收。

主要概念（明确基本认识，准确把握概念）

1. 房地产经纪

房地产经纪是房地产中介的一部分，是指房地产经纪机构为委托人提供房地产信息和居间代理业务的经营活动。

2. 房地产经纪服务组织

房地产经纪服务组织，是指依法以各种方式充当房地产交易媒介，为单位和个人提供有偿服务的组织。

3. 房地产经纪机构

房地产经纪机构，是指按一定法律程序设立的，为协调、配合、帮助房地产交易双方进行谈判以达成交易协议、提供各种代理业务和有偿服务的组织。

4. 无店铺经营模式

无店铺形式，并非指没有经营的场所，而是指不设立连锁店。在一般情况下，综合性的房地产经纪机构（特别是从事增量市场代理的机构）往往采取这种形式，除了派往开发商处的销售人员，所有员工在同一办公场所内办公。

5. 直营连锁经营模式

连锁经营形式是零售业在20世纪的一项重要发展。直营连锁经营，即由同一公司所有，统一经营管理，具有统一的企业识别系统，实行集中采购和销售，由两个或两个以上连锁分店组成的一种形式。

6. 特许加盟连锁经营模式

特许经营起源于美国，是指特许者将自己所拥有的商标（包括服务商标）、商号、产品、专利和专有技术、经营模式等以特许经营合同的形式授予被特许者使用。被特许者按合同规定，在特许者统一的业务模式下从事经营活动，并向特许者支付相应的费用。

7. 房地产咨询

房地产咨询指在房地产开发及流通过程中，为客户提供信息、建议、策划、可行性研究等各种智力服务的活动。

8. 房地产居间

房地产居间是指以房地产或有关房地产的业务为对象，通过居间人的介绍、推荐、协调，促成交易双方达成交易，居间人依法取得合理的中介报酬的经营活动。

9. 房地产代理

房地产代理，即代理人（经纪人）在委托人委托的权限内以委托人的名义从事有关房地产租售业务的行为。

10. 房屋买卖代理

房屋买卖代理指房地产经纪人接受房地产开发商或者业主的委托，按委托人的基本要求进行商品房销售并收取佣金的行为。

■ 基本训练（描述业务情境，提出实训要求）

基本训练1：

张小姐有一套三居室住房需要出售，并将售房信息挂在了网上。你在浏览网页时发现了该房源信息，于是想到了代理出售该住房。请问你如何获取这套住房的买卖代理业务？

基本训练2：

小杨大专毕业后进入了一家房地产经纪公司从事房地产经纪工作，他看到前辈们每天风风火火地在公司进出，依靠自己的专业知识和熟练的经纪技能为房地产开发商和消费者、买家和卖家搭起了交易的桥梁，也使自己非常具有成就感。小杨也希望自己像前辈们一样，在房地产经纪行业中干出一番事业，于是下定决心要苦练“内功”。你觉得小杨应该要通晓哪些知识，掌握哪些技能，才能使自己“内功”增加？

案例分析（运用基本知识，分析案例问题）

案例：西方国家房地产经纪业状况

在美国，无论是房地产的买方还是卖方，在购买或出售房地产时，往往需要雇佣房地产经纪人从中给予帮助，销售过程中的各种工作多半是由经纪人完成的。据调查，在美国的二手房交易中，约 82% 的买主利用了经纪人提供的服务，85% 的卖方通过经纪人帮助他们实现销售，只有 15% 的卖方没有雇佣经纪人。实际上，即使没有雇佣经纪人，也有人在扮演着类似于经纪人的角色。举例来说，如果委托人希望出售其房产，他的单方经纪人就会凭借丰富的房地产专业知识、从业经验和市场信息，详细地为委托人规划一下：欲出售的房产有多少价值？有多少的投资回报？怎样操作最划算？需要交哪些费用？有什么具体手续？如果委托人下一步需要购置新房，应该选什么位置的房子？多大的户型适合？什么房屋适合委托人需要？怎样从大量的供应体系中选中最理想的房屋？选中的房屋合理价位是多少？需要考虑哪些实际问题？要交多少钱？怎样办理？等等。所有这些繁琐又专业的环节都由经纪人全权负责落实打理，委托人可以节省大量的时间和精力，并且避免了相当大的房产投资风险。从某种角度来看，经纪人的定位实际上是类似于私人律师性质的房地产私人顾问，担负着真正的代理责任。经纪人由于其高水平的执业能力和专业水准，赢得了广泛的社会尊重与信赖。所以，这样的经纪人才是真正的房地产经纪人，这样的代理体制才是成熟的代理制。

在当今的西方发达国家，经纪业相当发达，经纪机构林立，业务范围十分广泛，他们涉足的领域包括商品和证券买卖、劳动雇佣、房地产交易、融资借款、保险，甚至体育比赛、文艺演出、图书出版等各个领域。在西方相当多的国家，生产厂家的对外销售都是通过经纪人来完成的，经纪人在制造商与消费者之间建立了买卖关系。这些国家的国际分销系统机制发育完善，制造商可以通过委托代理方式与国际贸易中间人及他国进口中间人签订销售合同。这种业务一般都是通过本国出口商和他国进口商达成商品所有权交割协议的。在现代市场经济条件下，经纪业已经发展到了相当高的水平。

案例思考问题：

1. 房地产经纪有哪些作用？你如何认识房地产经纪的作用？
2. 房地产经纪有哪些特点？

练习题

一、判断题（运用基本知识，判断对与错）

1．房地产经纪人在受托权限内，以委托人名义与第三方进行交易，并由委托人直接承担相应的法律责任的商业行为称为居间。

2．目前在中国房地产经纪业，参与代理是最主要的代理业务。

3．在存量房出售代理业务中，房屋置换的代理成为一种比较常见的房地产代理方式。

4. 房地产流通环节包括房地产的投资决策、土地开发、房屋建设等。

5. 房地产经纪服务组织形式不包括房地产咨询机构。

6. 房地产代理是指以房地产或有关房地产的业务为对象，通过代理人的协调，促成交易双方达成交易，代理人依法取得合理的中介报酬的经营活动。

7. 根据代理运作方式的不同，房地产代理可分为新商品房买卖代理、房屋租赁代理、二手房买卖代理。

8. 房地产经纪活动中的评估，并不是一种经济鉴证活动，评估结果只是作为一种参考信息，所以它并不是必须由房地产估价师来进行评估。

9. 提取佣金的方法中，根据口头协议在成交后提取佣金这种方式是专业经纪人常采用的方式。

10. 房屋买卖代理业务收费，按成交价总额的2% ~4%计收。

二、简答题（简要回答基本问题）

1. 房地产周边环境如何影响房地产价格？

2. 房地产代理和房地产居间的区别是什么？

3. 二手房按揭贷款的程序是怎样的？

4. 房地产经纪人如何收集需要的信息？

5. 房地产代理业务的基本流程是怎样的？

三、业务分析题（运用业务知识，分析说明问题）

房地产居间业务流程的一个重要内容就是寻找客户，这是达成房地产交易的关键。

问题1：为什么说寻找客户是达成房地产交易的关键？

问题2：房地产经纪人如何寻找客户？如何培养寻找客户的技能？

四、技能操作题（运用专业知识，训练操作技能）

运用专业知识，整理从事房地产经纪业务应该掌握的基础知识。

第 3 章　房地产经纪人认知

学习目标

1. 知识目标

了解房地产经纪人的概念与特点；熟悉房地产经纪人所享受的权利、应该履行的义务和房地产经纪人应该具备哪些基本礼仪；最后了解房地产经纪人职业资格及其取得途径。

2. 技能目标

了解提高房地产经纪人的素质和能力的有效途径。

学习内容

1. 房地产经纪人概念与特点
2. 房地产经纪人的素质与能力
3. 房地产经纪人的礼仪与形象
4. 房地产经纪人的权利与义务
5. 房地产经纪人的职业资格

引导案例

小陈的困惑

小陈一直想成为一名房产经纪人。他最近找了一份房产中介的工作，但是还没有取得房地产经纪人的职业资格证。在上岗培训的时候老师一直对他们说作为房产经纪人最重要的就是要能说会道，要能把客户留下来，只要客户答应签约，在不影响公司利益的前提下，能够满足的要求就尽量满足。总之一句话，客户就是上帝，一切以满足客户的需求为前提。

小陈很能干，在工作中很快就上手了。但是他也遇到了一些问题，让自己很是困惑。首先，由于自己没有受过专业的训练，感觉与其他的经纪人比起来，自己的言行举止没有那么得体大方。其次，有时候与一些客户交谈，发现客户懂的东西比自己还多，客户提出的某些问题自己很难回答，弄得很尴尬，最后不仅交易没有达成，反倒连自己的自信心都受挫了。最后，还有培训老师说的“只要不影响公司的形象和利益，一切都以客户的利益为上”，所以在与有些客户或业主交流时，他们会提出能否降低佣金的要求。由于自己刚刚上岗，培训老师的话又时常在耳边响起，生怕得罪客户，所以就将自己原本应得的佣金降低，从而让客户满意以便达成交易。这种情况不断发展，尽管小陈经常都会达成新的交易，但是他的收入却并不高。很多同事都说小陈很傻，小陈自己也很苦恼，不知道该怎样做才好。

引导案例引发的思考：

1. 如果你是小陈，你觉得该怎么做才好？

2. 房地产经纪人应当怎样处理客户与自己的利益关系？

3. 怎样才算一个合格的房地产经纪人？

进入21世纪，随着我国经济的快速发展以及国家经济政策的调整，我国的房地产行业得到飞速的发展，逐渐壮大并且已经成为我国国民经济的重要支柱产业。与此同时，作为房地产行业的重要组成部分，房地产经纪业的发展形势也随之水涨船高。房地产经济行业的主要参与者——房地产经纪人在活跃和繁荣房地产市场、促进国民经济的发展中发挥了重要作用。本章将从经纪人的概念出发，进一步了解房地产经纪人的特点和分类，以及作为一名优秀的房地产经纪人应该具备哪方面的能力和素质，同时明确房地产经纪人的相关权利和义务。

3.1 房地产经纪人的概念与特点

3.1.1 房地产经纪人的概念及其存在的必要性

1. 经纪人

(1) 经纪人的概念

要了解房地产经纪人，首先要了解什么是经纪人。经纪人（broker 或 middleman）概念最初来自于英美国家，主要是指那些在市场上促成买卖双方交易并获取佣金的中间人。在很多发达国家，经纪人的社会地位和收入都很高。但各国对经纪人的称谓也不一样：在法国经纪人被称为 courtier，即“奔跑的人”；在日本称经纪人为“周旋屋”或“仲买人”；美国市场学家飞利浦·R. 特奥拉在《国际市场经营》一书中将经纪人解释为“提供廉价代理人服务的各种中间人的总称，他们与客商之间并无连续性关系”。

我国的《经济大辞典》对经纪人的定义为“中间商人，旧时称为掮客，处于独立地位，作为买卖双方的媒介，促成交易，以赚取佣金的中间商人。也称居间人、中介人等”。此外，《辞海》把经纪人描述为“为买卖双方介绍交易以获取佣金的中间商人”。

据此，我们就不难理解1995年国家工商行政管理总局颁发的《中华人民共和国经纪人管理办法》中对经纪人的定义：

本办法所称经纪人，是指依照本办法的规定，在经济活动中，以收取佣金为目的，为促成他人交易而从事居间、行纪或者代理等经纪业务的公民、法人和其他经济组织。

从以上的各种定义来看，尽管表述不一，但是实质上经纪人的概念都包含这样几方面的内容：第一，经纪人在商业活动中处于独立地位，不归属任何委托方或第三方；第二，经纪人活动以收取佣金为目的；第三，经纪人的活动形式为居间、代理或行纪；

第四，经纪人的主体可以包括公民、法人和经济组织。

（2）经纪人的特点

作为中介人或居间人的经纪人，在商业活动中处于独立的地位。他们与委托当事人之间是平等的民事法律关系。经纪人所从事的活动只是为委托当事人提供中介服务，与其他商业人员相比经纪人具有不同的特点：

①经纪人是独立的，与客户之间并没有连续性的关系。经纪人主要是提供中介服务，他们的服务对象非常宽泛，他们可以利用大量的信息同时为多位客户提供服务，也可以提供不同的多种类的经纪服务。因此，经纪人与客户之间没有长期的、固定的协议关系。

②经纪人不占有商品，以大量的信息为生存资本。经纪人本身并不占有商品，也不用垫付高额的商业运作资金，他们只需要掌握大量的某类商品或服务的供需信息就可以为供求双方提供服务。通过居间撮合双方的交易成功而赚取佣金。

③经纪人是具有较高素质的专业人才。由于经纪人不占有商品，而是以信息为生存资本的，这样就对经纪人的素质提出了较高的要求。经纪人要为客户提供各种经纪服务，就必须熟悉所在行业的各种专业知识从而便于掌握大量信息和技能。

2. 房地产经纪人

（1）我国房地产经纪人的历史沿革

我国早在元代就出现了房产经纪人。据元代《通制条格》卷十八《关市》记载："凡买卖人口、马匹、房屋及一切货物，须要牙保人等与卖主明白书写籍贯住坐去处，仍召知买卖主人或正牙保人保管画完押字，许令成交，然后赴务投税。"这说明在元代就已经有专门从事房屋交易的居间人出现了，这些人在元代被称为"房牙"。

中国真正意义上的房地产市场是在 1840 年鸦片战争之后出现的。随着通商口岸和租界的设立，许多外商意识到在中国搞房地产有利可图，便纷纷从事土地买卖、房屋建造、房屋租赁等经营活动。随着房地产市场的兴旺，房地产经纪活动也自然繁荣起来。那时的房地产经纪人被称为"二房东"。"二房东"主要从事为房地产业主经营和转手出租房屋，他们主要是在房租上进行盘剥，并以各种名义额外收取费用。这种状况一直持续到新中国成立初期。但是由于缺乏政府监管以致很多人通过各种手段非法牟取暴利，并对人们进行盘剥。上海人将这些不法居间人称为"白蚂蚁"，或是"房仟"。

新中国成立后，在社会改造过程中取缔了"二房东"们，并将从事房地产经纪活动视为投机倒把进行打击。此外，在 1978 年改革开放之前，房屋一直都是作为"福利品"由国家进行分配的，而不是进行市场交易。民间的房屋交易也降至最低，这时房地产经纪人也就没有存在的必要了。

改革开放以后，随着我国城镇国有土地有偿使用和住房制度变革的推进，我国房地产业得到了迅猛发展。房地产经纪人以及经纪企业也顺应时代发展的要求而得到很好的发展。由于房地产的价值大、使用期长，人们都意识到在交易过程中必须要有专业的信息和知识帮助，因此房地产经纪人为我国房地产业的快速发展起到了巨大的推动作用，并且成为房地产业发展过程中不可或缺的一环。

（2）房地产经纪人的概念

房地产经纪是基于房地产这个特殊的物质所形成的市场而产生的，具体而言，是指向进行房地产开发、转让、抵押、租赁等房地产经济活动的当事人提供有偿居间、行纪、代理服务的经营性活动。那么房地产经纪人自然就是从事这些经营活动的主体。

《成都市房地产经纪人员注册管理暂行办法》第二条指出："房地产经纪人员是指在房地产交易中从事收集与传播信息、查验房地产、签订相关合同、协助房地产权属登记（备案）、交验房地产等居间、代理活动的房地产经纪从业人员。"

如果说这样的定义太过于细化的话，也有人认为房地产经纪人指具备经纪人条件，经工商行政管理部门核准登记并领取营业执照，专门从事房地产经纪业务的机构和个人。

结合对经纪的理解，我们可以将房地产经纪人理解为：

房地产经纪人是指在房地产经济活动的各个环节，收集、加工、提供房地产信息，沟通买卖双方，并受客户委托从事房地产居间、代理或行纪服务，以收取佣金为目的的公民、法人和其他经济组织。

另外，房地产一般称为不动产，因此房地产经纪人也被称为不动产经纪人。

3. 房地产经纪人存在的必要性

进入21世纪之后，随着我国市场经济体制改革的深入和不断完善，房地产行业的前景也被看好。在这个过程当中房地产经纪服务，也成为房地产开发、经营、销售过程中不可或缺的重要节点。正如我们前面提到的，由于房地产作为一种商品的特殊性，其标的物的属性决定了房地产交易的特殊性和复杂性，房地产经纪服务的重要性也越来越得到人们的认可。房地产经纪人存在的必要性主要通过以下几个方面表现出来：

（1）房地产商品的特殊性要求房地产经纪人的存在

房地产是一种特殊的商品，其价值和使用价值的构成不仅包括结构形式、布局、室内装修、楼层、朝向、设备等质量因素，而且还包括地段、交通以及所在社区环境等环境文化因素。另外，房地产价值高、难出售变现和使用周期长等特性决定了人们一般不会或是很少重复购买。在经验和专业知识缺乏的情况下置业者不可能在短时间内正确判断各种不同的因素对物业质量、使用功能以及升值潜力等的影响，因此就必须求助于能提供专业化服务的房地产经纪人。而且也因为房地产价格昂贵，不宜通过经销商出售。经销商对被推销的商品拥有所有权，可以自由定价，但是维持房地产这类商品存货的费用太高，经销商难以承受。房地产是不可移动的独特商品，其交易过程要把消费者往产品处集中，以达到认知和购买的目的。这对于开发商来说并不一定经济，直接销售力量不强会积压资金。而经纪人却能以合理的费用较快地将房子推销出去。

（2）房地产交易的复杂性决定了房地产经纪人的存在

房地产市场结构的复杂和流通方式的多样性决定了房地产交易的复杂性。目前房地产交易呈现主体多样化、政策多元化、程序多层化的特点，它涉及的权属变更、有关的政策法规、城市规划、交易程序和交易手续等一系列问题，使得每一笔交易都需要耗费时日，并且还要懂得有关的专业知识。置业者或投资者很容易会因为规范不明和手续复杂而掉进人为或非人为的陷阱，从而蒙受巨大的经济损失。而训练有素的房地产经纪人则能为置业者提供专业化的帮助，比如房地产的买方大都需要融资，房地产经纪人熟悉银行贷款的各种规定，能帮助买主以最便捷、最有效的方式进行融资。因此，在一些发达国家绝大部分房地产交易均经过房地产经纪人的努力。在美国，每年的房地产交易，有 90% 以上都是通过房地产经纪人而成交的。

（3）房地产市场机制客观上也要求房地产经纪人的存在

我国城镇住房制度从过去的实物分配到现在的市场化和商品化。房地产的不可移动性使得房地产市场具有非物流性，这是一个地域性很强的市场。在房地产市场当中交易的不是房屋本身，而是房屋产权。交易双方都会受到地点、交通、时间以及信息等因素的制约，从而增加了成交的难度，这就需要有人在交易双方和商品之间往返奔波，传递信息，提供全方位的专业化服务，从而促成交易。房地产经纪人的存在在这种需求的推动下显得更有必要了。

4. 房地产经纪人的作用

房地产经纪人的出现是房地产经济活动的客观需要，在活跃房地产市场、促进房地产流通、提高房地产市场运行效率、降低房地产交易成本等方面都起到了积极作用。房地产商品的特殊性及房地产质量和价格的复杂性，加上房地产交易的多样性与专业性，决定了房地产交易的特殊要求，即房地产交易的各项活动离不开中介组织的帮助，房地产交易主体需要专业的经纪人为之服务。房地产市场中介组织、房地产经纪人的产生都不是偶然的，而是社会分工在房地产市场领域的深化。市场经济越发达，市场主体之间的经济联系就越广泛，市场交易活动越活跃，就越需要建立市场中介组织，经纪人的地位就越发重要。房地产经纪人的地位越来越重要，他们在房地产经纪活动中发挥着重要的作用，主要表现为以下几个方面：

（1）沟通买卖双方

由于房地产空间上的不可移动性和其自身的地域性差异，加强房地产供求双方的交流与沟通显得尤为重要。房地产经纪人恰恰扮演了这个角色。他们不断地汇集大量市场信息，分析判断、处理加工后存入信息中心，这便成为他们赖以生存和发展的资源库。房地产经纪人利用手中掌握的信息资源，可以十分方便、快捷地为委托的买方找到合适的交易对象，为购房者提供优秀的交易伙伴，也能更好地为交易双方提供优质的服务。

（2）促使交易成功，加快行业市场运作效率

房地产经纪人掌握了大量的市场信息，同时具有渊博的专业知识、良好的执业信誉和对各种法律法规的了解，使得房地产经纪人一方面对房地产市场十分了解，可以清晰地把握房地产市场脉搏，这在很大程度上弥补了房地产的不可移动性和区域性等特征所造成的交易困难。另一方面，房地产经纪人凭借其各种优势及实用有效的谈判手段和公关技巧，协调房地产交易过程中的种种关系，解决各种矛盾，促使交易成功，从而扩大交易量，提高房地产产品的运转效率，加速资金周转，活跃和繁荣房地产市场。

(3) 提供覆盖面广的专业化服务

房地产经济活动，从开发、流通到消费各个环节的交易活动涉及许多专门知识，如房地产产权、房地产价格构成、税收、交易手续、按揭贷款等。再如交易双方达成协议后，在商品的最后交割使用中，还需办理一系列的手续。房地产经纪人可以利用掌握的有关知识、信息和经验，为交易双方代办各种手续，如代办房地产产权登记、代缴税费、代签合同等。正是房地产经纪人的专业化服务，使本来繁琐复杂的事情变得容易，使交易双方都省力、省时、省心，这一方面提升了自己的知名度，另一方面也提高了工作效率。

(4) 规范房地产交易市场，为政府决策管理提供依据

房地产交易涉及的法律法规和产权问题非常复杂，经纪人在促成交易的同时，也为交易双方宣传相关的法律法规，甚至为双方办妥有关的法律手续，这不仅可以减少因不懂法律而出现的违法行为，还减少了房地产纠纷。有房地产经纪人的参与，在交易的各个环节中都能严格按照操作流程进行，可以使得政府的相关政策法规能有效地贯彻执行。另外，通过房地产经纪人，政府也可以收集房地产市场上存在的相关问题，从而为政府的管理和政策的制定提供依据。

(5) 引导投资，促进资源的合理配置

房地产经纪人处于房地产市场的最前沿，对市场的供求和走向有着切身的感受和比较准确的把握，通过市场分析和活动策划，经纪人可以协助房地产开发商做出正确的投资决策，从而减少投资的盲目性。同时，由于经纪人与客户之间具有“无连续性关系”的重要特点，即在广泛的客户层面依据公认的竞价原则为买主寻找卖家，为卖家寻找买主。这种顺应市场竞争规律的持续的经纪活动过程，会引导企业等买卖双方将资源向合理的方向配置，从而起到促进社会资源最优配置的积极作用。

总之，在房地产市场的经济活动中，房地产经纪人发挥着十分重要的作用，已经成为整个房地产市场发展中的重要环节。他们不仅促进了房地产商品交易，而且在一定程度上讲是推动着房地产市场的发展。尤其是在当前我国房地产业高速发展阶段，房地产经纪人的整体素质水平和能力高低，对于我国房地产业的可持续发展有着重大影响。因此在今后房地产的发展过程中，决不能忽视对高素质房地产经纪人队伍的培养。

3.1.2 房地产经纪人的类型及特点

1. 房地产经纪人的类型

按照不同的划分标准，可将房地产经纪人划分为不同的类型，其特点、业务范围及经纪活动能力等也各不相同。

(1) 按组织形式分类

按组织形式划分，可将房地产经纪人分为法人房地产经纪人和个人房地产经纪人。

①法人房地产经纪人

法人房地产经纪人是指在国家工商部门注册登记的房地产经纪机构，是具有独立的法人资格、可以独立享有民事权利和承担民事义务的经济实体。我国的房地产经纪

法人大体分为三类：

第一类，专营商品房经销业务，只提供房地产新建或存量商品房经销代理或营销策划的法人，如商品房销售代理公司。

第二类，专营房地产经纪业务，只提供房地产开发项目转让、房屋买卖、租赁交换等交易信息服务的法人，如房地产咨询公司。

第三类，全面经营房地产中介业务，既提供房地产咨询和交易信息服务，又提供房地产价格评估或代理代办服务的法人，如房地产服务中心。

②个人房地产经纪人

个人房地产经纪人，是指取得房地产经纪资格，持有工商税务部门核发的营业执照，以个人名义从事房地产经纪业务的经纪人。根据《房地产管理法》规定，个人房地产经纪人只能以房地产经纪机构工作人员的身份出现，而不能以独立身份开展经纪活动。

（2）按活动内容划分

按经纪活动内容划分，可将房地产经纪人划分为房地产开发经纪人、房地产营销经纪人、房地产交易经纪人等。

①房地产开发经纪人

房地产开发经纪人是指在房地产开发过程中，以介绍项目、咨询服务、产权调查、办理过户、协助贷款等内容为活动事项的房地产经纪人。

②房地产营销经纪人

房地产营销经纪人是指从满足房地产需求出发，综合运用各种市场营销手段，把房地产产品销售或租赁给消费者，促进和引导房地产开发企业不断发展的经纪人。

③房地产交易经纪人

房地产交易经纪人是指收集、加工房地产市场信息，熟悉房地产市场行情，并与顾客进行房地产交易的经纪人。

（3）按业务性质及获得报酬的方式划分

按业务性质及获得报酬的方式划分，可将其划分为佣金房地产经纪人、差价房地产经纪人和两美元经纪人。

①佣金房地产经纪人

佣金房地产经纪人是指根据客户委托完成交易后，按成交额收取一定比例的佣金作为报酬的经纪人。他们在房地产交易市场上数量最多，也最为活跃，是各种交易所的主要成员。

②差价房地产经纪人

差价房地产经纪人又称房地产自营商，它既代客户进行交易，也自营买卖，自担风险。他们代客户进行交易时，一般是受房地产卖主的委托而销售房地产，卖主不付劳务费，只把底价告诉经纪人，经纪人以高于底价的价格出售，从而获得差价作为经纪活动的报酬。

③两美元经纪人

两美元经纪人，最初得名于证券市场上按每 100 股收取两美元手续费而形成的经纪人，后来加以引申专指那些接受佣金委托，代佣金经纪人完成其未完成的或不易完成的经纪业务的经纪人。这类经纪人的产生加快了交易成交速度。

(4) 按从业人员的资历及素质划分

按从业人员的资历划分，可将其划分为专家房地产经纪人和一般房地产经纪人。

①专家房地产经纪人

专家房地产经纪人是指具有一定学历，取得一定法定资格，具有多年从事房地产经验的房地产经纪人。专家经纪人既有专业知识，又了解国内外的市场行情，是经纪业人员发展的一种趋势。在现代市场经济条件下，经纪人的分工也不断走向专业化，必须具备丰富的专业知识，结合专业对影响市场的各种因素做出准确的分析，才能够为供求双方选择恰当的客户，促进交易的尽快实现，提高成交率。专家型经纪人来源于专业技术人才，并且具有丰富的市场信息和交易经验，因而专家型经纪人是现代经纪业急需的人才。

②一般房地产经纪人

一般房地产经纪人是指那些非专门进行房地产经纪业务的经纪人。这类经纪人一般都是没有法定资格、没有进行登记注册的兼职人员。目前，在我国房地产市场上极为活跃的大多是这类经纪人，但是当我国房地产行业充分发展起来后，这类经纪人只能作为经纪业的一种补充形式而存在。

我国目前房地产市场发展并不完善，开发程度不高，经纪人队伍面临着从业人员素质低下的问题。一方面，有专业技术的人还没能从建筑业或房地产业脱离出来从事经纪工作；另一方面，无专业技术人员却凭借拥有的房地产供求信息做着经纪人的工作。这就形成了一种尴尬的局面。这种情况只会在房地产市场不完善的时候出现以满足市场的需要，但是随着整个房地产行业的发展和不断活跃，房地产交易的内容增加，层次提高，对房地产经纪人的素质要求也势必会越来越高。

(5) 按照营业服务的领域划分

按照营业服务的领域划分，房地产经纪人可分为住宅房地产经纪人、商业用房经纪人、工业用房地产经纪人、农场和土地经纪人等。

①住宅房地产经纪人

新进入房地产业的大多数经纪人都是从住宅经纪服务开始的，而且大多数房地产经纪人也在住宅交易的经纪服务中赚取了佣金。住宅是人们日常生活必需的栖身之地、休息娱乐之所。随着家庭人口的增加，成员结构的变化，经济条件的改善，工作地点的变动等，人们需要调整自己的住房。在这个十多亿人口的国家，城市人口以及来自农村的流动人口，人人都需要住房，不同情况的人需要不同的住房，这都为住宅房地产经纪人的存在提供了可能性，也为住宅房地产经纪人的服务活动提供了极为广阔的空间和容量。

②商业用房经纪人

随着我国市场经济的不断推进和发展，商业用房的需求量也与日俱增。由于市场经济的刺激作用，一切可被充分发展的商用店面、商用地皮都被陆续开发出来。商业用房的收益率高，不同的商业地段收益差距甚大。黄金地段是有限的，商业房地产经纪人的作用就是怎样在黄金地段以最优价格找到一些房地产的租赁和开发，或者为从事其他职业的房地产所有人进行这些房地产的经营管理等。

③工业用房地产经纪人

工业用房地产经纪人主要为需要在一个地方新建、迁建或改建生产用房的厂商寻找合适的地皮或房屋设施，同时，也为拥有这些房地产的单位或个人推销其房地产。

④农场和土地经纪人

在国外，农场和土地经纪人专门从事农场和牧场的出售、租赁和管理服务以及原始土地的出售和开发经纪服务。我国农村土地是国家和集体所有，国有和集体农场、牧场都不能买卖，农民承包的责任田也不能买卖。因此，在我国专门从事这方面中介服务的房地产经纪人基本上没有。随着社会主义市场经济的发展，农村责任田的转包和集中耕作已逐步公开化和合法化，从事这方面业务的房地产经纪人也将逐步得到发展。特别是我国的成都和重庆，作为城乡统筹实验区，在土地流转方面都是走在前面的。随着土地制度改革的深入，这方面的市场也会逐步活跃，与之相关的经纪市场也会越来越大。

2. 房地产经纪人的特点

前面我们讲过，房地产经纪是基于房地产这个特殊的物质所形成的市场而产生的。正因为房地产是一种特殊的商品，房地产经纪人除一般经纪人的特征外，还必须具备自己独特的行业特点。基于这点，再结合房地产行业本身的规律和特点，我们将房地产经纪人的特点概括为以下五点：

（1）房地产经纪人的专业性强

合格的房地产经纪从业人员应该是具备较高的专业素养的。房地产行业是个综合性行业，在投资、开发、经营、管理等各个环节中都涉及各方面的专业知识。因此，要求房地产经纪人必须具备扎实的专业知识。房地产经纪人只有十分熟悉国家的有关房地产法律、法规及有关政策，并熟悉房地产开发经营过程中的有关土地使用权转让、建筑施工、房地产估价、抵押贷款、物业管理等方面的专业知识，才能为房地产交易双方提供专业服务，否则，是难以胜任的。比如说，房地产直接以土地为基本物质构成要素，不仅造成了其空间位置的固定性，还使得它成为一种不完全的劳动产品，因而在价格形成和影响价格因素等方面不同于一般商品，所以房地产经纪人要把握房地产价格这一关键要素，就必须具备房地产市场和房地产价格评估的专业知识以及丰富的市场经验。这对房地产经纪人的从业素质要求是比较高的。

（2）房地产经纪人以房地产信息为生存资本

房地产市场上的信息不对称构成了房地产经纪人存在的基础。他们汇集大量交易信息，形成信息资源库，借此加强买方与卖方的沟通与交流，撮合双方达成交易。从一定意义上说，掌握市场信息量的多寡成为房地产经纪人存亡的关键。房地产经纪人正是发挥了这种信息传递的桥梁作用而得以稳步发展。

（3）房地产经纪服务面广，社会影响大

房地产经纪业务贯穿房地产经济的全过程，服务对象广，服务内容庞杂，服务面相当广泛。由于房地产价值巨大，关系客户的重大利益，如果处理不当将会造成重大的不利影响，同时对整个房地产市场的稳定与发展也会产生不利影响。

（4）房地产经纪人的服务范围具有地域性

房地产的不可移动性使得房地产实体不可能在空间流动，这也导致了某一地区的房地产经纪人一般只能掌握该地区的房地产商品和市场信息，从而只能在这一地区从事房地产经纪活动。对于跨地区的房地产经纪机构，比如说，21 世纪不动产，其不同地域的业务只能由不同地区的人来执行。另外，从我国现有的房地产政策来看，在不同的省区，房地产市场的具体政策都有所不同，所以这也决定了房地产经纪人必须了解当地的相关政策和法规，才能满足客户的需求。

（5）房地产经纪人应具有良好的职业素养和声誉

房地产经纪人要向客户提供全面、专业、优质的服务，仅仅依靠掌握大量的房地产市场信息还远远不够，还必须要有良好的职业素养，有良好的社会声誉和个人诚信，而这也是我国目前大多数房地产经纪从业人员所欠缺的。之前我们提到我国房地产市场发展不完善，相关的行业法规建设滞后，行业信用体系和执业规则尚未形成，而且对从业人员的监管体系也没有有效建立，房地产经纪行业不诚信的情况时有发生。鉴于此，目前对房地产经纪人诚信建设的工作正在积极开展，力争迅速规范房地产经纪行业，形成良好有序的发展局面。

3.2　房地产经纪人的素质与能力

3.2.1　房地产经纪人的职业道德

1. 职业道德

社会主义职业道德是指社会主义社会各行各业的劳动者在职业活动中必须共同遵守的基本行为准则。它是判断人们职业行为优劣的具体标准，也是社会主义道德在职业生活中的反映。

随着社会分工的不断细化，人们的各种生产活动都演变成了各种职业活动。这些活动一经产生，就承担了一定的社会责任。同时，由于统一职业的从业者从事同一种劳动，依赖于同一种资源，服务于同一类主体，因而相互间形成了一种特定的关系。人们在各种职业工作过程中会形成各种用于规范和协调人们的行为的准则，这就是职业道德。职业道德是我们社会道德的重要组成部分，它与家庭道德、社会公德共同构成了整个社会的道德体系。因此，职业道德受总体道德体系的约束，服从于社会的基本道德规范。

2. 房地产经纪人职业道德的内涵

由于不同行业的服务对象和服务方式不同，这就导致了各行各业的职业道德又各有其侧重点。

房地产经纪人职业道德是指房地产经纪行业的道德规范，它是房地产经纪行业从业人员就这一职业活动所共同认可并拥有的思想观念、情感和行为习惯的总和。

就思想观念而言，它包括涉及房地产经济活动的一些基本问题的是非善恶的根本认识。从内容上讲，房地产经纪人的道德内涵主要涉及职业良心、职业责任感和职业理念三个方面。

房地产经纪职业道德的情感层面涉及房地产经纪人的职业成就感、对职业的自豪感和对经纪活动的心理习惯和行为习惯。如对房地产经纪行业的作用和地位的认知以及在对客户的交往过程中的心理习惯等。此外，行为习惯是最能体现一个人的职业道德的。房地产经纪人的职业道德应该包括从业人员的相关行为习惯，如遵纪守法和在从事经纪活动过程中仪表、言谈举止等方面的修养。

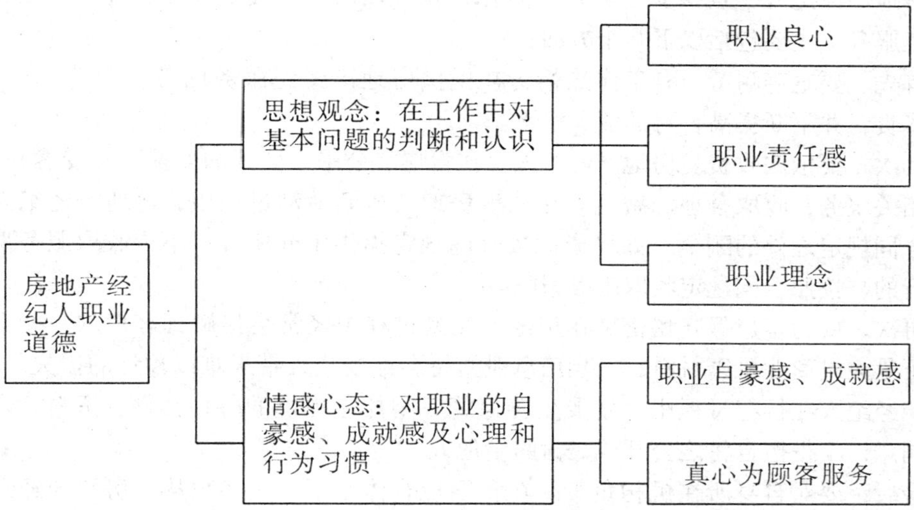

图 3－1　房地产经纪人职业道德框架图

3．房地产经纪人执业道德基本要求

房地产经纪人职业道德在实际的经纪活动中细化为这个职业对从业人员提出的基本要求，这些要求主要体现在以下几个方面：

（1）诚实守信

房地产经纪人工作的实质是通过提供专业服务促成他人的交易，这种服务实质上是一个信息沟通的问题。对于房地产经纪人来说，要想促使交易双方成功完成交易首先就必须以诚为本。要以实事求是的态度去开拓业务，在经纪活动中要恪守诚信。在市场经济条件下，每个人在工作中面临着各种各样的挑战。有些人抱着侥幸的心理，认为房地产经纪活动是“能拐就拐，能诓就诓”，买卖干完一单算一单，经常干“一锤子”买卖，对是否会给顾客留下好印象无所谓，在经纪活动中为了自己的利益最大化而不择手段。这种做法极不明智，其将造成极为恶劣的影响。

（2）爱岗敬业

随着我国房地产市场的不断完善，行业中的竞争也越来越大。同时，房地产经纪行业的竞争也日趋激烈。为了获得足够的生存空间，房地产经纪人必须热爱本职工作，用自己的真诚、真心为顾客提供优质的服务，并将这种态度贯穿于经纪活动的始终。

真心的付出必定获得客户的肯定，并在业界树立自己的品牌。

(3) 守法经营

法律法规是维护社会主义经济秩序的重要屏障，遵纪守法也是每个公民的基本道德修养。作为房地产经纪人要学法、懂法、用法和守法。在经纪活动中，必须贯彻落实国家的政策法规，保证执业活动的合法性。比如，要遵从国家规定持证上岗，不得无照、无证经营或从事相关经纪活动。其次，以合法公平的方法招揽顾客。在接受委托、签订合同和收取佣金等方面都必须遵守有关法律法规的规定。

(4) 规范服务

房地产经纪人一旦接受了客户的委托，就必须向客户提供专业、规范的服务。所谓规范服务，主要包括以下几个方面：

首先，要吃苦耐劳，有工作热情，在提供房地产经纪服务的各个环节一丝不苟，尽职尽责，并不断提高自身的业务水平。

其次，要依法收费。房地产经纪人要在自愿、公平、公开的前提下接受客户委托，提供相关服务，收取合理的费用。在从事房地产居间活动过程中，房地产经纪人不得收受合同规定之外的酬金。如果未能按合同规定提供中介服务，不得收取服务费；部分履行的，按照合同规定收取服务报酬。

再次，要为客户保守秘密。在房地产交易过程中经常会接触到客户的一些个人隐私甚至是大量商业机密材料，一旦信息泄露将会给委托人带来难以预计的损失。所以，房地产经纪人在行纪过程中一定要妥善保管好委托方提供的各种文件、资料。未经委托人同意，不得擅自将之公开或是泄露给他人。

最后，要对自身所在机构负责。在我国现有体制下，大多数从事房地产经纪活动的经纪人员都是在一定的经纪机构当中从事行纪活动，因此房地产经纪人员也必须对自己所在的机构负责。这也是职业道德的具体表现之一。这种责任就是要求经纪人员能够帮助机构实现盈利目标，同时也能维护机构的信誉和品牌；绝不能“脚踏几条船”，更不能损公肥私。

3.2.2 房地产经纪人的职业素养

每个人都是社会中的人，社会人的价值体现在他们的劳动过程中。每个人在工作的过程中，不仅创造财富，同时也提高着自己和影响他人。对于房地产经纪人员来说，应该具备以下素养：

1. 保持对工作的热忱，爱业敬业

每天我们有近三分之一的时间都在工作，如果我们没有激情，没有心怀热忱地去对待工作，而只是把工作看做是生活的需要，那工作起来就是痛苦的。所以我们说对工作热忱很重要。这份热忱就是把职业当做事业，对工作一点一滴都尽心尽责，力求完美。同时要热情地为委托人提供专业周到的服务，信守承诺，严格履约。

2. 要有较高的心理素养

房地产是一种特殊的商品。它的价值高，使用年限长，具有不可移动性，这些都使得它的交易过程十分复杂。因此买卖双方在交易过程中都会十分谨慎小心。对于房地产经纪人来说，要与各类客户打交道，要随时准备处理交易双方提出的各种难题，所以房地产经纪是一项复杂的工作，而且在工作过程中会遇到各种挑战，甚至是挫折。这就要求房地产经纪人必须具备较好的心理素质，有较强的抗打击能力。以下几条途径可以帮助房地产经纪人员提高自身的心理素质：

（1）要拥有坚定的信念

坚定的信念是房地产经纪人应该具备的最起码的心理素质。在开展经纪活动的过程中，由于经验或是其他原因可能会遭遇很多困难。在这些困难和挑战面前如果房地产经纪人员没有坚定的信念，就没办法克服这些困难，而且可能轻易就放弃这份工作，更不用说在业务上有更大的发展了。因此我们在工作当中就应该以饱满的热情，用自己的真诚去打动客户；要相信努力不一定有机会，但不努力一定没有机会。

（2）要敢于挑战

房地产的特殊性和复杂性，决定了房地产经纪人的工作也是极富挑战性的。因此房地产经纪人必须具备足够的耐心和毅力，要敢于向困难和挫折挑战。在开展经纪活动过程中，经纪人会接触到各种各样的客户，由于自身的经验和能力的限制，或多或少会遇到一些挫折，比如交易失败，难以与客户沟通等。这时候房地产经纪人员一定不能急躁，必须有视挫折为常态、视一帆风顺的交易为偶然的心态。同时，吃苦耐劳的精神对房地产经纪人员来说也是必不可少的。遇到挫折我们不是选择逃避，也不是灰心，而是不屈不挠、不厌其烦地去化解这些挫折和困难。另外，要养成不断学习的习惯。只有与时俱进，不断学习新的知识和技能，才有勇气去迎接新的挑战，才能在竞争中站稳脚跟，立于不败之地。

（3）善于控制自己的情绪

房地产经纪人员在执业过程中遇到客户的怀疑、抱怨甚至猜忌都是家常便饭。对此，经纪人员一定不能与客户起争执，要控制自己的情绪，不怒、不躁，尝试着换位思考，从客户的角度去考虑问题，体谅客户。

要控制自己的情绪，首先是主观上的自我心理调整，尽量锻炼自己控制事态的自控能力。其次，在客观上要多接触美好的事物，想想美好的事情，如好的风景、难忘的美好回忆等。同时，要通过在自己的言行中加入积极美好的元素，如甜甜的微笑和心仪的香水等，对自己做积极的心理暗示，如“我一定能搞定这个问题!”“我能行的”等。

（4）做好知识储备

房地产经纪人在复杂的工作当中，必须有完善的知识结构才能胜任这一工作，并克服工作中的困难。那么平时做好知识储备就十分必要。这些知识还不是指一些常识，而是通过专门系统的学习才能获得的前人总结的经验和规律。这些知识包括三个层次：第一层次与产品有关，如产品的价格与功能；第二层次与交易有关，如市场营销、交易技巧；第三层次是辅助性的知识，如美学、心理学等。实际上层次就是要求房地产经纪人员具备综合性的知识架构，成为专业而又广博的复合型人才。

（5）乐观豁达

积极乐观的态度可以鼓舞人的士气。从事房地产经纪人工作需要付出大量艰辛的体力和脑力劳动。在与客户打交道的过程中，热情可以化解与客户之间存在的陌生感和不信任感，拉近与客户的心理距离。乐观可以调节自身的低落情绪，使自己保持高昂的斗志，从而克服困难，战胜挫折。豁达则表现在对经纪业务活动表现出来的信心、敢于面对困难和挫折的勇气和决心。同时还可以让房地产经纪人时刻保持冷静，准确把握形势，抓住机遇。

3.2.3 房地产经纪人的知识结构

作为一名优秀的房地产经纪人，必须具备扎实的知识功底和文化修养，才能适应当下经济发展形势的要求。而这又不是一蹴而就的，必须经过系统的学习和长期的积累。这就要求我们房地产经纪人员要始终抱着一种“活到老，学到老”的心态，不断完善自己的知识结构，才能适应市场的要求。具体来说，房地产经纪人必须具备的知识主要有这样几个方面：

1. 基础知识

随着我国市场经济的推进，房地产业的发展也日渐兴盛。与此同时房地产经纪人也必须尽可能多地了解或是掌握各种基础知识，从而为客户提供更好的服务。比如说，经济学、金融学、法律知识、社会学、公共关系学和心理学等在与客户的交流过程中都有可能用到。

（1）经济学

由于房地产的高价值性，每笔交易数目巨大，银行成为房地产业的强大后援力量，可以说大部分房地产交易都是借助银行实现的。通常，房地产投资者和消费者都需要向银行申请贷款，银行与交易双方发生紧密联系。房地产经纪人只有对其交易双方的资金来源、经济实力等有所了解，才能有效地判断双方交易成功的可能性。这就需要房地产经纪人善于运用所学的经济学知识。

（2）金融学

因为房地产交易的复杂性，房地产经纪人经常不得不周旋于各类人群（如各种金融机构、房地产开发商、经营者和使用者等）之间。同时他们还要为金融机构寻找可靠的贷款对象，为各种需求者代办各种贷款手续。因而，房地产经纪人具备丰富的金融知识对其业务开展十分有益。

（3）法律知识

房地产经纪人虽然不是律师，也不一定要达到专业水平，但与房地产有关的法律法规是非掌握不可的。我国的房地产业发展得益于房地产法律法规的调整和完善，也就是说房地产的每一项业务，都离不开法律和具体的法规。关于房地产的三部法律《城市房地产管理法》、《土地管理法》和《城市规划法》以及据此制定的部门规章和地方性法规，几乎涵盖了整个房地产事务。作为经纪人不但要掌握房地产方面的法律法规及各级政府部门关于房地产的政策、方针和精神，而且还要熟悉民法、经济法、行政法及行政诉讼法、民事诉讼法的知识。举个最简单的例子，签合同，就要牵涉经济合同法、民法通则等法律知识。代理租赁要熟悉《城市房屋租赁管理办法》、《城市私有房屋管理条例》等，懂得什么房可以租、什么房不能出租、租赁合同以什么方式生效等。代理买卖，就得熟悉《城市房屋转让管理规定》、《城市房屋权属登记管理办法》中转让的条件、交易程序、产权产籍知识及办证程序。如果代理发展商，要掌握的法律知识就更多了。近年来时兴的房地产律师见证业务足以说明法律知识的重要。房地产经纪人要学法、懂法、用法，依法办事，用法律来维护委托人的合法权益。

（4）市场营销知识

房地产开发到了今天这样的局面，早就不是几年前的单一产品竞争了。对于房地产商来说，他们所需的也不是单纯的中介服务，而是能够提供开拓市场的完善的营销计划和高超的市场策划方案的中介服务。房地产市场生产与消费的分离特征，决定了房地产营销的重要性。房地产在时间、数量、类型、房型、楼层所有权、信息、估价的分离，非得靠市场营销来弥补。房地产市场营销组合理论、市场预测和调研方法，乃至产品策略、定价策略、分销和促销策略都是房地产市场营销中必不可少的东西。要掌握市场营销知识，就必须掌握市场调研、选择目标市场、产品开发、产品定价、渠道选择、产品促销、售后服务等知识技能。

（5）公共关系学知识

公共关系学对房地产经纪人来说至关重要。房地产经纪人对公共关系学的了解程度直接关系到能否顺利地开展经纪业务。房地产经纪人要经常周旋于交易相关各方之间，要对其交易进行积极斡旋，协调各种矛盾和纠纷，这就要求房地产经纪人具有良好的公共关系意识和较强的公关能力。尤其是在从事房地产销售代理过程中更需要具备公共关系意识、良好的心理素质、娴熟的公关技巧和谈判能力等。

（6）社会学知识

在我国现有体制下，人们付出高昂的价格获得房子，他们所希望的已经不仅仅是一个居住的场所，他们有更高的消费需求。一般来说，消费者不仅会对楼盘的规划设计、建筑质量等加以关注，社区周围的环境、相关的配套设施等也会成为影响他们购房的相关因素。如公共交通、子女入学、农贸市场、商场购物、娱乐场所和设施等问题，都会成为他们购房的焦点。再如不同知识层次的购房者对综合考虑有很大的差异。知识层面较高的人群可能会更青睐于智能化的网络社区。由此可见，房地产经纪人必须掌握一定的民俗风情、人口变化、家庭结构等方面的社会学知识，以便更好地把握社会动态，进而把握房地产市场的走势及房地产供需关系的变化。

（7）心理学知识

在行纪过程中，房地产经纪人要面对各种各样的人，掌握一定的心理学知识，可以帮助经纪人员分析客户的心理并把握最佳时机，从而利用良好的公关谈判技巧，使事情朝良性方向发展。

（8）谈判技巧

谈判是一门技术，更是一门艺术和科学。它通过谈判各方观点、感情沟通，达成一个双方都基本满意的协议。房地产经纪人的谈判也不例外，通过谈判完成委托方交给的任务、本身获得佣金的同时，也使市场的需求得到满足。在谈判中常见的策略有时机运用策略、利益让步策略、以诚取胜策略，这些都是房地产经纪人所必须借鉴的。具体到居间或代理业务上至少要提出上策、中策、下策三种方案。对房地产经纪人来说，还有一个最现实的问题，就是如何使双方成交。这就要求房地产经纪人“该出手时就出手”，同时运用一些智谋、技巧和方法，促使对方早下决心成交；但房地产经纪人不能使用欺骗手段。

2. 专业知识

对于房地产经纪人而言，这些基础知识只能在他们执业期间起到辅助作用。之前我们就提到过，因为房地产作为一种特殊的商品，它的特殊性和不可移动性使得它的交易过程非常复杂。对于交易双方来说，在短时间内根本就没有办法完全了解。这种复杂性也为交易带来了不确定性，所以就必须借助房地产经纪人员提供的专业服务。这些专业服务是建立在经过系统学习的专业知识的基础上的。要熟练开展经纪业务，不仅要对自己开展的业务熟悉，更要对房地产行业有整体的认识。相关的专业知识就是房地产经纪人开展业务活动的核心知识，如建筑学知识。

房地产业与建筑业密不可分，建筑学的诸多知识是房地产经纪人的必备知识。房地产产品的价值受诸多因素的影响，如房屋的建筑结构、建筑工艺、建材质量、装修档次等，这就需要大量专业人士对其进行准确估价，作出合理判断。

3.2.4 房地产经纪人的职业技能

从事房地产经纪工作，除了良好的职业道德、广博深厚的知识结构之外，房地产经纪人还必须具备较强的执业能力。这种能力具体表现在以下几个方面：

1. 公关能力

在复杂的房地产交易过程中，房地产经纪人不可避免地要和相关的各个部门以及交易各方进行关系协调，沟通思想，调解矛盾等，因此良好的社交公关能力是不可缺少的。

(1) 仪容端庄

健康、阳光的外在形象对房地产经纪人而言非常重要。在经纪业务的任何场合，房地产经纪人都要衣饰整洁、端庄大方、言谈适度，给人以整洁、干净、稳重、真诚的印象。

(2) 语言表达能力强

在执业过程当中，房地产经纪人员表达自己的思想要口齿清楚，逻辑缜密，紧扣主题，语言要简洁、明了，表述准确，避免长篇大论的泛泛而谈。在任何交际场合，都要时刻保持冷静沉着。只有这样才能很快让对方明白自己的意思。另外，如果在交流过程中辅之以传情达意的动作、坦然真诚的态度，语言会更具感染力，言辞更富有吸引力，沟通的效果也会更好。同时，不能随意打断别人的话；要插话时，一定要先说“对不起……”、“不好意思……”，再阐明自己的观点。

(3) 良好的社交能力

良好的社交能力是对经纪人的基本要求之一。社交能力不等于表达能力。房地产经纪人在人际交往时，要热情开朗，真诚坦率，能够创造出融洽的气氛，使交流顺利地进行。与他人建立关系时，要体现出良好的亲和力，做到热情而又不失立场，谦恭有礼而不失自尊。

(4) 高超的谈判技能

房地产经纪人经常会处理一些棘手的涉及自身或客户权益的案例，需要从中积极斡旋，并进行艰苦的谈判。因此，房地产经纪人必须掌握一定的谈判技巧，提高谈判能力，从而争取更大的主动权。

(5) 灵活的应变能力

在处理突发事件或进行谈判时，房地产经纪人要处乱不惊，灵活应变，从容解决各种危机。房地产经纪人员应努力掌握交易双方的心理，善于观察，反应迅速，机智幽默；在双方发生矛盾时，能寻找双方的利益共同点，引导双方求同存异，将交易双方的关系处理好。

2. 调研能力

房地产经纪人在接受委托时，需要对委托双方进行详尽的调查和研究，如房地产开发商的资信情报、购房者的购买力等，只有掌握了第一手资料，在与客户洽谈中才可能占据主动，为各方互赢创造有利条件。

作为房地产经纪人员来说，掌握大量的房地产相关信息是他们生存的根本。他们的信息来源，一般来说有三个方面：第一，自身的社会网络所汇集的信息；第二，根据自己的知识和经验作出的对市场的分析和判断；第三，通过大量的市场调查和研究搜集的信息。这就要求房地产经纪人员要有一定的调研能力。

3. 洞察能力

洞察能力，即所谓“仁者见仁，智者见智”。这表明人们在敏感性和洞察力方面有一定的差别，作为房地产经纪人必须提高自身的洞察能力。

房地产经纪人的洞察力是指通过客户的外部表现了解客户各种心理诉求的能力。房地产经纪人可以从客户的言谈中发掘他们内心世界潜藏的信息。平时所说的“察言观色”就是这个道理。对客户的观察，有助于掌握客户的特点和动机，从而在经纪中介过程中做到有的放矢，提高成交率。

完善的知识结构是具备良好洞察能力的前提。房地产经纪人的知识储备越丰富，观察就会越深入。观察客户主要是对客户的外表进行目测，并且根据观察快速作出判断。一般来说，我们进行观察主要从观察对象的表情、步态、目光、语态、手势、着装和用具来进行判断，如个人用车等。

3.3　房地产经纪人的礼仪与形象

第一印象往往最深刻，对于房地产经纪人员来说更是如此。由于经常需要与各种人接触，所以必须十分重视自己的礼仪与形象，因为优雅的举止和富有亲和力的形象正是房地产经纪人给客户留下良好的第一印象的关键。一个专业可信的经纪人能迅速让顾客产生好感，从而产生信任，获得客户的认可，最终达成交易。然而，良好的礼仪不是一朝一夕能养成的，房地产经纪人只有在平时注重个人修养，进行系统的专业礼仪训练，关键时刻才能将最美好的一面呈现给客户。

3.3.1 房地产经纪人的仪表

礼仪作为一种文化形象，是人性美和行为美的综合，是道德、习惯、风俗、禁忌的综合体现。把礼仪贯穿于房地产经纪活动中去，使之转化为心理和情感的交融，成为能够满足心理需要的经济活动，这是交易能否成功的内在因素。房地产经纪人在仪表方面应该做到以下几点：

1. 保持整洁

房地产经纪人每天要跟别人面对面地打交道，一定要给客户整洁、爽朗的感觉。这里包括以下几个方面：经常洗澡，保持身体无异味；经常洗头，没有头屑；每天坚持早晚刷牙，保持口腔卫生，口气清新；勤剪指甲，经常洗手，保持双手卫生。

注意饮食卫生及休息，每天保持旺盛的精力，精神饱满。另外，女性工作人员不可浓妆艳抹，化妆宜淡雅，适度而不夸张，香水不可过浓，气味不可太怪。

2. 着装整齐

经纪人穿着要得体。所谓得体，即穿适合该场合的衣服。在工作时，应穿着大方、整洁、端庄，给人以干练、成熟、稳重的感觉。上班时间应按公司的规定统一着装，避免佩戴夸张的、不协调、不符合场合的配饰。纽扣应全部扣好，不得敞开外衣，卷起袖子、裤脚等。衣服应保持干净整洁，给客户留下较好的印象。

具体来说，男性最正统的服装是西装。穿西装不仅要得体，还要穿出风度来。不规范着装，自以为是，往往会贻笑大方，影响自身形象和交际效果。在正式交往场合的着装，要慎重考虑。西装必须合身，领子应贴近衬衣领口而且低于衬衣 1~2 厘米。上衣的长度宜于垂下手臂时与虎口相平。衬衣领口肥瘦以穿一件厚羊毛衫后松紧适宜为好。裤子应与上衣相配，在购买西装时应选择套装。

女性着装范围较广，没有固定模式，只要干净整洁，整体搭配合理即可，最好穿职业装。着装最重要的是保持整洁、雅致、和谐，而不必刻意追求名牌，甚至是奇装异服。服装可以表现一个人的自尊心和责任心，同时还可以通过服装表达自己的情感和心理感受。因此，房地产经纪人必须有较好的装束，以满足客户视觉上和心理上的要求。

3.3.2 房地产经纪人的仪容

姿势是无声的语言，也叫肢体语言，能反映一个人的精神风貌。房地产是一种特殊商品，价格昂贵。要让客户放心地把如此重大的事委托给自己代理，就必须有合适的仪容，让客户觉得自己稳重可靠。

1. 坐姿

客户到访时，应立即放下手中的事情起身相迎。从座位上站起，动作要轻，避免动作太大使椅子发出刺耳的响声，一般从座位的左侧站起。待客人坐下时，方可坐下。入座时不得靠椅背，只坐椅子的三分之二。女士入座时应用两手将裙子向前轻拢，两腿并拢，身体微微前倾。男士两腿自然平放，两腿间距可容一拳，不得跷二郎腿。

2. 站姿

站立时保持挺胸、收腹、提臀，颈项挺直，微收下颌。面带微笑，目视前方。两臂自然下垂，不耸肩，身体重心在两脚中间，脚尖向外微微分开。等待客户时，双手可握在腹前，右手放在左手上，不可将手放在口袋里。

3. 标准的动姿

在行走时，要挺胸、收腹，抬头，步伐要适中。女性多用小步，不可擦着地板走。除紧急情况外，不要奔跑。在通过公共通道时，应靠右行，不宜在楼梯、走廊中间大摇大摆地行走。在遇到客户时应当微笑礼让，尽量不要超过前行的客户。若需超过，应首先说“对不起”，待客户让开后，方可轻轻通过，并说“谢谢”。

4. 客户接待礼仪

客人进门后要第一时间起身，客户入座后才能入座。客户入座后应该迅速双手递出名片，并大声报出自己的名字。客户抵店后应该第一时间给客户倒满三分之二杯的温水，双手递给客户。应记住经常来的客户，如果能马上叫出名字更好。如果同时来几个客户，不能先接待熟悉的客户，也不要出现抢客户或推让的情况。应妥善安排好接待，更不能让客户坐“冷板凳”。

与客户交谈时，应习惯倾听，完全了解客户的意思后再作回答。要注意不能在自己能力范围之外许诺、拍板事情。同时，在接待过程中要避免电话等的干扰。

5. 带客户看房礼仪

看房之前事先联系好房东或相关物业管理人员及买方，提前约定时间和地点。准备好可能用到的相关文件、资料、名片等。拜访要注意守时，与客户见面先做自我介绍。

看房时先敲门或按门铃、穿好鞋套。如有需要移动屋内用品时，先经房东同意，并归位。看房离开时，要有礼貌地告别。如果是空屋，需确保门、窗、水、电、煤气等设备关闭后，方可离开。

6. 应该注意的其他事项

(1) 咳嗽或吐痰时，要用手帕纸掩住口部；

(2) 不能当着客户的面整理衣服或头发；

(3) 不能当众耳语或指指点点；

(4) 不能在公众场所勾肩搭背；

(5) 不能随意打断别人对话。

3.3.3　房地产经纪人应该注意的其他礼仪

1. 电话礼仪

在通信技术如此发达的今天，客户与经纪人的第一次接触常常是以电话开始的。因此，通过电话给客户留下较好的印象就显得非常重要，这有可能是下一步合作的开端。由此掌握电话接待技巧就尤为重要。

一般情况下，应在铃声响两声后立即接起电话，这是对客户的尊重。若让对方等太久了，接起电话应首先致歉。接听电话时，要用标准的语言表达：“您好！××房产！很高兴为您服务！”在接听电话时要时刻保持微笑，虽然对方看不到，但是这会让你的声音变得柔和，让对方感受到你的亲切和热情。

在通话过程中，应准备好笔和纸，随时准备记录对方谈到的要点，如有不清楚的地方可简短复述一遍以确认。

在客户提出问题时，应注意仔细倾听，回答时要有礼貌，语言简洁、明了，有针对性，尽量不要用含糊不清的语言，如“大概”、“好像”等。如果遇到自己不清楚而又无法查询的问题，应很礼貌地回答：“对不起，先生，目前还没有这方面的信息。”

在与客户交谈时应设法得到自己想要的信息，比如客户的姓名、联系方式以及客户对房屋的面积、价格、地段等的具体要求。这将为进一步的合作提供可能。

为了表示尊重，应在对方挂电话后才挂电话。

2. 名片礼仪

现代社会名片是非常高雅的交际工具，同时也是一个信息承载体，房地产经纪人员通过它将自己推销给客户的同时，还可以通过名片获悉客户的许多资料。

(1) 放置名片的方法

房地产经纪人每天要接触大量的客户，应该多准备一些名片。外出时，可将其放置于名片夹内。若无名片夹，也可放在口袋里。但应注意名片不要揣在内衣口袋里，否则需要时不易拿出来，而且还会被压得皱巴巴的，很不体面；更不要把名片放在裤子后面的口袋里，这样做固然方便，但容易给人一种不尊重对方的感觉。正确的做法是将名片放在上衣的上口袋里。

(2) 递名片的方法

递送名片时，要面带微笑，走到客户可以接到的距离范围内，用双手拿名片以示尊重。同时名片应倒过去，使自己的名字向着客户，这样可以让客户清楚地看见自己的名字。

(3) 接取名片注意事项

接取名片时，要用双手接过，以示礼貌尊重；同时动作要干净利落，不要拖拖拉拉的，这样容易使客户对你造成此人不太爽快的印象。接过客户的名片后，必须先浏览一遍，以示重视。假如你没有把握念对客户的名字，就不必有所顾虑，应礼貌地向客户请教正确的念法，否则念错时将更尴尬。这也表示自己有诚意记住客户的名字。

(4) 保存名片

名片是联系客户的纽带，因而接过客户的名片后，必须很慎重地放好。保存名片时，必须把自己的和别人的分开放。若不慎将别人的名片递送给对方，是非常失礼的。在收到客户的名片后，要建立客户档案，以方便业务的顺利开展。

3.4 房地产经纪人的权利与义务

在从事经纪活动的过程中房地产经纪人享受法律和社会赋予房地产经纪人的各项权利，同时也必须履行所规定的各项义务，也就是说权利和义务是对等的。其目的在于引导和规范房地产经纪人员的行为，维护各方利益，维护市场秩序，促进房地产经纪人更好地开展房地产经纪业务。房地产经纪人是以获取佣金为最终目的的经营者。

因此获得国家颁发的执业证照，并开设行纪时，便意味着应当拥有相应的权利，履行相应的义务。

房地产经纪人的权利与义务一般在客户委托协议书中就会明示，以避免日后发生纠纷；对于没有载明的事项，可以参照有关法规，如《中华人民共和国合同法》执行。

3.4.1　房地产经纪人的权利

1. 依法开展经纪业务活动的权利

房地产经纪人合法取得房地产经纪人资格证后，受聘于某房地产经纪机构或领取营业执照，以个体房地产经纪人的身份从事房地产经纪活动，均属合法行为，应当受到国家法律保护，任何单位和个人都无权阻碍和妨害经纪人从事合法的经纪业务活动，更不得随意取消其经纪人资格或吊销其营业执照。一旦自己的合法权益受到损害，房地产经纪人有权要求侵害方做出补偿，甚至向法院起诉，要求其赔偿。

2. 特殊情况下终止服务的权利

当房地产经纪人在为委托人提供房地产经纪服务时，发现交易双方中的任意一方不具备履行合约的能力，可以立即结束正在进行的经纪活动。同时，房地产经纪人若发现委托人存在隐瞒事实或有欺诈等不法行为时，同样可以立即拒绝继续向其提供服务。情节严重的，可依法提起诉讼。

3. 在委托权限范围内进行中介活动的权利

房地产经纪人在接受委托人委托时，必须要求委托人明确其授权权限。房地产经纪人必须对委托权限内的经纪活动负责；超出授权范围的，委托人无权要求经纪人负责。

4. 获得合理佣金的权利

获取佣金是房地产经纪人存在的根本目的。房地产经纪人在促成房地产交易双方达成协议或提供咨询等服务时，房地产经纪人有权依照合同的约定获得合法佣金收入，并按照合同要求当事人支付在房地产经纪活动中开支或代垫的费用，包括差旅费、利息费用、交通与通信费等。双方可以在委托合同中就佣金与成本费用事宜事先作出约定，以约束双方的行为。事先没有约定的，则房地产经纪人无权向客户收取相关费用。

5. 各方约定的其他权利

房地产经纪人还享有法律、法规和规章制度规定的其他权利。另外，还有一些在合同中表明的其他权利。

3.4.2　房地产经纪人的义务

权利和义务是相辅相成的，房地产经纪人在享有一定权利的同时，也必须履行相应的义务。

1. 合法从事经纪活动的义务

房地产经纪人在开展经纪业务时，必须遵守国家的相关法律法规，必须在取得国家承认的职业资质的前提下开展经纪活动，严禁非法经营。另外也不得超越经营范围，套购开发公司商品房出售；不得为国家禁止的房地产进行中介；不得为行政拨划土地的转让做中介；不得收取合理佣金之外的额外报酬和回扣等。

2. 诚信经营的义务

在房地产交易过程中，在买卖双方和房地产经纪人三方之间的信息不对称，其中房地产经纪人的信息相对最完整，客户在信息获取方面处于相对弱势地位。因此这就要求房地产经纪人在进行经纪活动时，不得利用自己的信息优势欺瞒客户，必须就其所知，据实告知当事人，忠实于委托人，必须对其信息的真实性负责。房地产经纪人应按照客户的委托，提供全面、及时、准确的信息服务，以利于客户做出正确的决策。对于房地产经纪人提供虚假信息或未尽到事先约定的职责而使客户遭受意外损失的，客户有权要求经纪人承担赔偿责任。

3. 公平中介的义务

因为房地产经纪人的信息最完整，所以在交易过程中房地产经纪人必须保持自己的中立立场，做到公平、公正地对待双方当事人。对双方提出的问题都要做如实的介绍，对任何一方的要求或意见都要及时传递，不得推脱延迟。不能偏袒任何一方，更不能为了一方的利益而侵犯、损害另一方的合法利益，应始终保持中立的立场。

4. 恪尽职守的义务

作为交易一方的代理人，房地产经纪人必须对委托方恪尽职守，严格履行合同，为客户诚信办事。经纪人要严格遵循委托人的要求，迅速提供合适的订约机会，积极斡旋，协助双方签订合同，为客户创造良好的条件促成交易。如果房地产经纪人有违背委托方的利益、违反合同等行为，将有可能得不到佣金，甚至会遭受其他额外损失。

5. 保守秘密的义务

在房地产经纪人与客户的双向信息流动中，可能涉及客户的商业秘密。如果客户要求对其约定的商业秘密保密，房地产经纪人就应当严格遵守职业道德，为客户保守商业秘密。对于房地产经纪人故意泄露客户商业秘密而对客户造成损失的，客户同样有权要求赔偿。

6. 接受监管和依法纳税的义务

根据《中华人民共和国税务法》规定，每个公民都有依法纳税的义务。房地产经纪人自然也不例外。房地产经纪人要自觉接受工商行政管理部门和税务部门的监督和检查，并依法纳税。如果房地产经纪人违反了其必须履行的义务，他们将承担退还经纪报酬、自行承担经纪开支和风险、支付赔偿费用的法律责任。

3.5 房地产经纪人的职业资格

前面我们提到房地产行业的特殊性和复杂性，要求房地产经纪人能够向客户提供专业服务。因此房地产经纪人的素质关系到经纪活动的质量，甚至影响到整个房地产经纪行业的发展。因此加大对房地产经纪人的管理，是发展和完善房地产经纪行业、规范房地产经纪人行为的前提，也是规范市场的必要的手段。

很多人把房地产经纪人这一概念自然而然地理解为我们平常打交道的房地经纪人

个体，实际上这只是一种狭义的理解。在广义上，房地产经纪人既包括房地产经纪个人，也包括相应的各种从事房地产经纪活动的机构和组织，如平常所见的房地产中介公司。而房地产经纪人员即在房地产经纪机构中直接执行房地产经纪业务的人员，必须是依法取得房地产经纪人员相应的职业资格证书并经有关主管部门注册生效的人员。《中华人民共和国房地产经纪人执业资格证书》和《中华人民共和国房地产经纪人协理从业资格证书》是房地产经纪职业资格的证明文件，没有合法取得以上两证的，不得从事房地产经纪业务。

3.5.1　房地产经纪人职业资格的类型

根据业务经营的范围，房地产经纪人职业资格可以分为房地产经纪人执业资格和房地产经纪人协理从业资格两种。

1．房地产经纪人执业资格

根据人社部、建设部《房地产经纪人员职业资格制度暂行规定》：房地产经纪人执业资格，是指通过职业资格考试，依法取得《中华人民共和国房地产经纪人执业资格证书》，通过申请执业，并由有关主管部门注册登记后取得《中华人民共和国房地产经纪人注册证》，在房地产经纪机构中能以房地产经纪机构的名义独立执行房地产经纪业务，或可以自行开业设立房地产经纪机构或经执业的房地产经纪机构授权，独立开展经纪业务，并承担责任的自然人。房地产经纪人有权依法发起设立或加入房地产经纪机构承担房地产经纪机构关键岗位的工作，指导房地产经纪人协理执行各种经纪业务，经所在机构授权与客户订立房地产经纪合同等重要业务文书，执行房地产经纪业务并获得合理佣金。房地产经纪人可以在全国范围内注册执业。

2．房地产经纪人协理从业资格

房地产经纪人协理是指依法取得《中华人民共和国房地产经纪人协理从业资格证书》，在房地产经纪机构中协助房地产经纪人从事非独立性房地产经纪工作的自然人。房地产经纪人协理从事非独立性房地产经纪工作必须是在房地产经纪人的组织和领导下进行的。

因此几个只取得房地产经纪人协理资格的人员在没有房地产经纪人指导下联合进行经纪活动也属于超越执业范围的违规行为。房地产经纪人协理只能在注册的地区内从业。取得房地产经纪人执业资格是进入房地产经纪活动关键岗位和发起设立房地产经纪机构的必备条件。取得房地产经纪人协理从业资格，是从事房地产经纪活动的基本条件。

3.5.2　房地产经纪人职业资格考试

我国房地产经纪行业进入规范管理时间较晚，尚未形成管理体系。一直以来我国的房地产经纪人从业门槛比较低，这既是市场迅速发展的需要，但也造成了我国房地产经纪人员的素质良莠不齐的现状。从2002年12月21日开始，我国参照国际惯例，举行了首次全国范围的房地产经纪人执业资格统一考试，这标志着我国房地产经纪人职业资格制度的启动。考试的开设，预示着我国房地产经纪人员队伍规范化管理的开始，将逐步提高我国房地产经纪行业从业人员的整体素质，这对促进我国房地产业的发展也具有重要的意义。

1．考试报名条件

我国《房地产经纪人员职业资格制度暂行规定》第十三条规定：凡中华人民共和国公民，遵守国家法律、法规，具有高中以上学历，愿意从事房地产经纪活动的人员，均可申请参加房地产经纪人协理从业资格考试。另外，根据《房地产经纪人员职业资格制度暂行规定》第九条规定：凡中华人民共和国公民，遵守国家法律、法规，已取得房地产经纪人协理资格并具备以下条件之一者，可以申请参加房地产经纪人执业资格考试：

（1）取得大专学历，工作满6年，其中从事房地产经纪业务工作满3年；

（2）取得大学本科学历，工作满4年，其中从事房地产经纪业务工作满2年；

（3）取得双学士学位或研究生班毕业，工作满3年，其中从事房地产经纪业务工作满1年；

（4）取得硕士学位，工作满2年，从事房地产经纪业务工作满1年；

（5）取得博士学位，从事房地产经纪业务工作满1年。

2．考试时间

房地产经纪人执业资格考试原则上每年一次，考试时间一般是在每年的第三季度。考试涉及四个科目，参考人员必须在连续的两个考试年度内通过全部应试科目，考试成绩才有效。超过两个连续考试年未通过，所有应试科目的成绩作废。

3．考试科目和考试内容

房地产经纪人执业资格考试分为基础理论和经纪实务两部分，总共有四个科目，分别为：

（1）《房地产基本制度与政策》，主要内容包括：与房地产管理有关的各项制度和政策。例如：法律基础知识、建设用地制度与政策、城市房屋拆迁管理制度与政策、规划设计与工程建设管理制度与政策、房地产开发经营管理制度与政策、房地产权属登记制度与政策等。

（2）《房地产经纪概论》，包括对房地产经纪行业和房地产经纪人的管理、房地产经纪人职业道德以及国外房地产经纪情况介绍。

（3）《房地产经纪实务》，包括房地产市场调研、市场划分、项目定位、营销策略与营销渠道的建立等相关知识。有些还包括房地产代理业务、居间业务的有关知识简介。

（4）《房地产经纪相关知识》，主要是指房地产经纪人需要掌握的一些基础性的知识，包括法律、市场营销、经济学、金融、保险、社会学、心理学、投资、房产测绘等。

房地产经纪人执业资格实行全国统一大纲、统一命题、统一组织的考试制度，由人社部、建设部共同组织实施。建设部负责编制房地产经纪人执业资格考试大纲、编写考试教材和组织命题工作，统一规划、组织或授权组织房地产经纪人执业资格的考前培训等有关工作。经房地产经纪人执业资格考试合格的，由各省、自治区、直辖市人事部门颁发的人社部、建设部统一印制的《中华人民共和国房地产经纪人执业资格证书》。该证书全国范围内有效。遗失《中华人民共和国房地产经纪人协理从业资格证书》、《中华人民共和国房地产经纪人执业资格证书》的，应当向原发证机关申请补发。

3.5.3　房地产经纪人职业资格注册

在通过了全国统一的房地产经纪人执业资格考试后，要想成为房地产经纪行业的一员，还必须要提出申请，并进行注册登记。主要有这样两个程序：

（1）意愿人持考试成绩证明向房地产行政管理部门申请资质审查，经全面审查合格后，由房地产行政管理部门颁发《房地产经纪人资格证》或《房地产经营资格证书》。

（2）凭《房地产经纪人资格证》和其他相关资料向当地房地产行政主管部门申请注册，接受相关部门的监督管理。

房地产经纪人执业资格申请经各省、自治区、直辖市房地产管理部门审查合格后，统一报国务院建设行政主管部门核发《中华人民共和国房地产经纪人注册证》。经注册登记后，可以在房地产经纪机构中组织房地产经纪人协理或独立执行经纪业务。房地产经纪人可以在全国范围内申请执业。

注意：申请房地产经纪人职业资格注册的人员，必须具备以下条件：

（1）遵纪守法，遵守注册房地产经纪人职业道德。

（2）取得《中华人民共和国房地产经纪人执业资格证书》或者《中华人民共和国房地产经纪人协理从业资格证书》。证件自核发之日起超过 3 年的，应附达到继续执业标准的证明材料。

（3）经所在房地产经纪机构同意。

（4）无不予注册的情形。

有下列情形之一的不予注册：

（1）不具有完全民事行为能力的。

（2）在房地产经纪或相关业务活动中被暂停注册，暂停注册期未满的。

（3）被注销房地产经纪人员注册证书的，自注销决定作出之日起不满 3 年的。

（4）所在房地产经纪机构未通过备案或者年检不合格的。

（5）有关法律、法规规定不予注册的其他情形。

房地产经纪人执业资格注册的有效期为 3 年，自核准注册之日起计算。注册有效期满，需要继续执业的，应于期满前 3 个月，到原注册管理机构再次办理注册手续。再次注册的，除了应提供初次注册时应提供的证明外，还须提供接受继续教育和参加业务培训的证明。在注册有效期内，变更执业机构者，应当及时办理变更手续。房地产经纪人调离所在房地产经纪机构的，由所在房地产经纪机构负责收回《中华人民共和国房地产经纪人注册证》，并在解聘后 30 日内交回国务院行政主管部门注销。房地产经纪人调离原注册时所在经纪机构后，被其他房地产经纪机构使用的，需重新办理执业资格注册手续。

主要概念（明确基本认识，准确把握概念）

1. 经纪人

经纪人是指在经济活动中，以收取佣金为目的，为促成他人交易而从事居间、行纪或者代理等经纪业务的公民、法人和其他经济组织。

2. 房地产经纪人

房地产经纪人是指在房地产经济活动的各个环节，收集、加工、提供房地产信息，沟通买卖双方，并受客户委托从事房地产居间、代理或行纪服务，以收取佣金为目的的公民、法人和其他经济组织。

3. 法人房地产经纪人

法人房地产经纪人是指在国家工商部门注册登记的房地产经纪机构，是具有独立的法人资格，可以独立享有民事权利和承担民事义务的经济实体。

4. 个人房地产经纪人

个人房地产经纪人，是指取得房地产经纪资格，持有工商税务部门核发的营业执照，以个人名义从事房地产经纪业务的经纪人。根据我国《房地产管理法》规定，个人房地产经纪人只能以房地产经纪机构工作人员的身份出现，而不能以独立身份开展经纪活动。

5. 房地产开发经纪人

房地产开发经纪人是指在房地产开发过程中，以介绍项目、咨询服务、产权调查、办理过户、协助贷款等内容为活动事项的房地产经纪人。

6. 房地产营销经纪人

房地产营销经纪人是指从满足房地产需求出发，综合运用各种市场营销手段，把房地产产品销售或租赁给消费者，促进和引导房地产开发企业不断发展的经纪人。

7. 房地产交易经纪人

房地产交易经纪人是指搜集、加工房地产市场信息，熟悉房地产市场行情，并与顾客进行房地产交易的经纪人。

8. 房地产经纪人的职业道德内涵

房地产经纪人职业道德是指房地产经纪行业的道德规范，它是房地产经纪行业从业人员就这一职业活动所共同认可并拥有的思想观念、情感和行为习惯的总和。

9. 房地产经纪人执业资格

房地产经纪人执业资格，是指通过职业资格考试，依法取得《中华人民共和国房地产经纪人执业资格证书》，通过申请执业，并由有关主管部门注册登记后取得《中华人民共和国房地产经纪人注册证》，在房地产经纪机构中能以房地产经纪机构的名义独立执行房地产经纪业务，或可以自行开业设立房地产经纪机构或经执业的房地产经纪机构授权，独立开展经纪业务，并承担责任的自然人。

10. 房地产经纪协理

房地产经纪人协理是指依法取得《中华人民共和国房地产经纪人协理从业资格证书》，在房地产经纪机构中协助房地产经纪人从事非独立性房地产经纪工作的自然人。

基本训练（描述业务情境，提出实训要求）

小金是成都某高校的毕业生，由于在校期间利用课余时间考取了房地产经纪人协理资格证书，毕业后在某房地产公司工作。小金当时考房地产经纪人协理只是为就业谋取一块敲门砖。谁知道竟真的成为了一名房地产经纪人。他平时是一个比较粗线条的男生，但自认为工作能力还是挺不错的，应付这份工作应该没问题。可是在刚开始工作的第一周小金就碰到了难题。

由于小金平时对自己的穿着不是很在意，认为只要自己有能力客户和领导就会认同，所以上班后他还是和以前一样，比较随便。但是上班的情况却让他很不解，因为他接待的很多客户在与他交谈过后，谈得很投机。但是最后下单还是找其他的销售人员。小金就是想不明白，自己到底哪里不对了？

基本训练1：

请用课本知识帮小金分析一下，他到底错在哪些地方。

基本训练2：

如果你是小金，你会怎么做？

案例分析（运用基本知识，分析案例问题）

创业原来不简单

小娜是个刚毕业的大学生，正准备找工作。眼下房价正稳步上涨，房产交易也比较活跃，小娜又恰好学的是相关专业，刚刚取得了《中华人民共和国房地产经纪人协理从业资格证书》，于是想自己开一个房地产中介服务机构。听朋友说她需要先去当地工商行政管理机关办理注册登记手续，取得营业执照后，再到当地的房地产行政主管部门办理备案。可是在小娜取得营业执照后，到相关部门备案时却遭到了拒绝。

案例思考题：

1. 请问小娜为什么会遭到拒绝？
2. 若小娜想继续申办房地产中介服务机构，还可以有哪些办法？

练习题

一、判断题（运用基本知识，判断对与错）

1. 房地产经纪人就是在房地产销售过程中房地产商和客户之间交易的居间人，他最重要的是以获取佣金为目的，是否取得资格认证无所谓。

2. 房地产经纪人有权在交易结束后获取佣金。

3. 如果遇到一些刁蛮的客户，房地产经纪人员可以根据情况处理，必要时可以多人配合进行交易，反正是“一锤子买卖”，不用担心会得罪客户。

4. 相比其他行业而言，房地产经纪这一行门槛较低，对房地产经纪人的素质要求不高。

5. 房地产经纪人合法取得房地产经纪人资格证后，受聘于某房地产经纪机构或领取营业执照，以个体房地产经纪人的身份从事房地产经纪活动，属于合法行为。

6. 当房地产经纪人在为委托人提供房地产经纪服务时，发现交易双方中的任意一方不具备履行合约的能力，可以立即结束正在进行的经纪活动。

7. 房地产经纪人协理是在依法取得《中华人民共和国房地产经纪人协理从业资格证书》后，在房地产经纪机构中从事独立性房地产经纪工作的自然人。

8. 房地产经纪人协理可以在全国范围内注册执业。

9. 房地产经纪人执业资格注册的有效期为3年。注册有效期满，需要继续执业的，应于期满前3个月，到原注册管理机构再次办理注册手续。

10. 房地产经纪人调离原注册时所在经纪机构后，被其他房地产经纪机构使用的，不需要重新办理执业资格注册手续。

二、简答题（简要回答基本问题）

1. 什么是房地产经纪人？

2. 房地产经纪人有哪些分类？

3. 房地产经纪人的权利和义务分别包括哪些？

4. 房地产经纪人的职业内涵包括哪些？

5. 作为一名优秀的房地产经纪人，应该具备哪些素质和能力？

三、业务分析题（运用业务知识，分析说明问题）

房地产经纪人的权利有：①依法开展经纪业务活动的权利；②特殊情况下终止服务的权利；③在委托权限范围内进行中介活动的权利；④获得合理佣金的权利等。

问题1：房地产经纪人为什么要享受这些权利？

问题2：在实际的经纪活动中怎样实现这些权利？

四、技能操作题（运用专业知识，体现操作技能）

如果你要去拜访一位重要客户（假设这位客户是一位投资客），他对建筑的相关知识比较了解。如果攻关成功，他可能会大手笔订购一批房子。这个时候你应做一些什么准备？见到客户你应怎样应对？

第 4 章　房地产经纪法律法规

学习目标

1. 知识目标

了解房地产权属、房地产交易、房地产税费以及房地产经纪方面的法律法规。

2. 技能目标

能够运用相关房地产经纪法律法规知识，订立房地产经济合同，并实现在房地产经纪活动中的其他具体操作。

学习内容

1. 房地产权属法律法规
2. 房地产交易法律法规
3. 房地产税费法律法规
4. 房地产经纪法律法规

引导案例

甲房地产开发公司有两层写字楼欲出租，便委托某房产经纪公司为其寻找承租人。该经纪公司指派委托并不具有房地产经纪人资格证的丙负责具体中介事项。丙获知乙公司因无力支付租金被业主勒令退出所承租的办公楼后，便介绍甲房地产开发公司与乙公司订约，谎称已与乙公司有过多次业务往来，该公司信誉良好，于是甲公司与乙公司订立了房屋租赁合同。订约后乙公司依照约定支付了定金 2 万元，约定 3 个月后交付首季租金 15 万元。后乙公司从写字楼搬走，并带走了写字楼内配备的空调、灯具等物品。甲公司发现乙公司的所为后，立即通知房产经纪公司，要求其承担损害赔偿责任，并退还已收取的经纪费 2 万元。房产经纪公司拒绝了甲公司的要求。于是，甲公司向法院提出诉讼。

引导案例引发的思考：

1. 房地产经纪人需具备什么法定条件才具备从业资格？
2. 如何签订房地产中介服务合同？
3. 房地产经纪人不能从事哪些违法经纪活动？一旦从事应当受到何种处罚？
4. 房地产经纪人与委托人发生争议，应当如何解决纠纷？

随着近年来房地产市场的繁荣，作为房地产业润滑剂的房地产经纪业蓬勃发展起来，在房地产流通市场中的作用不容小觑，其发展前景非常广阔。在房地产业不断发展的同时，为了健全行业准入制度，规范相关人员的从业行为，维护房地产市场的公平和稳定，与此相关的法律法规也在不断健全。对于房地产经纪人员来说，除了具备专业知识，掌握房地产经纪的法律法规知识也是必不可少的。它有助于房地产经纪人员增强工作中的法律意识，保护自身的合法权益，避免房地产经纪和房地产交易中纠纷的发生，促进房地产业的稳定和发展。

4.1 房地产权属法律法规

房地产权属，即房地产权利归属，指房地产产权在主体上的归属状态。在我国，房地产权利包括土地所有权、土地使用权、房屋所有权及房地产抵押权，房地产权属关注于这些法律创设的房地产权利在实践活动中主体上的归属。在法律上明确房地产权利在主体上的归属具有重大意义，房地产权属制度明确了权利主体，能够反映现实经济状况及经济结构，是房地产经纪活动开展的基本前提，对我国社会主义市场经济的建立和发展具有推动作用。房地产权属法律制度主要包括土地权属法律制度、房屋权属法律制度和房地产权属登记制度。

4.1.1 土地权属法律制度

我国的土地权属法律制度，主要包括土地所有权制度和土地使用权制度。土地所有权制度包括国家土地所有权制度和集体土地所有权制度，而土地使用权制度包括土地承包经营权制度、建设用地使用权制度。

1. 土地所有权制度

我国实行土地的社会主义公有制，即全民所有制和劳动群众集体所有制。因此，我国的土地所有制度包括国家土地所有权制度和集体土地所有权制度。

（1）国家土地所有权制度

《中华人民共和国土地管理法实施条例》第二条规定："下列土地属于全民所有即国家所有：（一）城市市区的土地；（二）农村和城市郊区中已经依法没收、征收、征购为国有的土地；（三）国家依法征用的土地；（四）依法不属于集体所有的林地、草地、荒地、滩涂及其他土地；（五）农村集体经济组织全部成员转为城镇居民的，原属于其成员集体所有的土地；（六）因国家组织移民、自然灾害等原因，农民成建制地集体迁移后不再使用的原属于迁移农民集体所有的土地。"国有土地属于全民所有，即国家所有，国家是国有土地的绝对的、唯一的主体。国务院是行使国家土地所有权的唯一代表，国务院及其所属部门有权决定国有土地的占有、使用、受益，并保留国有土地的最终处分权。地方各级政府经中央政府授权，可以代表国家行使国有土地所有权中的一项或几项权能，甚至在明确授权的情况下可以行使对国有土地的处分权。

（2）集体土地所有权制度

集体土地所有权是我国土地公有制的另一种法律表现形式，是农村集体所有权的一种。《中华人民共和国土地管理法》（以下简称《土地管理法》）第八条规定："农村和城市郊区的土地，除由法律规定属于国家所有的以外，属于农民集体所有；宅基地和自留地、自留山，属于农民集体所有。”《中华人民共和国物权法》（以下简称《物权法》）第六十条规定：“对于集体所有的土地和森林、山岭、草原、荒地、滩涂等，依照下列规定行使所有权：（一）属于村农民集体所有的，由村集体经济组织或者村民委员会代表集体行使所有权；（二）分别属于村内两个以上农民集体所有的，由村内各该集体经济组织或者村民小组代表集体行使所有权；（三）属于乡镇农民集体所有的，由乡镇集体经济组织代表集体行使所有权。”集体土地所有权具有独立性，并且与国家土地所有权地位平等。我国土地所有权只存在两种，即国家土地所有权与集体土地所有权，这是我国土地所有制的鲜明特征。在这两种土地所有权之间，不存在派生或隶属的关系，它们之间也不存在等级差别。

但是这并不意味着两种土地所有权之间无任何差异，一般来说，它们有如下不同：首先，国家土地所有权代表全体人民的社会利益，具有全局性，其主体是国家；集体土地所有权代表的是范围较小的局部性社会利益，具有团体性和分散性，其主体是农民集体。其次，集体土地的使用、处分与国家的农业战略和农业政策密切相关，而国有土地主要用于国家机关办公、公共设施及公共事业的建设以及保护自然资源等。再次，集体土地受到较多的限制，在所有权意义上，集体土地的地表或地下的矿产资源一律属国家所有；在使用权意义上，集体土地的使用也要严格区分不同的用途加以限制，如《土地管理法》规定，农民集体所有的土地的使用权不得出让、转让或者出租用于非农业建设，但是，符合土地利用总体规划并依法取得建设用地的企业，因破产、兼并等情形致使土地使用权依法发生转移的除外。

此外，国家对集体所有的土地可以通过征收的方式取得所有权。《物权法》第四十二条规定：“为了公共利益的需要，依照法律规定的权限和程序可以征收集体所有的土地和单位、个人的房屋及其他不动产。征收集体所有的土地，应当依法足额支付土地补偿费、安置补助费、地上附着物和青苗的补偿费等费用，安排被征地农民的社会保障费用，保障被征地农民的生活，维护被征地农民的合法权益。”这为国家征收集体土地所有权提供了法律依据，但是征收后要给予所有人适当补偿，并不得违反法律规定的权限和程序。如《土地管理法》第四十五条规定，征收基本农田的，基本农田以外的耕地超过三十五公顷的，其他土地超过七十公顷的，应当由国务院批准。征收上述以外的土地的，由省、自治区、直辖市人民政府批准，并报国务院备案。国家征收土地的，依照法定程序批准后，由县级以上地方人民政府予以公告并组织实施。

2. 土地使用权制度

土地使用权制度又叫做土地用益制度，是指在他人的土地之上设立的，以使用、收益为目的的物权制度。我国实行土地用途管制制度。国家编制土地利用总体规划，规定土地用途，将土地分为农用地、建设用地和未利用地。严格限制农用地转为建设用地，控制建设用地总量，对耕地实行特殊保护。

（1）土地承包经营权制度

按照《物权法》的规定，农村集体经济组织实行家庭承包经营为基础、统分结合的双层经营体制。农民集体所有和国家所有由农民集体使用的耕地、林地、草地以及其他用于农业的土地，依法实行土地承包经营制度。双层经营体制包括两个经营层次：

一是家庭分散经营层次；二是集体统一经营层次。三十年来的农村改革实践证明，家庭承包经营使农户获得了充分的经营自主权，充分调动了广大农民的生产积极性，极大地解决了农村生产落后问题，实现了我国农业的巨大发展与农村经济的全面繁荣。

我国实行承包经营制度的土地，是农村土地，也就是指农民集体所有和国家所有依法由农民集体使用的耕地、林地、草地，以及其他依法用于农业的土地。农民集体所有的土地依法属于村农民集体所有的，由村集体经济组织或者村民委员会发包，已经分别属于村内两个以上农村集体经济组织的农民集体所有的，由村内各该农村集体经济组织或者村民小组发包。发包方有权监督承包方依照承包合同约定的用途合理利用和保护土地，制止承包方损害承包地和农业资源的行为。同时，发包方应当维护承包方的土地承包经营权，尊重承包方的生产经营自主权，依照承包合同约定为承包方提供生产、技术、信息等服务，并执行县、乡（镇）土地利用总体规划，组织本集体经济组织内的农业基础设施建设。承包方依法享有承包地使用、收益和土地承包经营权流转的权利，有权自主组织生产经营和处置产品，承包地被依法征用、占用的，有权依法获得相应的补偿。但同时承包方应当维持土地的农业用途，不得用于非农建设，并依法保护和合理利用土地，不得给土地造成永久性损害。

土地承包的程序应当依法定程序进行。确定承包方后，发包方应当与承包方签订书面承包合同，土地承包经营权自土地承包经营权合同生效时设立。县级以上地方人民政府应当向土地承包经营权人发放土地承包经营权证、林权证、草原使用权证，并登记造册，确认土地承包经营权。

（2）建设用地使用权制度

《物权法》第一百三十五条、第一百五十一条分别规定了国有土地的建设用地使用权与集体所有土地的建设用地使用权。

①国有土地的建设用地使用权制度

国有土地的建设用地使用权人依法对国家所有的土地享有占有、使用和收益的权利，有权利用该土地建造建筑物、构筑物及其附属设施。依照物权法等法律规定，国有土地的建设使用权制度主要包括以下几个方面的问题：

第一，建设用地使用权的设立范围。建设用地使用权可以在土地的地表、地上或者地下分别设立。新设立的建设用地使用权，不得损害已设立的用益物权。

第二，建设用地使用权的设立方式。设立建设用地使用权，可以采取出让或者划拨等方式。以出让的方式获得建设用地使用权，是指使用人根据法律规定的出让方式，以支付出让金为代价而取得的建设用地使用权，因而具有商品性、期限性和有偿性等特征，所以要采取协议、招标、拍卖三种不同的方式订立书面形式的建设用地使用权出让合同。但是工业、商业、旅游、娱乐和商品住宅等经营性用地以及同一土地有两个以上意向用地者的，必须采取招标、拍卖等公开竞价的方式出让。以划拨的方式获得建设用地使用权，是指土地使用权人通过行政划拨方式无偿取得的建设用地使用权，具有无偿性、存续无期限、非商品性等特征，因而应当严格限制以划拨方式设立建设用地使用权。采取划拨方式的，应当遵守法律、行政法规关于土地用途的规定。

第三，建设用地使用权的登记制度。一是设立登记。设立建设用地使用权的，应当向登记机构申请建设用地使用权登记。建设用地使用权自登记时设立。登记机构应当向建设用地使用权人发放建设用地使用权证书。二是变更登记。建设用地使用权转让、互换、出资或者赠与的，应当向登记机构申请变更登记。三是注销登记。建设用地使用权消灭的，出让人应当及时办理注销登记。登记机构应当收回建设用地使用权证书。

第四，建设用地使用权的交易制度。以出让方式获得建设用地使用权的使用人有权将建设用地使用权转让、互换、出资、赠与或者抵押。建设用地使用权转让、互换、出资、赠与或者抵押的，当事人应当采取书面形式订立合同。使用期限由当事人约定，但不得超过建设用地使用权的剩余期限。以划拨方式获得的建设用地使用权，是商品，不能进行交换。

第五，建设用地使用权与地上物的关系。这主要从三个方面来理解：首先，建设用地使用权人建造的建筑物、构筑物及其附属设施的所有权属于建设用地使用权人，但有相反证据证明的除外。其次，建设用地使用权转让、互换、出资或者赠与的，附着于该土地上的建筑物、构筑物及其附属设施一并处分。建筑物、构筑物及其附属设施转让、互换、出资或者赠与的，该建筑物、构筑物及其附属设施占用范围内的建设用地使用权一并处分。这正是所谓“地不离房，房不离地”。最后，住宅建设用地使用权期间届满的，自动续期。非住宅建设用地使用权期间届满后的续期，依照法律规定办理。该土地上的房屋及其他不动产的归属，有约定的，按照约定；没有约定或者约定不明确的，依照法律、行政法规的规定办理。

第六，建设用地征收补偿制度。建设用地使用权期间届满前，因公共利益需要提前收回该土地的，应当对该土地上的房屋及其他不动产给予补偿，并退还相应的出让金。

②集体土地的建设用地使用权制度

农民集体所有的土地依法用于非农业建设的，由县级人民政府登记造册，核发证书，确认集体所有土地的建设用地使用权。

农村集体经济组织使用乡（镇）土地利用总体规划确定的建设用地兴办企业或者与其他单位、个人以土地使用权入股、联营等形式共同举办企业的，应当持有关批准文件，向县级以上地方人民政府土地行政主管部门提出申请，按照省、自治区、直辖市规定的批准权限，由县级以上地方人民政府批准；其中，涉及占用农用地的，应当依照农用地转用审批手续的规定办理审批手续。

乡（镇）村公共设施、公益事业建设，需要使用土地的，经乡（镇）人民政府审核，向县级以上地方人民政府土地行政主管部门提出申请，按照省、自治区、直辖市规定的批准权限，由县级以上地方人民政府批准；其中，涉及占用农用地的，应当依照农用地转用审批手续的规定办理审批手续。

（3）宅基地使用权制度

根据《土地管理法》和《物权法》的规定，宅基地使用权是宅基地使用人依法对集体所有的土地享有占有和使用的权利，宅基地使用权人有权依法利用该土地建造住宅及其附属设施。农村村民一户只能拥有一处宅基地，其宅基地的面积不得超过省、自治区、直辖市规定的标准。农村村民建住宅，应当符合乡（镇）土地利用总体规划，并尽量使用原有的宅基地和村内空闲地。农村村民住宅用地，经乡（镇）人民政府审核，由县级人民政府批准；其中，涉及占用农用地的，依照农用地转用审批手续规定办理审批手续。农村村民出卖、出租住房后，再申请宅基地的，不予批准。宅基地因自然灾害等原因灭失的，宅基地使用权消灭。对失去宅基地的村民，应当重新分配宅基地。已经登记的宅基地使用权转让或者消灭的，应当及时办理变更登记或者注销登记。

（4）地役权制度

地役权是指因通行、取水、排水、铺设管线等需要，通过设立合同利用他人的不动产，以提高自己不动产效益的权利。他人的不动产为供役地，自己的不动产为需役地。随着社会的发展，地役权愈来愈显示着积极的作用。首先，地役权增大了需役地的使用价值，提高了充分利用土地的经济效益。其次，地役权合理调节土地利用状况。这种调节通过当事人的约定产生，最大限度地调节不动产利用关系，大大减少了不同使用人的权利冲突和矛盾，促进社会关系的和谐稳定。因此，《物权法》在第十四章中规定了地役权制度。其主要内容有：

第一，地役权的设立。设立地役权，当事人应当采取书面形式订立地役权合同。地役权自地役权合同生效时设立。当事人要求登记的，可以向登记机构申请地役权登记；未经登记，不得对抗善意第三人。

第二，地役权的效力。供役地权利人应当按照合同约定，允许地役权人利用其土地，不得妨害地役权人行使权利。地役权人应当按照合同约定的利用目的和方法利用供役地，尽量减少对供役地权利人物权的限制。地役权的期限由当事人约定，但不得超过土地承包经营权、建设用地使用权等用益物权的剩余期限。

第三，地役权与其他物权的关系。土地所有权人享有地役权或者负担地役权的，设立土地承包经营权、宅基地使用权时，该土地承包经营权人、宅基地使用权人继续享有或者负担已设立的地役权。地上已设立土地承包经营权、建设用地使用权、宅基地使用权等权利的，未经用益物权人同意，土地所有权人不得设立地役权。地役权不得单独转让。土地承包经营权、建设用地使用权等转让的，地役权一并转让，但合同另有约定的除外。地役权不得单独抵押。土地承包经营权、建设用地使用权等抵押的，在实现抵押权时，地役权一并转让。需役地以及需役地上的土地承包经营权、建设用地使用权部分转让时，转让部分涉及地役权的，受让人同时享有地役权。供役地以及供役地上的土地承包经营权、建设用地使用权部分转让时，转让部分涉及地役权的，地役权对受让人具有约束力。

第四，地役权的消灭。地役权因地役权合同规定的利用期限届满或地役权合同的解除而消灭。地役权人违反法律规定或者合同约定，滥用地役权，或有偿利用供役地，约定的付款期间届满后在合理期限内经两次催告未支付费用的，供役地权利人有权解除地役权合同，地役权随之消灭。

第五，地役权的登记。设立地役权时，当事人要求登记的，可以向登记机构申请地役权登记；未经登记，不得对抗善意第三人。已经登记的地役权变更、转让或者消灭的，应当及时办理变更登记或者注销登记。

4.1.2　房屋权属法律制度

房屋权属法律制度包括房屋所有权制度和业主建筑物区分所有权制度。房屋作为重要的不动产，其权属制度有着法律上的独立性，但由于它附着于土地的特性，因此又与土地权利联系紧密，互相依存。

1. 房屋所有权制度

房屋所有权，是指房屋所有人对其房屋享有占有、使用、收益、处分，并排除他人干涉的权利。

（1）房屋所有权的主体。在我国，国家、企业、事业单位、社会团体和个人以及外国的组织或个人均可成为房屋所有权的主体。个人房屋所有权与集体、国家房屋所有权同等受宪法和法律的保护。

（2）房屋所有权的客体。《中华人民共和国城市房地产管理法》（以下简称《城市房地产管理法》）第二条对房屋作了广义的界定："本法所称房屋，是指土地之上的房屋等建筑物及构筑物。"因此，房屋所有权的客体不仅限于居住之所，还包括构筑物，如烟囱、水塔等。

（3）房屋所有权的取得。房屋的所有权取得方式包括原始取得和继受取得。原始取得方式主要包括新建取得、国家没收取得（主要指违法建筑）、无主房屋取得（无主房屋收归国家，集体经济组织成员死亡后无继承人的房屋收归集体）、添附取得（原有房屋合法扩建、加层，添附人取得添附房屋的所有权）等。继受取得的方式包括买卖、互易、赠与、继承。

（4）房屋所有权的消灭。房屋所有权消灭的原因包括：房屋所有权因房屋的灭失而绝对消灭；房屋所有权因所有人的消灭（包括公民的死亡和法人的解散）而消灭；房屋所有权因转让而使原所有权消灭；房屋所有权因所有权人抛弃而消灭；房屋所有权因强制手段而被消灭（如新中国成立初国家通过立法没收地主、官僚资本家的房屋）。

2. 业主建筑物区分所有权制度

建筑物区分所有权，是指根据使用功能，将一栋建筑物在结构上区分为各个所有权人独自使用的部分和由多个所有人共同使用的共同部分时，每一所有权人享有的对其专用部分的专有权，对共用部分的共有权以及各个所有权人之间基于其共同关系而产生的成员权的结合。《物权法》第七十条规定："业主对建筑物内的住宅、经营性用房等专有部分享有所有权，对专有部分以外的共有部分享有共有和共同管理的权利。"

（1）专有所有权。专有所有权是指业主对其建筑物专有部分享有占有、使用、收益和处分的权利。专有所有权具有主导性，体现在：业主转让建筑物内的住宅、经营性用房，其对共有部分享有的共有和共同管理的权利一并转让。但是业主行使权利不得危及建筑物的安全，不得损害其他业主的合法权益。如《物权法》第七十七条规定：业主不得违反法律、法规以及管理规约，将住宅改变为经营性用房。业主将住宅改变为经营性用房的，除遵守法律、法规以及管理规约外，应当经有利害关系的业主同意。

（2）共有所有权。业主对建筑物专有部分以外的共有部分，享有权利，承担义务；

不得以放弃权利不履行义务。这些权利包括共用部分的使用权、收益权、共用部分的修缮改良权。如《物权法》第七十三条规定：建筑区划内的道路，属于业主共有，但属于城镇公共道路的除外；建筑区划内的绿地，属于业主共有，但属于城镇公共绿地或者明示属于个人的除外；建筑区划内的其他公共场所、公用设施和物业服务用房，属于业主共有。

（3）成员权。成员权指所有权人为管理共用事务而享有的权利。这些权利包括表决权、参与订立规约权、选举及解任管理者的权利。《物权法》第七十六条第一款规定，业主共同决定下列事项：（一）制定和修改业主大会议事规则；（二）制定和修改建筑物及其附属设施的管理规约；（三）选举业主委员会或者更换业主委员会成员；（四）选聘和解聘物业服务企业或者其他管理人；（五）筹集和使用建筑物及其附属设施的维修资金；（六）改建、重建建筑物及其附属设施；（七）有关共有和共同管理权利的其他重大事项。

4.1.3 房地产权属登记制度

房地产登记，又称为不动产登记，是指国家法定机关依当事人的申请，对有关房地产权利信息、客体信息等进行登记，并对所登信息赋予一定法律效力的制度。在我国，房地产登记属于强制登记制度，具有公信力。不动产登记簿是物权归属和内容的根据，而不动产权属证书是权利人享有该不动产物权的证明。此外，《物权法》第六条规定："不动产物权的设立、变更、转让和消灭，应当依照法律规定登记。动产物权的设立和转让，应当依照法律规定交付。"第九条规定："不动产物权的设立、变更、转让和消灭，经依法登记，发生效力；未经登记，不发生效力，但法律另有规定的除外。"由此可知，房地产登记是房地产物权变动的生效要件。

房地产登记由不同的登记机关分别执行。房地产权属登记一般是土地使用权和房屋所有权登记，分别由县级以上的土地管理部门和房产管理部门办理。房地产权属登记时，采取审查登记制度，登记机关对申请人就房地产权利提出的登记申请，不仅要审查形式要件，而且还必须对申请登记的权利的来源证明是否有效进行严格审查，并进行实地勘验。形式要件与实地勘验结果一致，方予以登记。与该房地产有关的权利人、利害关系人可以申请查询、复制登记资料，登记机构应当提供。

根据《土地登记办法》和《房屋登记办法》，房地产登记包括以下内容：

1. 土地登记

（1）土地总登记。土地总登记是指在一定时间内对辖区内全部土地或者特定区域内土地进行的全面登记。土地总登记应当发布通告，对符合登记要求的宗地，由国土资源行政主管部门予以公告。公告期满，当事人对土地总登记审核结果无异议或者异议不成立的，由国土资源行政主管部门报经人民政府批准后办理登记。

（2）初始登记。初始登记，是指土地总登记之外对设立的土地权利进行的登记。

依法以划拨方式取得国有建设用地使用权的、依法以出让方式取得国有建设用地使用权的、划拨国有建设用地使用权已依法转为出让国有建设用地使用权的、依法以国有土地租赁方式取得国有建设用地使用权的、依法以国有土地使用权作价出资或者入股方式取得国有建设用地使用权的、以国家授权经营方式取得国有建设用地使用权的，当事人都应当持原相关证明材料，申请国有建设用地使用权初始登记。

农民集体土地所有权人应当持集体土地所有权证明材料，申请集体土地所有权初始登记。依法使用本集体土地进行建设的、集体土地所有权人依法以集体建设用地使用权入股或联营等形式兴办企业的、依法使用本集体土地进行农业生产的，当事人应当持农用地使用合同，申请集体农用地使用权初始登记。

此外，依法抵押土地使用权的，抵押权人和抵押人应当持土地权利证书、主债权债务合同、抵押合同以及相关证明材料，申请土地使用权抵押登记。在土地上设定地役权后，当事人申请地役权登记的，供役地权利人和需役地权利人应当向国土资源行政主管部门提交土地权利证书和地役权合同等相关证明材料。

（3）变更登记。变更登记，是指因土地权利人发生改变，或者因土地权利人姓名或者名称、地址和土地用途等内容发生变更而进行的登记。因地上建筑物、构筑物及其附属设施涉及建设用地使用权转移的，其所涉及的土地使用权一并转移，应申请建设用地使用权变更登记。

（4）注销登记。注销登记，是指因土地权利的消灭等而进行的登记。依法收回的国有土地，依法征收的农民集体土地以及因人民法院、仲裁机构的生效法律文书致使原土地权利消灭，当事人未办理注销登记的，可直接办理注销登记。因自然灾害等原因造成土地权利消灭的，国有建设用地使用权期限届满，已经登记的土地抵押权、地役权终止的，当事人均可申请注销登记。

（5）其他登记。其他登记包括更正登记、异议登记、预告登记和查封登记。

国土资源行政主管部门发现土地登记簿记载的事项确有错误的，应当报经人民政府批准后进行更正登记，并书面通知当事人在规定期限内办理更换或者注销原土地权利证书的手续。土地权利人和利害关系人认为土地登记簿记载的事项错误的，也可以持原土地权利证书和证明登记错误的相关材料，申请更正登记。

土地登记簿记载的权利人不同意更正的，利害关系人可以申请异议登记。

当事人签订土地权利转让的协议后，可以按照约定持转让协议申请预告登记。

国土资源行政主管部门应当根据人民法院提供的查封裁定书和协助执行通知书，报经人民政府批准后将查封或者预查封的情况在土地登记簿上加以记载。

2. 房屋登记

房屋登记同土地登记类似，分为初始登记、变更登记、注销登记和包括更正登记、异议登记、预告登记和查封登记在内的其他登记。

（1）国有土地范围内的房屋登记

因合法建造房屋应申请房屋所有权初始登记。房地产开发企业申请房屋所有权初始登记时，应当对建筑区划内依法属于全体业主共有的公共场所、公用设施和物业服务用房等房屋一并申请登记，由房屋登记机构在房屋登记簿上予以记载，不颁发房屋权属证书。经依法登记的房屋发生房屋灭失，放弃所有权，以及法律、法规规定的其他情形的，房屋登记簿记载的所有权人应当自事实发生后申请房屋所有权注销登记。

以房屋设定抵押的，当事人应当申请抵押权登记。已经登记的抵押权变更、转让或者消灭的，当事人应当提交相关证明材料，申请变更登记、转移登记、注销登记。

在房屋上设立地役权的，当事人可以申请地役权设立登记。已经登记的地役权变更、转让或者消灭的，当事人应当提交相关证明材料，申请变更登记、转移登记、注销登记。

发生买卖、互换、赠与、继承、受遗赠、房屋分割、合并，导致所有权发生转移，以房屋出资入股，法人或者其他组织分立、合并，导致房屋所有权发生转移以及法律、法规规定的其他情形的，当事人应当在有关法律文件生效或者事实发生后申请房屋所有权转移登记。

发生房屋所有权人的姓名或者名称变更，房屋坐落的街道、门牌号或者房屋名称变更，房屋面积增加或者减少，同一所有权人分割、合并房屋以及法律、法规规定的其他情形的，权利人应当在有关法律文件生效或者事实发生后申请房屋所有权变更登记。

预购商品房，以预购商品房设定抵押，房屋所有权转让、抵押以及法律、法规规定的其他情形的，当事人可以申请预告登记。

权利人、利害关系人认为房屋登记簿记载的事项有错误的，可以提交相应材料，申请更正登记。房屋登记机构发现房屋登记簿的记载错误，不涉及房屋权利归属和内容的，应当书面通知有关权利人在规定期限内办理更正登记。利害关系人认为房屋登记簿记载的事项错误，而权利人不同意更正的，利害关系人可以持相关证明材料申请异议登记。

(2) 集体土地范围内房屋登记

依法利用宅基地建造的村民住房和依法利用其他集体所有建设用地建造的房屋，应当申请房屋登记。办理村民住房所有权初始登记、农村集体经济组织所有房屋所有权初始登记，房屋登记机构受理登记申请后，应当将申请登记事项在房屋所在地农村集体经济组织内进行公告。经公告无异议或者异议不成立的，方可予以登记。

发生房屋所有权人的姓名或者名称变更，房屋坐落变更，房屋面积增加或者减少，同一所有权人分割、合并房屋以及法律、法规规定的其他情形的，权利人应当在有关法律文件生效或者事实发生后申请房屋所有权变更登记。

房屋所有权依法发生转移，应当申请房屋所有权转移登记。但受让人不属于房屋所在地农村集体经济组织成员的，除法律、法规另有规定外，房屋登记机构应当不予办理。

依法以乡镇、村企业的厂房等建筑物设立抵押，应当申请抵押权登记。办理集体土地范围内房屋的地役权登记、预告登记、更正登记、异议登记等房屋登记，可以参照适用国有土地范围内房屋登记的有关规定。

房屋登记机构对集体土地范围内的房屋予以登记的，应当在房屋登记簿和房屋权属证书上注明“集体土地”字样。

申请村民住房所有权初始登记所有权转移的，还应当提交申请人属于房屋所在地农村集体经济组织成员的证明。

农村集体经济组织申请房屋所有权初始登记的，还应当提交经村民会议同意或者由村民会议授权经村民代表会议同意的证明材料。

3. 房地产登记的基本程序

登记程序的统一是登记制度完善的重要前提，我国房地产登记的程序为：申请、受理、审核、公告、颁发权属证书。

（1）申请

申请房地产登记，申请人应当向房地产所在地土地管理部门和房产管理部门提出申请，并提交申请登记的材料。申请人应当对申请登记材料的真实性、合法性、有效性负责，不得隐瞒真实情况或者提供虚假材料申请登记。

（2）受理

对于申请人提交的申请登记材料齐全且符合法定形式的，房屋登记机构应当予以受理，并出具书面凭证。申请人提交的申请登记材料不齐全或者不符合法定形式的，应当不予受理，并告知申请人需要补正的内容。

（3）审核

房产登记机构应当查验申请登记材料，如有必要，可以就有关登记事项向申请人询问，也可以对申请登记的土地进行实地查看。

（4）登记

登记申请符合条件的，房屋登记机构应当予以登记，将申请登记事项记载于房屋登记簿和土地登记簿。登记申请不符合条件的，房屋登记机构应当不予登记，并书面告知申请人不予登记的原因。

4.2 房地产交易法律法规

《城市房地产管理法》第二条第四款规定："房地产交易，包括房地产转让、房地产抵押和房地产租赁。"所以，法律上的房地产交易是指权利人土地使用权、房屋所有权、房地产使用权等可处分的权利所进行的流通等各种经济活动的总称。

房地产交易可以分为土地交易与房屋交易。在物理状态上，房屋很难脱离土地而独立存在，房屋须依附于土地，因此通常情况下，房屋交易不能脱离土地进行，土地交易与房屋交易往往是结合在一起的。

4.2.1 房地产转让法律法规

房地产转让是指房地产权利人通过买卖、赠与或者其他合法方式将房地产转移给他人的行为。《城市房地产管理法》是房地产转让问题的主要法律依据。

1. 房地产转让的有效条件

房地产是特殊商品，房地产位置固定，交易标的额大、专业性强，因此为了保障房地产转让行为的合法性与有效性，维护房地产市场秩序，保护当事人的合法权益，减少交易纠纷，法律法规对房地产转让限定了条件。

（1）房地产转让主体须具备合法资格

自然人作为房地产买卖行为的主体时，必须具备民事权利能力及完全民事行为能力。无民事行为能力人与限制民事行为能力人不得从事房地产买卖行为，应由其法定代理人代为进行。企业、事业单位、机关团体作为权利主体进行房地产买卖的，必须具有法人资格，否则无效。

（2）房地产转让客体须符合法定要求

以出让方式取得土地使用权的，转让房地产时，应当符合下列条件：①按照出让合同约定已经支付全部土地使用权出让金，并取得土地使用权证书；②按照出让合同约定进行投资开发，属于房屋建设工程的，完成开发投资总额的百分之二十五以上，属于成片开发土地的，形成工业用地或者其他建设用地条件，转让房地产时房屋已经建成的，还应当持有房屋所有权证书。

以划拨方式取得土地使用权的，转让房地产时，应当按照国务院规定，报有批准权的人民政府审批。有批准权的人民政府准予转让的，应当由受让方办理土地使用权出让手续，并依照国家有关规定缴纳土地使用权出让金。以划拨方式取得土地使用权的，转让房地产报批时，有批准权的人民政府按照国务院规定决定可以不办理土地使用权出让手续的，转让方应当按照国务院规定将转让房地产所获收益中的土地收益上缴国家或者作其他处理。

（3）房地产转让的形式要件

房地产转让双方达成一致意见后，应当签订书面转让合同。合同中应当载明土地使用权取得的方式，双方的权利、义务以及其他必需条款。合同签订后，在法律规定的时间内，到房地产管理部门办理建设用地使用权及房屋所有权的变动手续，领取房地产权利证书。

（4）房地产转让的程序

房地产转让，应当按照下列程序办理：

①房地产转让当事人签订书面转让合同；

②房地产转让当事人在房地产转让合同签订后90日内持房地产权属证书、当事人的合法证明、转让合同等有关文件向房地产所在地的房地产管理部门提出申请，并申报成交价格；

③房地产管理部门对提供的有关文件进行审查，并在7日内作出是否受理申请的书面答复，7日内未作书面答复的，视为同意受理；

④房地产管理部门核实申报的成交价格，并根据需要对转让的房地产进行现场查勘和评估；

⑤房地产转让当事人按照规定缴纳有关税费；

⑥房地产管理部门办理房屋权属登记手续，核发房地产权属证书。

（5）房地产转让必须签订书面合同

签订房地产转让的书面合同，除了要遵循房地产相关的法律法规，还要依照《中华人民共和国合同法》的相关规定。以下以房地产买卖合同为例进行分析：

①房地产买卖合同的订立过程

房地产买卖合同的订立必须经历要约与承诺两个阶段。要约，是买卖当事人向对方当事人提出签订买卖房地产合同的意思表示。其内容应包括：明确地向对方表明买卖房地产的意图；具体写明房地产的数量、质量、坐落、价格、交付方式及期限等主要内容；表明请对方当事人在规定期限内给予答复的要求；要约必须送达对方。承诺，则是买卖当事人一方对另一方所提出的要约或反要约完全同意的意思表示。

双方经过要约与承诺过程之后，签订书面合同，合同即已成立并生效。我国实行的是“强制登记原则”，所以签订合同之后，当事人还须到不动产登记机关办理房地产产权变更登记手续，领取产权证书，不动产所有权才发生转移。

②房地产买卖合同的主要内容

标的。房地产买卖合同的标的就是房地产。在订立买卖合同时，标的首先应符合房地产转让的客体合法要件，同时，房地产合同必须明确房地产坐落位置、部位、类型、结构、房屋朝向、门牌号码等。房屋附属设施是否一同转让也应注明。

数量。这是指房地产的面积与数量。合同中关于数量的约定必须明确，应使用明确量词。注明面积，应明确是建筑面积，还是实际使用面积，同时还须明确公用面积的摊销等。

价款。价款是房地产买卖合同的必备条款，由于我国实行房地产价格评估制度及房地产成交申报制度，所以合同当事人应如实填报房地产价款。

履行期限。这是指债务人实际负担其债务的期限，包括房产何时交付、价款何时交付及何时履行过户登记手续等内容。

履约方式。这是指价款的交付方式以及房地产交付方式。前者如一次性付款或是分期付款；后者包括房屋及其附属设施的验收、接管，过户手续的办理，有关税费的缴纳，房地产权利证书的领取。

违约责任。当事人如违反合同规定，不履行或不完全履行合同规定的义务，则必须承担违约责任。具体承担责任的方式有支付违约金、赔偿损失，有定金约定的执行定金罚则。

此外，土地使用权出让合同和登记文件中所载明的权利、义务随房地产买卖同时转移；土地使用者通过出让方式取得的土地使用权，转让房地产后，其土地使用权的使用年限为原土地使用权出让合同约定的使用年限减去原土地使用者已经使用年限后的剩余年限；以出让方式取得土地使用权的，转让房地产后，受让人改变原土地使用权出让合同约定的土地用途的，必须取得原出让方和市、县人民政府城市规划行政主管部门的同意，签订土地使用权出让合同变更协议或者重新签订土地使用权出让合同，相应调整土地使用权出让金。

2. 商品房预售

商品房预售，是指预售方（即房地产开发企业）将正在建设尚未竣工的房屋预先销售给承购方的法律行为。商品房预售制度的创设，一方面减轻了预购人一次性支付全部购房款的压力；另一方面，可以解决开发商建设资金的不足，有利于推动楼宇的销售，把房地产市场行情变化的风险部分转嫁出去。根据《房地产管理法》和《物权法》的规定，商品房预售要考虑以下几方面的问题：

(1) 商品房预售的条件

商品房预售应符合以下条件：已交付全部土地使用权出让金，取得土地使用权证书；持有建设工程规划许可证；按提供预售的商品房计算，投入开发建设的资金达到工程建设总投资的百分之二十五以上，并已经确定施工进度和竣工交付日期；向县级以上人民政府房产管理部门办理预售登记，取得商品房预售许可证明。商品房预售人应当按照国家有关规定将预售合同报县级以上人民政府房产管理部门和土地管理部门登记备案。

(2) 商品房预售的程序

首先，预售方申领预售许可证。预售方应提供相关材料申请办理商品房预售许可证，房地产管理部门在接到房地产开发经营企业申请后，应当详细查验各项证件和资料，到现场进行勘查，在10日内做出审核结论，通过审核的核发商品房预售许可证，并向社会公告。

其次，签订商品房预售合同。商品房预售开发经营企业应当与承购人签订商品房预售合同。为了保护预售交易双方的合法权益，2000年9月，建设部、国家工商行政管理总局下发了《关于印发〈商品房买卖合同示范文本〉的通知》，要求推行《商品房买卖合同示范文本》，以此来规范房屋买卖合同的内容。

再次，预售商品房权属的预告登记。根据《物权法》的规定，当事人签订买卖房屋或者其他不动产物权的协议，为保障将来实现物权，按照约定可以向登记机构申请预告登记。预告登记后，未经预告登记的权利人同意，处分该不动产的，不发生物权效力。预告登记后，债权消灭或者自能够进行不动产登记之日起三个月内未申请登记的，预告登记失效。

最后，交付房屋。房地产开发商须在房屋竣工后与购房者办理房屋交接手续，依合同约定按时保质保量向承购人交付预售商品房。在预售商品房交付使用之日起90日内，承购方应当持有关凭证到县级以上人民政府房地产管理部门和土地管理部门办理建设用地使用权变更和房屋所有权登记手续，领取房屋所有权证书和土地使用权证书。

(3) 商品房预售合同当事人的权利与义务

预购人的权利主要包括依法获得预售房屋的所有权，以所购期房设定抵押的权利。关于再行转让的权利，法律并没作出规定，但为了稳定房价，国务院出台的办法和通知，禁止商品房预购人将购买的未竣工的预售商品房再行转让。同时，预购人负有支付房价款的义务以及缴纳有关税费的义务。

预售人的权利主要包括获得商品房价款的权利、违约救济等。预售人的义务包括于合同约定的将来某个日期交付房屋并转移房屋所有权的义务、质量担保及权利担保义务、专款专用义务、缴纳和代收房地产有关税费的义务等。

3. 商品房销售

商品房销售是指房地产开发商将建成的符合法定条件的商品房向社会公众销售，社会公众购买商品房的行为。商品房销售主要参考建设部制定的《商品房销售管理办法》。

（1）商品房销售的条件

商品房销售应符合以下条件：

①商品房销售单位必须是具有独立企业法人资格，取得房地产开发主管部门核发的资质证书的房地产开发企业。项目公司销售商品房的，必须经房地产开发主管部门核准；委托中介机构销售商品房的，受委托中介机构必须取得相应的资格。

②已经合法取得建设用地使用权并依法缴纳全部土地出让金，取得建设用地使用权证书。

③商品房工程竣工。

④经建设工程质量监督部门验收合格，取得验收合格证书。

⑤属于住宅商品房的，须经住宅建设管理部门审核，取得《住宅交付使用许可证》。

⑥经测绘机构对房屋和建设用地使用权面积进行了测定。

⑦所销售的房屋已到房地产登记部门办理新建商品房初始登记，取得《房地产产权证》。

（2）商品房销售的程序

房屋转让程序同样适用于商品房销售程序，一般按照以下五个程序进行：

①签订商品房销售书面合同。

实践中，开发商一般都在当地政府房地产管理部门拟定的合同示范文本的基础上，再增加少量的补充约定条款与购房人签订合同。

②根据规定或当事人的约定，就商品房销售合同办理公证手续。

办理公证手续并非法定必经程序，实践中多数商品房买卖合同是不办理公证手续的。

③买卖双方持房地产权属证书、销售合同和合法身份证明等文件到房屋所在地的房地产管理部门申报买卖价格，申办所有权变更登记手续。

④买卖双方根据规定缴纳契税、营业税、土地增值税、交易手续费等税费。

⑤购房人领取房地产产权证书。只有经过了这一步骤，办理了所有权变更登记手续，购房人才实际取得所购房屋的所有权。

（3）商品房销售合同

商品房销售合同是在商品房销售人与买受人之间达成的买卖商品房的协议。房屋买卖合同的有关规定同样适用于商品房销售合同。为了规范商品房市场，建设部制定了《商品房销售管理办法》，对商品房销售合同的内容，如面积计算、计价等作出了更为明确具体的规定。目前，各地也都在推广使用由各地房地产管理部门制定的《商品房销售合同示范文本》，以规范实践中商品房合同的订立。

①商品房销售合同的内容

商品房买卖合同应当明确以下主要内容：当事人名称或者姓名和住所；商品房基本状况；商品房的销售方式；商品房价款的确定方式及总价款、付款方式、付款时间；交付使用条件及日期；装饰、设备标准承诺；供水、供电、供热、燃气、通信、道路、绿化等配套基础设施和公共设施的交付承诺和有关权益、责任；公共配套建筑的产权归属；面积差异的处理方式；办理产权登记有关事宜；解决争议的方法；违约责任等。

②商品房价格及计价方式

商品房销售可以按套（单元）计价，也可以按套内建筑面积或者建筑面积计价。

商品房建筑面积由套内建筑面积和分摊的共有建筑面积组成，套内建筑面积部分为独立产权，分摊的共有建筑面积部分为共有产权，买受人按照法律、法规的规定对其享有权利，承担责任。

按套（单元）计价或者按套内建筑面积计价的，商品房买卖合同中应当注明建筑面积和分摊的共有建筑面积。按套（单元）计价的现售房屋，当事人对现售房屋实地勘察后可以在合同中直接约定总价款。按套（单元）计价的预售房屋，房地产开发企业应当在合同中附所售房屋的平面图。平面图应当标明详细尺寸，并约定误差范围。房屋交付时，套型与设计图纸一致，相关尺寸也在约定的误差范围内，维持总价款不变；套型与设计图纸不一致或者相关尺寸超出约定的误差范围，合同中未约定处理方式的，买受人可以退房或者与房地产开发企业重新约定总价款。买受人退房的，由房地产开发企业承担违约责任。

③商品房交付面积误差的处理

按套内建筑面积或者建筑面积计价的，当事人应当在合同中载明合同约定面积与产权登记面积发生误差的处理方式。合同未作约定的，按以下原则处理：

面积误差比绝对值在3%以内（含3%）的，据实结算房价款。

面积误差比绝对值超出3%时，买受人有权退房。买受人退房的，房地产开发企业应当在买受人提出退房之日起30日内将买受人已付房价款退还给买受人，同时支付已付房价款利息。买受人不退房的，产权登记面积大于合同约定面积时，面积误差比在3%以内（含3%）部分的房价款由买受人补足；超出3%部分的房价款由房地产开发企业承担，产权归买受人。产权登记面积小于合同约定面积时，面积误差比绝对值在3%以内（含3%）部分的房价款由房地产开发企业返还买受人；绝对值超出3%部分的房价款由房地产开发企业双倍返还买受人。

$$面积误差比=\frac{产权登记面积-合同约定面积}{合同约定面积}\times 100\%$$

④违约责任的处理

出卖人迟延交付房屋或者买受人迟延支付购房款，经催告后在3个月的合理期限内仍未履行，当事人一方请求解除合同的，应予以支持，但当事人另有约定的除外。

由于出卖人的原因，买受人在下列期限届满未能取得房屋权属证书的，除当事人有特殊约定外，出卖人应当承担违约责任：商品房买卖合同约定的办理房屋所有权登记的期限；商品房买卖合同的标的物为尚未建成房屋的，自房屋交付使用之日起90日；商品房买卖合同的标的物为已竣工房屋的，自合同订立之日起90日。

4．房地产转让的其他方式

除了房屋买卖，还有其他房地产转让方式，比如因继承引起的房地产转移，因征收引起的房地产转移，因法院判决引起的房地产转移，因强制执行而引起的房地产转移、房屋交换、房屋赠与等。均适用上述对房地产转让的规定。

4.2.2　房屋租赁法律法规

房屋租赁是指出租人将房屋出租给承租人使用，由承租人向出租人支付租金的行为。房屋租赁可以看做是出租人有期限地出让房屋的使用权、占有权、收益权，换回承租人支付的代价即租金。

房屋租赁有四个特点：①当事人转移的是房屋的占有权、使用权，而不是所有权。②转移房屋使用权是有一定期限的。根据《合同法》规定，租赁期限不得超过 20 年，超过 20 年的，超过的部分无效。租赁期满，当事人可续订租赁合同，但续订合同的期限不得超过 20 年，超过 20 年的，超过部分无效。租赁期限届满，承租人应当将房屋的占有权和使用权返还给出租人。③房屋租赁是要式行为，当事人应当签订书面合同。《城市房地产管理法》第五十四条规定，房屋租赁，出租人和承租人应当签订书面租赁合同，而且要向房产管理部门登记备案。④房屋租赁是双务、有偿民事行为。

1. 房屋租赁合同

房屋租赁合同，是出租人将房屋交给承租人使用，承租人按约定交租金并于合同终止时将房屋退还给出租人的协议。

（1）房屋租赁合同的主要条款

①当事人（出租人与承租人）姓名或名称及住所。法律对出租人的要求是其必须是房地产的合法产权人；对于承租人来说，居民须持有身份证或暂住证，企事业单位须持有营业执照，非企业事业单位的其他组织如机关、团体、部队等须有县以上人民政府批准设立的有效证件。

②标的物，即租赁的房屋。在合同中须写明房屋所在位置、面积、四至范围、装修及设施状况。

③租赁用途，即承租人租赁房屋的目的。租赁用途一旦定明，则承租人不得擅自改变用途，尤其不得用房屋从事非法活动。

④租赁期限。租赁期限届满，承租人有义务将房屋退还出租人；如果出租人提前收回房屋的，须征得承租人的同意，赔偿承租人的损失。

⑤租金，即租赁价格，是承租人取得房屋租期内的使用、占有、收益权利而支付给出租人的对价。租金的确定依房屋用途不同而不同，对于住宅用房，租金的标准应执行国家和房屋所在地城市人民政府的租赁政策。对于从事生产、经营活动的用房，租金由承租人与出租人协商议定。

⑥修缮责任。在没有特殊约定的情况下，出租人在整个出租期间对房屋有进行必要的修缮的义务。修缮的范围包括：房屋自身及其附属设施，以及其他属于出租人修缮范围的设备。

⑦转租的规定。转租必须经出租人同意，转租条款可以作为租赁合同一部分，也可在租赁合同订立之后另行约定。转租条款亦必须定明：转租期限，转租用途，转租房屋损坏时的赔偿与责任承担，转租收益的分成，违约责任等。

⑧变更与解除合同的条件。我国法律明确规定了房屋租赁合同的变更与解除的法定条件。有下列情形之一的，房屋租赁当事人可以变更或者解除租赁合同：符合法律

规定或者合同约定可以变更或解除合同条款的；因不可抗力致使租赁合同不能继续履行的；当事人协商一致的。

承租人有下列行为之一的，出租人有权终止合同，收回房屋，因此而造成损失的，由承租人赔偿：将承租的房屋擅自转租的；将承租的房屋擅自转让、转借他人或擅自调换使用的；将承租的房屋擅自拆改结构或改变用途的；拖欠租金累计6个月以上的；公有住宅用房无正当理由闲置6个月以上的；利用承租房屋进行违法活动的；故意破坏承租房屋的；法律、法规规定其他可以收回的。

⑨违约责任。双方当事人可以在合同中约定违约金的计算方法或其他承担违约责任的方式，且双方当事人的约定具有法律上的约束力。

（2）房屋租赁合同当事人的权利和义务

房屋租赁当事人按照租赁合同的约定，享有权利，并承担相应的义务。

出租人享有的权利和应承担的义务包括：①收取租金的权利。②在租赁期内出售已出租房屋的权利。出租人可以将出租的房屋再转售他人，但须提前3个月通知承租人。③出租人应当依照租赁合同约定的期限将房屋交付承租人，不能按期交付的，应当支付违约金；给承租人造成损失的，应当承担赔偿责任。④出租住宅用房的自然损坏或合同约定由出租人修缮的，由出租人负责修复。不及时修复，致使房屋发生破坏性事故，造成承租人财产损失或者人身伤害的，应当承担赔偿责任。租用房屋从事生产、经营活动的，修缮责任由双方当事人在租赁合同中约定。⑤出租人在租赁期限内，确需提前收回房屋的，应当事先征得承租人同意，给承租人造成损失的，应当予以赔偿。

承租人享有的权利和应承担的义务包括：①承租人有权按约定对租赁房屋享有占有、使用的权利。②承租人享有优先购买权和优先承租权。租期未满，若出租人出卖房屋，承租人在同等条件下可优先购买；租期届满，若出租人继续出租房屋，承租人在同等条件下可优先承租。③承租人必须按期缴纳租金，否则应承担违约责任。④承租人应当爱护并合理使用所承租的房屋及附属设施，不得擅自拆改、扩建或增添。确需变动的，必须征得出租人的同意并签订书面合同。⑤因承租人过错造成房屋损坏的，由承租人负责修复或者赔偿。⑥租赁期限届满，租赁合同终止。承租人需继续租用的，应当在租赁期限届满前3个月提出，并经出租人同意，重新签订租赁合同。

房屋租赁合同相关当事人享有的权利和应承担的义务包括：①租赁期限内，房屋出租人转让房屋所有权的，房屋受让人应当继续履行原租赁合同的规定。②出租人在租赁期限内死亡的，其继承人应当继续履行原租赁合同。③住宅用房承租人在租赁期限内死亡的，其共同居住两年以上的家庭成员有权继续承租。

2. 房屋租赁合同的登记备案制度

房屋租赁双方签订房屋租赁合同之后，应向房地产管理部门登记备案。

（1）登记申请。房屋租赁当事人应当在租赁合同签订后30日内，持规定的文件到市、县人民政府房地产管理部门办理登记备案手续。申请房屋租赁登记备案应当提交下列文件：①书面租赁合同；②房屋所有权证件；③当事人的合法证件；④县、市人民政府其他规定文件。出租共有房屋，还须提交其他共有人同意出租的证明。出租委托代管房屋，还须提交代管人授权出租的证明。

（2）主管部门对租赁合同进行审核。审核的内容主要包括：①合同主体资格是否合格，即出租人与承租人是否具备相应的条件；②客体是否合格，即出租的房屋是否是法律、法规允许出租的房屋；③审查租赁合同的内容是否齐全、完备；④审查租赁行为是否符合国家及房屋所在地人民政府的租赁政策；⑤审查当事人是否已缴纳了有关税费。

（3）房屋租赁申请经直辖市、市、县人民政府房地产管理部门审查合格后，颁发《房屋租赁证》。《房屋租赁证》是租赁行为合法有效的凭证。租用房屋从事生产、经营活动的，《房屋租赁证》作为经营场所合法的凭证。租用房屋用于居住的，《房屋租赁证》可作为公安部门办理户口登记的凭证之一。

4.2.3　房地产抵押法律法规

房地产抵押，是指抵押人以其合法的房地产以不转移占有的方式向抵押人提供债务履行担保的行为。债务人不履行债务或者发生当事人约定的实现抵押权的情形，抵押权人有权依法以抵押的房地产变现所得价款优先受偿。在房地产抵押关系中，作为担保财产的房地产是抵押物，提供抵押房地产的债务人或第三人为抵押人，享有房地产抵押权的债权人为抵押权人。我国对于房地产抵押问题的相关规定，可参见《物权法》、《担保法》、《担保法解释》及《城市房地产抵押管理办法》等法律法规。

1. 房地产抵押权设立的条件

（1）抵押人的条件。房地产抵押人是自然人的，须是完全民事行为能力人，且是该房地产的合法权利人；房地产抵押人是法人的，该法人须具有合法的法人主体资格，且是该房地产的合法权利人。

（2）房地产抵押的客体具有复合性。房地产抵押的客体不仅包括抵押人拥有所有权的房屋及其他建筑物、附着物等不动产，还包括房屋等占用范围内的建筑用地使用权。《物权法》第一百八十二条规定：以建筑物抵押的，该建筑物占用范围内的建设用地使用权一并抵押；以建设用地使用权抵押的，该土地上的建筑物一并抵押；抵押人未一并抵押的，未抵押的财产视为一并抵押。

（3）抵押物的条件。房地产抵押物的范围是依法取得的房屋所有权连同该房屋占用范围内的建设用地使用权。耕地、宅基地、自留地、自留山等集体所有的土地使用权不得作为抵押物，但法律规定可以抵押的除外。

2. 抵押合同

设定房地产抵押权，首先应在当事人之间签订抵押合同，依据《物权法》第一百八十五条规定，设立抵押权，当事人应当采取书面形式订立抵押合同。房地产抵押合同是债权合同的从合同，抵押合同既可以单独订立，也可以以抵押条款的形式在主债权合同中体现。

抵押合同除具备一般合同的必备条款外，还应具有：①房地产名称、编号、处所、面积、四至及数量、权属；②所担保的债务内容、范围、数量、质量、期限、履行方式、履行地点及与该债务内容相关的其他事项；③房地产的作价及抵押率；④房地产的保管维护、风险责任、处分方式、处分费用的承担、受偿方式等；⑤抵押权消灭的条件；⑥其他应规定的内容。

3．抵押登记

房地产抵押除了要签订书面合同，基于房地产的特殊性，当事人还应凭土地使用权证书及房屋所有权证书到房地产管理机关办理确认抵押权合法有效的抵押权设立登记；没有办理这项登记的，抵押权不受法律保护。抵押权设立之后，如抵押权合同发生变更，涉及登记事项的，则须办理抵押权变更登记。而抵押权注销登记是抵押权因抵押人如期履行债务或其他原因消灭后当事人进行的登记。

4．房地产抵押权的效力范围

（1）房地产抵押权担保的债权范围

依据我国《担保法》第四十六条的规定，房地产抵押担保的债权范围包括：

①主债权。主债权又称为原债权或本债权，是担保的债权主要内容。

②利息。利息包括法定利息和约定利息两种。

③违约金。违约金的数额一般由当事人约定，约定的违约金低于造成的损失的，当事人可以请求人民法院或者仲裁机构予以增加；约定的违约金过分高于造成的损失的，当事人可以请求人民法院或者仲裁机构予以适当减少。

④损害赔偿金。损害赔偿金是指债务人在履行主合同中的过失给债权人造成损害而给予债权人的赔偿金额。损害赔偿金具有法定性，即使当事人未约定，只要能举证证明实际损失的存在，债务人即应予以赔偿。

⑤实现抵押权的费用。实现抵押权的费用是指抵押权人为实现其抵押权所必须支付的费用，如申请费、拍卖费、评估费、保全费、保管费等。

（2）房地产抵押权所涉及抵押物的范围

抵押权的效力不仅及于抵押物自身，还及于抵押物的附属物以及抵押物抵押期间所付的费用。具体到房地产抵押，所涉及抵押物的范围包括以下五类：

①房地产本体。房地产本体包括建筑物和建设用地使用权，以建筑物抵押的，该建筑物占用范围内的建设用地使用权一并抵押。以建设用地使用权抵押的，该土地上的建筑物一并抵押。

②附属物。建筑物往往存在附属物，这些附属物既包括动产也包括不动产，如取暖设施、通信设施、照明设施等。在抵押合同中，如果法律没有规定或当事人没有约定，房地产抵押权的效力也及于房地产附属物。

③孳息。债务人不履行到期债务或者发生当事人约定的实现抵押权的情形，致使抵押财产被人民法院依法扣押的，自扣押之日起抵押权人有权收取该抵押财产的天然孳息或者法定孳息。但如果抵押权人未通知应当清偿法定孳息的义务人的，抵押权的效力不及于该孳息。

④新增房屋的处理。由于抵押权在设定时，当事人只是就已存在的房地产设定抵押，因此新增房屋不属于抵押物。但为了便于抵押权的实现，在拍卖抵押的房地产时，可以依法将该土地上新增的房屋与抵押物一同拍卖，但对拍卖新增房屋所得，抵押权人无权优先受偿。

⑤抵押房地产价值减少的处理。抵押人的行为足以使抵押财产价值减少的，抵押权人有权要求抵押人停止其行为。抵押财产价值减少的，抵押权人有权要求恢复抵押财产的价值，或者提供与减少的价值相应的担保。抵押人不恢复抵押财产的价值也不提供担保的，抵押权人有权要求债务人提前清偿债务。

5. 房地产抵押权的实现

（1）房地产抵押权实现的方式

债务人不履行到期债务或者发生当事人约定的实现抵押权的情形，抵押权人可以与抵押人协议以抵押财产折价或者以拍卖、变卖该抵押财产所得的价款优先受偿。抵押权人与抵押人未就抵押权实现方式达成协议的，抵押权人可以请求人民法院拍卖、变卖抵押财产。抵押财产折价或者变卖的，应当参照市场价格。

（2）处分抵押房地产的中止事由

抵押权人对抵押房地产的处分，因下列情况而中止：抵押权人请求中止的；抵押人申请愿意并证明能够及时履行债务，并经抵押权人同意的；发现被拍卖抵押物有权属争议的；诉讼或仲裁中的抵押房地产；其他应当中止的情况。

（3）实现抵押权后所得金额的分配

处分抵押房地产所得金额，依下列顺序分配：支付处分抵押房地产的费用；扣除抵押房地产应缴纳的税款；偿还抵押权人债权本息及支付违约金；赔偿由债务人违反合同而对抵押权人造成的损害；剩余金额交还抵押人。处分抵押房地产所得金额不足支付债务和违约金、赔偿金时，抵押权人有权向债务人追索不足部分。

（4）处分抵押房地产时应注意的其他法律问题

①同一财产向两个以上债权人抵押的，拍卖、变卖抵押财产所得的价款依照下列规定清偿：首先，抵押权已登记的，按照登记的先后顺序清偿；顺序相同的，按照债权比例清偿；其次，抵押权已登记的先于未登记的受偿；最后，抵押权未登记的，按照债权比例清偿。

②抵押权人处分低于房地产的，应当事先书面通知抵押人。抵押房地产为共有或者出租的，还应当同时书面通知共有人或承租人；在同等条件下，共有人或承租人依法享有优先购买权。

③以划拨方式取得的建设用地使用权连同地上建筑物设定的房地产抵押进行处分时，应当从处分所得的价款中缴纳相当于应当缴纳的建设用地使用权出让金的款额后，抵押权人方可优先受偿。

6. 房地产抵押权的终止

出现下列情形之一的，房地产抵押权的效力终止：

（1）主债权消灭

房地产抵押权为担保主债权而存在，如果主债权因清偿、抵消、免除等原因而消灭，房地产抵押权应随之终止。

（2）抵押权实行

房地产抵押权人对于抵押物房地产已经实行其抵押权，无论其债权是否得到全部清偿，房地产抵押权都归于消灭。

（3）抵押物毁损、灭失或者被征收

担保期间，担保财产毁损、灭失或者被征收等，抵押权终止，但担保物权人可以就获得的保险金、赔偿金或者补偿金等优先受偿。被担保债权的履行期未届满的，也可以提存该保险金、赔偿金或者补偿金等，待担保债权到达履行期后可优先受偿。

4.3 房地产税费法律法规

4.3.1 房地产税收制度

房地产税是指以房地产为课税客体或主要以房地产开发经营流转行为为计税依据的税赋。房产税、契税、印花税、营业税、城市维护建设税、企业所得税、个人所得税等构成了我国目前房地产税体系。

按照征税客体性质的不同，可将房地产税收划分为流转税（包括营业税、城市维护建设税和土地增值税）、所得税（包括企业所得税和个人所得税）、财产税（包括房产税、契税、城镇土地使用税、耕地占用税）和行为税（包括印花税）四类。

第一类：房地产流转税

房地产流转税是以房地产流转额为征税对象课征的一种税赋，主要包括营业税、城市维护建设税和土地增值税三种。

1. 转让不动产营业税

营业税是在土地使用权转让和建筑物出售时，国家向土地使用权转让者和建筑物出售者征收的一种流转税。现行的征收依据是1994年1月1日施行的《营业税暂行条例》以及财税部和国家税务总局于2011年1月27日起下发的《关于调整个人住房转让营业税政策的通知》。

（1）纳税主体

销售不动产营业税的纳税主体是在中国境内转让土地使用权或销售建筑物及其他土地附着物的单位和个人。将不动产无偿赠与他人的，视同销售不动产，赠与人也是纳税人。

（2）计税依据

销售不动产营业税的计税依据是法定收入额。具体分为两种：

①全部营业收入额，包括纳税人向对方转让房屋收取的全部价款和价外费用，不得从中扣除任何成本和费用。

②税务机关核定的营业额，当纳税人转让不动产价格明显偏低而又无正当理由时，或单位将不动产无偿赠与他人时，税务机关应依法核定其营业额。以四川省成都市为例，成都市于2012年7月1日起正式实施了《关于实施存量房（二手房）交易计税价格核定工作有关事项的通告》，明确了成都市二手房交易价格，以交易双方签订的合同成交价格为依据，但申报的成交价格低于成都市指定的计税参考价格（由房地产估价机构评估得出）且无正当理由的，按计税参考价格核定计征存量住房交易环节各项

税收。

居民个人住房转让应缴纳的营业税具有特殊性。根据 2011 年《关于调整个人住房转让营业税政策的通知》的规定，个人将购买不足 5 年的住房对外销售的，全额征收营业税；个人将购买超过 5 年（含 5 年）的非普通住房[①]对外销售的，按照其销售收入减去购买房屋的价款后的差额征收营业税；个人将购买超过 5 年（含 5 年）的普通住房对外销售的，免征营业税。

将不动产无偿赠与他人的，视同销售不动产，赠与人应当缴纳营业税。但个人无偿赠与不动产、土地使用权，属于下列情形之一的，暂免征收营业税：①离婚财产分割；②无偿赠与配偶、父母、子女、祖父母、外祖父母、孙子女、外孙子女、兄弟姐妹；③无偿赠与对其承担直接抚养或者赡养义务的抚养人或者赡养人；④房屋产权所有人死亡，依法取得房屋产权的法定继承人、遗嘱继承人或者受遗赠人。

（3）税率

销售不动产、转让土地使用权的营业税实行比例税率，税率为 5%。

（4）缴纳

销售不动产营业税，纳税义务发生的时间是纳税人收取营业收入款或者取得索取营业收入款凭据的当天，纳税人应当向不动产所在地主管税务机关申报纳税。

2. 城市维护建设税

城市维护建设税是为了加强城市的维护建设、扩大和稳定城市维护建设资金的来源而要求有经营收入的单位和个人缴纳的一种行为税，属于地方税种。现行的《中华人民共和国城市维护建设税暂行条例》是国务院于 1985 年 2 月 8 日发布，从 1985 年度起施行的。城市维护建设税不是一个独立的税种，而是一种税收附加。城市维护建设税根据城镇规模设计税率，征收范围较广，税款专款专用，专门用于城市的公用事业和公共设施的维护建设，不得挪作他用，从而为市政建设提供了一项稳定的资金来源。

（1）纳税主体

凡在中国境内缴纳增值税、消费税、营业税的单位和个人，都是城市维护建设税的纳税主体，但不包括外商投资企业、外国企业和外国人。对其征收临时经营营业税的个体商贩及个人是否需缴纳城市维护建设税，由各省、自治区、直辖市人民政府根据实际情况决定。

（2）计税依据

城市维护建设税一般以纳税人实际缴纳的增值税、消费税、营业税税额为计税依据，按照规定的适用税率计算应纳税额，分别与上述三种税收同时缴纳。对“三税”加收的滞纳金和罚款不作为城市维护建设税的计税依据。

（3）税率

城市维护建设税按照纳税人所在地实行差别税率：纳税人所在地在市区的，税率为 7%；纳税人所在地在县城、建制镇的，税率为 5%；纳税人所在地不在市区、县

① 具备以下条件之一的住宅即为非普通住宅：①房产证面积在 140 平方米以上；②住宅小区容积率在 1.0 以下；③房子评估价格每平方米高于各地区的政策指导价格。除此之外均为普通住宅。

城、建制镇的，税率为1%；纳税人在外地发生缴纳“三税”的，按纳税发生地的适用税率计征城建税；金融保险企业和铁道部门的适用税率为5%。

以四川省成都市为例，在二手房交易中，城市维护建设税与教育费附加在营业税中，按5.55%的税率计税。

(4) 纳税期限和纳税地点

凡缴纳“三税”的单位和个人均应在申报缴纳“三税”的同时，申报缴纳城市维护建设税。纳税人缴纳“三税”的，在缴纳“三税”地缴纳城市维护建设税；代征、代扣、代缴“三税”的企业单位，同时也要代征、代扣、代缴城市维护建设税。各银行缴纳的城市维护建设税，由取得业务收入的核算单位在当地缴纳。

(5) 减税免税

城市维护建设税随同增值税、消费税、营业税征收或者减免，一般不能单独减免。但是，如果纳税人缴纳城市维护建设税确有困难，可以由各省级人民政府酌情给予减税或者免税照顾。对由于免征、减征增值税、消费税和营业税而发生的退税，同时退还已经缴纳的城市维护建设税。对提高金融保险企业营业税3%税率的部分，免征城市维护建设税。

3. 土地增值税

土地增值税，是指对转让国有土地使用权、地上建筑物及其附着物并取得增值收入的个人，就其转让房地产所得的增值额征收的一种税。其法律依据是国务院于1994年1月1日发布并施行的《中华人民共和国土地增值税暂行条例》。1995年1月27日财政部发布了《土地增值税暂行条例实施细则》并于同日起施行。依税收分类，本税种属于货币税、从价税、地方税。国家开征该税种的目的，主要是为了更好地规范土地、房产的市场交易秩序，合理调节土地的增值收益，抑制通过土地投机以获取暴利的行为，从而维护国家权益。

(1) 纳税义务人

土地增值税纳税人是转让国有土地使用权、地上建筑物及其附着物并取得增值收入的单位和个人。

(2) 税率

土地增值税实行4级超率累进税率：①增值额未超过扣除项目金额50%的部分，税率为30%；②增值额超过扣除项目金额50%、未超过扣除项目金额100%的部分，税率为40%；③增值额超过扣除项目金额100%、未超过扣除项目金额200%的部分，税率为50%；④增值额超过扣除项目金额200%的部分，税率为60%。

(3) 计税依据

土地增值税的计税依据是纳税义务人转让房地产所取得的增值额。

转让房地产所取得的增值额 = 转让房地产所取得的总收入 - 法定扣除项目金额

纳税人转让房地产所取得的收入，包括货币收入、实物收入和其他收入。

计算增值额的法定扣除项目有5项：①取得土地使用权所支付的金额，包括取得土地使用权时支付的地价款、有关登记与过户手续费；②开发土地的成本、费用；③新建房及配套设施的成本、费用，或者旧房及建筑物的评估价格；④与转让房地产有关的税金，包括转让房地产时缴纳的营业税、城市维护建设税、印花税与教育费附加等；⑤财政部规定的其他扣除项目。

（4）申报与征收

①纳税人应当自转让房地产合同签订之日起 7 日内向房地产所在地主管税务机关办理纳税申报，并在税务机关核定的期限内缴纳土地增值税。

②有下列情形之一的，按照房地产评估价格计算征收：隐瞒、虚报房地产成交价格的；提供扣除项目金额不实的；转让房地产成交价格低于房地产评估价格，又无正当理由的。

③土地增值税由税务机关征收。土地管理部门、房产管理部门应当向税务机关提供有关资料，并协助税务机关依法征收土地增值税。

④纳税人未按照规定缴纳土地增值税的，土地管理部门及房产管理部门不得办理有关的权属变更手续，不得发放房地产权属证书。未经权属变更登记，转让房地产行为不受法律承认和保护。

（5）免税

有下列情形之一的，免征土地增值税：①纳税人建造普通标准住宅出售，增值额未超过扣除项目金额 20% 的；②因国家建设需要依法征用、收回的房地产的；③对居民个人拥有的普通住宅，在其转让时暂免征收土地增值税①。

第二类：房地产所得税

房地产所得税是指对纳税人就转让、出租土地使用权和其他不动产的收入所得征收的一种税赋。根据纳税主体不同，可分为企业所得税和个人所得税。

1．企业所得税

2007 年 3 月 16 日颁布的《中华人民共和国企业所得税法》确定了内外资企业适用统一的企业所得税法，统一了内外资企业的税收优惠政策。

（1）纳税主体

房地产企业所得税的纳税主体是符合企业所得税法规定的直接负有纳税义务的实行独立核算、有房地产生产经营所得和房地产转让、租赁所得的各种性质的企业或组织（以下统称企业），但不包括个人独资企业和合伙企业。企业分为居民企业和非居民企业。居民企业，是指依法在中国境内成立，或者依照外国（地区）法律成立但实际管理机构在中国境内的企业。非居民企业，是指依照外国（地区）法律成立且实际管理机构不在中国境内，但在中国境内设立机构、场所的，或者在中国境内未设立机构、场所，但有来源于中国境内所得的企业。

（2）征税对象和计税依据

房地产企业所得税的征税对象是应税所得额，即纳税人从事房地产生产经营所得和房地产转让、租赁所得。房地产生产经营所得是指从事房地产开发和物业管理以及

① 对于居民转让个人拥有的普通住宅免征土地增值税的问题，各地可根据当地实际情况在不违犯法律的前提下适当调整，如北京地税局 2006 年 11 月 14 日出台的北京《关于个人转让二手房征收土地增值税问题的通知》规定，对个人转让居住满三年未满五年的非普通标准住宅，减半征收土地增值税。

其他房地产营利事业取得的所得。房地产转让、租赁所得分别属于其他所得小的财产转让所得和固定资产租赁所得。

（3）税率

居民企业应当就其来源于中国境内外的所得缴纳企业所得税。非居民企业在中国境内设立机构、场所的，应当就其所设机构、场所取得的来源于中国境内的所得，以及发生在中国境外但与其所设机构、场所有实际联系的所得，缴纳企业所得税，税率为25%。非居民企业在中国境内未设立机构、场所，或者虽设立机构、场所但取得的所得与其所设机构、场所没有实际联系的，其来源于中国境内的所得，适用税率为20%。

（4）纳税期限和纳税地点

企业所得税实行按年计算，分月或者分季预缴，月份或者季度终了后15日内预缴，年度终了后5个月内汇算清缴，多退少补。居民企业以企业登记注册地为纳税地点，但登记注册地在境外的，以实际管理机构所在地为纳税地点。非居民企业以其机构、场所所在地或扣缴义务人所在地为纳税地点。

2. 个人所得税

根据《中华人民共和国个人所得税法》的规定，房地产个人所得税，是对在中国境内从事房地产开发投资、经营、租赁、转让业务的个体工商户和居民个人，就其房地产经营所得、租赁所得和转让所得等净收入课征的一种税。

（1）纳税主体

我国的个人所得税在管理上采用了居民属地管理和收入来源地管理双重税收管辖权，即对居民纳税人，就其来源于中国境内、境外的各项应税所得征税；对非居民纳税人，只对其来源于本国境内的应税所得征收个人所得税。居民纳税义务人指在中国境内有住所或者无住所而在境内居住满一年的个人。非居民纳税义务人是指在中国境内无住所又不居住或者无住所而在境内居住不满一年的个人。

（2）征税对象

房地产个人所得税的征收对象包括个体工商户的房地产开发、经营所得，房地产租赁、转让所得。

（3）计税依据和税率

①个体工商户从事房地产开发投资、经营应税所得额的计算和适用税率。个体工商户以每一纳税年度从事房地产开发投资、经营总收入扣除成本、费用以及损失后的余额为计税所得额。这里所说的成本、费用，是指纳税义务人从事生产、经营所发生的各项直接支出和分配计入成本的间接费用以及销售费用、管理费用、财务费用；所说的损失，是指纳税义务人在生产、经营过程中发生的各项营业外支出。从事生产、经营的纳税义务人未提供完整、准确的纳税资料，不能正确计算应纳税所得额的，由主管税务机关核定其应纳税所得额。个体工商户从事房地产开发投资、经营所得，适用5%～35%的超额累进税率。

②房地产租赁应税所得额的计算和适用税率。房地产租赁所得，以一个月内取得的收入为一次。每次收入不超过4 000元的，减除费用800元；4 000元以上的，减除20%的费用，以其余额为应税所得额。房地产租赁所得，在计算征税时，除可依法扣

除规定的费用外，还可准予扣除出租房屋按照国家有关规定已缴纳的税金和教育费附加以及实际开支的修缮费用。允许扣除的修缮费用，以每次 800 元为限，一次扣除不完，准予在下一次继续扣除，直到扣完为止。

房地产租赁所得，适用比例税率，税率为 20%。但对个人按市场价格出租的居民住房取得的所得，自 2001 年 1 月 1 日起暂减按 10% 的税率征收个人所得税。

③房地产转让应纳税所得额的计算和适用税率。房地产转让所得，以转让财产的收入总额扣除财产原值和合理费用后的余额为应纳税所得额。其中建筑物以建造费或购进价格以及其他有关费用为原值；土地使用权以取得土地使用权所支付的金额、开发土地的费用以及其他有关费用为原值。

个人出售已购公有住房、以成本价（或标准价）出资的集资合作建房、安居工程住房、经济适用住房、拆迁安置住房，其应税所得额为个人出售该住房的销售价，减除住房面积标准的经济适用住房价款、原支付超过住房面积标准的房价款、向财政或原产权单位缴纳的所得收益以及税法规定的合理费用后的余额。

房屋所有权人将房屋无偿赠与他人的，受赠人应当按所得缴纳个人所得税，但以下三种房屋赠与情形不征收个人所得税：①房屋所有权人将房屋无偿赠与配偶、父母、子女、祖父母、外祖父母、孙子女、外孙子女、兄弟姐妹；②房屋所有权人将房屋无偿赠与对其承担直接抚养或者赡养义务的抚养人或者赡养人；③房屋产权所有人死亡，依法取得房屋产权的法定继承人、遗嘱继承人或者受遗赠人。

房地产转让所得，适用 20% 的比例税率。

（4）纳税期限和纳税地点

个人所得税的纳税期限，分三种不同情况分别确定：①按月扣缴或申报纳税的，纳税期限为次月 7 日内；②按年度纳税的，纳税期限为年度终了后 30 日内；③按取得所得时间分次纳税的，纳税期限为每次取得所得的 7 日内。房地产个人所得税可以委托房管部门和土地管理部门及城建部门在办理有关权属变更手续时，代扣代缴。

自行申报个人所得税的纳税义务人，其纳税地点为所得取得地；在我国境内两处或两处以上取得所得的，纳税地点可以由纳税人择一而定，一经选定，变更需经原主管税务机关批准；从我国境外取得所得，纳税地点由纳税人选定，一经选定若需变更应经原主管税务机关批准；扣缴纳税的，扣缴义务人所在地为纳税地点。

（5）减税免税

对个人转让房地产应缴纳的所得税，我国给予了一定的税收优惠措施：对个人转让自用 5 年以上，并且是家庭唯一生活用房取得的所得，免征个人所得税。

另外，为了照顾某些特殊纳税人及纳税人遇到的特殊情况，税法规定在一些情形下纳税人可申请减征个人所得税，减征幅度和期限由各省、自治区、直辖市人民政府规定。这些情形包括：残疾、孤老人员和烈属的所得；由严重自然灾害造成的重大损失；其他经国务院财政部门批准减税的。

自 1993 年个人所得税法颁布以来，居民个人住房转让应缴纳的个人所得税税率一直都是 20%，只不过国家税务总局曾对无法确定原有价值的房屋如何征税作出过这样的规定：未提供完整、准确的房屋原值凭证，不能正确计算房屋原值和应纳税额的，按交易总价1%~3%的税率征税。由于在实践中要明确房屋原值、该扣除的合理费用比较困难，因而上述税务总局的规定也成了这些年房产交易所得税的征收基本上均按交易总价的1%~3%征税的依据。2013年2月20日国务院常务会议确定了五项加强房地产市场调控的政策措施，俗称“新国五条”，明确要求“税务、住房城乡建设部门要密切配合，对出售自有住房按规定应征收的个人所得税，通过税收征管、房屋登记等历史信息能核实房屋原值的，应依法严格按转让所得的20%计征”。北京、天津等城市均以实施细则的方式在当地严格贯彻执行房产个税按20%的税率征收，但包括成都在内的大多数城市目前暂未严格执行20%的个税税率。

第三类：房地产财产税

房地产财产税是以法定财产（房地产）为征税对象，根据财产占有或者财产转移的事实加以征收的一种税赋，主要包括房产税、城镇土地使用税、契税和耕地占用税。

1. 房产税

房产税，是就城镇范围的房产，以房产价值和租金为计税依据，对房屋所有人所征收的一种税赋。征收房产税的法律依据是国务院发布并于1986年10月1起施行的《中华人民共和国房产税暂行条例》。依税收分类，本税种属于货币税、从价税、财产税和地方税。

（1）纳税义务人

房产税的纳税义务人为在中国境内拥有房屋产权的单位和个人。房产税由产权所有人缴纳。产权属于全民所有的，由经营管理的单位缴纳；产权出典的，由承典人缴纳；产权所有人、承典人不在房产所在地的，或者产权未确定及租典纠纷未解决的，由房产代管人或者使用人缴纳。

（2）征税对象

本税的征税对象为城市、县城、建制镇和工矿区的房产。

（3）计税依据

房产税的计税依据有以下两种：

①依照房产原值一次扣除10%~30%后的余值计算。没有房产原值作为依据的，由房产所在地税务机关参考同类房产核定。

②房产出租的，以房产租金收入为计税依据。

（4）税率

①依照房产原值计算缴纳的，税率为1.2%。

②依照房产租金收入计算缴纳的，税率为12%（2001年1月1日起，对个人按市场价出租居民住房，房产税暂减按4%的税率征收）。

（5）减免税

下列房产免征房产税：①国家机关、人民团体、军队自用的房产；②由国家财政部门拨付事业经费的单位自用的房产；③宗教寺庙、公园、名胜古迹自用的房产；④个人所有非营业用的房产即居民住房（个人拥有的营业用房或出租房产应该照章纳税）；⑤经财政部批准免税的其他房产。除上述房产外，纳税人纳税确有困难的，可由省、自治区、直辖市人民政府确定，定期征或者免征房产税。

2. 城镇土地使用税

城镇土地使用税，是指对城市、县城、建制镇和工矿区范围内使用国有土地和集体土地的单位和个人征收的一种税赋。征收土地使用税的法律依据是国务院 1988 年 9 月 27 日制定，2006 年 12 月 31 日修订的《中华人民共和国城镇土地使用税暂行条例》。依税收分类，本税种属于货币税、从量税、行为税和地方税。国家开征该税种的目的，主要是为了合理利用城镇土地、调节土地级差收入、提高土地利用效益并加强对土地使用的管理。

（1）纳税义务人

城镇土地使用税的纳税义务人是在城市、县城、建制镇、工矿区范围内使用土地的单位和个人。

（2）征税对象

城镇土地使用税的征税对象是在城市、县城、建制镇、工矿区范围内国家所有和集体所有的土地。①城市的征税范围为市区和郊区的土地；②县城的征税范围为县人民政府所在地的城镇的土地；③建制镇的征税范围为镇人民政府所在地的土地。城市、县城、建制镇、工矿区范围的具体征税范围由省、自治区、直辖市人民政府划定。

（3）税率

城镇土地使用税采用的是地区差别定额税率，每平方米每年应纳税额为：①大城市 1.5 ~ 30 元；②中等城市 1.2 ~ 24 元；③小城市 0.9 ~ 18 元；④县城、建制镇、工矿区 0.6 ~ 12 元。各省、自治区、直辖市人民政府应当在上述所列税率幅度内，根据市政建设状况、经济繁荣程度等因素，确定所辖地区的适用税额范围。经济落后地区的土地使用税适用标准，经省级人民政府批准可以适当降低，但降低额不得超过国家规定的最低税额的 30%；经济发达地区则可适当提高，但须经财政部批准。

（4）减免税

下列土地免交土地使用税：①国家机关、人民团体、军队自用的土地；②由国家财政部门拨付事业经费的单位自用的土地；③宗教寺院、公园、名胜古迹自用的土地；④市政街道、广场、绿化地带等公共用地；⑤直接用于农、林、牧、渔业的生产用地；⑥经批准开山填海整治的土地和改造的废弃土地，从使用的月份起免交土地使用税 5 ~ 10 年；⑦由财政部另行规定免税的能源、交通、水利设施用地和其他用地。除上述外，纳税人缴税确有困难需要定期减免的，由省级税务机关审核后报国家税务局批准。

（5）缴纳规定

城镇土地使用税由土地所在地税务机关征收。对新征用的耕地，因使用者在征地时已经缴纳了耕地占用税，其应缴纳的土地使用税自批准征用之日起满 1 年时开始征收；征用的非耕地，自批准征用次月起缴纳土地使用税。

目前，我国正在进行房产税和城镇土地使用税两税合一的税收改革，重庆首当其冲成为房产税改革的试点城市。根据重庆市政府于 2011 年 1 月 27 日颁布的《重庆市人民政府关于进行对部分个人住房征收房产税改革试点的暂行办法》，首批纳入征收对象的住房为：个人拥有的独栋商品住宅、个人新购的高档住房（高档住房是指建筑面积交易单价达到上两年主城九区新建商品住房成交建筑面积均价2倍（含2倍）以上的住房）以及在重庆市同时无户籍、无企业、无工作的个人新购的第二套（含第二套）以上的普通住房。独栋商品住宅和高档住房建筑面积交易单价在上两年主城九区新建商品住房成交建筑面积均价3倍以下的住房，税率为0.5%；3倍（含3倍）至4倍的，税率为1%；4倍（含4倍）以上的税率为1.2%。在重庆市同时无户籍、无企业、无工作的个人新购第二套（含第二套）以上的普通住房，税率为0.5%。个人住房房产税应纳税额的计算方法为：应纳税额＝应税建筑面积×建筑面积交易单价×税率。

2013年5月24日国务院批转了发展改革委《关于2013年深化经济体制改革重点工作的意见》，意见明确指出2013年我国将扩大房产税试点城市。依法征收房产税已成为我国税收制度的重要改革，将持续有效地发挥对房地产市场的调控和影响作用。

3. 契税

契税，是指在房地产权发生转移时，就当事人订立的契约，按照房产价的一定比例向不动产取得人一次性征收的税。其法律依据是国务院发布并于1997年10月1日起施行的《中华人民共和国契税暂行条例》。依税收分类，本税种属于货币税、从价税、财产税和地方税。

（1）纳税义务人

契税的纳税义务人是在我国境内转移房地产权属的承受人，包括土地使用权受让人及房屋的买方、受赠人或交换人。

（2）计税依据

依据房地产权属转移方式不同，契税的计税依据分成3种：①国有土地使用权出让、土地使用权出售、房屋买卖，为成交价格；②土地使用权赠与、房屋赠与，由征收机关参照土地使用权出售、房屋买卖的市场价格核定；③土地使用权交换、房屋交换，为交换的土地使用权、房屋的价格的差额。成交价明显低于市场价并且没有正当理由的，或所交换土地使用权、房屋的价格的差额明显不合理并无正当理由的，由征收机关参照市场价格核定。

（3）税率

契税适用比例税率为3%～5%。其适用税率由省、自治区、直辖市人民政府在该幅度内按照本地区的实际情况确定，并报财政部和国家税务总局备案。

（4）减免税

下列情况免征或减征契税：①国家机关、人民团体、军队单位承受土地、房屋用于办公、教学、医疗、科研和军事设施的，免征。②城镇职工按规定第一次购买公有住房，免税。但仅限于第一次购买公有住房，并且是在国家规定标准面积以内购买公有住房。超过国家规定标准面积的部分，仍应缴纳契税。③因不可抗力灭失住房而重新购买住房的，酌情准予减征或免征。④承受荒山、荒沟、荒丘、荒滩的土地使用权，用于农、林、牧、渔业生产的免税。⑤土地、房屋被县级以上人民政府征用、占用后，重新承受土地、房屋权属的，由省级人民政府确定是否减免。⑥对个人购买普通住房，且该住房属于家庭（成员范围包括购房人、配偶以及未成年子女，下同）唯一住房的，减半征收契税。对个人购买90平方米及以下普通住房，且该住房属于家庭唯一住房的，减按1%税率征收契税。

（5）纳税期限和纳税地点

契税纳税义务发生时间为纳税人签订土地、房屋权属转让合同的当天，或者纳税人取得其他具有土地、房屋权属转移合同性质的凭证的当天。纳税人应当自纳税义务发生之日起10日内，向土地、房屋所在地的契税征收机关办理纳税申报，并在契税征收机关核定的期限内缴纳税款。

土地管理部门在受理土地变更登记申请后，对土地权属及变更事项进行审核，对符合变更登记规定的，要求当事人出示契税完税凭证或免税证明；对未取得契税完税凭证或免税证明的，土地管理部门不予办理土地变更登记手续。

4．耕地占用税

耕地占用税，是指占用耕地建房或从事其他非农业建设的单位或个人，按其实际占有耕地面积所征收的一种税赋。其法律依据是由国务院发布并于1987年4月1日起施行的《中华人民共和国耕地占用税暂行条例》以及1987年6月25日财政部发布的《关于耕地占用税具体政策的规定》。依税收分类，耕地占用税属于货币税、从量税、行为税和地方税。国家开征该税种的目的，主要是为了合理利用土地资源，保护农用耕地。

（1）纳税义务人

耕地占用税的纳税义务人是占用耕地建房或者从事其他非农业建设的单位和个人，但外商投资企业除外。

（2）征税对象

耕地占用税的征税对象是对耕地的占用行为，包括建房和其他非农业建设占用的国有和集体所有的耕地。这里所称的“耕地”系指用于种植农作物的土地。占用前3年内曾用于种植农作物的土地，亦视为耕地。占用鱼塘、园地、菜地及其他农业用地建房或者从事非农业建设，也属于本税种征收之列。

（3）计税依据

以纳税人实际占用的耕地面积为计税依据，按照规定税额一次性征收。

（4）税率

由于在中国的不同地区之间人口和耕地资源的分布极不均衡，有些地区人烟稠密，耕地资源相对匮乏；而有些地区则人烟稀少，耕地资源比较丰富。各地区之间的经济发展水平也有很大差异。考虑到不同地区之间客观条件的差别以及与此相关的税收调节力度和纳税人负担能力方面的差别，耕地占用税在税率设计上采用了地区差别定额税率。税率规定如下：

①人均耕地不超过1亩（1亩≈666.67平方米，下同）的地区（以县级行政区域为单位，下同），每平方米为10~50元；

②人均耕地超过1亩但不超过2亩的地区，每平方米为8~40元；

③人均耕地超过2亩但不超过3亩的地区，每平方米6~30元；

④人均耕地超过3亩以上的地区，每平方米5~25元。

(5) 减免税

经济特区、经济技术开发区和经济发达、人均耕地特别少的地区，适用税额可以适当提高，但是最高不得超过规定税额的50%。下列经批准征用的耕地，免征耕地占用税：①部队军事设施用地；②铁路线路、飞机场跑道和停机坪用地；③炸药库用地；④学校、幼儿园、敬老院、医院用地。农村居民占用耕地新建住宅，按规定税额减半征收。农村革命烈士家属、革命残废军人、鳏寡孤独，以及革命老根据地、少数民族聚居地区和边远贫困山区生活困难的农户，在规定用地标准以内新建住宅纳税确有困难的，由纳税人提出申请，经所在地乡（镇）人民政府审核，报经县级人民政府批准后，可以给予减税或免税。

第四类：房地产行为税

房地产行为税是就特定行为的发生，依据法定计税依据和标准，对行为人征收的税赋。我国目前的房地产行为税主要指房地产印花税。印花税是国家对在经济活动中或经济交往中书立或领受特定凭证（如：购销、加工承揽、建设工程承包、财产租赁、货物运输、仓储保管、借款、财产保险、技术合同或者具有合同性质的凭证；产权转移书据；营业账簿；权利、许可证照；经财政部确定征税的其他凭证）的单位和个人征收的一种税，其法律依据是《中华人民共和国印花税暂行条例》。

(1) 纳税义务人

房地产印花税的纳税人是在我国境内书立、领受应税房地产凭证的单位和个人。就具体情况而言，房地产转让合同的纳税人是合同订立人，房屋租赁合同的纳税人是合同订立人，房地产权利许可证照（包括房屋所有权证和土地使用权证）的纳税人是领受人。

(2) 征税对象

印花税的征税对象是书立和领受应税凭证的行为，主要包括以下几种：①书立应税的合同或具有合同性质的凭证；②书立产权转移书据；③领受权利、许可证照；④书立经财政部确定征税的其他凭证。

(3) 计税依据

印花税的计税依据是应税凭证所记载的价款数额。房地产产权转移书据印花税的计税依据是书据所载明的金额；房屋买卖合同的计税依据是买卖价款金额；房屋租赁合同印花税的计税依据是房屋租金数额；房地产权利证书的印花税是按件计收。

(4) 税率

我国的印花税实行比例税率和定额税率两种税率。比例税率适用于房地产产权转移书据，税率为5‰，房屋租赁合同税率为1‰。定额税率适用于房地产权利证书，包括房屋所有权证和土地使用证，其税率均为每件5元人民币。

(5) 印花税的缴纳

印花税实行“三自纳税”，由纳税人根据规定自行计算应纳税额，购买并一次贴足印花税票的缴纳办法，即纳税人按照应税凭证的类别和适用的税率自行计算应纳税额，自行购花，自行贴花。应纳税额较大或者贴花次数频繁的，纳税人可以向税务机关提出申请，采取以缴款书代替贴花或者按期汇总缴纳的办法。

印花税票应粘贴在应纳税凭证上，并由纳税人在每枚税票的骑缝处盖戳注销或者画销。应纳税凭证应于书立或领受时贴花。

自 2003 来以来，我国政府从宏观上对房地产行业进行了持续的指导、监督、调节和调控，以促进房地产业与国民经济协调发展。其中最重要、最常用的调控方式就是对房地产税收法律制度的具体适用进行调整，以及对房地产税收法律制度进行改革。随着房地产行业的不断发展以及调控政策的持续深入，房地产税收的制度改革与政策调整仍将继续。密切关注相关法律法规规定的出台及修改，不仅能帮助我们及时了解房地产税收的最新变化，方便工作和生活，同时我们也能从中读出我国房地产业未来发展的动向。

4.3.2　房地产收费制度

房地产费，是指依据法律、法规、规定和政策，由有关行政机关、事业单位等向房地产开发企业、房地产交易各方、房地产产权人等收取的各种管理性、服务性、补充性费用。

房地产费与房地产税收是两个不同的概念，其区别主要表现在以下三个方面：第一，征收依据不同。房地产税的征收依据是国家税收法律；而收取房地产费的依据有国家法律、政策、地方性规章等。因此征收房地产税的依据一般比收取房地产费的依据效力高。第二，征收主体不同。房地产税只能由国家征收，包括中央政府和地方政府，具体由国家税务机关征收或国家税务机关委托的行政管理机关代收；而房地产费由有关行政机关、事业单位等收取。第三，征收的目的不同。征收房地产税的直接目的是增加财政收入，同时房地产税作为经济杠杆，可以调节社会经济关系；而收取房地产费主要是为了填补行政事业单位的经费支出。

目前房地产收费只要有以下几类：

1. 土地补偿费

土地补偿费是指用地单位依法对被征收单位因征地所受经济损失而支付的赔偿费用。

2. 安置补助费

安置补助费是指用地单位对被征收单位安置因征地而产生的多余劳动力所需费用而支付的补助金额。

3. 地租

地租是土地使用者凭借土地所有权所得的土地收益，也即土地使用权出让金，包括因土地位置因素而形成的级差地租和垄断地租，也包括使用最差土地所需缴纳的绝对地租。

4. 房地产权管理收费

房地产权管理收费主要包括登记费、勘丈费、权证费和手续费。

（1）登记费可分为：总登记费，按土地实际面积和房屋建筑面积计收，由权利人缴付；财政拨款的行政事业单位和商品住房减半计收；转移登记费，凡持有原产权证办理换证登记，只收取换证手续费，由权利人缴付；转换变更登记费，凡办理房地产买卖、继承、分析、分割、赠与、调换产权等产权转换登记，由承受人缴付登记费；其他权利登记，按权利价的 1% 计征，由权利人缴付。

（2）勘丈费，按土地面积或建筑面积平方米计收。

（3）权证费，对于房地产权证件，按件计收权证费。

（4）手续费，对于办理房地产权属登记的，应向房地产管理部门缴纳手续费，比例为1%。

5. 房屋租赁管理收费

房屋租赁管理费指在向房管部门办理有关租赁手续和租赁登记时应交的费用。

6. 房屋估价费

房屋估价费是指房管部门对房屋进行估价，向产权人或委托人收取的费用。一般按估价金额的一定比例收取费用。

4.4 房地产经纪法律法规

法律法规对于房地产经纪行业的规范内容，主要包括对房地产经纪机构的管理以及对房地产经纪人的管理。

4.4.1 房地产经纪机构的相关法律法规规定

房地产经纪机构是指依法设立，为委托人提供房地产信息和居间代理业务等经纪活动的具有法人资格的经济组织。房地产经纪机构属于房地产中介服务机构，它只有满足了法定的设立条件并履行了法定的设立程序，才能成立。成功设立后，在实际的业务运行过程中，房地产经纪机构同样要遵守法律法规的相关规定，依法从业。

由于房地产经纪机构是具有法人资格的经济组织，因此它的设立条件和设立程序除了要依据房地产法律法规，还要遵照我国公司法的相关规定。

1. 房地产经纪机构的设立条件

按照《中华人民共和国城市房地产管理法》第五十七条的规定，设立房地产经纪机构应当具备下列条件：

（1）有自己的名称和组织机构

房地产经纪机构的名称是房地产经纪机构具有独立人格和对外经营活动的标志。房地产经济机构属于法人组织，因此房地产经纪机构的名称必须符合法人的要求，即应包括法人的业务性质、营业部类、所在地、责任性质以及区别于其他法人的特有名称——商号。为了维护国家利益和社会公共利益，促进正常的经济交往，机构的名称不得使用对国家、社会公共利益有害的名称，也不得使用外国国家或地区、国际组织的名称，或由外国文字、汉语拼音字母或数字组成的名称。房地产经纪机构的名称与其社会信誉、经济利益密切相连，因此凡经工商行政管理部门审查登记的名称，房地产经纪机构在规定范围内享有专有使用权，并可以依法予以出让、赠与等。如被他人冒用、诋毁，机构有权向法院请求制止侵害并获得赔偿。

房地产经纪机构的组织机构是组织经营活动的核心，适当的机构设置对公司的设立和运行至关重要。根据我国公司法的规定，房地产经纪机构须以有限责任公司或股份有限公司形式设立的，其组织机构通常为股东会、董事会、监事会。

（2）有固定的服务场所

与公民应当有自己的住所一样，为了开展正常的业务活动，房地产经纪机构也必须有自己的经营或办事场所。场所包括住所和非住所。我国民法通则第三十九条规定，法人以其主要办事机构所在地为住所。房地产经纪机构的住所是工商登记的一项重要内容，它不但是房地产经纪机构的成立地、清算地，而且直接关系到经纪机构债务的履行、诉讼的管辖及法律的适用等。

（3）有必要的财产和经费

所谓必要的财产，对房地产经纪机构来说是指与其经营活动相适应或为其经营活动所必需的财产。而所谓必要的经费，是指房地产机构为实现内部的各种职能必需的活动经费。拥有一定的财产或者经费，是房地产经纪机构作为法人，进行正常经济活动的必要前提，也是房地产经纪机构具有权利能力、承担经济责任的基础。我国公司法明确了有限责任公司和股份有限公司的注册资本及股东首次最低出资额，为保证法人的必要财产和经费提供了法律依据。

（4）有足够数量的专业人员

我国建设部制定的《城市房地产中介服务管理规定》第十一条规定，从事房地产经纪业务的，须有规定数量的房地产经纪人。房地产经纪人是从事房地产经纪活动的专业人员，它是保证房地产经纪机构良好运作的智力因素和核心软条件。因此法律法规对于房地产经纪机构专业人员的数量要求非常必要。

2. 房地产经纪机构的设立程序

我国公司法对唯一认可的两种公司法人——有限责任公司和股份有限公司的设立程序作出了明确规定，作为具备法人资格的房地产经纪机构来说，也必须符合公司法的相关规定。因此，我们分有限责任公司和股份有限责任公司两种法人组织形式来探讨房地产经纪机构的设立程序。

（1）有限责任公司的设立程序

①发起人发起。有限责任公司以发起设立方式设立，投资者通常首先签署发起设立协议，对公司的投资者、各方投资比例、公司名称等基本事项予以明确规定。

②起草和签署公司章程。公司章程是依法制定的规定公司组织和活动基本规则的书面文件，它是公司设立与运行的根本规则，也是公司的自治性规范。因此，公司章程的制定显得尤为重要。公司章程应由全体股东共同制定，可以由部分投资者起草，亦可以由投资者共同起草，还可以委托他人起草。其内容应符合公司法的规定，并经全体投资者同意，共同签署最终文本。

③投资者缴纳其认缴的出资。有限责任公司章程订立后，股东即应履行出资义务。股东可以用货币出资，也可以用实物、知识产权、土地使用权等可以用货币估价并可以依法转让的非货币财产作价出资。以货币出资的，应当将足额的出资货币存入准备设立的有限责任公司在银行开设的临时账户；以实物、知识产权、土地使用权等出资的，应当依法办理其财产权的转移手续。股东履行出资义务后，还必须经法定的验资机构进行验资并出具证明。

④申请公司设立登记。股东的出资经检验合格且真实后，应由全体股东所指定的

代表或其共同委托的代理人向公司登记机关申请设立登记，并按《公司登记管理条例》第二十条，提交相关法律文件。

(2) 股份有限责任公司的设立

股份有限公司的设立程序稍显复杂，根据设立的方式不同分为发起设立程序和募集设立程序。

以发起设立方式设立的股份有限公司，其设立的程序包括：订立发起人协议，制定公司章程，发起人认足公司全部股份并缴纳股款，选举公司机关成员（董事会、监事会成员），申请设立登记。而以募集设立方式设立的股份有限公司，其设立的程序包括：订立发起人协议，草拟公司章程，发起人认缴股份，公告招募股份及缴纳股款，召开创立大会，申请设立登记并公告。

具体到房地产经纪机构，不论是以有限责任公司的形式还是以股份有限公司的形式申请设立登记时，都应当向当地的工商行政管理部门申请设立登记。房地产经纪机构在领取营业执照后的1个月内，应当到登记机关所在地的县级以上人民政府房地产管理部门备案。领取营业执照后，方可开业。

3. 房地产经纪机构资质申请的程序

房地产经纪机构取得营业执照之日起30日内应向所在区（县）国土房管部门申请办理资质登记，申办企业需要依法提交如下材料：①房地产经纪机构资质审查登记表；②企业营业执照副本（验原件、留复印件）；③房地产经纪机构资质申请书；④企业章程；⑤房地产经纪资格考试合格证；⑥企业主要人员身份证或户口本；⑦办公地址权属证明；⑧“三资”企业还需准备市（区）计委、外经贸委批准文件和投资批准书。

申办企业携带上述材料到所在区（县）房地产管理局办理资质登记，由区县房地产管理局经办人进行初审并经负责人审核后报市国土管理局，经市局经办人、负责人复审后发给房地产经纪机构资质证书。

4. 房地产经纪机构业务管理

房地产经纪机构作为提供房地产经纪服务的主体，为加速房地产市场发展起到重要作用。因此，对房地产经纪机构的规范管理尤为重要，直接关系到行业的良性发展。建设部制定的《城市房地产中介服务管理规定》，以及国家工商行政管理总局制定的《经纪人管理办法》为房地产经纪机构的业务管理提供了法律依据。其内容主要有以下几个方面：

(1) 在核准经营的范围内从事居间或代理业务，不得超越核准的范围

房地产经纪机构应当遵守有关的法律、法规，按照核准的业务范围从事经营活动，这有利于保障经纪机构业务的顺利进行。如超过经营范围从业，经纪机构自身可能缺乏保证各种业务顺利开展的各种素质，增加业务相关人承担的风险，也不利于国家行政主管机关对经济机构的管理，不利于房地产业的稳定发展。

(2) 建立严格的财产管理制度和工作规章

房地产经纪机构开展业务，应设立业务台账，建立业务记录。业务记录和业务台账应当载明业务活动中的收入、支出等费用。此外，经济机构开展业务时应制定一套完整的工作规章，除将各种业务分类详细记录外，还要将业务受理、承办、结案、档案管理等程序纳入规范管理的范畴。

（3）遵守自愿、公平、诚实信用的原则开展业务

房地产经纪机构应当按照委托人的要求保守商业秘密；如实记录经纪业务情况，并按有关规定保存原始凭证、业务记录、账簿和经纪合同等资料；不得伪造、涂改交易文件和凭证；不得利用虚假信息，诱人签订合同，骗取中介费；不得采取欺诈、胁迫、贿赂、恶意串通等手段损害当事人利益；不得通过诋毁其他经纪人或者支付介绍费等不正当手段承揽业务；不得对经纪的商品或者服务作引人误解的虚假宣传。违反规定的将受到行政处罚，甚至承担刑事责任。

（4）按规定标准收取费用

房地产经纪机构依法从事经纪活动所得佣金是其合法收入，但是其佣金应按规定标准收取。佣金的收取标准一般在房地产交易成交价格的 0.5% ~3% 的幅度内，由双方约定。佣金应由房地产经纪人统一收取，并开具发票，依法纳税。私自收费将受到行政处罚，偷逃税费将承担刑事责任。

4.4.2 房地产经纪人的相关法律法规规定

房地产经纪人在房屋及土地的买卖、租赁、转让等交易活动中充当媒介作用，接受委托，促成房地产交易，并收取佣金。为了维护交易的安全，维持房地产业的稳定，促进经济的繁荣发展，法律法规对房地产经纪人的资格获得及资格管理作出了明确规定。

1．房地产经纪人的资格获得

建设部制定的《城市房地产中介服务管理规定》第八条规定，房地产经纪人必须是经过考试、注册并取得《房地产经纪人资格证》的人员。未取得《房地产经纪人资格证》的人员，不得从事房地产经纪业务。

《房地产经纪人员职业资格制度暂行规定》把我国房地产经纪人员职业资格分为房地产经纪人执业资格和房地产经纪人协理从业资格。取得房地产经纪人执业资格是进入房地产经纪活动关键岗位和发起设立房地产经纪机构的必备条件，须取得《中华人民共和国房地产经纪人执业资格证书》。取得房地产经纪人协理从业资格，是从事房地产经纪活动的基本条件，即必须取得《中华人民共和国房地产经纪人协理从业资格证书》。

2．房地产经纪人执业资格申请程序

（1）申请对象

建设部或其授权的机构为房地产经纪人执业资格的注册管理机构。因此，取得《中华人民共和国房地产经纪人执业资格证书》的人员应向建设部或其授权的机构递交职业资格注册申请。

（2）初审

本人提出申请后，经聘用的房地产经纪机构送省、自治区、直辖市房地产管理部门初审合格后，统一报建设部或其授权的部门注册。

（3）核发执照

经注册部门审查，符合条件的申请人准予注册，由建设部或其授权的注册管理机构核发《房地产经纪人注册证》。

（4）有效期和期满续展

房地产经纪人执业资格注册有效期一般为 3 年，有效期满前 3 个月，持证者应到

原注册管理机构办理再次注册手续。再次注册者还须提供接受继续教育和参加业务培训的证明。

（5）注册变更

在注册有效期内，房地产经纪人变更执业机构的，应当及时办理变更手续。

（6）注销注册

经注册的房地产经纪人有下列情况之一的，由原注册机构注销注册：不具有完全民事行为能力；受刑事处罚；脱离房地产经纪工作岗位连续 2 年（含 2 年）以上；同时在 2 个及 2 个以上房地产经纪机构进行房地产经纪活动；严重违反职业道德和经纪行业管理规定。

3. 房地产经纪人、房地产经纪人协理的权利义务

根据《城市房地产中介服务管理规定》以及《经纪人管理办法》的规定，房地产经纪人在执业过程中有以下权利：

（1）房地产经纪人有权依法发起设立或加入房地产经纪机构；

（2）承担房地产经纪活动关键岗位工作；

（3）指导房地产经纪人协理各种经纪业务；

（4）经所在机构授权订立房地产经纪合同等重要业务文书；

（5）执行房地产经纪业务并获得合理佣金；

（6）在执行房地产经纪业务时，房地产经纪人员有权要求委托人提供与交易有关的资料，支付因开展房地产经纪活动而发生的成本费用，并有权拒绝执行委托人发出的违法指令。

房地产经纪人协理有权加入房地产经纪机构，协助房地产经纪人处理经纪有关事务并获得合理的报酬。

同时，房地产经纪人、房地产经纪人协理必须承担以下义务：

（1）房地产经纪人和房地产经纪人协理必须利用专业知识和职业经验处理或协助处理房地产交易中的细节问题，向委托人披露相关信息；

（2）房地产经纪人和房地产经纪人协理必须诚实信用，恪守合同，完成委托业务；

（3）房地产经纪人和房地产经纪人协理需为委托人保守商业秘密，充分保障委托人的权益；

（4）房地产经纪人和房地产经纪人协理必须接受职业继续教育，不断提高业务水平；

（5）房地产经纪人和房地产经纪人协理经注册后，只能受聘于一个经纪机构，并以房地产经纪机构的名义从事经纪活动，不得以房地产经纪人或房地产经纪人协理的身份在其他经纪机构从事经纪活动或在其他经纪机构兼职。

4. 房地产经纪人、房地产经纪人协理的从业规范

房地产经纪人、房地产经纪人协理在房地产中介活动中不得有下列行为：索取、收受委托合同以外的酬金或其他财物，或者利用工作之便，牟取其他不正当的利益；允许他人以自己的名义从事房地产中介业务；同时在两个或两个以上中介服务机构执行业务；与一方当事人串通损害另一方当事人的利益等。

工商行政管理机关应当依据有关法律法规及本办法的规定，对经纪人提供的信息及服务进行监督检查。工商行政管理机关对其管辖的经纪人进行监督检查时，经纪人应当接受检查，提供检查所需的文件、账册、报表及其他有关资料。经纪人如有违法行为，工商行政管理机关应视情节轻重予以处罚。

工商行政管理机关应当建立经纪人及经纪执业人员的档案并予以公示；建立经纪人及经纪执业人员的信用记录；对经纪人及经纪执业人员实施信用分类监管；对有违法违规行为或参与违法违规活动的经纪人及经纪执业人员应当向社会公示。工商行政管理机关还可会同经纪人自律组织开展经纪人及经纪执业人员的资质信用管理。

因房地产经纪服务人员过失，给当事人造成经济损失的，由所在经纪机构承担赔偿责任。所在经纪机构可以对有关人员追偿。

4.4.3　房地产中介服务合同

房地产经纪公司应当与委托人签订书面的房地产中介服务合同。书面合同是确定双方的居间或代理关系的必要文本文件，也是双方解决纠纷、获取赔偿的重要书面证据。因此签订房地产中介服务合同一方面是法律法规的基本要求，另一方面也是稳定房地产经纪市场的前提条件。房地产中介服务合同的订立应当以合同法以及房地产相关法律法规为依据。

附：房地产中介服务合同样本

说　　明

（1）签订本合同前，当事人应当仔细阅读本合同内容，对合同条款及用词理解不一致的，应该进一步协商，达成一致意见。

（2）本合同为示范文本，为体现协议双方的自愿原则，本合同文本中相关条款后都有空白行，供双方自行约定或补充约定。双方当事人可以对文本条款的内容进行增补或删减。合同签订后，未被修改的文本印刷文字视为双方同意内容。

（3）对合同文本【】中选择内容、空格部位填写及其他需要删除或添加的内容，双方应当协商确定。【】中选择内容，以画“√”方式选定；对于实际情况未发生或双方不作约定时，应在空格部位标注“×”，以示删除。

甲方（中介公司）：______________。中介公司资质证号：________________。

联系电话：__________________。联系地址：______________________。

经纪人：__________。经纪证号：_____________。经纪人：_____________。经纪证号：____________。

乙方（买方/承租方）：_____________。身份证号：______________________。

联系电话：________________。联系地址：______________________________。

委托代理人姓名：____________。身份证号：_________________________。

联系电话：______________。联系地址：___________________________。

根据有关法律法规的规定，甲乙双方本着诚实信用的原则，经协商一致达成如下协议：

第一条　中介服务内容

甲方为乙方提供【独家】【非独家】中介服务，期限为＿＿＿＿＿，自＿＿＿年＿＿＿月＿＿＿日至＿＿＿＿年＿＿＿月＿＿＿日。

甲方为乙方提供【购买】【租赁】【住宅】【写字楼】【商铺】【工厂】【其他】的中介服务。

甲方促成乙方签署【买卖】【租赁】合同后，乙方【需要】【不需要】甲方提供代理办理房地产【交易过户】【租赁登记】【其他＿＿＿＿＿】手续的中介服务。

乙方【同意】【不同意】授权甲方代为【预约办理】【申请办理】＿＿＿＿＿＿＿＿＿＿＿＿＿＿＿＿＿公证。

其他＿＿＿＿＿＿＿＿＿＿＿＿＿＿＿＿＿＿＿＿＿＿＿＿＿＿＿＿＿＿＿＿＿

第二条　乙方需求房地产的基本情况

(1) 乙方需要【购买】【租赁】的房地产为【住宅】【写字楼】【商铺】【工厂】【其他＿＿＿＿＿】。

(2) 房地产地址：＿＿＿＿＿＿＿。建筑时间：＿＿＿＿＿＿＿。

(3) 房地产【建筑面积】【套内面积】面积：＿＿＿＿＿＿＿＿＿＿。

(4) 房地产以【建筑面积】【套内面积】计算，单价为人民币每平方米＿＿＿元范围内，总金额为人民币＿＿＿＿＿＿元（¥＿＿＿＿＿）范围内。

(5) 该房地产按套出售并计价，总金额为人民币＿＿＿＿＿元（¥＿＿＿＿＿）范围内。

(6) 乙方同意付款方式：【一次性付款】【分期付款】【按揭付款】【其他＿＿＿＿＿】。

(7) 税费缴交方式【各付各税】【税费全部由买方/承租方支付】【税费全部由卖方/出租方支付】。

(8) 其他＿＿＿＿＿＿＿＿＿＿＿＿＿＿＿＿＿＿＿＿＿＿＿＿＿＿＿＿＿＿＿

第三条　甲方权利义务

(1) 甲方根据诚实信用原则为乙方提供中介服务，有权向乙方收取中介服务费或要求乙方支付从事中介活动支出的必要费用。

(2) 甲方根据合同开展中介活动，为乙方寻找可【购买】【租赁】的房地产对象。

(3) 甲方应当核实介绍给乙方的房地产权属资料并如实告知乙方，乙方要求甲方提供由政府相关部门出具的证明资料，甲方应向政府相关部门申请，所需费用由乙方承担。

(4) 甲方应当根据合同带乙方察看可供乙方【购买】【租赁】的房地产。

(5) 促成乙方达成【买卖】【租赁】合同。

(6) 为乙方提供房地产交易及房屋租赁方面的咨询。

(7) 甲方必须如实将交易进展情况通报乙方。

(8) 非经乙方同意，甲方不得泄露乙方的信息资料。

(9) 其他。

第四条　乙方权利义务

(1) 乙方有权向甲方询问交易进展情况，甲方必须如实告知，不得隐瞒。

(2) 甲方为乙方提供中介服务过程中，乙方应予配合并提供必要的协助。

(3) 甲方根据诚实信用原则为乙方的房地产提供中介服务的，乙方应支付中介服务费或支付甲方从事中介活动支出的必要费用。

(4) 甲方根据合同规定条件为乙方找到【出售】【租赁】的房地产后，应及时通知乙方并约定签署房屋买卖合同的时间，乙方应在约定时间内签署房屋买卖合同。

(5) 其他____

第五条 中介服务费、协办手续费给付

甲方促成乙方签署【买卖】【租赁】合同的，乙方应在【合同签订当日】【合同生效之日】【其他】向甲方支付人民币____________(￥________) 整作为中介服务费。

甲方促成乙方签署【买卖】【租赁】合同后，乙方需要甲方代办房地产【交易过户】【入住手续并结清有关费用】【租赁登记】【其他__________】手续，乙方应向甲方支付人民币__________(￥________) 作为协办手续费。

其他____

第六条 合同的解除和变更

乙方可以随时取消委托或变更出售、出租条件，但应及时通知甲方；乙方通知甲方取消委托或变更出售、出租条件前，甲方已为乙方提供符合本合同约定的中介服务的，乙方应向甲方支付从事中介活动支出的必要费用（该费用不得超过中介服务费）。

第七条 法律责任

(1) 甲乙双方不履行本合同规定或履行合同不符合约定的，应当承担违约责任，违约方应支付违约金，违约金标准为__________。

(2) 乙方逾期支付中介服务费的，应向甲方支付违约金，违约金的标准为__________。

(3) 甲方在提供中介服务过程中存在隐瞒或欺诈，致使乙方受到损失，甲方不得收取中介服务费，并应赔偿乙方的损失。

(4) 因乙方未能及时履行义务，以致甲方未能促成乙方签署【买卖】【租赁】合同的，甲方可以要求乙方支付违约金，违约金为______________，但不得再要求乙方支付中介服务费。

(5) 乙方与甲方介绍的客户私下交易的，甲方可以要求乙方支付中介服务费，并可要求乙方支付违约金，违约金为______________。

其他____

第八条 免责条款

(1) 因不可抗力导致本中介服务合同无法履行的；

(2) ____

第九条 纠纷解决方式

本合同在履行过程中发生的争议，双方当事人协商不成的按下述第____种方式解决：

(1) 提交__________仲裁委员会仲裁；

（2）依法向人民法院起诉。

第十条 本合同未尽事宜，可由双方约定后签订补充协议作为本合同附件。合同附件与正文具有同等法律效力。

第十一条 本合同连同附件共______页，一式______份，具有同等法律效力，合同持有情况：甲方______份，乙方______份。

甲方（签章）： 乙方（签章）：

委托代理人： 委托代理人：

签约时间： 签约时间：

主要概念（明确基本认识， 准确把握概念）

1. 房地产权属

房地产权属，即房地产权利归属，指房地产产权在主体上的归属状态。在我国，房地产权利包括土地所有权、土地使用、房屋所有权及房地产抵押权，房地产权属关注于这些法律创设的房地产权利在实践活动中主体上的归属。

2. 土地使用制度

土地使用制度又叫做土地用益制度，是指在他人的土地之上设立的，以使用、收益为目的的物权制度。

3. 房屋所有权

房屋所有权，是指房屋所有人对其房屋享有占用、使用、收益、处分，并排除他人干涉的权利。

4. 建筑物区分所有权

建筑物区分所有权，是指根据使用功能，将一栋建筑物在结构上区分为各个所有权人独自使用的部分和由多个所有人共同使用的共同部分时，每一所有权人享有的对其专用部分的专有权，对共用部分的共有权以及各个所有权人之间基于其共同关系而产生的成员权的结合。

5. 房地产登记

房地产登记，又称为不动产登记，是指国家法定机关依当事人的申请，对有关房地产权利信息、客体信息等进行登记，并对所登信息赋予一定法律效力的制度。

6. 房地产交易

房地产交易是指权利人对土地使用权、房屋所有权、房地产使用权等可处分的权利所进行的流通等各种经济活动的总称。

7. 房地产抵押

房地产抵押，是指抵押人以其合法的房地产以不转移占有的方式向抵押人提供债务履行担保的行为。

8. 房地产税

房地产税是指以房地产为课税客体或主要以房地产开发经营流转行为为计税依据的税赋，房产税、契税、印花税、营业税、城市维护建设税、企业所得税、个人所得税、外商投资企业和外国企业所得税等构成了我国目前房地产税体系。

9. 房地产费

房地产费，是指依据法律、法规、规定和政策，由有关行政机关、事业单位等向房地产开发企业、房地产交易各方、房地产产权人等收取的各种管理性、服务性、补充性费用。

10. 房地产经纪机构

房地产经纪机构是指依法设立，为委托人提供房地产信息和居间代理业务等经纪活动的具有法人资格的经济组织。

基本训练（描述业务情境，提出实训要求）

基本训练 1：

金先生欲购买一套位于成都市高新区东苑小区的二手房。请根据基本知识，向金先生解释购买二手房需办理何种登记，并需缴纳哪些税费。

基本训练 2：

根据对金先生与卖房者的口头协议，拟订一份房屋买卖合同。

案例分析（运用基本知识，分析案例问题）

案例：以他人之名购房后的房屋确权案

原告刘方是电脑公司职员，被告郭平是中学教师，两人系朋友关系。2009 年 5 月，原告刘方得知本市一房地产开发公司出售经济适用房，欲购买一套。但根据本市相关政策的规定，只有具备本市户口的人才有权购买。原告虽有钱，但苦于无本市户口，无购房资格。于是原告找被告商量，口头约定，由原告以被告的名义购经济适用房一套，商品房由原告实际占有、使用。随后，原告出资 20 万元，由被告与房地产公司签订了买卖合同，产权人登记为被告。2010 年 3 月，郭平以该房屋的产权证作抵押向银行贷款 15 万元，借给其弟做生意。贷款到期后，郭平无力偿还，银行遂要求变卖实现抵押权。刘方得知后，向法院起诉，主张自己为房屋的实际产权人，要求确认被告的房屋抵押行为无效。

案例思考问题：

1. 房地产转让的程序有哪些？

2. 该案中谁是房屋的真正产权人？

3. 另一方的损失应当如何赔偿？

练习题

一、判断题（运用基本知识，判断对与错）

1. 我国的土地资源是国家宝贵的自然资源和经济资源，因此所有的土地都归国家所有即全民所有。

2. 土地使用权转让、互换、出资或者赠与的，附着于该土地上的建筑物、构筑物及其附属设施可以不与土地使用权一并处分。

3. 不动产物权的设立、变更、转让和消灭，经依法登记，发生效力；未经登记，不发生效力，但法律另有规定的除外。

4. 以出让方式取得土地使用权的，转让房地产后，受让人可以改变原土地使用权出让合同约定的土地用途的，不需取得原出让方的同意，但应当在市、县人民政府城市规划行政主管部门备案。

5. 当事人签订买卖房屋或者其他不动产物权的协议，为保障将来实现物权，按照约定可以向登记机构申请预告登记。预告登记后，未经预告登记的权利人同意，处分该不动产的，不发生物权效力。预告登记如不注销，不会失效。

6. 商品房按套内建筑面积或者建筑面积计价的，如果当事人没有在合同中载明合同约定面积与产权登记面积发生误差时的处理方式，那么当产权登记面积大于合同约定面积时，超出面积部分的房价款由买受人补足。

7. 房屋租赁合同中的租赁期限，当事人可以根据需要自由约定。

8. 债务人不履行到期债务或者发生当事人约定的实现抵押权的情形，抵押权人可以与抵押人协议以抵押财产折价或者以拍卖、变卖该抵押财产所得的价款优先受偿。

9. 土地增值税，是指对转让国有土地使用权并取得增值收入的个人，就其转让土地所得的增值额征收的一种税，土地增值税的计税依据是纳税义务人转让土地使用权所取得的增值额。

10. 房地产经纪人、房地产经纪人协理在房地产中介活动中不得同时在两个或两个以上中介服务机构执行业务。

二、简答题（简要回答基本问题）

1. 属于全民所有即国家所有的土地有哪些?

2. 建设用地使用权的设立方式有哪两种？分别叙述这两种设立方式的概念和特点。

3. 简述商品房预售应符合的条件。

4. 承租人有哪些不当行为时，出租人有权终止合同，收回房屋?

5. 简述房地产经纪人在执业过程中享有的权利以及应承担的义务。

三、业务分析题（运用业务知识，分析说明问题）

房地产登记，又称为不动产登记，是指国家法定机关依当事人的申请，对有关房地产权利信息、客体信息等进行登记，并对所登信息赋予一定法律效力的制度。房地产登记分为土地登记和房屋登记。

问题1：国有土地范围内的房屋登记分为几种登记方式?

问题2：在什么情况下应当对国有土地范围内的房屋进行登记？房屋登记后的法律效力如何体现?

四、技能操作题（运用专业知识，训练操作技能）

运用相关的法律知识，拟订一份提供租赁服务的房地产中介服务合同。

下篇

房地产经纪人业务操作

第 5 章 房源管理

学习目标

1. 知识目标

了解什么是房源；了解如何开发房源、管理房源和使用房源。

2. 技能目标

能够运用有关知识，有效地开发房源、管理房源和使用房源。

学习内容

1. 认识房源
2. 开发房源
3. 管理房源
4. 使用房源

引导案例

房源管理话题引发的思考

王军大学毕业后应聘到一家房地产经纪公司上班。上班的第一天，公司门店的店长告诉他，一个优秀的房地产经纪人，首先应当是一个优秀的房源管理者。

店长向他介绍了公司正在使用的一款房地产中介客户房源信息管理软件——“精明房源管理系统”。

“精明房源管理系统”是一款房地产中介客户房源信息管理软件，该软件适用于所有房屋中介行业。软件的房源内容涵盖出租、出售、求租、求购等日常业务。该软件内建强大的数据库功能，凭用户名及密码登录后可方便快速地添加、修改、删除、浏览、查询、打印所需信息，彻底解决传统手工翻阅、抄写等费时费力问题，减小劳动强度，缩短交易时间，提高交易成功率，最大限度挽留客户，提高企业形象。该软件基于完美的商业性设计，打印表单时不会泄漏客户的任何商业信息，是房屋中介行业信息管理的首选必备工具软件。

“精明房源管理系统”具有以下特点：①本系统凭管理用户名及密码登录，且高级管理员可授权一般操作员操作权限；②授权操作员可快速添加、修改、删除房源相关数据；③支持房屋实物图、设计图、结构图、外形图浏览；④房源清单支持查看、报表预览及打印功能；⑤房源信息支持屏蔽房屋业主联系信息，以确保企业利益；⑥状态更新功能可将过期信息的状态自动标注为过期；⑦多功能房屋相关计算工具及面积、价格合计功能；⑧详尽的购房知识、政策法规、示范文本、物业管理信息；⑨强大的选项功能更能适合企业自身特点而修改；⑩数据备份、恢复功能使你免去数据丢失之忧虑。

然后，店长又给王军写了一个公式：优质房源 = 一张清晰的户型图 + 五张以上清晰的室内图 + 一个能突出房源优势特点的房源标题 + 一个把整体房源情况说明的房源描述 + 一张可以吸引客户注意的优质主图 + 一套性价比高的房源。

王军听了店长的介绍，面对店长写的公式，陷入了沉思……一个看似简单的房源管理，居然还有这么复杂的东西！其实，他哪里知道，店长说的这些，还仅仅只是房源管理的“冰山一角”，要成为一个优秀的房源管理者，要学的知识还很多很多。

引导案例引发的思考：

1. 房地产经纪中的房源管理对于一个房地产经纪公司和一名房地产经纪人，究竟意味着什么？
2. 如何才能获得优质房源？
3. 如何管理好优质房源？
4. 如何使用好优质房源？

房源是房地产经纪公司开展房地产经纪业务的重要资源，是房地产经纪人创造经纪业绩的重要源泉。离开了房源，房地产经纪业务就必将成为无源之水、无本之木。房源管理是房地产经纪公司有效取得房源、高效使用房源的必要方式和重要工作，是检验房地产经纪人业务知识和业务能力的重要标志。一名优秀的房地产经纪人，首先应当是一名优秀的房源管理者。本章将以房源为中心，对如何开发房源、管理房源和使用房源等问题做一介绍。

5.1 认识房源

房源是房地产经纪公司开展房地产经纪业务的重要资源，是房地产经纪人创造经纪业绩的重要源泉。只有全面、深刻地了解房源，充分地认识房源，才能够把握这一重要资源，掌握创造辉煌业绩的重要源泉。

5.1.1 房源的概念

房源从完整意义上说，是指业主或委托人及委托出售或出租的房屋。

通常在房地产经纪业务中，房源往往被认为只是业主或委托人委托房地产经纪人出售或出租的房屋，而忽视了业主或委托人作为房源中一个重要构成部分的存在。有些房地产经纪人员在寻找房源时，把注意力更多地放在房屋上，缺乏对提供房屋的业主或委托人的关注、重视、了解和沟通，因而丧失了许多取得房源的良好机会。

业主或委托人及委托出售或出租的房屋是构成房源不可或缺的两个有机联系的重要因素，缺少了其中任何一个因素，都不能成为有效的房源。因此，房源不仅包括委托出售或出租的房屋，还包括该房屋的业主或委托人。

5.1.2 房源的特性

房源的特性是针对房源这一对象从它特有的属性所作的进一步的考察。

房源的特性包括物理属性、法律属性和心理属性。

1. 房源的物理属性

房源的物理属性是指房屋自身的物理状态，如房屋的建筑外观、面积、朝向、空间格局、楼层高度、新旧程度等。房源的物理属性体现的是房源的使用价值，所以也在一定程度上决定了房源的市场价格。如一套别墅的价格肯定高于一套普通住房的价格。

房源的物理属性具有固定、明晰、不可替代等特点，因而使房源在价格上具有显著的个体差异性。房源价格的个体差异性是由房源的个体不可替代性决定的。世界上不存在两套空间位置完全相同的房子。就算在一个按同一建筑设计方案建造的住宅小区里，其每一幢房屋都处在不同的空间位置，如在景观、采光、出入便利、噪声影响程度等方面存在差异；在同一幢房屋中，不同楼层的住房之间也存在差异；而在同一楼层中，每一套住房又有景观、朝向等方面的差别。这些差异决定了每一套住房都具有自己独特的内在价值，因而其市场价格也就不尽相同。

对于二手房来说，其价格的个体差异性表现得更加突出。除了上面提到的各种差异之外，二手房在保养、装修状况等方面存在的差异也会影响其内在价值和市场价格。在同一幢房屋中即使朝向相同、楼层相邻的二手房，往往也会有很大的价差。正因为房源存在着明显的个体不可替代性，因此房源在交易市场上很难有一个权威的、明确的定价标准，这就为房地产经纪人撮合买卖双方成交提供了一个较为宽松的价格谈判空间。

2. 房源的法律属性

房源的法律属性是指房屋在法律规范方面所特有的属性，如房屋的合法用途、权属类别及其房屋他项权利设定状况等。

房屋的用途通常可分为居住用途与非居住用途两大类。房屋的用途必须依据国家房地产管理部门的有关规划规定来使用，在某些情况下需要改变用途，需按照国家规定的有关程序报经批准。

房源的权属类别反映的是房源的产权性质及其产权归属，一般由特定的法律性证书来反映，如《国有土地使用证》、《房屋所有权证》等，其内容主要包括产权性质（如商品房、已购公有住房、经济适用住房、单位集资房等）、业主姓名、土地使用年限等。房屋他项权利设定状况反映的是房屋在进行产权交易时有无其他权利的限制的状况。房屋他项权利通常包括抵押权、租赁权以及典当权等。设定了房屋他项权利的房屋在进行交易时要受房屋他项权利的限制，除非按照有关法律规定注销房屋他项权利，否则是无法在房地产市场进行交易的。

3. 房源的心理属性

房源的心理属性是指业主或委托人在委托过程中的心理状态。了解和把握房源的心理属性，是获取房源和促成交易的重要手段。

不同的业主或委托人有不同的心理状态；同一业主或委托人，面对市场的不同状况，心理状态也会发生变化，从而影响对房源处置的决策态度。其中，价格因素是最突出的表现。在交易过程中，房源的价格经常不断波动，其原因之一就是业主或委托人的心理在不断变化。房源价格是由业主或委托人决定的，他们对市场信息的了解程度以及其出售或出租的心态，是他们决定房源价格的重要依据。这两个依据在现实中都容易发生变化。一般来说，业主或委托人所能了解到的市场信息有限，容易导致他们对市场产生比较片面的理解。媒体的宣传、房地产经纪人的讲解，是他们了解市场信息的两大渠道。但是，由于这两个渠道的信息都缺乏权威性，有些业主或委托人会另外去寻找其认为可信赖的信息来源，如朋友的意见、客户看房时的直接反应等。而这些信息都具有不确定性，容易发生变化。它们的变化往往会引起业主或委托人的心理变化。随着市场信息的变化，业主或委托人的出售或出租心态也会发生变化，从而最终引起房源价格的变化。这种情况在现实中经常发生。例如，某人一开始想将该套住房出售的原因是他已买了另一套新房，在他搬到新房居住之后，原住房就空着了。他没有急于出手的心理，只是希望能以较高的价钱卖出。但后来他在生意上急需一笔资金，就希望尽快将该套住房卖出以便“套现”。看过房的买家都嫌48万元的售价太高，所以迟迟不能成交，令他很着急。最后有个买家还价43万元，他也只好同意成交。

5.1.3　房源的种类

按照不同的标志，可以把房源分成不同的种类。划分房源种类的目的在于房地产经纪人可以对房源进行科学的分类和管理，进而可以根据房源的种类为不同客户提供便利的选择和服务。

1. 按照房源的特点划分房源的种类

根据房源的特点，可对其进行分类，以提高查询效率。根据房地产经纪人开展工作的现实需要，通常将房源分为套盘、笋盘、新盘、散盘等。有时这些分类可以互相重叠。

（1）套盘

套盘属房地产开发项目，通常有项目名称，如“××花园”等。同一项目的房源，往往存在基本统一的信息，如地址、物业管理费、交通条件、新旧程度等，而像朝向、户型、面积等房屋状况也较为接近，它们之间的“替代性”强，常常可用甲单元替代乙单元。因此，将这类房源归为一类，形成套盘，可便于信息的管理。在很多情况下，房地产经纪人只需要维护其中一套单元的资料，就可以掌握整个项目的基本情况。

（2）笋盘

笋盘来自广东方言，“笋”是超值的意思，笋盘即是指符合或低于市场价、极易成交的房源。在一般情况下，房地产经纪人开展居间业务的注意力往往集中在笋盘上，因为这样可以取得较好的业绩。例如：房地产经纪人小李的一个客户想购买一套超值的小户型住房。张某就在公司的“笋盘库”里进行查询，很快查询到一套接近该客户要求的住房，然后他立即约该客户去看房，不出两天，这一宗交易就成交了。

(3) 新盘

新盘是指最近一段时间内刚刚收集到的房源信息。将最近一段时间内刚刚收集到的房源信息，录入“新盘库”，便于房地产经纪人掌握这些信息，也是提高工作效率的一个重要方法。有时候会存在这种情况：房地产经纪人已将公司以前所拥有的所有合适的房源向某位客户进行推介，但该客户一直不太满意。因此，在这时，该房地产经纪人就只需要留意公司的“新盘库”，从中选出适合客户的房源，再向该客户进行推荐。

(4) 散盘

散盘是指除上面三种类型房源之外的房源，这些房源没有固定的、明显的特点，它们只是房源信息库的一小部分。

2. 按照房源的使用性质划分房源的种类

房源一般按照使用性质可以分成住宅、商铺、写字楼、仓库、车房和厂房。

(1) 住宅

住宅一般是房地产中介公司中数量最大，同时也是交易量最大的一种房源。住宅可以根据使用类别和产权进行细分。

①按使用类别细分

如果按建筑结构来分，住宅又可以分成普通住宅、跃层式住宅、复式住宅和别墅等。

普通住宅是指按所在地一般民用住宅建筑标准建造的居住房屋（不包括经济适用房）。普通住宅的容积率一般在1.0以上，房屋类型主要有多层和高层两种。多层住宅是指2~6层（含6层）的楼房；高层住宅是指6层以上的楼房，且多安装电梯。由于各地对多层和高层的定义不一致，划分标准各地可根据实际情况酌情确定。普通住宅按照户型结构进行分类，可以分为两房一厅、三房两厅等。

跃层式住宅是近年来推广的一种新颖住宅建筑形式。其特点是：有上下两层楼面、卧室、起居室、客厅、卫生间、厨房及其他辅助用房，上下层之间的通道不通过公共楼梯，而采用户内独用的小楼梯连接。跃层式住宅的优点是每户都有较大的采光面；通风较好，户内居住面积和辅助面积较大，布局紧凑，功能明确；相互干扰较小。在高层建筑中，由于每两层才设电梯平台，可缩小电梯公共平台面积，提高空间使用效率。但这类住宅也有不足之处：户内楼梯要占去一定的使用面积，同时由于二层只有一个出口，发生火灾时，人员不易疏散，消防人员也不易迅速进入。

复式住宅是受跃层式住宅设计构思启发，由香港建筑师李鸿仁创造设计的一种经济型住宅。仍每户占有上下两层，实际是在层高较高的一层楼中增建一个夹层，两层合计的层高要大大低于跃层式住宅（李氏设计为3.3米，而一般跃层式为5.6米）。复式住宅的下层供起居、炊事、进餐、洗浴用，上层供休息、睡眠和贮藏用，户内设多处入墙式壁柜和楼梯，位于中间的楼板也是上层的地板。一层的厨房高2米，上层贮藏间高1.2米；一层起居室高2米，上层直接作为卧室的床面，人可坐起但无法直立。

复式住宅的经济性体现在：其一，平面使用系数高，通过夹层，可使住宅的使用面积提高50%~70%；其二，户内的隔层为木结构，将家具、装饰融为一体，又降低了综合造价；其三，上部夹层采用推拉窗及墙身多面窗户，通风采光良好，与一般层高和面积相同的住宅相比，土地使用率可提高40%。

别墅，按照国土资源部的定义，是指独门独户独院，两至三层楼形式，占地面积相当大，容积率非常低。别墅是包括地下层在内的最多三层的独栋住宅形式，带室内车库。

别墅是没有公摊面积的，别墅花园占地面积在房地证上有土地使用权面积。别墅的买卖双方合同一般都有注明：本商品房户型为：别墅；独立别墅所属地块（包括别墅占地）占地面积××平方米。别墅可以分为休闲型和住宅型两种，一般建造在城市郊区附近。

也有很多亚别墅、类别墅，如“四层单栋洋房”、“双拼、联排排屋”、“叠加小高层”都是高档住宅，也叫排屋、洋房，不属于别墅。排屋有公摊面积，中间有共体墙。

②按产权性质进行细分

按照产权性质进行细分，住宅一般又可以分成商品房、房改房、廉租房、集资房等。

商品房是指在市场经济条件下，通过出让方式取得土地使用权后开发建设的房屋，按市场价出售。目前市场上的一手房基本上是商品房，在二手房市场中，商品房也占有最大的比重，而且这种趋势会越来越明显。

房改房就是单位、机关、企业等部门分配给职工的住房，房改后由职工按规定购买。房改住房包括以标准价和成本价购买的公房。目前房改房在满足某些条件下，可以在市场上进行流通。

廉租房是指地方各级政府专门修建的用于解决本地城镇居民特别困难户、困难户和拥挤户住房问题的住房。

集资房是指由政府、单位、个人三方面共同承担，通过筹集资金而建造的住房。职工个人可按房价全额或部分出资，政府及相关部门在用地、信贷、税费等方面给予部分减免。

在中介市场中，住宅绝大多数来自于商品房和房改房。

（2）商铺

商铺是经营者为商家提供商品交易、服务及感受体验的场所。商铺首先是商品交易的场所，而且包含了服务功能和感受体验的功能。如果按照所在地点来划分，商铺又可以分为铺面房和铺位。

铺面房，是指临街有门面，可开设商店的房屋，俗称店铺或街铺。铺位，一般是指大型综合百货商场、大卖场、专业特色街、购物中心等整体商用物业中的某一独立单元或某些独立的售货亭、角等，俗称店中店。

（3）写字楼

“写字楼”一词是由境外传入的。按照国内过去的习惯，通常称为“办公楼”，并主要作为所有权人的办公之用。所谓写字楼是指供各种政府机构的行政管理人员和企事业的职员办理行政事务和从事业务活动的楼宇。写字楼一般由办公用房、辅助用房和交通系统三部分组成。

写字楼一般分两种：纯写字楼和商住楼。商住楼与居住楼的不同在于商住楼更倾向于商务活动，而非家庭居住。纯写字楼完全不具备居住的配套设施，并且是不允许居住的建筑。尽管写字楼与商住楼都是以商务活动为主的建筑设施，但商住楼比写字楼多了在私有空间中居住的配套设施和功能条件。

（4）仓库、车房和厂房

除了以上三种常见类型以外，房源还包括仓库、车房和厂房，不过其数量和交易量一般都比较少。

5.1.4 房源的描述

房源描述是对房源的物理属性的全方位的表述和展示，通过房源的描述，可以让客户更全面地了解房源、更清晰地认识房源。

1. 拟个好的房源标题

一个好的房源标题可以大大提高房源访问量。因为推荐标题会直接显示在房源列表里，所以吸引人的推荐标题往往会是房源增加点击的关键；而要写好推荐标题，首先得全面深入地了解每套房子，然后挖掘出每套房子的特别之处，把它们的优点写在标题里；一套房源好比一件商品，房源标题就好比一条简短的广告语，突出房源的卖点，第一时间吸引客户眼球。

一个好的房源标题，应该能够表达出以下几层意思：

（1）言简意赅，突出卖点；

（2）多考虑客户最关心的性价比、地段、周边配套、升值潜力等因素；

（3）适当考虑用一些广告性的语言，但要求贴近真实，无虚假。

如：静安中心地段，稀缺小房型房，仅售 80 万元，婚房首选；某某重点中、小学就在附近，绝对超值，急售低价转让等。

2. 写出好的房源描述

一个优秀的经纪人在平时带客户看房时总会有很多的关于房源的介绍要说，以此来吸引客户。房源描述，就是让你可以自由发挥，宛如客户就在你身边，把自己的专业度很好地体现出来；房源描述，就是要充分挖掘出房源的所有特点、优势。一个好的房源描述可以大大提高客户来电询问量。

一个好的房源描述通常可以从以下几个方面来写：

（1）从该房源所属小区的风格、景观、物业、人文、档次、社区配套等方面作概括性的介绍。例如：恒温游泳池、观景洋房、温泉公寓、国际化社区等。

（2）从该房源所属小区的学区、周边配套、交通状况、区域规划等方面对小区作描述。例如：周边多家大型超市、步行到××处 5 分钟、轻松上重点小学等。

（3）从该房源的面积、户型、单价、总价、装修、配置、景观等方面作特色描述。例如：稀有主力房型、豪华装修家电齐全、日式现代装修等。

（4）从该房源的房东出售心态，买主的置房需求进行描述。例如：“房主出国急卖”、“做生意急需资金周转”、“工作调动成本价变卖”、“出国前贱卖”等。

（5）从该房源的购买交易税额、租金交易时间跨度来描述。

5.1.5 房源的特征

1. 公共性

在大多数情况下，业主或委托人为了能尽快卖出或租出自己的房屋，都会希望在同一时间里接触尽可能多的客户，因此他们通常会委托多家房地产经纪公司为其服务。房源在我国具有显而易见的公共性，对于房地产经纪公司来说，房源并不是其拥有的商品，而只是其可使用的信息。

在美国，房地产销售中占主流的是房地产经纪人的独家代理制，即业主（委托人）只将自己的房屋委托给一位房地产经纪人出售或出租。在这种代理制度下，无论谁实现了房屋销售，该签约的房地产经纪人都可以获得相应的佣金。这里的房源具有独家性。可以说，在受到业主（委托人）委托之后，房源就是该签约的房地产经纪人拥有的“商品”了。

2. 变动性

房源的变动性主要包括两个方面：一是其价格因素的变动；二是其处置结果的变动。价格的变动是随着市场的变化、业主或委托人心态的变化而不断变动的。房源的处置结果变动，是指房屋在委托处置期间，房屋的处置结果（如闲置待出租或出售等）发生变化，如原本闲置的待出售的房屋，业主或委托人决定先租给他人居住等，但并没有因此拒绝有兴趣的买家去看房、购买等。由于房源存在着变动性这一特征，要求房地产经纪人不间断地与业主或委托人联系，以便在房源的某些状况发生变动时，及时进行更新房源处置状况。

3. 可替代性

虽然每个房源都是唯一的，并具有明显的个体差异性，但是在现实生活中，人们对房屋的需求总是为了达到某种目的，实现某种效用，而并非必须是某一套房屋。具有相似地段、相似建筑类型、相似房型的房屋，在效用上就具有相似性，对于特定的需求者而言，它们是可以相互替代的。这就使房源具有可替代性这一特征。

买家（或租客）在寻找房屋时，往往不只考察一个房源，这正是房源具有可替代性这一特征所致。同时，房源的可替代性特征也为房地产经纪人的居间业务提供了更广阔的操作空间。如一位原本看上甲房源的买家，因为价格问题无法成交，这时房地产经纪人就可向这位买家提供与甲房源相似的乙房源资料，买家看过乙房源后，发现其各方面的品质与甲房源相似，而且价格较便宜，因此最终决定购买乙房源。

由此看出，我们应当充分使用房源具有可替代性这一特征，在为客户介绍房源时，准确了解客户购房或租房的目的，提供能够满足客户需求的相似房源。

5.2 开发房源

开发房源是指使用各种渠道、寻找房源信息，并使房源成为开展房地产经纪活动的有效资源的活动过程。开发房源是开展房地产经纪活动的一项重要内容，也是体现房地产经纪人员业务能力的一个重要标志。

5.2.1　开发房源的原则

1. 及时性原则

房源是满足客户现实需求的资源，也是争取客户的重要手段。在获知目标房源的信息后，房地产经纪人必须及时对其进行核实、了解，力争在最短的时间内使之成为有效房源。而且，因为房源具有变动性等特点，其有关资料会随时变化，房地产经纪人还应及时对房源的有关信息进行更新，以保证房源的有效性。

2. 持续性原则

房源是在不断变化的。比如上周获取的某个房源信息在当时还是有用的，但到了本周，因为该套房屋已被人购买，该房源信息就变成无用的了。因此，房地产经纪公司对房源的开发必须遵循持续性原则，持之以恒地进行，这样才能保证在开展经纪业务时，有充足的房源可以使用。

3. 集中性原则

集中性原则是指房地产经纪公司所搜集的房源在地域空间上要具备相对集中的特点，即有针对性地在某一区域搜集某一类型的房源，从而使自己较齐全地拥有该类型的房源资料。这样，该公司就能够为对该类房源有需求的客户提供较多的选择，从而容易促成交易。

5.2.2　开发房源的渠道

充足的房源信息是房地产居间业务的必备资源，房地产经纪人应当熟悉收集房源信息的渠道，并由此获取丰富而有效的房源资料，促进房地产居间业务的开展。

根据房源业主状况，开发房源的渠道可分为开发小业主房源渠道和开发大业主房源渠道两种。

1. 开发小业主房源渠道

这里所讲的小业主，是指普通的消费者，他们单个拥有的房屋数量不多，一般为一套或几套，但在总量上却数量庞大，应当引起高度重视，可以说小业主这部分房源是房地产居间业务中最重要的来源。针对小业主的房源开发主要可以采取以下几种方式：

（1）派发宣传单

选择一些目标客户，通过当面派发房地产经纪公司的宣传单，以引起客户关注，获取房源信息。这种方式比路牌广告的目标性更强，成本也较低，被许多房地产经纪公司所采用。但此类信息如果过多过滥，会引起信息接收者的反感，起不到应有的宣传效果。因此，采用这一方式的房地产经纪公司，应努力在宣传单的设计及派发方式上进行创新，以保证宣传效果。

（2）电话访问

在获知目标客户的电话号码后，对其进行电话访问，咨询其房屋信息，是可以立即见效的一种开拓房源的渠道。通过这种渠道开拓房源的房地产经纪公司应当注意两点：一是电话访问目标要有一定针对性，否则投入的成本可能会过高；二是要对负责电话访问工作的人员进行认真的培训，以使他们掌握高水准的业务操作技巧，保证电话访问的效果，就算被访问的客户一时之间不能提供可以使用的房源信息，也能给客户留下较好印象，树立公司的良好形象。

（3）互联网

随着电子科技的发展，互联网已成为人们传播、获取各类资讯的新兴渠道。因此，在网上刊登广告也成为房地产经纪公司的一种重要选择。尤其是在购房者年龄越来越趋年轻的形势下，这一渠道被不少房地产经纪公司看好。有些有条件的房地产经纪公司还建立自己的网站，以便更集中地宣传自己的优势，同时也更及时地发布房源的供求信息。更重要的一点是，拥有自己网站的房地产经纪公司，可以在网站上实现与客户的“现场互动”，通过技术支持，使客户可以随时将自己的房源信息传输到该网站上。

（4）直接接触

房地产经纪人直接与目标客户接触，从而获取有关的房源资料，也是目前较常用的一种开拓房源的渠道。可以将与目标客户的直接接触分成两种：一种是对于一些可能会出租、出售的房屋，房地产经纪人上门找到其业主去了解洽谈；另一种是在某些公共场合，如房地产拍卖会、房地产展销会、楼盘的售楼部等，房地产经纪人主动与现场的卖家（或潜在卖家）接触，以获得房源信息。另外，还有一些其他的开拓房源的渠道，如有的房地产经纪公司对于一些能够提供有效信息的个人（或机构），给予信息费，以此获得房源信息；也有的房地产经纪公司会去收集广告媒介发布的其他供求者信息，为自己所用；还有些房地产经纪人会依靠自己的人际关系网去收集信息等。

2. 开发大业主房源渠道

大业主是相对于小业主而言的，它通常指的是一些拥有批量房屋的组织，如房地产开发商、资产管理公司等。对于这些大业主，房地产经纪公司一般采用主动出击的方式去获得其房源资料，即根据这些大业主的具体情况，制订有关开发方案，并派专人（或工作小组）去洽谈、跟进。

开发大业主房源渠道主要有以下几种类型：

（1）开发房地产开发商房源

房地产开发商的楼盘销售到一段时间后，会剩下一些“货尾”房源。这时从成本等角度考虑，房地产开发商会将这些“货尾”房源委托给房地产经纪公司销售或出租。有些房地产经纪公司为了争取到这些“货尾”房源的独家代理权，可以主动联系该房地产开发商，为其精心提供销售方案。

（2）开发房地产相关行业房源

房地产相关行业指的是与房地产开发商开发活动相关联的行业部门，如建筑商、材料商和广告商。在某些情况下，楼盘的房地产开发商会使用其房屋去抵工程款、材料款甚至广告费等，从而使这些房地产相关行业的单位，如建筑商、材料商甚至广告商等拥有了批量房屋。房地产经纪公司也可以将这些单位所得到的房屋进行代理销售或出租。

(3) 开发大型企事业单位房源

有些大型企事业单位也拥有数量可观的待处理房屋。如他们与房地产开发商合作开发楼盘后“分得”的房屋、单位员工集资开发的房屋等。由于这些单位往往不具备销售或出租这些房屋的专业知识和能力，因此往往会将这些房屋委托给房地产经纪公司销售或出租。

(4) 开发资产管理公司房源

资产管理公司往往会拥有一些作为抵押物或不良资产的房地产，房地产经纪公司如果能为其提供合适的销售或租赁方案，资产管理公司一般会愿意将这些房地产委托给房地产经纪公司销售或出租。

(5) 开发金融机构房源

与资产管理公司相类似，金融机构有时也会拥有一些作为抵押物或不良资产的房地产。房地产经纪公司也可主动开拓这一渠道获取房源。

5.2.3　开发房源的技巧

开发房源可以采用多种方式，而不同的方式需要采取不同的技巧。

1. 通过获取报纸信息开发房源的技巧

由于报纸、广播、网络等信息传播迅速，渗透性强，广告已经成为所有中介惯用的宣传方式。现在，随便翻开一份报纸，就会发现密密麻麻的几个版面的房地产广告，其中最多的就是中介公司刊登的房源信息，其次就是以个人名义刊登的一些租售信息。

每天清晨，应注意收集报纸、杂志、广播、网络等信息，从分类稿中取得售房资料，且逐项予以追踪落实。其开发技巧有：

技巧一：锁定目标

通过各大中介公司刊登的房源，判断模糊地址所包含的信息，有针对性地锁定目标，挖掘房源。首先，同刊登信息的中介公司以客户的名义打电话询问房源的情况来判断和分析房源的真实性。确认房源真实性后，可亲临现场“扫楼”、通过物业去询问、从小区门卫及保安处探究，只要能想到的方法都可以尝试着做，不达目的绝不罢休，你一定会获取新的房源，而且还会有意外的收获。

技巧二：“第一时间”法则

通过报刊上的业主电话，直接同业主电话沟通确认物业地址。切记，一定要第一时间“扫报”，第一时间同业主沟通，捷足先登，才会获取真实信息。有句古话这样说：“天上掉钱币，还得赶早捡。”古人都有这样的意识，更何况在市场竞争的今天。

2. 通过广告开发房源的技巧

要找客户，可以做广告；要找房源也可以做广告。做广告获取房源也是一种很好的方式。其开发技巧有：

技巧一：设“专家资料”宣传栏

类似于医院大厅和各科室门口的专家栏的医生介绍，在网上都有医生资料，查找所需的专科特色医生很方便。房地产经纪行业也可以采取相似的方式。将经纪人的姓名、自我描述、主打楼盘，值班时间、联络方式、公司资质认定章以及值得推荐的信息制作成单页，以广告的形式张贴出来或将信息发布网络。

业主可以有目的地选择经纪人，经纪人可以发挥各自的长处，服务好不同的客户。管理者也可以及时地评估经纪人的专业度，对症下药，提升经纪人员的专业能力，同时还可以激励员工。

技巧二：群发短信

一看这四个字，大家都略有所知，就是将房地产经纪机构及经纪人的有关信息通过短信的方式传递给有需求的业主（注：选择业主时尽量范围广一些），只要持之以恒就会有意外的惊喜。

技巧三：发布需求

通过一些行业网站发布论坛以个体的名义提出需求从而获取信息。

技巧四：信函回访

选择目标客户，通过寄发宣传广告单页或投其所好提供一些房地产咨询资料，联络客户感情，由话题跟进客户。

技巧五：设摊揽客

在小区、公园等地方摆设流动摊位，招揽过路客，从而获取房源信息。

技巧六：广告招贴

通过招贴广告获取房源信息。如：住宅小区的招贴栏、小区居委会、小区健身场所等等，只要有机会，就必须想方设法地渗透，让业主们有需求买卖时，第一个就想到你。

技巧七：用活单页广告

制作广告单页，推介的内容、文字、排版、色彩设计要有强烈的视觉冲击力，留住客户的眼神，让客户留下深刻的印象。同书报亭建立关系，作为出售书刊时的插页；逛街、“扫楼”时直接派发；参加各种主题展会派发，如物业拍卖会、房地产展销会、楼盘推广会等。其实派发的途径很多，只要你用心捕捉就会有很大的收获。

3. 通过“扫网”开发房源的技巧

网络已成为现代人生活的一部分，如果我们不好好使用这个身边的资源，实在是太可惜了。互联网已成为人们传播及获取资讯的新渠道，网络上的房源不但数量多，而且更新快，其中有不少是业主自己发布的真实消息。其开发技巧有：

技巧一：公司内网资源

针对公司的房源信息，充分使用，逐个电话跟进，已经成为许多房地产经纪人每天的必修课。掌握好沟通技巧，不厌其烦地更新和选择目标客户推荐的房源，会有很大的收获。

技巧二：互联网找房

很多网站都有房地产买卖频道，寻找一个业主放盘信息最多的，作为自己每日必修课，及时关注，从而获取房源信息。

技巧三：互联网找客

现在很多房地产相关网站都有个人租售信息登记渠道，我们可以寻找一些客户浏览量高的网站，以个人名义注册登记你想购买的房源，由此吸引业主。

4．通过逛街开发房源的技巧

有空时，到居民小区处去逛逛，不但能熟悉地形，了解市场，还经常会有些意外的惊喜。其实，不但工作时间可以扫街，就是在平时外出闲逛时，只要你善于观察，敢于开拓，就始终会有收获，在不知不觉中，就会积累很多潜在的资源。其开发技巧有：

技巧一：发现“豆腐干小贴示”

电线杆上、卷帘门上、墙上，走在路上到处都可见到那些豆腐干大小的租售信息贴示，千万别小看这些小贴示，它可以帮你带来财富，只要你千方百计地跟真实业主取得联系，你就可以轻松获取信息资源。

技巧二：同大妈们聊天

现在的人生活丰富多彩，就连那些大妈们也不例外。上班时间，随便走走，你就会发现小区里有大妈们的“乐园”，聊天的、锻炼的、表演的。这些喜欢说东道西的大妈，对小区的情况可比你清楚多了，走进她们，她们就会成为你的财富。

5．通过“购买名单”开发房源的技巧

购买客户信息名单，在获取电话号码后，对其进行电话访问，这是比较传统的获取方式，也是最直接、最见效的一种方式。其开发技巧有：

技巧一：重复使用业主名单

名单必须重复使用，客户的动态随时间的变化而变化，在不同的时间跟进获取的信息是不同的。

技巧二：不要舍弃

跟进时，遭拒绝的业主资源千万不要舍弃，不同的业务员用不同的方式跟进，获取的信息也是不一样的，或许这就是说不清道不明的缘分！

6．通过人际关系开发房源的技巧

每个人都有自己的社交圈，都有自己的人际关系网，你要充分使用这些网络资源获取所需信息。其开发技巧有：

技巧一：维系人脉

首先把自己的新工作的性质传达和介绍给认识你的亲朋好友，使得他们或他们身边的亲朋好友在房地产买卖方面有任何的需求，都会在第一时间将信息传递给你。同时你也需要经常找些话题，如果你手上有客户正是他们需要的，就尝试着向他们推荐，保持经常的沟通。让他们记住你。尤其是在一些特别的日子，送上些祝福的短信是很必要的。

技巧二：收买“线人”

小区内其实有很多可以给我们提供资源的群体，如物业管理，他们手上都会有业主的一些房源信息。再如一些中高档小区的门卫，任何人进出小区都要登记，那些带客户看房的中介公司也逃不过这一关，所以门卫是最清楚哪套物业要出售，哪个业主要出租房屋。这些门卫的“胃口”也不是很大，只要一些小恩小惠就很容易被“收买”。

技巧三："客带客"

只要我们维护好新客户，建立良好的口碑，你的新客户很快会成为你的老客户，你的老客户会给你带来新资源，这样"客带客"的良性循环，既节约成本又提高工作效率。维护好客户，最重要的是要用心。在操作上，基本要点就是：建立客户资料库，登记客户的姓名、电话、生日、性格、爱好，每年按时寄去生日贺卡，平时可使用电话问候，或亲自拜访。

5.3 管理房源

5.3.1 房源管理的概念

1. 房源管理的概念

房源管理是房地产经纪机构开展房地产经纪活动必不可少的基础工作。

房源管理是指对开发取得的房源信息进行加工整理、维护更新，确保房源成为有效开展房地产经纪业务活动的有效资源的管理活动过程。

没有房源管理，就无法有效地使用房源，就无法进行及时、准确、快捷的房源配对。通过房源开发，取得了大量的房源信息，而这些房源信息还是无序、凌乱、真假混杂的，只有通过房源管理，才能够将这些无序凌乱、真假混杂的房源信息处理成层次清晰、条理清晰、真实可靠的有效的房源信息。

由此可以看出，对房源的管理，实质上是对房源开发时得到的房源信息进行的进一步管理，是承接房源开发环节之后的一项房地产经纪业务活动。

2. 房源管理的要求

为了保证房源管理能够符合房地产经纪活动的需要，有必要明确房源管理的要求。

(1) 要在房地产机构设置统一的、多层次的房源管理部门，实行统一专职管理；

(2) 要构建机构内部的信息化网络技术平台，在各个分店配置终端，充分使用现有的信息网络技术，使全公司的房源得到资源共享；

(3) 要建立房源档案，全面、准确、真实、详细地记录房源信息，保证房源信息的有效性；

(4) 要建立一套科学有效的管理制度，及时上报房源，杜绝门店隐匿不报房源现象的发生；

(5) 要处理好房源开发以及开发出来的房源在公司内部共享使用时的利益分配问题，调动公司员工更加积极地扩大房源持有量；

(6) 要做好房源信息的外部和内部的维护工作，保证房源的可持续发展。

5.3.2 房源管理的内容

1. 房源信息的构成要素

由于房源是由业主和业主所拥有的房屋两部分所构成，因此，房源信息可以从两个方面分别考察：

（1）业主信息

业主的基本信息有：业主姓名、性别、年龄、身份证号码、联系电话、通信方式、出售或出租价格、信息来源、业主是否愿意独家代理、房地产证号、房地产购买合同证号、放盘要求（主要是指业主所定的出售或出租价格，以及交房日期、税费支付方式等）等。

其中，业主姓名、性别、年龄、身份证号码、联系电话、通信方式、出售或出租价格、房地产证号、房地产购买合同证号的信息是进行计算机操作必须反映的基本信息。

（2）房屋信息

房源的基本信息有：房屋所在行政区域、交通状况、生活配套设施状况、小区或楼盘名称、栋号、户型、楼层、面积、朝向、装修情况、价格、产权状况、他项权利状况、物业类别、物业管理状况等。

其中，房屋所在行政区域、小区或楼盘名称、栋号、户型、楼层、面积、朝向、装修情况、价格、产权状况、他项权利状况的信息是进行计算机操作必须反映的基本信息。

2．房源信息的加工整理

房源信息的加工整理，主要是指将收集到的房源信息按照一定的程序和方法进行登记、核检、筛选、分类、比较、计算、研究、判断、编写，使之成为真实准确的房源信息资料，以便存贮和使用。

房源信息加工整理既是具体工作，又是思维活动过程，不仅要投入原始形态的房源信息资料，而且还要采用科学方法和耗费大量智力劳动。经过加工整理后的信息属于二次房源信息资料。

（1）房源信息加工整理的作用

房源信息加工整理的作用主要表现在以下几个方面：

①通过加工整理，使其成为需要的房源信息

无论是通过现场调查，还是通过报刊资料所获得的房源信息，在进行加工整理之前，都是一种原始状态的房源信息。这种信息是零乱的、无序的、彼此孤立的，因此它无法直接使用。只有进行加工整理，使其成为系统的、有序的、彼此相联系的房源信息，才能供使用。这种信息才是我们所需的房源信息。

②通过加工整理，使其成为真实可靠的房源信息

房源信息的加工整理过程是一个去粗取精、去伪存真的过程。初始状态的房源信息的真实程度和准确程度都比较低，只有通过对它的分析、比较、计算和研究，从而鉴别并剔除不真实、不准确的房源信息，才能大大提高房源信息的真实性和可靠性。

③通过加工整理，使其成为更有价值的房源信息

通过房源信息加工整理，可以产生新的更有价值的再生信息，特别是对一些房源信息进行加工，往往会产生许多有价值的结论，这比获得初始状态的房源信息更为重要。

（2）房源信息加工整理应遵循的基本原则

①真实性原则

要求加工整理后的房源信息必须是真实的，必须是经过经纪人员通过现场勘验、查证属实的房源信息。

②及时性原则

要求必须以尽可能快的速度对房源信息进行加工整理，不能延误。

③准确性原则

要求加工整理后的房源信息必须真实、准确地反映房源的变化和特征。

④适用性原则

要求加工整理后的房源信息一定要符合有关部门和企业的客观需要，适应房源中介服务的要求。

（3）房源信息加工整理的基本程序

①在册登记

在册登记是指在房源开发后，对房源开发中取得的房源信息进行在册登记。

登记按照加工整理可以分为初次登记和再次登记。初次登记是指对收集到的房源信息进行的首次登记；而当房源信息被选取后，再进行的登记称为再次登记，再次登记可能是一次，也可能是多次。再次登记的房源信息应当是真实、准确而且可以直接使用的。

房源信息在册登记的方式，既可以用纸质书写，也可以在电脑中建立文档输入登记，还可以在房地产经纪管理软件上按照现有信息要素直接输入。

②检、验、核、实

检、验、核、实是对房源开发中取得的房源原始信息资料进行检查、验证、核查、证实，以确定其真实、准确、可用程度，包括检查信息来源是否可靠，收集方法是否正确，各项目之间的关系是否清楚，有关数据是否衔接等。在检、验、核、实过程中，要求有关人员必须做深入细致的工作，取得第一手资料。

③筛选

筛选是指对原始房源信息进行必要的取舍，淘汰部分价值不大、过期无效的信息。筛选的结果通常有三种情况：一是被淘汰；二是需要进一步加工整理；三是可以直接使用。通过筛选，留下的信息更有实用价值。

④分类

分类是指对原始房源信息资料按不同的需要进行分门别类、排列成序。

分类的关键在于建立分类体系。分类体系可以从不同的角度建立。一般的分类指标有：业主、出售、出租、房屋区域、楼盘名称、地址、小区环境、房屋价格、房屋产权性质、房屋用途、户型、面积、楼层、装修、朝向、建筑年代、配套设施等等。

从房屋信息来看，通常的分类方法是：按照房屋的空间位置，从大区域到小区域，逐层分类。比如，首先是确定某城市的几个行政区域，其次是某行政区域内的多个小区或楼盘，再次是某小区或楼盘中的某栋楼房，最后才是该楼房中的某套房屋。

分类举例：成都市——青羊区——光华小区——中华家园——A 区——××栋×

×单元××号。

⑤计算

计算是指对数据状态的房源信息资料采取一定的方法进行加工运算，并从中得出所需的新数据。这实际上是对房源信息进行定量分析。这里所说的对房源信息进行定量分析中的房源信息是指房源数量的信息。

房源数量信息主要包括：房源总量信息，即某房地产经纪机构在某个时段所拥有的可供使用的房源总数；房源结构信息，即按照不同类别划分的房源各自在总房源中拥有的数量及其比例。

例1：某经纪公司2012年10月份拥有可使用房源总数是2 000套，其中可供出售的有800套，占总房源的40%；可供出租的有1 200套，占总房源的60%。

例2：某经纪公司2012年12月份拥有可使用房源总数是2 200套，都是成都市青羊区的，分别分布在杜甫草堂、府南新区、浣花小区、光华、西南财大等小区。其中杜甫草堂450套、府南新区900套、浣花小区360套、光华140套、西南财大350套。

计算环节的工作是一个动态过程，随着房源的不断开发和交易，房源数量的总量和结构都是在不断变化的，房地产经纪机构的管理部门应当及时掌握这些变化情况。

⑥整理

整理是指用推理、判断分析和归纳的方法对房源信息进行定性研究，这一过程主要通过信息加工者的智力分析进行，即从房源信息资料中分析提炼出新的富有指导作用的房源信息，为房地产经纪机构开展业务活动提供分析、预测市场参考。

整理后的资料一般可以用《××××分析报告》的形式来体现。分析报告可以是就某一个问题进行的专题分析，也可以是对整个房地产中介市场进行的区域性分析；既可以是为房地产经纪机构高层研究机构长中期发展战略提供参考的分析报告，也可以是为指导门店开展日常业务活动提供参考的分析报告。

整理环节的工作同样是一个动态的工作过程，它需要根据不断变化的市场房源信息情况不断进行分析和研判，提出符合当前实际情况的观点、结论。

⑦制表

制表是将房源信息以表格的形式表示出来。表格形式能够更直观、突出地展现房源信息状况，能更清晰、明确地反映各类房源信息之间的关系，能更集中、准确地传递房源信息数量情况。

要达到用表格反映房源信息的目的，通常需要制作以下几类表格：

第一类：当地房源资源统计表。它包括地产面积、类型、单位价格、开发程度、人均水平、居住密度、交易状况、房源规模、建筑分类、使用期限、抵押保险、政策制度、竞争程度、发展远景、其他具体情况和调查日期等项目。

第二类：房源出租市场统计表。它包括出租地区、面积、不同租期的租金、出租房屋的类型和等级、屋内设备状况、环境条件、现存空房率、影响房源出租的最大因素、具体房东的记录、房源出租公司的资料和调查日期等项目。

第三类：房源出售市场统计表。它包括已售房的地区、数量、结构类型、成交期、成交额、成交条件、出售时的房龄和状况、出售面积中可供出租的面积、最高出租比率和收益、具体的消费者资料、调查日期等项目指标。

第四类：房地产经纪机构（或门店）拥有房源统计表。这类表格能够全面反映房地产经纪机构（或门店）拥有房源的总体情况。

第五类：房地产经纪机构（或门店）出租房源情况统计表。这类表格能够全面反映房地产经纪机构（或门店）出租房源情况。

第六类：房地产经纪机构（或门店）出售房源情况统计表。这类表格能够全面反映房地产经纪机构（或门店）出售房源情况。

前三类表格主要反映某区域宏观总体房源信息，后三类表格则反映房地产经纪机构或门店微观房源信息情况。每一类表格在实际使用时，一般都需要分解出多个具体表格，每种表格分别从不同角度，综合反映这类表格的全面情况。在具体进行房源表格设计时，可以根据各房地产经纪机构自身的需要，自行确定表格的具体项目指标内容。

表格举例：第六类：房地产经纪机构（或门店）出售房源情况统计表（表 5-1）

表 5-1　　二手房销售与佣金周报表

×××房地产经纪公司××××店

序号	委托合同书编号	拟签合同日期	业主姓名	签订单位（套）	面积（m^2）	签订总价（元）	佣金比例（%）	佣金金额（元）	成交销售员	合作者
1										
2										
3										
4										
5										
6										
7										
8										
9										
本月累计销售套数________				总计						

⑧编写

编写是指对需要加工整理的房源信息用文字或表格的形式，系统地、规范地记载下来。这是房源信息加工整理的结果形式，也是房源信息加工整理的一项重要工作。编写环节不是一个独立的环节，而是渗透于房源信息加工整理的整个工作之中。

编写的要求主要有以下几点：第一，内容要全面、系统；第二，表述要规范、准确；第三，信息要真实、具体。

通过编写，要达到客观、真实地再现房源的全部面貌，准确传递房源信息的目的。

3．房源信息的维护

（1）房源信息维护的概念

房源信息维护是指对房地产经纪机构及门店的房源信息进行不断的检查、清理、更换和补充的管理活动。

俗话说，打江山容易守江山难。套用这句话，对于房地产经纪而言，可以说是房源开发容易，房源维护难。要使房源持续、稳定地处于有效状态，就需要投入大量的人力物力，对房源信息进行不间断的维护。

下面引用一段一个门店经理的自白，以此更直观地认识房源信息维护的概念：

房源是一个中介公司的命脉，房源数量、房源质量直接决定了业绩的好坏。对房源实施集中管理，并加以分级，予以分类，分别对待，充分了解客户出售的动机和原因。房源一定要维护。何为维护？就是在房东将房源委托后，要与房东保持密切的联系，让房东享受到优质的服务。前期在维护中应向房东阐述我们为他的物业制订的销售计划，为他分析市场行情及市场定位，告诉他我们在为他做什么，包括如何在宣传并推广他的物业，还应带上情感交流。前期我们的目的就是要与卖方建立信任关系，先做人后做事。一个优质的房源最关键的就是它的价格，所以对于一些B类、C类的房源在后期还可以按照“蜜月期—挫折期—打击期—成交期”的过程来回报议价。那么A类房源要的就是速度，我个人对于优质房源的销售方案很简单，就是以最快的速度将房源销售出去。不管是什么房源，不管是房东最近卖的还是我们帮他成交的，后期对房东的服务也是至关重要的，要学会做回头客生意。对于店内员工的房源定期做质量服务的回访，充分掌握他们手上的房源情况，并协助他们跟踪维护。总之，优质房源都是维护出来的。

（2）房源信息维护的内容

由于房源信息包括拥有房屋的业主或委托人以及业主或委托人拥有的房屋，因此，房源信息的维护在内容上应当包括业主和房屋两个方面。

①业主房源信息维护的内容

业主房源信息维护的内容主要有以下几项：

第一，继续扩大新业主，让房源的源泉源源不断，永不枯竭；

第二，积极跟进老客户，随时了解和掌握老客户们的最新动态，及时采取适时的应对策略；

第三，努力与业主们保持友好关系，让业主们始终保持对我们经纪人的信任，一旦业主们有需求，能够在第一时间想到我们经纪人。

②房屋房源信息维护的内容

房屋房源信息维护的内容主要有以下几项：

第一，及时补充新增加的房源数据和资料信息，力求使新取得的房源信息在尽可能短的时间内能够让业务人员使用，能够让客户们看到；

第二，定期检查房源数据和资料信息，使房源数据和资料信息始终能够符合房源实际状况；

第三，及时删除过期、作废的房源数据和资料信息，以保证房源信息数据和资料始终保持有效状态。

（3）房源信息维护的操作工作实务

在实际业务工作中，房源信息维护的操作主要有两大类型：一是利用电脑办公形式，运用电子计算机对房源信息进行维护；二是由房地产经纪人员直接与业主接触，与业主打交道，建立、维系和发展与业主的关系，以此维护房源。

①运用电子计算机及网络技术，对房源信息进行维护

运用电子计算机，对房源信息进行维护主要有两种形式：一是对房地产经纪机构内部房源信息资料库的房源信息进行维护；二是对房地产经纪机构使用的网络上的房源信息进行维护。

第一，房地产经纪机构内部房源信息资料库房源信息的维护

以门店为例，其业务工作主要有：

A. 将当天新房源存入新房源文件夹中，写上编号。房源按“年份 + 门店的代表字母 + 顺序”编号。如“12E0001”中“12”代表 2012 年，“E”代表第五家店，“0001”代表店内的第一套房源。

B. 对当天新房源资料根据当店实际情况进行分类存管，做好标识目录便于查询。

C. 将资料于当天下午 5：00 ~ 6：00 发送给总部，资料不够详细明确的，提醒经纪业务人员落实清楚，第二天再发送给总部。

D. 对当周的新房源要做备份一份并制作一张目录表上交总部存档。

E. 定期整理已存房源资料，一般应当一个星期整理一次。根据经纪业务人员反馈的信息（已售、暂不售、价格异常等）及时更新房源信息，确保房源信息准确有效。

F. 每天打印从总部发送到各店邮箱里的各店当天新房源汇总资料，装订成册，供客户查阅。

G. 已售房源资料做好标识，存档保管一年后作废销毁。

第二，房地产经纪机构使用的网络平台上的房源信息维护

随着网络经济的到来，互联网应用日益频繁，越来越多的人喜欢上互联网这一方便快捷、适应现代社会快节奏的交际工具。互联网的信息量相当丰富，更新快，房地产经纪人不可能离开网络。房地产经纪机构目前已经普遍利用互联网进行各种有用信息的传递和互动交流。有些房地产经纪机构还制作了企业网站，向人们展示其优势和企业的方方面面，树立企业形象，从而获取更多客户或潜在客户的青睐。对房地产经纪机构使用的网络平台上的房源信息进行维护，已经成为房源维护的一项必不可少的工作。

其业务工作主要包括：

A. 及时发布房源新信息。对本机构各个门店取得的经过整理加工后的新房源信息应当在网络上及时发布。从统计数据的结论可以看出，网民登录房产网站的浏览高峰时段是每天上午 9：00 ~ 11：00，下午 2：00 ~ 4：00，晚上 7：00 ~ 8：00，因此，要把握好时机及时做好发布工作。

B. 高频率刷新网页。房源信息在本网上展示的几率取决于每天房源录入量和每天

房源更新量。需特别提示的是录入房源量越多，被网民浏览、搜索到的机会越大。房源发布可每天无限量更新，刷新后房源就会在首页体现，便于网民浏览点击，因此，每天都要勤刷新房源，努力做好房源信息维护管理工作。

C. 做好网络监测工作。监测网络的目的是及时发现发布者，而不在于是否成交，因为成交与否是由太多主观、客观因素及销售技巧决定的。当有网民来访或来电时要留下网民的联系方式，以便进一步了解其售房或租房的需求，长期做好跟踪服务。同时，还要做好网络来电来客量的统计，以便于检测房地产经纪机构网络平台的使用效果。

D. 做好网络来访者咨询服务工作。网络来访咨询服务是房地产经纪人员与房源业主进行互动沟通与交流的一种非常便捷的方式，目前常用的形式有电子邮箱和QQ交流，而QQ交流更为直接。网络来访咨询服务是一种窗口式服务，利用好这种服务方式，有助于搞好房源信息的维护。

E. 做好网络房源数据资料信息的整理、删除和更新工作，以确保网络上的房源信息始终处于有效状态，让网络来访者能够明显感到这个房地产经纪机构对网络信息的维护是尽心尽力的，是负责任的。

②房地产经纪人员直接与业主接触，以此维护房源

房地产经纪人员通过与业主接触维护房源的工作目的就是针对已掌握的房源业主，通过接触，巩固关系、发展关系，及时了解他们的售房或出租房屋状态，为他们提供能够满足他们需要的服务。其主要有以下几项工作：

第一，建立档案，分类管理

面对已经掌握的众多房源业主，进行客户维护时，对每一个业主都不分轻重、随时关注，是不可能也不允许的。科学的管理方式只能是建立客户档案，实施分类管理。通过建立房源业主档案，掌握业主的基本资讯，了解业主的基本需求，从中觉察并判断客户成交意愿的强烈程度状况，并据此把客户划分为A、B、C三大类型。A类客户定义为成交意愿非常强烈的类型；B类客户定义为成交意愿比较强烈的类型；C类客户定义为成交意愿不强烈的类型。在客户维护管理工作中，可以依据不同的客户类型，确立相应的工作重点和应对策略。按照管理学理论的常规做法，对A类客户实行重点管理，对B类客户实行次重点管理，对C类客户实行一般管理。这样才有利于合理使用房地产经纪机构的有限资源，提高服务质量，提高工作效率。在这三类客户中，要特别注重搞好A类和B类客户的档案管理。

第二，依据级别，区别跟进

“跟进”是从英文“follow up”翻译过来的，意思是跟踪进度，与之同步。在维护业主工作中，跟进是一项重要的工作内容，也是一项非常讲究技巧的工作。房源业主是需要跟进的，要跟踪了解这些业主的售房动态，为业主提供必要的服务直到完成交易。

在进行房源维护的跟进工作时，要依据级别，区别跟进。依据级别就是按照上述划分出的A、B、C三大类型客户，把A类客户确定为高级别客户，把B类客户确定为中级别客户，而把C类客户确定为初级别客户；区别跟进就是针对不同级别的客户，

在跟进的时间频率快慢、接触方式远近、交谈话题深浅、精力资源投入大小等方面，应当有所区别，总的原则仍然是按照管理学理论的常规做法操作。

第三，保持联络，维系关系

在维护房源业主信息过程中，无论是哪一类房源业主，都应当与其保持联系，通过各种沟通方式，巩固关系、发展关系。

现代社会已经为我们提供了许多方便快捷的沟通交流工具，关键的问题是我们能不能用心和我们的业主沟通交流。在节假日发发短信，问候一声。下班以后有时间和客户打个电话联系，要让客户知道你在关注他、关心他，也是让他们不要忘记你。只有你记得业主，他们才能在你需要他们的时候想到你。

5.4 使用房源

使用房源是管理房源的继续，只有了解了如何使用房源，才能让有限的房源资源发挥更大的价值。

5.4.1 使用房源的概念

1. 使用房源的概念

使用房源的概念就一般意义而言，指的是房地产经纪机构或经纪人员把自己掌握或拥有的房源与拥有的客源进行配对，让购房者购买到他满意的房屋，售房者能够卖出一个好价钱。房源与客源配对的这种活动过程就是使用房源。

房源与客源的配对，从结果状态上看，有成功的，有不成功的；有一次配对成功的，也有多次配对才成功的；有在较短时间迅速顺利配对成功的，也有用较长时间，一波三折、反反复复、好事多磨方才配对成功的；还有多次配对未成功的。房源与客源的配对活动，是需要投入人力、财力、时间和精力的。同一套房源，配对成功的过程越长、次数越多，投入就越多，在取得同样的佣金数额条件下，意味着这套房源产生的经济效益就越差，反之则经济效益越高。

由此可以看出，我们在认识、思考“使用房源”问题时，一定要有经济效益观念。因此，使用房源的概念，在这里特指通过一系列的组织与设计等管理活动，把房地产经纪机构拥有的房源资源，最大限度地利用起来，让房源资源发挥最大作用，即有效使用房源。

2. 使用房源概念的认识

按照上面所述，使用房源的概念可以从以下几个方面去认识：

(1) 房源是房地产经纪机构开展经纪活动的一种资源。房地产经纪机构开展经纪活动同进行其他活动一样，必须凭借相应的资源，如人力、物力和财力等资源，离开了所需具备的资源条件，是无法开展相应活动的，即所谓“巧妇难为无米之炊”。

(2) 房地产经纪机构拥有的房源资源是有限的。房源资源无论是对于整个房地产经纪行业而言，还是对于每一个房地产经纪机构来说，都是有限的，因为房地产市场的房源就是有限的。尽管某一个房地产经纪机构可能比其他房地产经纪机构拥有房源资源的数量多一些，但也只是在房地产房源市场中的总量的一种分配，仍然是有限的。

（3）只有有效使用房源，才能产生效益。房源资源是房地产经纪机构创造业绩、产生经济效益的重要源泉，而只有有效使用、充分利用房源资源，让每一个房源物尽其用，才能产生高的效益。

5.4.2 有效使用房源的操作实务

如何才能使房源的使用产生出高效益，让有限的房源资源发挥更大作用？在房地产经纪活动的具体操作上，可以从以下几个方面入手：

1. 培养房源业主的忠诚度，控制房源资源的稳定率

我国房地产经纪中的居间和代理，一般都没有实行独家委托，即房源业主在提供房源出售或出租时，往往都会同时选择多家房地产经纪机构，只要有成交的机会，房源业主就会与这家房地产经纪机构签约，而“抛弃”其他的房地产经纪机构。因此，原先得到房源的经纪机构所拥有的房源，在配对成功、完成交易之前，还只是“虚拟”的房源资源。而要把开发的房源资源稳固地掌握在自己的手中，就需要用热情周到的服务、良好的人际关系、广博的专业知识、娴熟的业务技巧，培养房源业主的忠诚度，让房源业主认同、信任他的委托人，始终相信这家房地产经纪机构能够为他带来最大的利益回报，愿意“一定终生、从一而终”，达到控制房源资源稳定率的目的。只有控制了房源资源的稳定率，才能够使房地产经纪机构开发房源、管理房源的前期工作取得应有的回报。

2. 精心挑选，提高房源资源配对的成功率

精心挑选要求经纪业务人员深入了解配对双方，非常熟悉和掌握双方的各种需求，精心选择差距最小的配对双方。

房源与客源配对的成功与否，取决于双方相距的大小。差距越小，配对成功的概率越大。这就要求房地产经纪人员在使用房源时，为这套房源精心挑选最适合它的对象，争取在最短时间，以最少的次数配对成功，以此提高房源资源使用的成功率。

3. 建立房源资源内部共享平台，提高房源资源的利用率

一个房地产经纪机构内部的各门店以及每个经纪业务人员，凡是开发了房源，都应当把房源全部上交到机构总部，由机构总部统一管理，统一使用，对内开放、内部共享。通过这种使用模式，让每一套房源都能够同时有更多的经纪人员参与配对活动，使之能够最大限度地使用房地产机构内部的房源资源。有了房源资源内部共享平台，对同一套房源来说，在同一时间就会有多个业务人员在配对使用，这样，该套房源配对成功的概率便会大大提高，其房源资源的使用效益也会提高。

4. 建立激励机制，确保房源资源的提供率

建立房源资源内部共享平台，只是为经纪人员创造了使用房源资源的条件，而经纪人员是否愿意把自己开发的房源资源提供出来让其他经纪人员共享，仅仅靠建立房源资源内部共享平台是不够的。对于房地产经纪人员来说，有了房源就有了一切，没有房源就丧失了一切，他们是不愿意轻易把自己开发出来的房源拱手相送的。因此，

要想让本经纪机构的房源资源在机构内部共享，提高房源资源的利用率，就必须建立与之配套的激励机制，让提供房源的经纪人员能够在其他经纪人员配对使用自己提供的房源时，采取佣金分成的分配方式，根据所提供的房源资源的多少，得到相应的收益，使他们愿意把自己开发的房源资源提供出来让其他经纪人员共享。

主要概念（明确基本认识， 准确把握概念）

1. 房源

房源从完整意义上说，是指业主或委托人及委托出售或出租的房屋。

2. 房源的物理属性

房源的物理属性是指房屋自身的物理状态。房源的物理属性体现的是房源的使用价值，所以也在一定程度上决定了房源的市场价格。

3. 房源的法律属性

房源的法律属性是指房屋在法律规范方面所特有的属性，如房屋的合法用途、权属类别及其房屋他项权利设定状况等。

4. 笋盘

笋盘来自广东方言，“笋”是超值的意思，笋盘就是指符合或低于市场价、极易成交的房源。

5. 商品房

商品房是指在市场经济条件下，通过出让方式取得土地使用权后开发建设的房屋，按市场价出售。

6. 房源描述

房源描述是对房源的物理属性的全方位的表述和展示，通过房源的描述，可以让客户更全面地了解房源，更清晰地认识房源。

7. 房源管理

房源管理是指对开发取得的房源信息进行加工整理、维护更新，确保房源成为有效开展房地产经纪业务活动的有效资源的管理活动过程。

8. 房源信息的加工整理

房源信息的加工整理，是指将搜集到的房源信息按照一定的程序和方法进行登记、核检、筛选、分类、比较、计算、研究、判断、编写，使之成为真实准确的房源信息资料，以便存贮和使用。

9. 房源信息维护

房源信息维护是指对房地产经纪机构及门店的房源信息进行不断的检查、清理、更换和补充的管理活动。

10. 使用房源

使用房源指的是房地产经纪机构或经纪人员把自己掌握或拥有的房源与拥有的客源进行配对，让购房者购买到他满意的房屋，售房者能够卖出一个好价钱。

基本训练（描述业务情境，提出实训要求）

基本训练1：

陈先生欲出售面积135平方米全产权房屋一套，该房屋位于成都市青羊区光华小区。请根据基本知识，对陈先生出售房屋做房源描述，用以向客户做推荐宣传。

基本训练2：

根据对陈先生出售房屋所做的房源描述，拟订三种形式的广告，向客户做推荐宣传。

案例分析（运用基本知识，分析案例问题）

案例：温州炒房者的最新行动：看心理医生

2010年4月国务院出台了一系列遏制商品房价格过快上涨的政策，对房地产市场产生了极大的影响。在浙江温州，很多炒房者的最新行动，不是去看房，不是去卖房，而是去看心理医生。

因为炒房遭遇“滑铁卢”，不少投资客情绪低落，以致不得不去医院治疗。

陈晨（化名）是温州一个小的投资客，投资了上海九亭的楼盘。这一地区楼盘扎堆，投资客多，在新政调控下，部分楼盘价格降幅已达10%。陈晨是靠贷款炒房，“3月才接盘，几乎是最后一棒。”他说，“现在抛盘也无人接，我最担心上海房产保有税政策出台，如果税率高的话，将是一个致命打击。”

温州当地的一名置业公司经理杨珍告诉中国证券报记者，温州投资客热衷上海、杭州等长三角的城市，部分人在新政前交了十几万甚至几十万元的定金，但行情急转直下只好弃楼，定金全部打了水漂。“现在各类看房团已经停了，5月底温州要搞一个房展，招商情况非常不好。”杨珍说，大家都在观望。

与小散户相比，大户们似乎更抗冻。

娄墨（化名）是温州当地知名的炒房客，十余年的投资生涯里多次担任温州炒房团团长。他说：“买楼我们是庄家，能拿整栋就买整栋，不能买整栋起码买一个楼层，开发商打七折是正常价。”

但目前的行情让他琢磨不透，和中国证券报记者谈完自己过去“辉煌的战绩”，想起近期难出手的存货他突然情绪低落，用手抹了一把脸，靠在沙发上望着天花板，“卖还是不卖？”

想卖的理由很简单——尽管市场僵持，但房价必然下跌，昙花一现的疯狂交易行情过后，温州人的出货量跌入冰点。“也不知道还会有什么可怕的政策出来，如果保有税征收，我敢肯定房价起码跌三成。”娄墨说，更可怕的是，急风暴雨般的政策已经把成交量打至冰点，无路可逃。

不想卖的也有理由：“难道国家会把房地产砸死？铁定不可能！”更何况，温州炒房靠的都是银行资金。娄墨说：“亏损我亏三成，银行亏七成，大不了我不还贷款了。”

而今年以来疯涨的市场也让他有了犹豫的时间和资本。娄墨表示，与个人投资者不同，温州不少资金量大的炒房客做的都是长线交易，“就像炒股里的价值投资”。他2007年在北京东三环买入的一批房产价格已经不止翻番，即使价格像市场预期一样调整三成，离他的成本线依然很远，“大不了我零利润出货”。

更重要的是，他在赌政府对房价下跌的忍耐程度。“跌20%、跌30%，看看2008年的深圳，政府真的希望看到那样的场面吗？银行怎么办？”他注意到，很多严厉的房地产政策都打上了“暂行”的标签，以自己的经验判断，这些政策也许最多只能执行两年，“做价值投资我不怕等”。

“我很看好未来的房价，”娄墨顿了顿又加上一句，“绝对看好。在这个节骨眼上，如果降价抛掉了楼盘，等房价降到合理价位，我根本买不回来。”

娄墨现在最看好的仍是二三线城市，“京沪深地区就像大盘股一样过于笨重，二三线城市这种小盘股，仅仅我们的资金就很容易把一个地区的房价炒起来。如果现在把这些地区的房子卖了回头再买，很有可能都砸自己手里。”

娄墨打算观望三个月。他承认，究其原因，一是舍不得利润，二是也抛不掉，“我在和政策、和买房人比耐心”。

案例思考问题：

1. 该案例反映了什么基本理论？

2. 炒房的小散户和大户们在面临成交量急剧下降的形势时在心态上有哪些不同？原因是什么？

3. 娄墨“做价值投资我不怕等”的想法正确吗？

练习题

一、判断题（运用基本知识，判断对与错）

1. 房源是房地产经纪公司生存的命根子。

2. 房源是指业主或委托人委托出售或出租的房屋。

3. 划分房源种类的目的在于房地产经纪人可以对房源进行科学的分类和管理。

4. 新盘属房地产开发项目，通常有项目名称，如“××花园”等。同一项目的房源，往往存在基本统一的信息，如地址、物业管理费、交通条件、新旧程度等。

5. 普通住宅是指按所在地一般民用住宅建筑标准建造的居住房屋。普通住宅的容积率一般在1.0以下，房屋类型主要有多层和高层两种。

6. 集资房是指地方各级政府，专门修建用于解决本地城镇居民特别困难户、困难户和拥挤户住房问题的住房。

7. 房源在我国具有显而易见的“公共性”，对于房地产经纪公司来说，房源并不是其拥有的商品，而只是其可使用的信息。

8. 每个房源都是唯一的，并具有明显的个体差异性，房源不具有可替代性这一特征。

9. 房地产经纪公司对房源的开发必须遵循“持续性”的原则，持之以恒地进行。

10. 对于大业主，房地产经纪公司一般采用“守株待兔”的方式去获得其房源资料。

二、简答题（简要回答基本问题）

1. 房源中业主和业主所拥有的房屋两部分信息分别包括哪些内容？
2. 房源特性的基本要点有哪些？
3. 开发房源的技巧有哪些？
4. 房源信息加工整理基本程序的内容有哪些？
5. 如何有效地使用房源？

三、业务分析题（运用业务知识，分析说明问题）

经纪人员上岗培训时在讲如何管理房源时都要求：①建立房源档案，详细记录房源信息；②与房东建立友好关系，有准备、有计划地向房东通报每次的客户反馈，与房东交流看法；③有计划、有组织地定期回访以前的房源，了解房源动向，如房产有没有出售出去，房东的价格有没有变动；④将最新的市场行情、法律、法规及时地通知房东以建立友谊、取得信任。

问题1：管理房源时为什么要提这些要求？

问题2：简要说明各种要求应当如何操作。

四、技能操作题（运用专业知识，训练操作技能）

运用专业知识，编制房地产经纪机构拥有房源统计表（假设机构下设3家门店）。

第6章　客户服务

学习目标

1. 知识目标

了解经纪人客户服务，了解如何认知客户、寻找客户、约见客户、接待客户、促进客户、追踪客户。

2. 技能目标

能运用本章相关知识，在经纪活动中有效地认知客户、寻找客户、约见客户、接待客户、促进客户、追踪客户。

学习内容

(1) 认知客户

(2) 寻找客户

(3) 约见客户

(4) 接待客户

(5) 促进客户

(6) 追踪客户

引导案例

与客户打交道不容易

小王大学毕业后，去了一家房地产经纪公司。公司很大，拥有很多门店，公司发展前景也很好。小王满腔热情投入到经纪工作中，想着利用自己在大学学得的专业知识，好好做出业绩。三个月下来，小王却陷入深深的沮丧。好的业绩并没有如愿做出来，单只做了三笔，而别的同事都比她好很多。更糟的是，小王觉得自己工作上的信心在失去。她不知道怎么去面对形形色色的客户，她觉得自己在这方面“太嫩”，明明自己很优秀，却常常觉得比不如自己的人还差，明明有自信，却在面对客户时常常失常。而她怎么也留不住客户，客户的一些表现也令她手足无措。有一天，来了一位身材高大的客户，一看派头就是大老板。他一走进门店，就冲小王喊：“有什么房子?”小王被他的架势吓到了，胆怯地说：“有很多的，你想要什么样的?”客户侧头看她一眼说：“你新来的?”小王感到奇怪，“他怎么知道我新来的?”她更胆怯了，回答道：“嗯。”客户一摆手说：“换个懂行的来。”小王一听，跑到洗手间，气得眼泪都流了出来。

小王很为难，不知该不该干下去。要走？又去哪里呢？去哪里又不和客户打交道呢？现在工作不好找，只能继续干了，可又怎么干下去呢？小王听同事讲，她的门店经理是从一般业务员干上去的，已经干了十来年，很有经验，于是抱着一种忐忑不安的心情找到了经理。

经理热情接待了小王，与小王做了一番推心置腹的交谈。经理认为，小王业绩不好、不善于与客户打交道，从表面上看是来门店的时间还短，也缺乏经纪工作的经验累积，但从本质上，还是缺乏去面对纷繁复杂的经纪活动的自信，缺乏对客户服务的深刻认识，把经纪工作简单化了，对困难估计不足。经纪工作的核心就是如何与客户打交道，而与客户打交道并不容易。只有从思想上真正确立客户至上的观念，并在工作中不断积累客户服务经验，提升与客户打交道的水平，时时总结并检讨自己，才能真正做好经纪工作。

与经理的一番长谈令小王感受颇深。看来，做经纪人，心理首先应有人、有客户，在这上面花大力气、下大功夫。小王决定好好去思考这个问题。工作当然要干下去，而且她要干好。

引导案例引发的思考：

1. 为什么经纪工作的成败取决于经纪人对客户的了解与把握？
2. 从小王事例中，你认为与客户打交道，经纪人最该注意什么？
3. 请联系经纪工作特点，思考经纪人应从哪些方面做才能真正令客户满意？

房地产经纪的重点主要体现在“两手抓”，即一手抓房源，一手抓客源。“抓房源”上一章已有介绍，而“抓客源”关键在如何做好客户服务。从广义角度看，任何能提高客户满意度的内容都可看成是客户服务。因此，房产经纪的整个过程就是一个客户服务过程。本章依据本书各章节内容安排，重点就认知客户、寻找客户、接待客户、促进客户、追踪客户加以论述，以此加深经纪人对客户服务的认识，以利于提高其客户服务的效率与水平。

6.1　认知客户

在房产经纪中，客户是经纪人的衣食父母，是经纪人得以生存和发展的根基。加强对客户的认知是客户服务的起点。

6.1.1　认知客户的根本：客户至上观念

1. 关于客户的概念

客户的概念由来已久，过去主要是指以租佃为生的人家或外迁来的住房户，后来，工商企业或经纪人把来往主顾、客商统称为客户。

客户概念发展至今，已经有了新的内涵。从客户概念本身看，客户有狭义和广义之分，也有个人和组织之分。狭义的客户是指产品和服务的最终使用者或接受者。广义的客户要结合过程模型理解，任何一个过程输出的接受者都是客户。从个人和组织角度看，客户可以是一个人，一个目标群体，一个组织。个人客户是指消费者，即购买最终产品与服务的零售客户，通常是个人或家庭，他们构成消费者市场；企业客户是指将购买企业的产品或服务并附加在自己的产品上一同出售给另外的客户，或附加到他们企业内部业务上以增加盈利或服务内容的客户。企业客户构成企业市场。

关于客户范畴，罗纳德·S. 史威福特认为包括以下几个方面：

（1）消费者：购买最终产品与服务的零售客户，通常是个人或家庭。

（2）B2B 客户：将购买的产品或服务附加在自己的产品上一同出售给另外的客户，或附加到他们企业内部业务上以增加盈利或服务内容的客户。

（3）渠道、分销商和特许经营者：不直接为企业工作并且通常不需要为其支付报酬的个人或组织。他们购买产品的目的是作为企业在当地的代表进行出售或利用企业的产品。

（4）内部客户：企业内部员工或业务部门，他们需要企业的产品或服务以实现他们的商业目标。而 Website 和 Wind 对客户的定义为：所有本着共同的决策目标参与决策制定并共同承担决策风险的个人和团体，包括使用者、影响者、决策者、批准者、购买者和把关者。

从现代客户观念综合分析，客户是相对于产品和服务而言的，所有购买产品和服务的个体或群体都可称为客户。而从房地产经纪的角度，客户既包括房源的提供者，如卖主、房主，也包括各种对房源有兴趣、有需求，潜在或现实的购房者。本章主要从购房者的角度来解析客户。

2. 客户至上观念

经纪人理解和认知客户的根本是首先在其头脑里确立客户至上观念。任何产品，从一诞生起就和客户紧密联系在一起。没有客户，就没有市场，当然也就无所谓经纪人了。对经纪人而言，客户就是一笔重要的财富。只有客户购买了产品，才能实现产品价值，才能实现企业业绩，并最终体现经纪人的价值。

客户至上观念最初是以企业价值导向的方式出现的。当市场处于卖方市场时，企业竞争优势的构成要素是生产力和产品质量，企业奉行的是“以自我为中心”的企业价值观。但当市场转向买方市场，在激烈的市场竞争和市场多样化选择的背景下，客户地位才凸显出来并受到普遍重视，最终形成了现代企业客户至上的企业价值观。

客户至上的观念既是企业生产经营的铁律，它更是房地产经纪人为客户服务的铁律。客户至上要求经纪人对客户需求时时保持敏锐的观察力、判断力和反应力；要求经纪人在面对客户时要尊重、关爱、体贴客户；要求经纪人在为客户服务时要向客户提供超越其心理预期的，超越常规的全方位服务。只有以客为尊，客户至上，经纪人才能获得客户的青睐，否则，你无论产品如何优良都是枉然。

3. 人性化服务是客户服务的最高要求

客户至上，要求经纪人把人性化服务作为其客户服务的最高要求，这就体现为：

（1）人性化服务是始终考虑如何让客户称心合意

好的服务是按客户想法和意愿来设计的，是从客户的心理角度来考虑的，是一种“想客户所想，急客户所需”的精心安排，它应该是让客户称心合意的。这就要求服务体现出对客户轻松、自然、方便、简单，体现人性。

人性化服务强调从客户角度考虑和设计服务。过去我们一直强调全心全意服务，但我们全心全意，客户未必满意，因为我们的全心全意不过是一厢情愿。客户希望的服务是以按他所想、给他预期的方式实现的，人性化就应体现客户的这种意愿。

（2）人性化服务是一种事先的精心安排

人性化服务体现出一种对客户的关怀，它是主动的。它有别于救火式服务，那只是事后对前期工作不足的弥补；它也不同于现在的“以备客户所需”的服务，它是“已备客户所需”的服务。

6.1.2 认知客户的切入点

经纪人只有较深入地认知客户，才能在客户服务中真正做到客户至上。认知客户的切入点可以从以下方面着手：

1. 从人性的角度去理解客户

从古至今，人们都在探讨人性：人是由本能驱动的动物还是社会性的人？人对自己的行为是随心所欲还是由某种已知、未知的原因或力量所激起？人的行为是简单的机械式的还是复杂的具有动力性的？人是有理性的个体还是受非理性力量所支配的？人们对诸如此类涉及人性的问题的争论从未停止过，对此我们不予讨论。作为经纪人，重要的是透过人性的基本面去增强对客户的理解。

人性的基本面体现在：

（1）人性复杂

人性的复杂最本质的体现就是在人身上所具有的自然性和社会性。自然性是人生而带来的，属于人的本能的部分；而社会性是人在后天的成长中，在特定社会环境中慢慢形成的。人性之所以复杂，在于人性本身就是自然性与社会性的混合体，二者时时的冲撞造成人性的矛盾。

（2）人性多彩

人最基本的人性往往从人的需要、利益、个性等方面以多彩的形式呈现。首先，人的需要十分丰富，并且时时变化发展。面对人的需要，我们的态度是了解、尊重并洞察其变化发展。那种把人的需要简单分成低级需要和高级需要的说法其实本身就是对人的不尊重。其次，利益本身就是在一定生产基础上获得了社会内容和特性的需要。人对利益的追求源于人的本性，但对利益的理解却源于人的价值抉择，这样，一个人有什么样的价值构架，就决定了他的利益抉择。最后，人不同的个性使人性呈现不同的色彩，并通过一个人的气质、性格、能力体现出来。

由此可见，经纪人从人性角度去理解客户，就能把握作为人在人性上的一些基本需要，就能从一个更新、更宽广的角度去看客户。

2. 从客户的角度去分析客户

认知客户的另一个切入点是从客户的角度去分析客户。

（1）从客户需要去分析

需要是人的一种主观心理状态，是人为延续生命和发展自身，并以一定方式适应生存环境而产生的对客观事物的要求和欲望。客户需要，表现为客户对获取物质生活和精神生活的要求和欲望。

分析客户需要主要从以下三个角度：

①消费需要

消费需要通常是指产生于客户的某种心理或心理体验的缺乏状态。比如：人们感到饥饿、寒冷、寂寞时对食品、服装、娱乐的需要；也可产生于外部刺激引发，如广告宣传、销售奖励、他人示范等。客户需要是消费的先导，它是客户购买行为的内在原因和根本动力。

针对消费需要，一般应注意这样一些问题：A. 需要的客户构成，包括总体数量、年龄、职业、性别、消费习惯、收入水平等；B. 需要的消费品种类与总量，即客户实际需要何种商品，其性能、质量、价格、款式如何；C. 需要的市场区域，即需要表达为整体市场的，抑或细分市场的，以及市场的定向分布如何；D. 需要的时机与时限，即需要发生的时间、场合以及持续的期限是突发的、短暂的，还是常规的、长年性的或季节性的；E. 需要的实现方式，即客户通过何种方式满足需要，如选购、订购或租用、分期付款、预付订金、现款交易等；F. 需要的市场环境，既包括企业自然、经济、法律、社会文化等宏观环境，也包括企业战略、营销组合等对客户需要的诱导、激发与制约。

②客户需要的特征

客户需要丰富多彩、纷繁复杂，当然也具有某些共性和规律性。这些共性或规律性表现在：A. 多样性。这既表现为不同客户需要的千差万异，也表现为同一客户需要的多元特征。B. 发展性。客户需要不是一成不变，随着社会经济发展和生活水平提高，其需要的内容、构成和总量都在变化发展。C. 伸缩性。客户的需要特别是有支付能力的现实需要，受市场商品供求、价值水平和个人收入等因素变化的制约，形成明显伸缩性或弹性。D. 诱导性。客户需要可以加以诱导、引导和调节，即可以通过环境的改变或外部诱因的刺激、引导，诱发客户需要发生变化和转变。

③客户需要的结构

客户需要的结构可以从不同角度把握：

A. 按照层次不同，可以把客户需要结构划分为生理需要、安全需要、社交需要、尊重需要和自我实现需要。

B. 按照客户目的不同，可以把客户需要结构划分成生存需要、享受需要、发展需要。

C. 按照商品性能不同，可以把客户需要结构划分成对商品使用价值的需要、对商品审美功能的需要、对商品体现时代特征的需要、对商品社会象征需要、对提供良好服务的需要。

（2）从客户购买行为去分析

①客户购买行为模式（如图6-1）

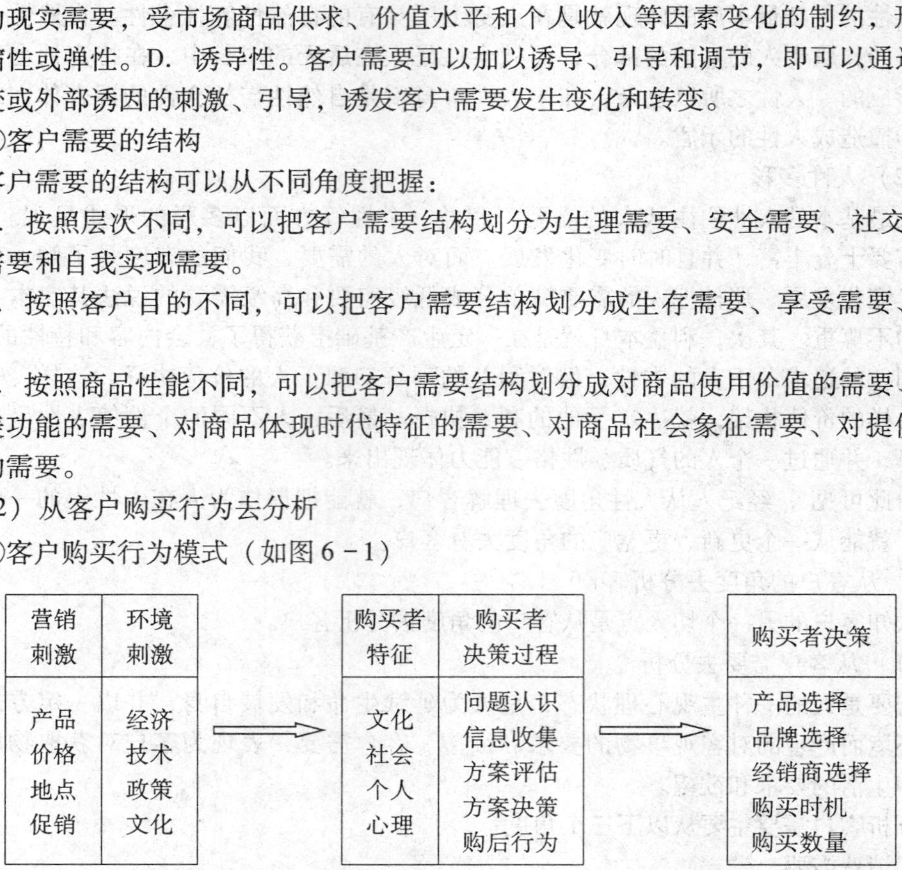

图6-1 购买行为模式

②影响客户购买行为因素

客户的购买行为是指客户在购买商品过程中发生的各种外观活动、反应与行动，既包括商品购买中的选择、决策和实际购买行动，也包括购买前的搜寻、整理信息，购买后的使用、保养、维修等行为活动。在现实中，客户的购买行为受到很多因素的影响，主要包括：

A. 社会因素，如参照群体、家庭和社会角色与地位等。

B. 文化因素，如文化、亚文化因素，社会阶层等。

C. 个人因素，如年龄与人生阶段、职业、经济状况、生活方式、个性及自我观念等。

D. 心理因素，如动机、感觉、学习、信念与态度等。

(3) 从客户购买决策过程分析

客户购买决策过程是由一系列相互联系的活动构成的，它们早在实际购买发生以前就已开始，并一直延续到实现购买之后。

客户购买决策过程可以分为以下几个阶段：

①确认需要阶段

当客户感觉到了一种需要而且准备购买某种商品去满足它时，对这种商品的购买决策过程就开始了。来自内部和外部的刺激都可能引起需要和诱发购买动机。企业要了解客户需要程度如何，比较迫切的需要要怎样被引导到特定的商品上从而成为购买动机。然后，才可以制定适当的经营策略，引起客户的某些需要并诱发购买动机。

②收集信息阶段

客户形成了购买某种商品的动机后，如果不熟悉这种商品的情况，往往就要先收集信息。这时，他增加了对有关广告、谈话等的注意，比以往更容易接受这种商品的信息，也许还通过查阅资料、向亲友和熟人询问情况等方式，更积极地收集信息。客户收集多少信息，取决于他的驱策力的强度、已知信息的数量和质量以及进一步收集信息的难易程度。

A. 个人来源，即从家庭、朋友、邻居和其他熟人处得到信息。

B. 商业性来源，即从广告、售货员介绍、商品展览与陈列、商品包装、商品说明书等得到信息。

C. 公众来源，即从报刊、电视等大众宣传媒介的客观报道和消费团体的评论得到信息。

D. 经验来源，即通过触摸、试验和使用商品得到信息。

从客户的角度看，由企业控制的商品性来源信息起通知的作用；其他非商品性来源信息起验证和评价的作用。

经过搜集信息，客户逐步缩小了对将要购买商品进行品牌选择的范围。余下的供选择的品牌，就是客户在下个阶段评价的对象。

③评估供选择的品牌分析

在这个阶段，客户根据所掌握的信息，对几种备选的品牌进行评价和比较，从中确定他所偏爱的品牌。

并没有一个所有客户都适用的统一的评估模式或评估过程。不过，以下几点在了解客户怎样评估备选产品方面很值得注意：

A. 产品有哪些为客户感兴趣的属性。

B. 客户对各种感兴趣的属性的关心程度不同，哪个属性在客户心目中占有最重要的地位。

C. 客户对每种品牌的信念（这种信念可能与该品牌的实际性能相符，但也可能是因客户有偏见而不相符）。

D. 客户心目中对产品的每一属性都有一线性函数，即希望能从产品获得满足随着每一属性的差异程度而变化。

④决定购买分析

经过对供选择品牌的评价，客户形成了对某种品牌的偏好和购买它的意向。但是，受以下三个因素的影响，客户不一定能实现或马上实现其购买意向：

A. 其他人的态度。如果与他关系很密切的人坚决反对购买，他就很可能改变购买意向。

B. 一些不可预料的情况。如果出现家庭收入减少，急需在某方面用钱或得知准备购买的品牌令人失望等意外情况，他也可能改变购买意向。

C. 预期风险的大小。在所购商品比较复杂、价格昂贵因而预期风险较大的情况下，客户可能采取一些避免或减少风险的习惯做法，包括暂不实现甚至改变购买意向。

因此，根据客户对品牌的偏好和购买意向来推测购买决定并不十分可靠。

决定实现购买意向的客户往往还要作出一些具体的购买决策，如：购买哪种品牌、在哪家商店购买、购买量多少、购买时间定于何时，在某些情况下还要决定支付方式。

⑤购买后行为分析

客户购买商品后，往往会通过使用和他人的评判，对其购买选择进行检验，把他所察觉的产品实际性能与以前对产品的期望进行比较。客户若发现产品性能与期望大体相符，就会感到基本满意；若发现产品性能超出了期望，就会感到非常满意；若发现产品性能达不到期望，不能给他以预期的满足，就会感到失望和不满。客户是否满意，会直接影响他购买后的行为。如果感到满意，他下次就很可能购买同一牌子的产品，并常对其他人称赞这种产品，而且这种称赞往往比广告宣传更有效。如果感到不满，他除了可能要求退货或寻找能证实产品优点的信息来减少心里不快以外，还常常采取公开或私下的行动发泄不满，如向新闻单位和客户协会反映意见，向家人、亲友和熟人抱怨等。这势必会抵消为使客户满意所做的许多工作。

3. 从购房者角度去认知客户

经纪人面对的客户就是购房者，从总的方向上看，购房是其共同的需求。经纪人在把握共同需求的同时，该如何去认知这些客户呢？

（1）全面掌握客户信息

挖掘客户在购房时不同的需求差异，最根本的就是要掌握客户详细的背景信息。了解这些信息，就可以从中去剖析客户的购买力水平。客户为什么买房，想买什么样的房，选房时最看重什么，对此经纪人当然不能像查户口一样对客户左右盘问，而应掌握好方式、把握好技巧。

①了解哪些客户背景信息

一般来说，以下几项信息是经纪人应该掌握的：

A. 个人资料，包括姓名、联系方式、年龄、文化层次、性格特征、兴趣爱好等。

B. 家庭状况，包括婚姻状况、家庭成员、家庭收入、是否有孩子或老人、孩子受教育情况、老人身体状况等。

C. 工作情况，包括工作单位、工作地点、交通工具、职位、工资水平等。

D. 居住情况，包括目前居住地、户型与面积、租住还是自有、对现居住地评价等。

②如何了解客户背景信息

客户并不会主动向经纪人介绍自己的背景信息，即使被问到，往往也会出于防范或戒备而拒绝或敷衍，经纪人通常可采取的方法是：

A. 提前声明。预先告知客户要了解的内容及这些信息的意义和用途，以坦诚换坦诚。如"××先生，为给你找到满意的房子，我想问你几个问题，你不介意吧？您家里有老人吗？如果有老人，我就不给您推荐太吵或楼层太高的房子了"。

B. 穿插了解。尽量避免一次性、密集式提问，可将问题化整为零，穿插到经纪活动的各环节。如寒暄时可以问，沙盘讲解时可以问，带看房时可以问，促进销售时也可问。

C. 顺势而为。顺着客户的话了解。如客户说"你们这里好远啊，我开了好久的车"，经纪人可顺势答："真是辛苦您了！您住哪里啊？是不是南边？"这样既不唐突，也富人情味。

D. 隐私交换。在一些共同性话题上，经纪人可以先分享自己的信息，引起客户的兴趣与共鸣，让客户主动透出你想要的信息。如："我也在南边住呢，两房的，80平方米，有点挤，你家是三房的吧？"

E. 恰当赞美。客户易在对他的肯定中放松警惕，透露信息，如经纪人想了解客户为什么想换房子，可以这样说："听你说起现在的房子，就知道你是个重感情的人，对老房子舍不得，是什么原因让你想看新房呢？"

（2）挖掘客户购房需求

客户对自己的购房需求的了解可以从三个方面看：一是他并不了解自己的真实需求；二是知道自己的大体需求，但还需更多考察和专业意见；三是有明确的购买目标和需求。即使对自身需求有清晰认识，客户在表达时往往也会闪烁其词，掩盖自己，以免过早暴露被经纪人"套牢"。因此，在挖掘需求时，经纪人应抽丝剥茧，往深处挖，不仅要挖出客户的期望与目标，还要挖出顾虑和隐忧。

①挖掘需求的目的

挖掘需求要达到两个目的，即：

A. 理清客户自身意识到的需求。如经纪人问客户想看什么户型，客户说想看三室两厅，这个"三室两厅"就是客户已经有意识的需求。

B. 引导客户认识尚未意识到的需求。如经纪人问客户为什么不看好价位相对较低的A楼盘，客户说A楼盘绿化做得不好，那么小区环境就是客户深层次需要，脏乱差就是客户的隐忧。

②需求询问的技巧

询问需求有三个技巧：

A. 要有逻辑、有条理。问需求一般会涉及购房动机、意向房型、客户期望、购房时间计划等问题。经纪人提出问题时应有逻辑、有条理，不能东一句西一句，让客户摸不着头脑。

B. 善于旁敲侧击。

C. 留意客户用词频率。客户有时在评价自己老住所或其他楼盘时，频繁提到的词很有可能就是客户需求点。如："我现在房子靠近化工厂，空气不好。""那个楼盘靠公路，车来车往，噪音大，空气差。"

(3) 探询客户购房预算

客户的经济能力和购买预算是经纪人不能不挖掘的信息，只有了解了客户支付能力，经纪人才可能在客户可承受价格范围内推介适合户型。

探询预算既可直接询问，也可从客户言行举止中去判断。但经纪人必须注意：

①要有"势利眼"

练就"势利眼"是指经纪人要学会观察客户，从中判断其经济实力，如从着装配饰上看，衣服鞋子什么品牌，搭配如何，随身携带的包品质如何，使用的手机、笔是什么价位等；从言谈上看，客户是一次置业还是二次置业，是自住还是投资等。

②杜绝"势利心"

通过观察得出的信息只是一个为客户推介合适房型的参数，绝不能作为对待客户的标准。

(4) 判断客户市场认知

经纪人要想了解客户购房，一条好的途径就是挖掘客户对各个楼盘房源的认知情况。当客户侃侃而谈考察过的各个楼盘时，经纪人就可知道客户喜欢什么、在意什么、有哪些是客户不满意的，从而有针对性地推荐恰当的房源。这些信息对经纪人认知客户而言，十分宝贵。

①挖掘客户市场认知的信息

A. 客户对市场行情的了解程度；

B. 考察过哪些楼盘房源；

C. 对各个楼盘房源的优劣评价；

D. 对房源的核心需求点和隐忧。

②诚恳请教的态度

每位客户都希望得到尊重、受到重视，经纪人如能诚恳请教，就抬高了客户身份，让他们有被尊重、被重视的感觉，从而乐于吐露自己的看法与意见。

6.1.3 认知客户的技巧

房地产经纪人要提升自身认知客户的能力，当然不是一朝一夕之功，除加强自身理论修养、积累自身阅人经验外，还应掌握一些认知客户的技巧。这些技巧包括以下方面：

1．主动接触

经纪人认知客户，首先应主动接触客户。主动接触能体现一个经纪人对自己和对所经纪房屋的信心；能体现一个经纪人对客户是否真正尊重的真实态度；也能体现一个经纪人善不善于发现机会、把握机会的职业素养。

经纪人在主动接触客户方面应把握几个关键：

（1）充分准备，适度调整。一是房屋资料的准备。房屋的信息时时都可能有变化，应对新的信息做到心中有数。二是心情上的准备。人人都有喜怒哀乐，每天上班时，经纪人应该注意调节自己的情绪，以积极乐观的心态投入工作。三是适度地"紧张"。这里不是指行为上的慌乱，而是心理上应"紧绷"一点，使自己的感官更加敏锐。

（2）敏于观察，巧于辨别。经纪人的主动接触，并不是不辨对象、胡乱接触。当你"眼观六路，耳听八方"，你就能捕捉到大量有助于辨别的信息。比如：当有人正走向门店，当有人在门店外驻足门店外的房产信息，当有人注视资料或房源图纸一段时间，正四处张望、寻求帮助等，这些正是你"主动"的机会。

（3）有张有弛，把握分寸。主动接触并不是对客户一味热情。由于客户心情不同，个性不同，目的不同，经纪人就应把握诸如什么时候该靠近一点，什么时候该远离一点，什么时候多说一点，什么时候少说一点，什么时候由自己说，什么时候由客户说等问题的分寸。张弛在我，这就是主动。那种只懂纠缠不放的经纪人很多时候只会引起客户反感，因"热情"而把客户吓跑的怪事在经纪活动中绝不少见。

（4）少问功利，有始有终。每个经纪人都希望每一次与客户的主动接触都带来交易成功，这种功利之心当然得有，但这只应该让经纪人更加努力投入工作，更加珍惜每一次与客户接触的机会，更加注意做好每一个环节、每一个细节。至于每一次主动接触是否一定带来成功交易，不应过分看重。也许，每次主动接触带给经纪人的不见得就是一次成功交易，但肯定会带给经纪人成功交易的机会。为此，经纪人应在与客户接触时，把该做到的事做足做好，并做到有始有终，这样，你也许没有得到一次成功交易，但却可能得到客户内心对你的认同，从长远看，你也就得到了更多成功交易的机会。

2．全面观察

我国中医讲究四个字——望、闻、问、切。其中，望者，看形色也。顾名思义，就是观察。认知客户，"望"是十分重要的。经纪人需要通过察言观色去把握客户心理，掌握客户行为特征，了解客户真实需求。你观察的功力将影响你客户认知的深度。

（1）观察的角度与内容

经纪人在观察客户时应从以下四个方面注意观察的角度与内容：

①客户是否倾听：客户是否正视你或仔细看房，这代表客户对你所说的话或推荐的房子是否感兴趣，它代表正向或反向的购房信息。

②客户的身体语言：眼神、手势、面部表情、身体其他方面的动作都能在一定程度上反映客户心理。有时候，客户身体语言的信息比其所说的话更能真实反映客户

心理。

③客户的问题与要求：客户是否有问题和要求，问题、要求多与少，深与浅，都能反映客户兴趣和购房倾向，经纪人应善于把握问题与要求中所代表的信息。

④其他方的信息：客户与自己的伴侣或孩子等一起时，其他方的信号也是非常重要的。若客户与其商量时表现出愉快、轻松，则是正向信号，反之则是负向信号。

（2）观察的技巧

对客户的观察应掌握一定的技巧，不恰当的观察会让客户不安，甚至产生恐惧和抗拒心理。经纪人在观察客户时应注意以下几点：

①调整心态，自然大方

经纪人观察客户应追求达到“羚羊挂角，无迹可寻”的境界，刻意的观察像在监视客户，或者让人感到你对客户不怀好意。要做到不着痕迹，最重要莫过于让自己放松，表情轻松，行为自然，于有意无意间完成观察。过分地直截了当，犹抱琵琶似地忸忸怩怩，只会让客户难堪。

②眼观六路，明察秋毫

对客户的观察一在全，二在细。这就要求经纪人把心放在客户身上，注意不放掉任何一个细节。从客户的年龄、着装、肢体语言、话语、行为等方面，只要你观察够全够细，你就能找到你想要的客户信息。

③用眼观察，用心体察

以眼观察，自然能搜寻到大量的客户信息，但以眼观察，也容易被信息“浮云遮望眼”，看不到信息背后的本真。人是很复杂的，客户亦如此。他们有时会有本质的流露，但有时也会有有意的“制造”。经纪人以眼观察，光有“眼”是远远不够的，还需要有“心”的“慧眼”，这样，才能去粗取精，去伪存真。

3. 积极倾听

经纪人在面对客户时很容易犯的毛病是一说起话来便如滔滔江水连绵不绝，令客户反感、疑心。话太多，说明经纪人眼里没有客户，脑子里全是合同。“说”固然需要，“听”却是经纪人更应该重视的。从积极的倾听里，我们能最大限度地表达对客户的尊重和认同，能增进客户对我们的信任，能了解客户的心声。管理大师卡耐基说过：“做一个好的听众，要远远比夸夸其谈有用得多。如果你对客户的话感兴趣，并且急切地想要听下去，那么订单就常常会不请自到。”

那么，经纪人如何才能做到积极倾听呢？

（1）用心投入，海纳百川

有些人认为有耳朵就能听，竖起耳朵就是听，这其实是不懂听。听重在用心。用心投入，要求经纪人抱有极大的热情，自始至终表现出对客户的兴趣，让客户感觉到他的话十分重要，他的意见值得你重视；用心投入，也要求经纪人保持内在的理性，善于从语言的表象上去识别客户真实的意图，从流露的情感中去把握其内在的感受。

积极倾听，也要求经纪人要开放自己，海纳百川。积极倾听最大的障碍是以自我为中心，以定型化思维简单地否定。有些经纪人习惯认为自己是专业人士，对市场、对房子更有发言权，客户的意见不值一听。但事实是，你也许比客户更专业，客户却有购买与否的决定权。仅此一点，就该让你不可批评、不可评价、不可对客户说教。更何况，客户可能有着经纪人无法体察到的对市场、对房子方面更深切的感受和意见。

（2）恰当互动，深化交流

善听不是一味以沉默应对，更不是僵硬、木然。善听者善互动。只有恰当地互动，才能深化与客户的交流。恰当的互动是指行为上的回应，如：①令人舒服的目光接触。目不转睛地盯视会让人难堪，游走不定的目光会让人觉得你心不在焉。与客户目光接触时，目光应诚恳、谦逊而柔和。②有分寸的回应表示。表情应根据客户说话内容有所变化，这种变化是细微的、有分寸的。僵硬或变化剧烈的表情反而是对客户的不尊重。③良好的倾听姿态。在倾听客户意见时，身体姿态应放松，但不可过于随意。身体可适当前倾，并根据客户说话有所变化，但切不可有诸如把手抱在胸前、身体后仰、身体大幅摆动或抖动等姿态。

（3）排除干扰，悉心听讲

只有聚精会神悉心听讲，经纪人才能得到有价值的客户信息。经纪人应注意排除听讲过程中的相关干扰。①避免周边环境干扰。周边环境的很多因素，如人员的谈话、走动、窗外的声音、汽车声等，稍不留意，即会使我们分神。②避免“第三只耳朵”现象，有时，我们会对周边让我们更感兴趣的东西所吸引，于是表面上在听，却已“神游于外”。对经纪人而言，没有什么比眼前客户更重要，应当高度集中注意力并保持相应的自制力。③避免不公平的“情感过滤”。人都有自身情感，它会给我们看人看事染上主观色彩。客户的长相、穿着打扮、语言方式、行为方式都可能使我们产生“情感过滤”，对我们喜欢的信息予以保留，对我们不喜欢的信息予以排斥，这样，就很难做到客观、理性地识别客户信息。在听客户讲话时，我们不仅要听我们喜欢的，更要重视我们不喜欢的。

4．细心揣摩

在认知客户过程中经纪人通过接触、观察、倾听，可以捕捉到大量的客户信息，而这些信息是粗精混杂、真伪并存的，这就要求经纪人对所有信息细心揣摩，去粗取精，去伪存真，从而得到真正有用的信息。

那么，在房地产经纪中，经纪人如何揣摩客户呢？

（1）揣摩客户的要点

①用明朗的语调交谈，在客户头脑中建立诚实守信的印象；

②注意观察顾客的动作和表情，看客户是否对楼盘感兴趣；

③可以委婉询问顾客需要，引导顾客回答，在必要时，提出特别需要了解的问题；

④当客户说话时，精力集中，专心倾听顾客意见，并分析其潜在的意图；

⑤当顾客提问时，及时回答。

（2）揣摩客户应避免的认知倾向

①选择性知觉

人在认知时不可能接受所有观察到的信息，只能接受零散信息，而且不是随机选择的，而是我们依据自己的兴趣、背景、经验和态度进行主动选择。选择性知觉使我们快速“阅读”他人，但同时也就有信息失真的风险，因为我们看到的是我们想看到的。因此，如何做到认知全面、客观，是经纪人必须注意的。

②对比效应

我们对人的认知评价受很多因素的影响，其中一个最重要的因素就是我们对一个人的评价并不是孤立的，常常受到环境、其他人等因素的影响。这当然应该而且必要，但也易因环境、其他人等因素而评估失真。如我们看到一个人珠光宝气，开豪车，很容易想到这个人一定很有钱，但这也有可能只是假象而已。

③晕轮现象

当我们以一个人的某种特征，如外貌、智力、言谈等为基础而形成对人总体印象时，我们易受到晕轮现象的影响。简单说，晕轮现象就像我们常说的“一好百好，一坏百坏”，这显然就是认知上的以点概面、以偏概全。

④刻板印象

刻板印象就是对人对事认知上的概括化倾向。概括化不能说没有它的优点。这种手段简化了复杂世界并承认人们之间保持着一致性。但我们的刻板印象在面对一个具体的人时，往往不够准确，因为有很多时候，刻板印象建立在对一个群体虚假的前提基础上，形成了共同的不正确认知。如财会人员都不活跃，很内向；小地方的人都不大气等。

6.2 寻找客户

在房地产经纪中，经纪人常为寻找客户而“众里寻他千百度”。寻找客户，说白了就是为你的房源找到合适、匹配的客户。在这个世界上，不是每个产品都适合每个人。房源和客户也讲配对。经纪人必须清楚知道其房源是针对谁，谁最迫切需要也最适合你的房源，该如何去寻找到这些人。如不能有效解决好这些问题，纵有许多好房源，也会遇到“无处可卖”或“把梳子卖给和尚”的尴尬。

6.2.1 了解你的房源

“凡事预则立，不预则废”。寻找客户，不能仅凭经纪人一腔热情，它需要你的精心准备。这主要体现在经纪人要吃透房源，胸有成竹。

1. 对房源全面观察

认识房源，就要对房源的方方面面都了解到。经纪人应“眉毛胡子一把抓”，不要放过任何一个细节，凡是有关房源的介绍性资料、文件和图片，均要过目，有时可能一个小小的数据或者一个细节错过了就会影响到对房源的认识程度，甚至出现认知上的偏差。经纪人还应在了解房源时，注意先整体后局部。有些经纪人刚接触新房源，往往爱先抓几个主要特征，然后象征性了解一些细枝末节，当你与他交谈时，向他了解相关数据与资料，他却大都答不上来，这就是因为他们在了解房源时先局部后整体。如果先局部后整体，往往会有一种先入为主的心态，认为把握了房源主要特征，小的方面就可忽略不计，从而造成对房源的一知半解。

对房源的全面观察可以参考下面的房屋基本信息表（表6-1）。

表6-1 房屋基本信息表

<table>
<tr><td>项目名称</td><td colspan="5"></td></tr>
<tr><td>项目地址</td><td colspan="5"></td></tr>
<tr><td>性质</td><td colspan="5">☐ 商品房 ☐ 经适房 ☐ 集资房 ☐其他</td></tr>
<tr><td>销售许可证</td><td colspan="5">（ ）省 国土 房管预 字第 号码土地使用证号</td></tr>
<tr><td>开发商</td><td colspan="2"></td><td>占地面积</td><td colspan="2"></td></tr>
<tr><td>总户数</td><td colspan="2"></td><td>楼层</td><td colspan="2"></td></tr>
<tr><td>建筑类别</td><td colspan="2">☐多层 ☐高层 ☐公寓 ☐其他</td><td>建筑结构</td><td colspan="2"></td></tr>
<tr><td>容积率</td><td colspan="2"></td><td>绿化率</td><td colspan="2">%</td></tr>
<tr><td>总楼屋</td><td colspan="2"></td><td>每层户数</td><td colspan="2"></td></tr>
<tr><td>电梯数量</td><td colspan="2"></td><td>朝向</td><td colspan="2"></td></tr>
<tr><td>户型</td><td colspan="2"></td><td>套内面积</td><td colspan="2"></td></tr>
<tr><td>套内单价</td><td colspan="2">元/m^2</td><td>配套费</td><td colspan="2"></td></tr>
<tr><td>大修基金</td><td colspan="2"></td><td>动工时间</td><td colspan="2"></td></tr>
<tr><td>交房时间</td><td colspan="2"></td><td>交房标准</td><td colspan="2"></td></tr>
<tr><td>物管公司</td><td colspan="2"></td><td>物业费</td><td colspan="2">元/m^2</td></tr>
<tr><td>停车库</td><td colspan="2"></td><td>停车费</td><td colspan="2"></td></tr>
<tr><td>其他房屋设施</td><td colspan="5">☐ 防盗门 ☐ 防盗窗 ☐ 封阳台 ☐ 外阳台 ☐ 铝合金门窗 ☐ 塑钢窗 ☐ 水 ☐ 电 ☐ 气 ☐ 有线电视 ☐ 电话预留 ☐ 宽带</td></tr>
<tr><td>室1： m^2</td><td>室2： m^2</td><td>室3： m^2</td><td>室4： m^2</td><td>厅1： m^2</td><td>厅2： m^2</td></tr>
<tr><td>卫1： m^2</td><td>卫2： m^2</td><td>厨1： m^2</td><td>厨2： m^2</td><td>阳台1： m^2</td><td>阳台2： m^2</td></tr>
<tr><td colspan="3">周边配套：</td><td colspan="3">户型图</td></tr>
</table>

2. 注意核查产权信息

经纪人核查房屋产权信息重在确权，应重点关注：

（1）产权是否存在。并非所有房屋皆有产权。没有产权的房屋情况和原因比较复杂，如特定时期单位自建房、农村宅基地上的房屋、社区或项目配套用房、未经规划或报建批准的房屋等。经纪人尤其应注意政策方面的变化和各地法规上的差异。

（2）产权是否登记。产权登记是国家依法确权的法定手续。如未登记，或产权已变没有及时登记或登记已注销，都不具备法律效力。

（3）产权是否完整。核实产权完整应注意几种情况：共有房产，未经其他共有人书面同意的；设有抵押权的房屋在未经解除抵押前；公房、房改房以及其他各种国家和政府投资的房屋的相关限制。

（4）产权有无纠纷。造成产权纠纷的原因很多，可能涉及有关当事人对房屋所有权、土地使用权归属上的争议，也可能涉及债务、继承、婚姻等。

3. 梳理房源特点、优点和利益点

在对房源方方面面有了全面了解后，经纪人应梳理出房源的特点、优点和利益点。

特点是指附着在房源上的优秀品性。经纪人可以对房源特点进行必要分类，如房源总特点、建筑特点、规划特点、环境特点、户型特点、配套特点、概念特点等。

优点是指房源相对于竞争对手突出的竞争优势点。这需要经纪人充分了解竞争对手特点，并作出冷静客观的比较。

利益点是指房源的特点、优点能给客户带来哪些好处，它能在多大程度上符合客户需求和满足客户利益。

6.2.2 寻找你的客户

房地产经纪业随着房地产的蓬勃发展竞争日趋激烈，房地产经纪人要想开展业务，寻找、开发是至关重要的一步。那么，如何开发客户呢？

1. 寻找潜在客户的途径

一般情况下，房地产经纪人寻找潜在客户主要利用三种资源，即内部资源、外部资源和个人 资源。其主要途径有：

（1）客户汇集中心

这是房地产经纪人在从事房地产经纪业务过程中汇集的交易双方及其他方面客户的信息资源。房地产经纪人要充分利用好这些资源，从中利用老客户自身或他们的关系网络以延伸到更广阔的领域。在以往的经纪工作中，房地产经纪人凭借其优质周到的服务取信于客户，满足了客户的要求，获得了良好的口碑。客户只有得到了满意的服务，才会乐于与别人分享自己的成功经验。有了老客户的推荐，新客户自然就会越来越多。虽然利用此种途径取得潜在客户准确、快捷，省时省力，但已有信息毕竟有限，这就需要房地产经纪人在中介服务过程中凭借良好的执业信誉、优秀的经纪技巧和坚持不懈的努力去开拓潜在的客户。

（2）房展会

全国各地每年都有大大小小的房展会，少则几百次，多则几千次。参展商与顾客都可能成为潜在客户。房地产经纪人可以利用各种方式去采集信息，以便有更多的选择余地。

（3）互联网

随着网络经济的到来，互联网应用日益频繁，越来越多的人喜欢上互联网这一方便快捷、适应现代社会快节奏的交际工具。互联网的信息量相当丰富，更新快。房地产经纪人可以利用互联网搜索各种有用信息并加以分析，从中寻找潜在客户。还可以制作企业网站，向人们展示其优势和企业的方方面面，树立企业形象，从而获是更多客户或潜在客户的青睐。

（4）电子邮件

互联网的普及，使人们越来越喜欢使用电子邮件。房地产经纪人可以通过电子邮件将企业的相关信息传给潜在客户，一方面方便了企业的信息回馈，另一方面也使潜在客户向准客户转变的几率大大提高。另外，利用互联网上电子留言板专区进行自我宣传也是一条可行之路。

（5）广告揽客

广告每日都环绕在我们生活的周围，像报纸杂志、广播电视、互联网，甚至公共汽车上、火车站都有广告的存在，它影响着人们的日常生活，刺激着人们的日常消费。房地产经纪人也要经常接触广告，通过广告宣传招徕客户，从而把潜在的客户变成真正的客户，促进交易的进行。

（6）个人名片

名片是显示个人身份的“面子”，也是一种交际的手段。持有对方的名片，通常会让人产生一种信赖感和亲近感。在一定的场合，经纪人还可以利用适当的机会直截了当地提出请求，希望老客户推荐潜在的客户。当然，请求的语气要委婉，态度要诚恳，方式要得当。

（7）开设讲座

讲座揽客是通过向社会团体或特定人群办讲座来揽客的方法。其特点是渗透性强，更有利于与准客户沟通。

讲座揽客成功的关键在：

①选择社会团体或特定人群感兴趣的话题；

②做好讲座的相关组织工作；

③更注重与客户的互动接触。

2. 寻找潜在客户的技巧

（1）查阅资料法

房地产经纪人可以通过查阅各种资料来寻找潜在客户。资料包括企业内部资料和外部资料。内部资料包括各部门资料，外部资料主要包括各种情报资料的名录。对于各种公开的名录资源，有一部分可作为准客户。这些名录主要有：工商企业名录、统计资料（包括各行业、各部门、各单位以及专门的统计机构每年编制的各种统计资料）、产品目录样本介绍、工商管理公告、房地产业务信息书报杂志、专业团体会员名单、企业广告和公告、电话号码簿、年鉴等。

（2）连锁介绍法

连锁介绍法又称客户引荐法，是指通过现有客户的引荐，连锁介绍新客户的方法。事实上，购买之间有着相似的购买动机，客户之间也有着一定的联系和影响。连锁式介绍法就是根据消费者需要和购买动机的相互联系和影响，依靠各位客户之间的联系，通过客户之间的连锁介绍来寻找新客户。因此，了解每一位客户的背景情况相当重要，这会随时给你带来商机。此法可以不断向纵深发展，扩大自己的客户群。

① 请现在的客户介绍

房地产经纪人不要忘记时时宣传自己、推销自己，只有将自己推销给客户，业务进展才可能更加顺利。如果现在的客户对服务很满意，可以让他们帮助推荐新的客户。如果客户不满意，别忘了请他们宣传。同时请他们说出不满意的理由并谈谈自己的观点，房地产经纪人必须对其所问问题表示极大关心，并表现出应有的礼貌和专业水平，这样客户有可能因信服而成为回头客。

② 请新客户介绍

房地产经纪人通过热情周到的服务、真诚的态度，时时为客户着想，会赢得新客户的信任。因为他们无心理负担，可能乐意接受推荐其他新客户的请求。

③ 请陌生人介绍

多一分努力，就多一分收获，多一次机会。哪怕完全陌生的人也有必要让其帮助宣传。总之，此法是一种比较有效的寻找新客户的方法。需要注意的是，利用连锁介绍寻找新的客户，关键是经纪人要取信于现有客户，也就是培养最基本的客户。

④ 请亲朋好友引荐

有效地利用自己的关系网络，是获得更多新客户的重要方式。朋友的朋友、亲戚的亲戚，都有可能成为自己的客户。而且，相对于陌生人来说，亲朋好友的引荐更容易交易。

(3) 影响力中心法

此法亦称核心人物带动法。任何一个小集体通常都有一个自己的影响力中心，亦即核心人物，(她) 他可以影响这个范围内的许多人。房地产经纪人要想让他们成为自己的客户，必须将之作为攻坚的主要对象，使其理解房地产经纪业，了解现今房地产业的市场行情，让其体会到专业服务，使其从排斥、理解到接纳。核心人物往往很难接近，不易合作，若关系处理不当，则可能会失去大量客户。该法优势在于：一方面可节省大量的时间和精力，另一方面可扩大服务的影响力。

(4) 个人观察法

此法是指房地产经纪人凭借其挖掘客户的习惯和直接观察，并迅速作出判断，寻找出潜在的客户。房地产由于自身的特殊性，如不可移动性和高价值性，客户在购房时异常慎重。有些客户可能从建设开工至开售楼盘都会时时关注，这些都需要经纪人去发现。也就是说，房地产经纪人一定要注意用眼、用耳，更用心，注意观察周围人群，随时发现自己的准客户。但因为事先完全不了解顾客，容易陷入空洞的可能性里，失败率较高。利用此法有利于房地产经纪人扩大自己的视野，有利于其直面现实的市场，有利于提高房地产经纪人的各种能力。

6.2.3 走出去寻找客户

寻找客户既可以通过各种方式吸引客户上门，也可以通过经纪人员走出去推销。其常见方式是走街和拍门。

1. 走街

走街是指经纪人通过走街串巷逐户去推销自己的房源。经纪人走街也非盲目乱走，应在大的方面做到心中有数；有走街方向，比如公众场所、工厂区、大型开放住宅区等；有走街目标，如中年人、工厂高管等。

走街要成功，应注意以下问题：

(1) 找人流量大、人多的地方。

（2）动起来，不能固定一点死守不动。让“守客”变成“抓客”。

（3）主动问好，并找好的“理由”。

（4）既要提供资料，也要与客户交谈。

（5）对客户笑脸以对，哪怕是遭客户拒绝。

（6）找准时机，向客户索要名片或电话。

（7）尽量记住对方长相、姓名。

2．拍门

拍门不是“砸”，而是“敲”，这是经纪人主动上门向各家住户询问需求的一种推销方式。经纪人应首先设定询问内容，并应与房子本身相关。比如居住现状及买房想法，对房子及环境的要求等。

拍门是一种难度较高的推销方式，经纪人在拍门时应注意以下问题：

（1）以良好的形象示人。

（2）尽量争取进门机会，可利用各种证件，如身份证、工作证等。

（3）热情面对客户拒绝。

（4）热情回应客户咨询。

（5）询问时及时把握问题对客户的敏感性，注意问题分寸及切入点。

（6）做好相关记录。

（7）对客户表示感谢。

6.3 约见客户

房地产经纪人在经纪活动中要经常预约、拜访客户。随着现代社会生活节奏的加快，人们的时间观念日益增强，“时间就是生命”，“时间就是金钱”。因此，房地产经纪人要养成制订工作计划的习惯，合理安排自己的时间。在每次拜访之前都要事先预约，以赢得客户的信任和配合。成功的约见，可以顺利接近客户，这就为经纪人在客观上创造了有利的条件。而对于不约而见，在很大程度上会打乱被拜访者的计划，引起客户的反感。

6.3.1 约见客户前的准备工作

由于事先约见客户很容易让对方了解意图而遭到拒绝，这需要房地产经纪人在预约前做好充分的准备。

1．遭遇拒绝的心理准备

约见客户之前如果有心理准备的话，心情会比较轻松，从而做到从容不迫；特别在遭遇不通情理的客户时，也能从容应对。在约见客户时，被客户婉言拒绝，或被当做出气筒发泄了一番，都是很正常的事。不要因为客户的冷遇和拒绝而气馁，要鼓足勇气，敢于面对。

2. 克服恐惧心理

不要因为陌生就底气不足，从而导致恐慌。客户，尤其是一些大的企业，其工作人员都有较高的修养和素质，即使拒绝也会彬彬有礼，不会造成太大的压力。经纪人必须十分自信，充满热情，不要神情低迷，畏首畏尾，在解答客户疑问时不卑不亢，这样，才能让客户信任你，达到预约成功的目的。

另外，经纪人还要善于感知客户的情绪。若其情绪不佳，或忙得不可开交，要主动停止约见。

3. 客户资料的准备

优秀的房地产经纪人要善于搜集客户的资料，详尽的客户资料会使经纪人在经纪活动中掌握主动。在约见客户时，必须弄清客户的基本资料。这主要包括以下一些方面：①姓名或名称。人们对姓名非常敏感，不要在这上面犯错误，否则可能要付出很大的代价。②籍贯。攀亲交友是各种业务工作的成功经验之一，同乡之情可打开客户的心灵之门。③经历和学历。对不同学历、不同经历的客户要掌握适当的言辞，找出共同话题，以拉近与客户的距离。④家庭背景。这是房地产经纪人必须了解的，只有对客户的家庭背景有所了解，才有可能对症下药，投其 所好。⑤ 兴趣爱好。从客户的兴趣、爱好人手也是经纪人博取客户好感的手段之一。

此外，对客户性格特点、消费习惯等进行了解也是非常必要的。房地产经纪人对客户了解得越多，就越能增加自己的信心和成功的机会。信心是会感染的，只有让客户感觉到你的信心，才会对你产生信心。

6.3.2 约见客户的内容

房地产经纪人要约见客户，必须确定合适的约见内容。约见内容主要有以下几点：

1. 约见对象

确定约见对象，就是要求房地产经纪人弄清约见的真正对象究竟是谁，避免把精力浪费在那些无关紧要的人物身上。房地产经纪人需要辨别真正买主与名义买主，但却不可以轻视名义上的买主，如秘书、助手等。在确定约见对象时，既要摸准具有真正决策权的主要人物，也要处理好人事关系，与那些名义上的买主保持良好的接触，取得他们的鼎力支持与合作。

2. 约见时间

房地产经纪人在广泛收集客源时，要培养自己的职业敏感性，善于把握最佳约见时机。在约见客户时，经纪人要时时站在客户的立场上，帮其设想最佳方案；同时，约见客户时要有耐性，不要急功近利。许多经纪人之所以遭到客户拒绝，通常是由于约见时机选择不好。房地产经纪人只要能根据情况，选择最佳时机，就能获得同其见面的机会。

3. 约见地点

约见地点与约见时间一样重要。客户业务性质不同，约见地点也就不同，可以是客户家里、办公室、公共场所、社交场合等。不同的约见地点对约见效果的影响也有所不同。约见地点可视具体情况而定。

6.3.3 约见客户的方式

通过事先预约的方式与客户见面洽谈，在现代社会的各种经济活动中具有很高的成功率。确定好约见方式不仅可以节约时间，提高工作效率，还可以避免客户让你吃“闭门羹”的局面出现。

经纪人约见客户常用的方式有：

1．面约

面约指房地产经纪人利用各种见面的机会向客户约定下次面谈的时间、地点、方式及主要内容等。如在各种社交场合不期而遇时、见面握手时、分手告别时、被第三者介绍相识时，房地产经纪人都可借机相约。

2．电话约见

电话约见是最常用的一种约见方式。这种方式迅速、方便，与别的约见方式相比可节省大量时间及往来奔波费用。电话约见，由于客户是不见其人，只闻其声，故重点应放在“话”上。经纪人既要做到口齿清楚，语调亲切，表达得体，又要做到长话短说，简单明了，避免太多情报。同时还要掌握电话约见的技巧，以便成功约见。

3．函约

函约指经纪人利用信函约见客户。如通过通知、社交柬帖、广告函件等。它是一种成本低廉、散布面广的约见方式，因而经常被采用。约见信函应文辞恳切，简明扼要，内容准确，文笔流畅，书写工整。如果是用打印机打出来的信函，其落款还应亲笔签名。

4．广告约见

这种方式指利用各种广告媒介约见客户。在约见对象不明或约见对象太多情况下，广告约见是一种较好的约见方式。其特点是信息覆盖范围广，及时快捷。它可以使准顾客主动找上门，并挖掘出大量的潜在客户。另一方面，在广告刊载期内，短时段内可能会有大量的顾客需要约见，必须事先安排好足够的约见人力，以便及时满足客户的约见请求。

5．互联网约见

互联网的使用日益频繁，房地产经纪人也必须学会利用互联网这种简单快捷的方式约见客户。房地产经纪人可以采用包括设立专门网站或网址发布相关信息，收发电子邮件等技术方法传达约见信息，这种方式具有范围广，无时空限制，方便快捷等优点。利用互联网，经纪人可以花较少的时间和成本约到更多的客户。但由于网上信息量过于庞杂，其覆盖范围受到很大的限制，不容易被客户发现。

6.3.4 电话约见客户的策略

电话约见的方法一般有以下几种：

1．问题解决法

问题解决法就是以社会普遍存在的或某个企业存在的迫切需要解决的问题为契机，电话联系推荐相应的产品或服务。

房地产经纪人在约见客户时，必须将目标定位在解决客户问题上面，要着重说明房地产产品对客户的好处，使其产生浓厚的兴趣。

2．信函邮寄法

信函邮寄法就是预先邮寄房地产楼盘资料，以此为引子让客户在未见到经纪人时，对产品先行了解，若顾客有意购买，必然会有所表示。然后在电话预约时，以提起邮寄材料为开头，以征求意见为理由展开谈话，使顾客对你有一定印象后，不会轻易拒绝你。客户在见经纪人之前，对房地产项目已有了概括的了解。如果客户对此很满意或充满浓厚兴趣，则约见成功的可能性会大大增加。用此法一定要注意邮寄后要进行电话跟踪，加深客户的印象。

3．心怀感激法

此法适用于已有一定交往的客户。房地产经纪人利用与客户的关系，借感谢其大力协助和支持之机，向其推荐新的楼盘，并要求约见。客户往往会因经纪人的这份关心而重视，并乐意接受约见。

4．祝贺约见法

祝贺约见法是指房地产经纪人借助从各种渠道得来的关于客户的喜事、好事，以此为引子，向对方提出约见的方法。房地产经纪人在用这种方法时，一定要保证消息来源的可靠性，要有十足的把握；否则可能会导致客户不满或反感。再则，使用此法语言要得体，符合社交礼仪规范。

电话约见客户的方法当然不止这几种，应注意各种方式要灵活运用，视具体情况而定。

6.4 接待客户

接待客户是经纪人活动至关重要的一环，它是与客户打交道的开始，是走向成功交易的第一步。万事开头难，面对形形色色的客户，经纪人应如何做才能让客户满意，是值得经纪人重视、研究的问题。

6.4.1 接待客户的准备

要接待好客户，经纪人应预先分析客户来到售楼处想得到什么。从客户需求上分析，经纪人应着重于满足客户三类基本需求，即情感需求、信息需求、环境需求，并在这三个方面做好充分的准备。

1．做好满足客户情感需求的准备

客户都有被尊重、被赞赏、希望受到经纪人热情对待、渴望得到经纪人特别关注的情感需求。为此，经纪人应注意以下几点：

（1）观念上高度重视

经纪人应从观念上高度重视。这具体表现在：①高度重视每一位客户。客户是经纪人的“衣食父母”，每一位客户都值得经纪人认真对待。现实中有些经纪人很喜欢根据客户的某些外在特征，如长相、穿着打扮、使用的物品等人为地区分客户，认为某些客户重要而某些客户不重要，对客户态度上就有冷热、行为上就有亲疏，这是很愚蠢的做法。②高度重视接待客户这一环节。客户到售楼部，其实是既想得房，又想得到良好的服务。经纪人如忽视这方面的投入，必将造成客户的遗忘和不满，甚至影响交易。

（2）心态、心情上适度调适

心态上的调适要求经纪人在接待客户时，应以一种包容的心态看待客户。人上一百，形形色色，客户总以不同的面貌、不同的个性、不同的行为方式出现在经纪人面前，这要求经纪人面对各色客户，总能静心以对。同时，也要求经纪人在接待客户时，能以一种积极的心态看待自己的工作。经纪人不能因接待客户而感到自己低声下气、低人一等。自己瞧得起自己，自己瞧得起自己的工作，就有了一种底气。

心情上的调整则要求经纪人在接待客户前做好情绪上的调整。是人，就会受到情绪的影响，但经纪人应努力避免自身某些消极情绪对客户接待造成的不利影响，有意识地控制自身情绪，把情绪调节到适当的、有利于客户接待的水平。

2. 做好满足客户信息需求的准备

客户来经纪公司门店，希望获得经纪人在信息方面的帮助。要满足客户的信息需求，经纪人应具备扎实的专业知识，充分掌握委托人的要求和条件，熟悉自己房源、客源的情况。

3. 做好满足客户环境需求的准备

客户当然需要一个良好的经纪公司门店环境，没人喜欢一个乱七八糟的地方。要满足客户的环境需求，自然不是某个经纪人可以单独完成的，它需要公司的重视和投入、团队的协作与配合。把经纪公司门店搞得干净、整齐、井井有条，让客户感到舒服，这只是对客户环境需求的基本满足，要真正让客户满意，在经纪公司门店环境的布置、氛围的创造等诸多环节就应有更好的创意、更人性化的思考。

6.4.2 电话客户接待

在今天这个房地产火爆的年代，客户想购房，是没有办法看完所有项目的，他们往往通过电话，咨询一些楼盘的基本情况，以决定是否上门面谈。由此可见，电话客户接待的好坏，对经纪人而言至关重要。

1. 接听电话的基本规范

（1）目的明确，就是要争取到客户上门的机会。

（2）应充分掌握楼盘资料，售楼处可统一一些基本说辞。

（3）语调亲切，吐字清晰，语速得当。

（4）言辞简洁，突出主题。

（5）向客户发出明确邀请。

2. 接听电话的礼仪要求

（1）及时接听，自报家门

一般而言，电话铃响三声内就应接听电话。过于迟缓会被客户认为是对他的慢待，有不被尊重之感。如三声以外接听，礼貌的做法是拿起电话首先对客户表示歉意，请求客户谅解，如“不好意思，让你久等了”。

在接听电话时，应先向客户问候，并自报家门，不礼貌的做法是随意地说“喂”或“你找哪位?”

(2) 规范称呼，礼貌用语

对客户的称呼应尽量规范，尤其是第一次在电话里接触的客户。“先生”、“女士”是适用对象很广的规范称呼，而“大哥”、“大姐”、“小妹”等就很不得体。

在接听时还应注意礼貌用语，即应尽量多使用“您好”、“谢谢”、“请”、“很抱歉”，这样会让客户感到舒服。礼貌用语会使客户有受尊重的感觉。

(3) 认真倾听，积极回应

所谓倾听，重在用心。尽管你和客户隔着一条电话线，但“电话不是无情物”，客户是能感受你的用心程度的。好的倾听除了用心投入，不定期积极给客户以回应，一味地沉默式地听，会让客户感觉不到你的存在。在倾听过程中不时以“对”或“是”等简短言语回应，让客户知道你在认真听他讲话并理解了他的意思。

(4) 礼貌转接，尽心尽力

有时当经纪人拿起电话而客户要找的不是你而是你的同事，这时经纪人应礼貌依旧，并尽心尽力为客户找到同事。

①如果客户要找的人正好不在，应询问客户是否有急事转告；

②如客户要找的人抽不开身，应向客户致歉，并说明原因；

③被叫人接电话时应首先向客户道歉，请求客户谅解。

(5) 道谢收场，让客户先收线

通话完毕，经纪人应向对方表示谢意和祝福，特别需要注意的一点是，以客为尊，应等对方先放电话。如经纪人先挂断电话，则非常失礼，更可能前功尽弃。

3. 接听电话的技巧

(1) 做好电话记录

做好电话记录是为避免信息的遗忘或丢失。一方面，要注意接听过程中的电话记录。经纪人应先备好纸和笔，以便随时对重要信息进行记录；对一些关键问题，应复述核实。另一方面，挂断电话后，应及时认真填写来电登记表，详细记录客户信息。记录的内容包括单位、来电人姓名、谈话内容、通话的日期及时点、对方的电话号码，对于其中一些重要问题，应及时上报。

(2) 巧妙回答问题

回答客户问题时，应注意：由于时间有限，回答问题不宜太多；在回答时不宜毫无保留，应给客户留一点悬念；有些问题你可以不答，但要找好托辞，并为你以后给客户联系埋下伏笔。

(3) 提供客户信息

接听电话时经纪人不仅应从倾听里了解客户信息，更应主动发问，有意识地了解客户的基本信息，如客户姓名、联系方式、家庭住址、买房意向等。当然，主动发问应注意时机、分寸、技巧，否则会引起戒备。

（4）约见客户，结束通话

我们接听客户电话的一个很重要的目的，就是要激发客户的好奇心，鼓励客户到门店来看、来咨询、来详谈。因此，结束通话前，一定要向客户发出到门店详谈或看房的邀请。

向客户发出邀请应注意以下问题：邀请应是真诚、热情的；尽量约定时间；应告诉客户到门店看房的具体交通路线、门店的确切位置；应在结束时再次表示谢意。

6.4.3 上门客户接待

1. 迎接

（1）基本动作

看见客户进门，要主动迎上前去打招呼，不能等客户到你面前询问你。用语应文明，在用语上要使用“您”、“请”、“欢迎您再来我们公司”等。动作要优雅，接待动作不要夸张，应端庄、优雅、积极。应帮助客户收拾雨具、放置衣帽等。

通过随口招呼，区别客户真伪，了解客户来自的区域和接受媒体（从何媒体了解到本楼盘的）。

（2）注意事项

①房地产经纪人员应态度亲切，热情而不过分。

②接待客户或一人，或一主一辅，以2人为限。

③若不是真正客户，也应有周到的服务。

④所有经济人员皆应站立接待客户。

⑤注意对客户的观察，以掌握更多客户信息。但观察应自然，随意而非刻意。

（3）与客户握手的要求

①避免不正确的握手方式

A. 双手扣手式握手。这种握手方式在西方国家常被称为“政治家的握手”。其方法是：主动握手者先用右手握住对方的右手，然后再用左手握对方右手手背。也就是说，主动握手者双手扣对方的手。这种握手方式适用于好友之间或慰问时，它表达出的是热情真挚的信息，但不适于初次见面者，陌生人或异性见面时用这种方式会让人觉得你有什么企图。

B. 击剑式握手。所谓击剑式握手，就是在跟人握手时，不是正常、自然地将胳膊伸出来，而是像击剑式地突然把一只僵硬、挺直的胳膊伸出来，且手心向下。显然，这是一种令人不快的握手形式，它给人的感觉是鲁莽、放肆、缺乏修养。僵硬的胳膊、向下的掌心，都会给对方带来一种受制约感，因而，彼此很难建立友好平等的关系。所以，我们在与他人握手时，应避免使用这种握手方式。

C. 虎钳式握手。虎钳式握手指的是用拇指和食指像老虎钳子一样，紧紧攥握对手的四指关节处。显而易见，这种握手方式也不令人喜欢。握手看似平常，但却有许多规矩，如不遵从就会被他人认为不懂礼貌。

D. 戴手套握手。握手一定要摘下手套。戴手套与人握手是不礼貌的，它意味着你厌恶别人与你的手相接触。有人以为，只要我主动与他握手，戴手套也没关系，同样对他表示热情、友好。其实，这种看法是不对的，即使对方是你的好朋友，效果也不会好。

E. 死鱼式握手。所谓死鱼式握手是一种比喻的说法。意思是说，伸出的手软弱无力，像一条死鱼，任对方把握。大家知道，握手本身就是一种表示亲热和友好的礼节，如果你伸出的是像死鱼一样的手，那就会使对方误以为你无情无义或性情软弱。同样，对方如果伸给你这样一只手，你也会有相同的感受。所以，我们在同他人握手时，应避免使用这种握手方式。

②正确握手的规矩

A. 要紧握对方的手，时间一般以 1 ~ 3 秒钟为宜。当然，过紧地握手或是只用手指部分漫不经心地接触对方的手都是不礼貌的。

B. 不要掌心向下压。一般情况下，与人握手时，把手自然大方地伸给对方就可以了。如果表示对他人的尊重，伸手与之相握时，掌心应向上。但切忌掌心向下压，那样会给人一种傲慢、盛气凌人、粗鲁的感觉。

C. 讲究握手的顺序。被介绍之后，最好不要立即主动伸手。年轻者、职位低者被介绍给年长者、职务高者时，应根据年长者、职务高者的反应行事，即当年长者、职务高者用点头致意代替握手时，年轻者、职务低者也应随之点头致意。总体来说，就是上级、长辈、女士优先，下级、晚辈、男士在后，切不可抢先。和年轻女性或异国女性握手，一般男士不要先伸手。

D. 不要心不在焉。有的人跟人握手时左顾右盼，心不在焉，或者一边同人握手，一边又与其他人打招呼，这些都是不礼貌的行为，是对对方不尊重的表现。正确的做法是与人握手时，两眼正视对方的眼睛，以示专心、有诚意。

E. 不要用左手握手。除非右手有不适之处，否则绝不能用左手与他人握手。尤其是对外国朋友，这一点特别得注意。比如印度人便认为，左手只适用于洗浴和去卫生间方便，而绝不能去碰其他人。

F. 不要持久握手。有人喜欢握着别人的手问长问短，没完没了。这样握手看似热情，实则过分。尤其是对异性，更不能握着人家的手长时间不放。如果是一般关系、一般场合，双方握手时稍用力一下即可放开，三四秒钟足矣。如果关系亲密、场合隆重，双方的手握住后应上下微摇几下，以体现出热情。

G. 在任何情况拒绝对方主动要求握手的举动都是无礼的，但手上有水或不干净时，请谢绝握手，同时必须解释并致歉。

H. 握手有度。有人为了表示自己的热情真挚，与人握手时使劲用力，这种做法不仅会弄疼对方，还显得粗鲁。与此相反，有人为了显示自己清高，只伸出手指尖与人握手，而且一点力也不用，这种做法也有失妥当，让人觉得你冷漠、敷衍。显然，过重过轻都不合适。怎样才适度呢？研究家们认为，正确的做法是用手掌和手指的全部不轻不重地握住对方的手，然后再稍稍上下晃一下。如果男士同女士握手，一般则只轻握女士的手指部分。

I. 不要过分客套。有的人不论跟谁握手，都一个劲地点头哈腰，这样明显地让人觉得不舒服。与人握手，应该同时致以问候，但如条件所限不允许出声，点头也算打了招呼、致了问候。对上级、长辈或贵宾，为了表示恭敬，握手时欠一下身也未尝不可，但绝不可以过分地点头哈腰。

J. 不要交叉握手。有些场合，需要握手的人可能较多。碰到这种情形，可由近及远，依次与人握手。切不可交叉握手（即两个人相握时，另外两人相握的手不能与之交叉）。尤其是与西方人打交道，更应避免交叉握手形成十字图案，西方人认为这是最不吉利的事。

2. 让座

（1）基本动作

①邀请并引领客户入座；

②主动为客户拉开椅子；

③如非正式洽谈，尽量坐在客户左侧或右侧，以拉近与客户的距离；

④应等客户坐定，房地产经纪人员方可入座，更礼貌的做法是上茶后才入座；

⑤入座后，应及时上茶。

（2）注意事项

①邀请时，应伴随热情、礼貌的用语；

②拉椅子时，不应有刺耳的声响，应轻提轻放；

③入座时，房地产经纪人员动作应缓、轻，不宜有太大声音；

④入座后，房地产经纪人员不应有双臂抱胸前或两手靠椅背等不礼貌动作；

⑤待客户坐定后，可见机交换名片。

3. 询问

询问客户是客户接待比较困难的环节。此时经纪人对客户仍然比较陌生，对客户背景、意图、需求一无所知。那么，经纪人该怎么做呢？

（1）基本动作

向客户询问，其基本动作如图6－2所示：

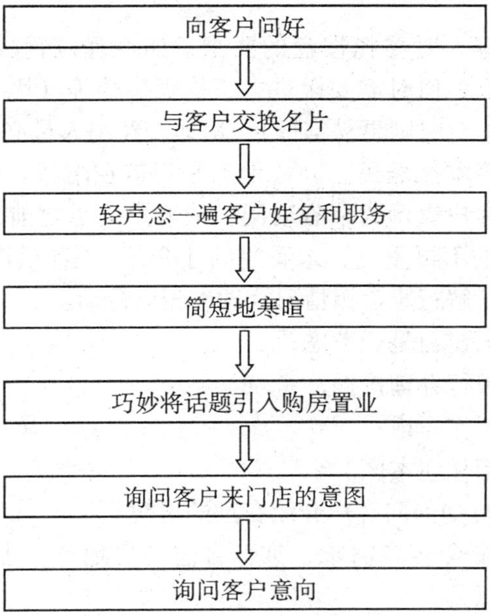

图6－2

（2）注意事项

①不要直奔主题。不要在客户一坐下来就直奔主题；直奔主题式询问，给人以商业味太浓的感觉。可以与客户简短寒暄，聊聊对方感兴趣的话题。如对方是男性，可谈一些男人们关心的话题，如国际形势、热点、投资等。如对方是女性，则可以聊聊时尚。然后再有意将话题往购房方面引。

②套出客户兴趣爱好。在询问中要想办法打探出对方的个人特征，如兴趣爱好、个性追求、身份地位等，套出的客户信息愈多，经纪人下一步就愈能做到有的放矢。

③寒暄要求经纪人有宽广的知识面，无论谈什么都不会冷场，最好根据客户兴趣爱好去找话题。寒暄尽量不谈产品销售主题，但寒暄的结果要巧妙迂回地转到销售主题，同时应避免消极话题。

④选择恰当的沟通方式。询问的方式多种多样，经纪人需要根据个人交流风格以及交流的情境，特别是对方的特点来确定和选择。A. 使用开放式询问。开放式询问指的是对方可以根据我们的问题作多样化回答，它们没有一定的标准答案，也不是只回答“是”或“不是”那么简单。使用开放式询问可以帮助我们在最轻松、没有压力的情况下建立客户对我们的信任。而且开放式询问可以让客户多说话，让客户知道我们真的重视他、在乎他的想法和看法。B. 使用封闭式询问。封闭式询问就是针对特定范围问题，主要目的在于引导客户注意到我们想要强调的重点，让对方朝我们希望的方向思考。使用封闭式询问有助于确认客户需求和锁定客户需求范围。如“你希望住得离城区近些，是吧?”“你希望总价不超过60万元，对吧?”

⑤使用预设性问题。预设性问题可以引导和创造客户需求。客户需求是需要引导的，提问式的引导方式可以让客户思考。预设性打破客户对现状的满足，为我们创造更多销售机会。

（3）询问内容

询问就是仔细聆听客人对委托楼盘的要求，如地理位置、楼盘名称、购买预算、需求房屋大小、购买用途、何时需要搬进去、是否换楼等（因为开始时对客人之要求清晰明确，日后做楼盘配对时则更易掌握）。房地产经纪人员必须询问客人是否去过其他房地产公司看房，是否本区居民，办公地点是否就在附近。倘若客户曾经去过别的房地产公司看房，应向客户表示为节省时间，请客户出示之前别家房地产公司的“看楼书”作参考，已看过的不再重复，未看过的才介绍。客户通常为节省时间，都会乐意出示的，这样我们可了解行家盘源情况及做出相应行动。

①二级市场发展商的楼盘是否考虑；

②客人有否需要在银行办理按揭；

③客人有哪幢楼盘不作考虑；

④家人及朋友是否都住在本区。

（4）房地产经纪人员如何向客户介绍自己的房源

①准备技术资料。配合客户需求，推荐合适的房地产，提供真实、准确的资料，及时提出专业性的参考意见。

②主动介绍房子的相关情况，但切记不要一口气把物业的优惠点全都告诉客户，

留下2至3个优惠点，在客户发现物业缺点或自己陷入僵局时救急，从而把握主动权。

③留给客户适当自由看房的时间及思考和比较的空间（注意观察客户的举动及言行）。在引导客户看房时，应将该房屋的优缺点都列在表上，针对优点款款道来。对于客户提出的缺点，应胸有成竹，立即作答。

④控制时间，不要留给客户太多的思考空间。销售员要把握好时间，并根据不同的客户提出不同的问题，以了解客户对物业的看法。

⑤让客户提问发表意见，熟练快速解答客户疑问。认可客户的想法，就算客户讲的明显不对，也不要去反驳客户，而是加以引导，让客户自己察觉他的问题；应多用反问或双重否定的方式回答客户的问题，客户的信心就会不断得到增强，购房欲望也随之高涨。

⑥为客户做一下总结（每套房子都有它的优缺点，但关键在于自己能不能接受它的一些不足之处。因为，对于房子来讲，它是个既定的产品。不可能去返工或是定做。所以，我们所能做的只是比较一下它的优缺点，是优点多于不足，还是不足多于优点。对于它的不足，自己是不是可以接受）。

（5）介绍房源时应注意的问题

经纪人在向客户介绍房源时，是有一定技巧的。经纪人只有充分掌握了这些技巧，才能更好地利用展示房源所带来的好处。

①找一个好的展示角度。人们总是从一定的角度去观察事物，角度不同会使人获得不同的感受，从而形成不同的印象和看法。所以，经纪人展示、介绍房源的角度应该有助于客户了解房源，使客户感到新奇，从而形成良好的第一印象。经纪人一旦为所推介的房源找到了合适的角度，并将房源以合适的角度展示给客户，就一定会收到好的效果。相反，如果经纪人在展示房源时的角度选择不合理，让客户体会不到房源的好处，就肯定不会取得效果，还会让客户觉得没有兴趣、浪费了自己的时间，从而引起客户的不满。

②找一个好的展示时机。房源展示必须选择恰当的时机，以引起客户的注意。经纪人一旦寻找到了一个恰当的时机，那么他展示的房源就可能吸引更多的客户。也就是说，那时他的展示更能引起客户的兴趣。只有引起了客户的注意才能更好地销售房产。比如，在休息日带客户去参观已交付使用的楼盘，就能让客户感受到浓厚的生活氛围；如果在上班时间去参观，住户都上班去了，效果自然就不太好。

③有一个欣赏自己房源的态度。当经纪人在向客户展示房源时，必须表现出十分欣赏自己房源的态度，这样，经纪人的展示行为才能收到理想的效果。同时，要充分利用客户的听觉、视觉和触觉。如果经纪人一点也不欣赏自己的房源，在展示房源时必然会有意无意显露出来。细心的客户会觉得连经纪人自己都不欣赏自己的房源，其肯定不会是好房源。

4．洽谈

客户一进经纪公司门店，经纪人就进入了与客户的洽谈阶段。洽谈是经纪工作中的关键环节，直接影响到客户的消费心理和行为。一个好的经纪人，可以将没有买房意向的客户变成潜在客户，将潜在客户再变为目标客户（准客户），最终将准客户变为现实客户。

洽谈的技巧很多，归纳起来有如下几点：

（1）注意语速。说话的速度不宜过快，也不宜过慢，应该适中。

（2）制造谈话氛围。谈话氛围很重要，氛围的好坏容易影响谈话人的心情，可以运用眼神、手势、肢体语言，给人一种亲切、随和的感觉。最好让客户面对没有人出入的方位，防止客户分神。

（3）拉拉家常。销售最忌讳一问一答的洽谈方式，很容易给人一种老师提问的感觉。不妨先简短地聊聊无关的话题（不要太久），然后往售楼方面切入。这样，客户会感觉是在和老朋友聊天，感情上容易接受。

（4）制造“饥饿感”。俗话说饥不择食，人在饥饿的时候，会人为地放宽选择条件，并且几乎人人都有这样一种共同的心态：凡是抢手的，就是好的。在洽谈时，人为地制造一些“饥饿感”，以显示某房源很抢手，如果现在不买，过一两天可能就没有了，从而激起客户的购买欲。

（5）集中精神。谈话时要集中精神，不能左顾右盼，否则客户会认为你不尊重他们。

（6）适时恭维。在客户谈话时，一定要适当地抓住时机恭维对方，为对方营造好心情。

（7）销售建议。也许你无法成功地将房源和客源进行配对，但肯定能也应该能让每个人都明白你的建议。这时，你应向客户再次陈述房源的优点、高附加值以及优惠条件。另外，还要说一下业主是如何可靠和稳定，以及业主的相应的优惠条件，同时还要一展你的本领、才能和学识，言简意赅地说明购买程序和有关交易条款及注意事项等。

5. 送客

（1）基本动作

①客户离开时，无论是否成交，都应送客至大门外或电梯间；

②对成交客户再次表达祝贺；

③对未成交客户表达谢意，并相机再次提出邀请；

④目送客户。

（2）注意问题

①无论是否成交，经纪人的态度都应亲切并始终如一。

②以恰当方式表达谢意。经纪人可以：

A. 留给客户快乐的回忆。对客户表示真心感谢，同时保持自己行为进退适宜、合乎礼仪。不论客户是否购买，都应说“谢谢您听我的介绍”。

B. 态度中肯，不卑不亢，有礼有节，不给客户强迫推销的感觉，也不让客户觉得你有求于人。

C. 留下联系方式，强调售后服务的完善。

6.4.4 不同类型客户接待

对客户（这里主要指个人客户，即购买产品与服务的零售客户）的划分可以有不同的角度，以下就客户行为表现的不同类型加以分析，并提出相应的客户接待建议。

1. 自我中心型

自我中心型客户对自己认定的目标感兴趣，不在乎经纪人的产品介绍，其行为表现为：

(1) 不会认真听你说，不在乎你说什么，除非你说的正好与其想法一致；

(2) 自主性强，不喜欢他人的介入，不易受流行文化和广告宣传的影响，他们喜欢自己寻找和了解；

(3) 不会轻易作购买承诺，对你所说往往持怀疑态度。

对这样的客户，我们建议：

(1) 向他们提一些与他们需求相关的问题；

(2) 要给他们提供选择的自由，少为他们做主；

(3) 在销售中不要说无关紧要的话，也不要问些无足轻重的问题；

(4) 他们讲话时不插话，认真倾听，表现出最大尊重。

2. 心胸开阔型

很多缺乏经验的经纪人错误地把心胸开阔误认为是缺乏心眼。这类客户在购买中会表现出：

(1) 态度友好，彬彬有礼；

(2) 会产生兴趣，如果你的话听起来有吸引力；

(3) 会提出中肯的异议，不会过分为难你；

(4) 如果你做得好，会向你购买产品。

你可以做到：

(1) 以礼相待；

(2) 坦诚面对。

3. 犹豫不决型

这类客户不会做决定，也很难决定什么，许多情况下你得给他们拿主意。这类客户的特点是：

(1) 不能做决定，不能直截了当处理问题，面对面交谈时，无法保持目光接触；

(2) 敷衍、拖延，不会承诺什么；

(3) 易受周边人影响。

你可以在面对这类客户时，注意适当“控制”：

(1) 说话的口气和方式要明确肯定；

(2) 不要让他们控制时间，应由你定时间、决定交流时间的长短；

(3) 不要给他们太多建议和太多选择，最好只给两个；

(4) 不要威胁他们，但你的态度要坚定，说话尽量直截了当。

4. 精明型

取信这类客户不易，但一旦获得他们的信任，他们会非常忠诚。这类客户的特点是：

（1）他们不会轻易被你打动，他们有自己的想法，非常固执；

（2）直言不讳，甚至有时显得简单粗暴；

（3）他们属于控制型的人，他们用一大堆问题和言辞吓退对方。

面对这样的客户，你应注意：

（1）尽可能表现对他们的尊敬；

（2）安抚、肯定他们，再见机说出自己的观点；

（3）挑战他们的好奇心。

5. 讨价还价型

这类客户好像买不起什么东西，不过你可别信他们。这类客户常常表现出这样的特点：

（1）他们关注价格，很少问及诸如产品品质类的问题；

（2）往往以“弱者”形象示人；

（3）喜爱挑剔你的产品和服务。

针对如此客户，你可以：

（1）不要随意让步；

（2）不接受对方的报价；

（3）不要让他们看出你的底牌。

6. 多疑型

多疑型的客户只信自己，很少相信别人，其共同特征是：

（1）眼光独到；

（2）言辞尖锐；

（3）怀疑一切；

（4）态度模棱两可。

对这类客户，经纪人应该：

（1）态度坚决，充满自信；

（2）针对怀疑提出实证；

（3）以绝对结论回应客户疑虑。

7. 无所不知型

这种人被称为“购买专家”，其特点是：

（1）对你以及你的产品或服务很了解；

（2）提出的问题让你应接不暇；

（3）会打断你的话，故意扰乱你的思维；

（4）会显得心不在焉，但实际上很专心。

面对这种类型的客户，经纪人应做到：

（1）专心听他讲，留意其说话内容与方式；

（2）迎合其自尊心理，多给一些恭维；

（3）引起他的好奇心，给他制造些有关产品的悬念。

8．摆架子型

与以自我为中心的客户相比，这类客户姿态高，喜欢摆架子，不太容易接近。其特征为：

（1）是一种不太尊重别人的人；

（2）态度拒人千里，傲慢；

（3）目光明显有对别人的轻视；

（4）在穿着打扮上爱“显摆”自己。

对付这种客户的办法是：

（1）低姿态，以满足其虚荣心；

（2）在交谈时，多给予肯定，让他感到受重视；

（3）与其保持适当距离，太近则招致反感，太远则带来抱怨。

6.5 促进客户

经纪人在客户服务中必须注意把握促进交易的时机，把经纪工作重点及时转向决定交易的环节。有些经纪人缺乏的就是对交易信号的敏感性和“推客户一把”的信心与技巧，做了很多却功亏一篑，殊为可惜。

6.5.1 促进客户的时机与信号

1．促进客户的时机

当客户表现出对你的房源有兴趣，才是促进交易的时机。客户无兴趣，经纪人就应避免表现出促进交易的意图。不合时宜的促进，只会导致客户反感。

经纪人该在什么时候才实施方案呢？事实上，我们如果关注客户购买心理的阶段性变化，如关注、表现出有兴趣、产生联想、激起欲望、比较、下决心及提出异议等情绪变化，那么这里每个阶段都会出现促进客户交易的时机。

2．促进客户的信心

通常情况下，客户购买时往往会再三斟酌，而不是果断地、主动地提出签约要求。但是，客户在对某套房有强烈意向时，总会通过语言或神情、动作发出一些购买信号，这样的信号很可能转瞬即逝，因此，经纪人一定要及时发现这些信号，并准确把握时机促进客户以引导成交。

可以从以下三方面去捕捉促进客户的信号：

（1）语言信号

①客户询问房子或支付的细节，如交房日期、交房手续、物业费用、房产证办理、房款折扣与优惠、按揭付款方案等；

②客户询问业主的其他信息；

③客户坦诚告知自己的财务状况及支付能力；

④客户对经纪人的服务表示赞赏；

⑤客户话题开始集中于某一点或某一面，如将价格与其他楼盘相对比等；

⑥客户征询同伴意见或与同伴讨论；

⑦客户不断认同经纪人的建议；

⑧客户询问折扣优惠的政策或频频要求价格让步；

⑨客户对经纪服务后续的具体事项表示关注，并提及细节问题，如交房流程、验房、投诉和纠纷处理等。

（2）表情信号

①皱着眉头，进入思考或犹豫状态；

②表情由冷漠、深沉转为自然、随和；

③眼睛转动由快而慢，眼神发亮而有神；

④由若有所思转为明朗轻松；

⑤抿紧的嘴唇放开，并直视经纪人；

⑥听介绍时眼睛睁大，闪闪发亮。

（3）行为信号

①反复、仔细翻看购房合同及其他资料；

②仔细查看按揭方案及利率表；

③积极参与到与经纪人谈话中并不断点头，对经纪人的话语及动作很关注；

④坐姿由前倾转为后仰，身体和语言都变得轻松；

⑤倾斜身体靠近经纪人，以便认真听经纪人的讲话；

⑥突然用手轻敲桌子或身体部位以帮助自己集中思路；

⑦突然认真直视经纪人；

⑧由滔滔不绝突然变得沉默不语；

⑨不再提问，转向思考。

6.5.2 促进客户的方法

1. 直接促进法

直接促进法是经纪人在确认客户对房子的意向比较强烈，并解答了客户问题后，顺势提出成交建议的一种方法。直接促进法简单明了，快速高效。但其缺点表现在：如时机把握不当，易给客户太大压力；有可能造成经纪活动无疾而终。因此，直接促进法适用于老客户、有购房经验的客户、善于思考分析的客户。

直接促进法的三段式话术分为三步：

（1）询问客户对房子的看法和满意程度。如“您觉得这套房子怎样?”“这套房子您满意吗?”

（2）询问客户存在的异议和问候。如“您有什么担心或问题吗?”

（3）提出成交建议。如“我们一起来看看合同好吗?”“我们一起算算这套房需要多少投资，好吗?”

2．综合提炼法

综合提炼法就是将房地产经纪人员以前拜访潜在客户时双方已经达成的共识一一加以复述，从而促成潜在客户尽早作出购买决策的一种手段。采用这种方法，可以从正向和反向进行归纳，利用逻辑性的特点，便于潜在客户进行回忆与联想。不过，采用这种策略需要注重首要性、重复性与深刻性。所谓首要性，就是开始就要开宗明义地提出重要内容与关键要点；重复性，就是将可能合作的重要内容，从不同角度多次提出并与潜在客户不断探讨；深刻性，则是用不同的措辞描述关键要点与重要内容，用相关案例与潜在客户交谈，以使潜在客户留下深刻的印象。运用综合提炼法，房地产经纪人员并不明确要求客户回答，但客户默不作声地听着对有关利益的综述，就已经表示了无言的认同。

综合提炼法的作用，在于能够使客户回想起之前已经认同的买方利益。这一方法还能使客户重温自己在早些时候提出的已由房地产经纪人员做了满意答复的某些异议。

在运用综合提炼法时，房地产经纪人员应以客户最认同的利益作为开始，以客户曾提出异议的利益作为结束，这一策略的目的就是激起客户作出交易决定的冲动。客户一旦对某个关键问题真正从内心认同，随后对相关的其他问题就不会产生太大的异议，一系列出自内心的认同感，将确立起不会动摇的交易决心。

3．稀缺性法

稀缺性法就是指向潜在客户表明房地产经纪人员所在公司的产品或服务的稀缺性，利用其"怕买不到"的心理，从而促成交易。人们越是得不到的东西，就越想得到它。譬如，房地产经纪人员可对准客户说："这个房源很抢手，已经有几个客户来询问过了。"或者说："因为业主急于出国或者去外地，所以价格有相当大的优惠。"

4．对比促成法

对比促成法又称为"T"形策略，即运用对比平衡方式来促使潜在客户作出购买决策。房地产经纪人员需要在潜在客户参与的情况下，在一张纸上画出一个"T"形分区，房地产经纪人员与潜在客户一道来完成对比分析，将潜在客户购买的原因一一列举在"T"形分区的左边，同时将不购买的原因列举在"T"形分区的右边。

运用"T"形策略，要求房地产经纪人员根据轻重缓急对需要解决的问题进行排序，客观而全面地列出购买或不购买的原因。虽然潜在客户不在场也可以做"T"形分析，但建议最好能有潜在客户的积极参与，这样不仅能加快"T"形分析，而且能使"T"形分析更为深入，进而激发潜在客户的购买欲望。

5．连续诱导促成法

连续诱导促成法是让客户对一系列问题做习惯性的肯定回答，进而促使客户作出交易决定。房地产经纪人员向客户提出一组综合各项交易重点的问题，每个问题都精心组织成让客户必然作出肯定回答的形式，而最后一个提问自然是关于成交的。

房地产经纪人促使客户肯定回答，有多种提问方式可供选择。例如："您同意我们的观点吗？""您以前从未碰到过这个问题吗？""对此您以前是否有所耳闻？"另外，房地产经纪人员还可以选择能促使客户以"噢"或"对"作答的一些说明。

通过提出一些极容易导致肯定回答的、有明确事实依据的问题，使客户感到坦然，这是非常有益的。客户作出的肯定回答越多，就越有可能表示认同。

当客户对有关问题作出否定回答时，房地产经纪人应该立刻作出相应的解释，并提出新的替代性问题。例如在价格问题上遭到客户的否定时，可略加解释后再次问："价格对您来讲是重要的原因，是吗?"

6. 实证促成法

实证促成法就是指房地产经纪人员事先预估潜在客户在要求促成交易的时候会在哪些方面提出问题或异议，而就这些问题或异议的解决准备实证事实依据。若实证事实依据能够迅速地消除潜在客户的种种顾虑，则能促使潜在客户快速地作出购买决策，尽早促成交易的达成。由于感情冲动型客户喜欢刺激、快速和挑战，实证促成法对这类客户是一种很有效的方法。但如果有明显的摆布客户的倾向（如房地产经纪人员向客户强加某些观点），实证促成法将适得其反。因此，在运用实证促成法时，房地产经纪人员仔细观察客户的行为和准确揣摩客户的真实意愿特别重要，此外，实证促成法对神经过敏型客户也颇为有用，房地产经纪人员可以用各种事实来打消这类客户的担忧。

7. 特殊服务法

特殊服务，包括特殊供货、特殊付款条件、特殊结算方式以及特殊售后服务等若干种。该策略针对那些犹豫不决、拖拖拉拉不愿尽快作出购买决策的潜在客户很有作用。因为采用特殊服务法，意味着房地产经纪人员在向潜在客户暗示，现在决定购买就能享受某种特殊的服务，这往往是房地产经纪人为争取某些重要客户而作出的一种政策性倾斜。对潜在客户来说，特殊服务法让他们感到在与房地产经纪人员的持续谈判中他们占据了主动，获得了更多，因而能很快达成合作，促成交易。

6.6 客户追踪

经纪人与客户初次接触，并不意味交易就能完成。毕竟，购房对于一般家庭而言是件大事，他们肯定会非常慎重，这就需要经纪人对客户进行追踪。从另一方面，即使交易完成，也不能"相逢开口笑，过后不思量"，保持与客户持久的联系正是现代客户服务至关重要的一环。

6.6.1 客户追踪的准备

1. 客户追踪准备工作

（1）选择要追踪的客户

不是所有客户都需要追踪，比如客户对你的房源本身并无兴趣。也不是所有客户都能追踪，比如有的客户你根本不知道如何与他联系，或者客户改变了联系方式而你并不知晓。因此，要追踪客户你必须事先确定需要和可能跟踪的客户名单。

（2）熟悉要追踪客户的资料

追踪客户前，经纪人应检查客户资料，对客户深入分析，尤其是对客户的一些基本情况和客户的意见、看法应认真梳理，看看能否找到一些机会和突破口。否则你就会在追踪客户时又说“重复的话”。这对客户毫无意义。

（3）选择追踪方式

客户不同，其接收信息的方式就会有差异，可以采用的跟踪方式很多，如电话、登门、邮寄等。你可选择一个客户愿意接受的方式。

（4）掌握追踪时间

如与客户有约定，就一定要在约定时间与客户联系；如无约定，则应根据客户意愿强烈程度和具体情况而定。时间的选择当然以客户方便为宜。

2. 客户追踪准备的注意事项

（1）准备要充分。为了说服某一客户购买自己推荐的房源，房地产经纪人员常常要做第二次、第三次甚至更多次访问。每次访问都需要做好充分的准备，尤其是要了解客户方面的动态，而了解客户最好的方法莫过于直接接触客户。如果每次访问之后，房地产经纪人员不主动与客户联系，就难以获得更有价值的信息，就不能为下一次访问制订恰当的策略。如果房地产经纪人员在两次拜访之间不能随时掌握客户的动态，那么下一次拜访时，他就得重新制订推销方法。

（2）筛选出有价值的客户。房地产经纪人员通过对未成交的客户进行跟踪，可以对其进行分析鉴别，找出值得建立关系的优良客户。房地产经纪人员不可能在每个未成交客户身上都花费大量的时间和精力建立关系，必须选择那些符合特定条件的未成交客户，作为发展关系的主要对象。一般来说，首先要剔除根本没有需求的客户，然后根据购买能力、近期采取购买行动的可能性等标准，找出值得建立关系的客户。

（3）改变客户对经纪机构、经纪人员及房源的态度。改变客户对经纪机构、经纪人员及房源的态度是经纪人员进行客户追踪的基本目的之一。在客户拒绝采取购买行动之后，如果经纪人员从此不再与客户接触、不与之发展关系，也就失去了改变客户态度的机会。而如果经纪人员能够利用第一次访问的契机，发展与客户的关系，逐步培养个人之间的友谊，就可能改变客户以前的认识，从而有机会说服客户采取购买行动。

（4）从成交失败的那一刻开始。与未成交客户建立关系，必须从最初成交失败那一刻开始。面对初次努力的失败，房地产经纪人员一定要表现出真诚、诚恳的态度，给客户留下良好的印象，为以后建立关系奠定基础。对待未成交的客户要像对待已购房客户一样友好、热情，感谢客户给予我们宝贵的机会。这种正确的态度同样可以赢得客户好感，甚至可以直接导致成交机会的出现。

6.6.2 直接登门追踪

在房地产经纪过程中，运用登门拜访潜在客户的方式并不是很多。因为对于经纪人员来说，客户追踪的最主要目的是为了让客户记住经纪人员并把客户再次吸引到门店来面谈。因此，登门拜访的客户追踪方式在房地产经纪中，主要运用在拜访集团购买的客户或者已经成交的个人客户上。

对已经成交的个人客户的拜访多为一种售后服务，是为后续的销售做准备的，同时还可以获取有关客户的市场调研资料。通过登门拜访，可以了解客户对所购买房子的满意度，并咨询客户对后续开发的意见，同时为客户解决一些疑难问题，从而促进房地产经纪人员与客户的关系。而且，现在的客户不但有可能会成为将来的客户，还有可能介绍其他新的客户。

6.6.3 电话拜访

1. 电话拜访前的准备

（1）明确电话拜访的目的；

（2）备好相关资料以备查阅；

（3）拟订谈话内容；

（4）预先设想一些可能遇到的客户问题并想好如何回答；

（5）心理上做好准备，以轻松心态应对。

2. 电话拜访的时间选择

（1）原则上应尽量避免周一拜访，因周一大家都比较忙；

（2）应注意不同年龄、不同职业的作息时间习惯；

（3）应注意不同年龄段客户的生活、工作时间。

3. 电话拜访的流程

（1）问候，自我介绍；

（2）迅速进入主题；

（3）结束前对客户表达谢意。

主要概念（明确基本认识，准确把握概念）

1. 客户

客户是相对于产品或服务而言的。所有购买产品或服务的个体或群体都可称为客户。从房地产经纪角度看，客户既包括房源提供者如卖主、房主，也包括各种对房源有兴趣、有需求，潜在或现实的购房者。

2. 潜在客户

潜在客户是指企业在确定目标市场后，在目标市场中那些有购买要求、购买能力及购买权力的购买者。潜在客户的寻找、确定和开发，既是企业营销之核心，也是经纪人实现更多交易的重要内容。

3. 客户服务

从广义上看，任何能提高客户满意度的内容都可看成是客户服务。房地产经纪活动中的客户服务贯穿经纪活动全过程。

4. 认知客户

认知客户是指经纪人通过对客户心理与行为的理论分析与实践经验总结，在头脑里确立客户至上观念，以更好地做好客户服务。

5. 约见客户

约见客户是经纪人经纪活动中向客户告知信息和邀客上门的一种重要手段，它要求经纪人有诚意，有明确的目的，有相应的礼仪与技巧。

6. 接待客户

在本章特指从客户上门到送客的完整流程。接待客户是实现交易的第一步，是保证客户满意的基础和关键，其重点在如何针对客户的不同需要作出有效应对。

7. 促进客户

促进客户是指在与客户签约前，经纪人对客户决策的积极影响。这种积极影响能帮助客户作出最终交易决策，经纪人应以自己的诚意和有效的促进技巧去赢得对客户促进的满意结果。

8. 客户追踪

客户追踪是指经纪活动中争取客户、维系客户的重要方式。它可分为交易前对未成交客户的继续争取和交易成功后对老客户关系的持续维系。客户追踪的价值既体现为更多的交易机会，更体现为老客户的品牌忠诚与口碑传播价值。

9. 客户信息

客户信息是指能全面反映客户情况的资料，它有助于了解客户并制定相应的客户战略与对策。客户信息一般包括基本资料、受教育状况、家庭情况、人际情况、事业情况、生活情况、个性情况、阅历情况等。

10. 客户满意

客户满意是指客户接受有形产品和无形服务后感到需求满足的状态。

基础训练（描述业务情景，提出实训要求）

基础训练1：电话约见客户

基础训练2：迎接客户的基本礼仪

案例分析（运用基本知识，分析案例问题）

小红的问题

有一天，小红接待了一位客户。为了促使客户下单，小红罗列了一大堆房子的优点。没想到，客户听完小红的介绍后，却冷淡地对小红说：“你把你房子说得那么好，怕是你自己想出来的吧？我看这房子就很一般。”

“怎么会一般呢？你难道真看不出我们房子的优点吗？”小红说。

客户：“我就是没看出来，只是听你说。”

小红：“那你要怎样才相信呢？我说也说了，你看也看了。”

客户：“好房子自己会说话的，你自己卖的瓜好不好你心里有数。”

小红：“我就觉得这房子好！”

客户：“那你自己买了吗？买了几套？”

小红："我哪买得起呀!"

客户："你买不起，笑话，你不是说房子好，价格便宜吗？怎么买不起，我看你心里知道这房子不怎么样吧!"

小红：……

案例思考题

1. 小红在接待客户中存在的问题是什么？
2. 小红应该如何做，才能有效争取到这位客户？

练习题

一、判断题（运用基本知识，判断对错）

1. 客户至上观念要求经纪人从客户需求出发去考虑客户服务问题。
2. 客户要买的是房，因此，只要抓好"房源"就能满足客户需要。
3. 寻找客户的过程其实就是房源与客源匹配的过程。
4. 约见客户的终极目的是邀客上门。
5. 接待客户讲的其实就是如何礼貌待客。
6. 只要给客户施加足够压力，客户就会签单。
7. 无论是否成交，都应做到客户服务有始有终。
8. 面对客户提出的敏感问题，经纪人的答复应有足够弹性。
9. 经纪人在评价竞争对手所提供的房源时应尊重对手，并点到为止。
10. 客户没有当场下定或签约代表交易的失败。

二、简答题（简要回答基本问题）

1. 经纪人如何把握认知客户切入点？
2. 约见客户，经纪人应该注意哪些问题？
3. 为什么接待客户需要更加注意服务的细节？
4. 你认为经纪人如何才能把握促进客户的"火候"？
5. 对客户追踪为什么是房地产经纪人的必要工作？如何才能有效追踪客户？

三、业务分析题（运用业务知识，分析说明问题）

十全十美的房子是不可能存在的，有购买意向的客户在参观现房时往往会不断挑剔房子的种种缺陷。经纪人应对这种状况的最有效方法就是回归客户需求，直击客户最关注的利益与价值，自然而然淡化甚至消除房子缺陷的影响。

问题1：经纪人如何才能把握客户最关注的利益与价值？

问题2：经纪人如何淡化房子的缺陷？

四、技能操作题（运用专业知识，训练操作技能）

现有一针对都市白领阶层的楼盘，请根据都市白领的特点，分析并找出接待这类客户的要点。

第7章　交易促成

■ 学习目标

1. 知识目标

了解交易促成内容、环节和程序；了解交易促成的操作实务和技巧。

2. 技能目标

能够运用有关知识，进行交易促成的实务操作。

■ 学习内容

1. 房源配对
2. 带客看房
3. 沟通洽谈
4. 客户跟进
5. 处理异议
6. 促使下定
7. 收取定金
8. 获取佣金

■ 引导案例

二手房买卖不简单

杨宝祥（卖房人，甲方）欲出售房屋一套，该房屋坐落地址在成都市青羊区太白山路××号，建筑面积141.15平方米，房屋报价110万元。曾凡伯（买房人，乙方）欲购买该房屋，出价98万元，分三次付款。通过成都房天房产信息中心（经纪公司）与双方沟通洽谈，最后以104万元成交。双方签订了《房屋买卖协议》一份，协议内容为：乙方购甲方房屋，交接房屋日期2012年5月，乙方支付定金5万元；中介服务费15 600.00元，由买房方支付，待交易完成，房屋过户后一次付清；双方买卖协议达成后由中介方负责办理交易手续，甲乙双方如违约应负违约责任，赔偿经济损失10万元；本协议于2012年3月26日签订，自签订之日起生效，房屋交易手续办完后，乙方将房款一次性付给甲方。甲方负责房屋所欠的一切费用，包括水、电、煤气、供暖、电话、有线等。

经双方协商同意，乙方在过户更名后，在2012年5月15日再付甲方人民币80万元，其中包括定金。甲、乙双方过户更名再付甲方人民币15万元。欠甲方的4万元，待甲方搬家结清费用交门钥匙后，乙方将全部房款余款付给甲方（甲方应保持室内完好）。此协议不开任何收据凭证，以收条为准。黄雨东（经纪人员）在该协议上签了名，并加盖了成都房天房产信息中心的章。甲方与乙方于2012年3月26日签订《补充协议书》一份，内容为：甲方应保持室内设施齐全无损坏，室内双人床、小鱼缸、电脑桌椅、茶几，背投音响、DVD、功放机、饮水机一台、空调、沙发、钟、鱼缸、花瓶、茶几、圆凳8个、壁画，南屋壁柜、沙发、电视、双人床，厨房冰箱、饭桌、炉具、油烟机，卫生间洗衣机、太阳能，北屋立柜、梳妆台，以上物品归乙方所有。

2012年3月26日，杨宝祥给曾凡伯出据收条一张，内容为：今收到买房人曾凡伯交来的买房定金5万元整。黄雨东于2012年5月26日给曾凡伯出收条一张，内容为：今收到曾凡伯中介费15 600.00元整，该收条加盖了成都房天房产信息中心（经纪公司）的章。卖房信息是杨宝祥用电话在该经纪公司登记的。

引导案例引发的思考：

1. 二手房买卖为啥不简单？

2. 你能够从这个二手房买卖案例中看出经纪人员开展这项经纪业务应当掌握哪些基本要点？

3. 这个二手房买卖案例中签订了几份协议？分别反映了哪些内容？

4. 这个二手房买卖案例中签订的协议份数齐全吗？为什么？

房地产经纪人员在掌握了房源和客源之后，要做的工作就是通过成功配对，撮合双方，促成双方达成交易。这项工作就是我们这里所说的交易促成。交易促成是房地产经纪活动的目标和终点，房地产经纪中的其他各项工作都要以交易促成为中心。房地产经纪机构的各项工作都要服从和服务于交易促成；房地产经纪活动的检验标准，就是看交易促成的成功与否；交易能否促成，决定着经纪人员业绩的高低和报酬的多少，决定着经纪机构的生存和发展。

交易促成既是一个非常重要的问题，又是一个非常复杂的问题，对专业业务要求很强。从房源配对开始，经过带客看房、沟通洽谈、跟进客户、处理异议到促使下定、收取定金，其过程是相当复杂的。要完成这一过程，既需要具备一些基本知识，更需要掌握不少业务操作方法和技巧。本章即对这些问题做一一介绍。

7.1 择优配对

配对是交易促成的起点，只有及时、恰当地进行配对，才能够让交易促成有个良好的开端。

7.1.1 认识择优配对

择优配对是指房地产经纪人员在充分了解房源业主和购房、租房客户双方各种需求的基础上，为双方寻找各自满意的对方的一种经纪活动。

择优配对首先是配对。每一个房源业主和购房、租房客户都有不同的需求，房地产经纪人员需要在茫茫房源和客户中为对方寻找到他们各自满意的对象绝非易事，既需要投入大量的精力，又需要有丰富的业务经验。

择优配对强调的是在择优的基础上配对。经纪行业中流行着这样一句话：配对容易择优难。“择优”不仅要使交易双方满意，还必须有时间的要求，即在尽可能短的时间内满足他们的要求。如果做不到这一点，业主和客户就会流失到别的房地产经纪机构去。

房地产经纪活动是一种中介活动，它的基本功能和作用就是为交易双方牵线搭桥，而牵线搭桥的功能还只是房地产经纪活动的手段、过程，牵线搭桥的目的，是使交易双方交易成功。因此，能够为双方寻找各自满意的对方对于达到目的就是非常关键、至关重要的了。

7.1.2　择优配对的程序

择优配对是一个科学性、技术性和业务性极强的工作，既需要有相应的专业知识，又需要有一定的业务能力，更需要有科学的态度和工作方法，需要有一套科学的工作程序，因此，需要对择优配对的程序做必要的了解。择优配对的程序如下：

1. 了解需求

什么是需求？从一般意义上讲，所谓需求，简而言之就是消费者的一种期望，而这种期望一定是针对消费者日常行为中的某种存在的问题。因此需求的定义应该是消费者日常行为过程中针对问题的一种期望。结合消费者的消费实践，消费者对特定商品消费需求的基本内容包括如下方面：第一，对商品基本功能的需求；第二，对商品质量性能的需求；第三，对商品安全性能的需求；第四，对商品便利的需求；第五，对商品审美功能的需求；第六，对良好服务的需求。

而对于房源业主和客户来说，其需求除了具有“需求”的一般含义外，还具有一些个性化的期望。

对于房源业主而言，他们的期望是能够找到一个比较干脆、爽快的客户，无论在价格方面，还是在接受的条件方面，都能够很快地接受，使业主能够及时、保险地收到房款，也就是说，业主能及时地将房屋出售或出租出去，同时能够有一个较好的收益。

对于购房或承租的客户而言，他们的期望从总体上讲，是想用较少的钱得到他们想要的房屋。而具体到不同的客户，其需求却各有差异。

客户的不同性格、职业、年龄、性别、阅历、收入、地位不同，由此产生的需求也不同，这些不同的需求大体可以划分为以下几种类型：第一种，求实用型。追求使用价值、实际效用、内在质量等。例如：选择房屋侧重于采光、通风、使用面积、结构、防潮、隔音、隔热等。第二种，低价位型。选择房屋追求价格优先，把价格放在首要位置。第三种，求方便型。追求房屋的使用过程中的生活、交际的便利。如：供水、电、气、电话、宽带网络、有线电视、交通、配套的商业设施、人际交往的群体等。第四种，求新颖、美观型。选择房屋追求的主要是房屋的建筑风格、与生活相关的区域环境、景观等。第五种，求保值、增值型。选择房屋追求区域发展前景稳定向好。第六种，投机、投资获利型。选择房屋追求地段人气指数高。第七种，追求建筑文化品位型。选择房屋希望能体现中国的传统文化或体现运动与时尚的完美结合的现代生活文化。

掌握交易双方的需求是我们进入成功优化配对大门的金钥匙。

那么，在经纪工作中，我们应该如何才能发现和挖掘出这些需求来呢？通常可以采用的方法有以下两种：

一种是直接询问法。这种方法是将所拟调查事项，派出访问人员直接向被调查对象进行交谈、询问以获得所需资料的一种最常见的调查方式。这种方式具有回答率高、能深入了解情况、可以直接观察被调查者的反应等优点，集中起来，较别的方法能得到更为真实、具体、深入的资料。通常是双方面对面。通过电话和被调查者进行交谈以收集资料也可以视为直接询问法。使用这种方法进行调查的主要优点是，收集资料快、成本低。

另一种是问卷调研法。这是调查者把事先设计好的调查问卷或表格给被调查者，要求被调查者自行填妥，借以收集所需资料的方法。其好处是：调查范围大、成本低、被调查者有充分时间独立思考问题。然而这种方法对问卷的设计以及访问者有着较高的要求，因为采用直接询问的方式通常被访者的回答容易受到影响，而他们给出的答案要么是他已经见到、听过的，要么是一些较为理想化的期望，很难真正实现。

2．初步配对

初步配对是对提出需求的业主和客户双方，按照各自的需求，为他们初步寻找各自的“对象”。初步配对的目的是为双方大致锁定目标，以便在此基础上进一步确定目标。初步配对在操作上，通常需要为各方预选3～5个候选对象，供他们挑选。

初步配对是配对环节的初选，因此，房地产经纪人员要本着对交易双方负责任的态度，需要根据双方的需求和本经纪机构所掌握的房源和客源资源，尽可能地做到全范围遴选，从中选出可供各方预选的基本能够符合要求的3～5个候选对象，让交易双方各自进行比较和挑选。从房地产经纪业务的实践情况来看，在一般情况下，只要房地产经纪人员能够比较充分地了解双方的需求，能够在足够多的房源客源中负责任地遴选，总是能够找出双方比较满意的对方的。如果达不到这种结局，还需要再一次遴选，直至找出恰当的候选对象。

3．择优配对

择优配对是在初步配对的基础上进一步精选，是配对的优化过程。经过初步配对，房地产经纪人员为交易双方大大缩小了选取“对象”的范围，双方各自可以在经过房地产经纪人员精心遴选的基础上，按照各自的需求和意愿，在一个较小的范围内进行挑选。在预选的3～5个候选对象中选出1～2个待定对象。至此，择优配对的工作就可以告一段落了。

在择优配对环节，房地产经纪人员要做的工作重点，要放在向交易双方尽可能全面、充分、细致和深入地展现、介绍候选对象各方面情况上，要能够让双方尽可能详细地了解对方的情况，能够作出科学、理性的判断和选择。一般说来，只要初选配对做到位了，择优配对环节都会是比较顺利的。因为，从逻辑上说，交易双方都不会毫无理由地否定他们在初选配对环节所作的选择。

7.1.3　成功择优配对的要诀

1. 充分沟通

择优配对能否成功的重要条件之一，就是房地产经纪人员能否与业主和客户进行充分沟通。通过与他们的充分沟通，可以了解到他们许许多多详尽的信息，包括他们的性格、兴趣、爱好，包括他们的“私房话”，而这些信息可以称为“软信息”，这些信息比之于那些常规的“硬信息”，如价格、面积、区域、地段等，在择优配对过程中更为重要，因为这些“软信息”能够使房地产经纪人员进入他们的内心世界，进入他们的精神领地。要做到充分沟通，就需要与业主和客户多交谈，和他们交朋友，让他们了解、信任房地产经纪人员，让他们感到他们与房地产经纪人员谈话投机、关系良好。

2. 量体裁衣

量体裁衣讲的是在择优配对中，要能够充分体现业主与客户交易双方的客观情况和实际需求，量身定做他们各自需要的“衣服”，而不是不负责任地、一厢情愿地搞“拉郎配”。搞“拉郎配”的做法，只能是适得其反，事与愿违，往往是费力不讨好，交易双方都不会买账。要做到量体裁衣，关键是要摆正房地产经纪人员与交易双方的位置。在房地产经纪活动中，房地产经纪人员是为交易双方提供服务的，是服务员、是仆人；而业主和客户是接受房地产经纪人员服务的，是贵宾、是主人。房地产经纪人员的服务，必须符合业主和客户的要求，满足他们的意愿，体现他们的意志，而不是相反。房地产经纪人员只有具备强烈的服务意识，才可能尽职尽责地做好“量体裁衣”的工作。

3. 强力举荐

强力举荐是指在择优配对环节，房地产经纪人员要在充分了解业主和客户需求的基础上，能够充分利用自身的专业知识和从业经验的优势，积极、主动地引导业主和客户，说服业主和客户，让他们了解、理解和认同房地产经纪人员给他们提供的选择方案。业主和客户由于各自的认识水平、观察视角、理解能力以及立场观点都存在较大的差异，而这种差异要想在较短时间内消除或缩小是很不容易的，因此择优配对需要尽可能地速战速决。“机不可失，时不再来”，要成功地择优配对，容不得慢条斯理的“三思而后行”，否则只会错过良机，空留遗憾。

因此，强力举荐也是房地产经纪人员对业主和客户高度负责任的表现，是为业主和客户提供优质服务的表现。如果没有必要的强力举荐，始终无法配对成功，无法促成业主和客户双方成功交易，那么何谈对业主和客户高度负责任？何谈为业主和客户提供优质服务？

7.2 带客看房

7.2.1 认识带客看房

带客看房是指优化配对成功结束后，客户充分了解了房源的基本信息和情况介绍，有交易愿望时，为了让客户进一步对房源有一个实际感受，也为了让客户验证房地产经纪人员介绍房源的真实可信程度，由房地产经纪人员带领客户实地考察房源实际情况的一种经纪业务活动。带客看房是交易促成工作流程中非常重要的一环，也是我们对客户进行深入了解的最佳时机。这一过程把握的好坏直接影响到交易的成功与否。带客看房把握得好，即使这次没有成功，也使我们对客户的需求和购房心理有了更深一步的了解，对以后的工作也会有很大的帮助。

带客看房的目的，就是要让客户对他欲交易的房屋、区位、环境等实体状况有一个直观的了解和体验。房地产经纪人员在带客看房时必须明确其目的，在带客看房过程中要始终把如何到达这个目的放在首位。如果带客看房后没有达到这个目的，客户对房屋、环境等情况不甚了了，感觉不清、感受不深，又如何能够下决心、做决策?

7.2.2 带客看房的程序

带客看房的程序既反映了房地产经纪业务工作的流程，也反映了业务工作的科学和经验。了解带客看房程序可以让房地产经纪从业新人避免走弯路、尽快进入角色。带客看房的程序可以概括为三步，即：带看前、带看中和带看后。

1. 带看前

“带看前”是指从房地产经纪人员与客户约定好看房事宜，到双方按照约定在看房地点如期见面之前这个时间段。

带看前的工作任务主要是为带客看房做好充分的准备工作。带看前环节要做的准备工作主要有以下各项：

(1) 按照事先与客户的看房约定，头一天再次确认并再次告知客户与其见面的时间和地点，防止由于时间地点问题的疏忽，误时误事，造成双方的误会，给下一步的交易活动埋下隐患，引起约看不顺。约见客户的地点要选择在小区附近有标志性建筑的地点，同时要避免约在中介机构密集的地点或者小区门口，防止其他中介骚扰或客户询问小区门卫，以免带来不必要的麻烦。

(2) 再次确认物业的详细信息（包括面积、价格、楼层、装修情况、小区物业费等），总结房屋的优缺点，提前准备说辞以应对客户提问。

(3) 提前与客户房东沟通，防止跳单。跳单是指客户看房后，抛开房地产经纪机构，直接与业主联系交易。

对房东要强调：“一会儿我带客户去看您的房屋，我会从专业市场的角度全力推销您的房屋的，根据我的经验，您不要表现得太过于热情，否则客户会认为您急于卖房而借机压价，一切交给我，您就放心吧！”

对客户要强调：“房东是我的好朋友，跟我关系非常好（防止客户私下联系房东），您一会去就专心看房，其他事情交给我搞定。如果您对房屋满意，也不要多说话，以免房东见势涨价；要是您对房屋不满意，也不要当面说太多，我再帮您找房子，我们还要做房东的生意，希望您能体谅。”

（4）看房前要对看房路线做好设计规划。要根据对房源的了解选择带看路线：一方面，要选择能够较好展现房源区域景观、环境优势，能够突出房屋优点（交通便利、配套齐全、环境优美）的最佳路线，将其优势充分展露，增加印象分；另一方面，又要尽量避开一些脏、乱、差的周边环境，避开房地产中介门店密集的道路，避免产生负面影响。

（5）准备好看房时需用的物品，如名片、卷尺、纸笔、手机、看房确认书、鞋套（包括客户的）等，为顺利看房提供保障。

2. 带看中

“带看中”是指从房地产经纪带看人员与客户在约定看房的地点见面，到客户看房的这个时间段。

“带看中”的工作任务主要是保证看房顺利、达到看房目的，即让客户直观地了解和体验房屋、区位、环境等实体状况。在“带看中”环节，要做好的工作主要有以下各项：

（1）严格守时

守时，是说一定要比客户早到。和客户约定好几点见面，一定要提前几分钟到；若是第一次到该小区带看更应该提前一些时间到，然后对周围环境做一个前期观察，做到事先心中有数，在带看过程中有内容可讲，对该小区的优缺点有自己的观点和见解，有自己的评价，让客户对你的专业度投信任票。

（2）带看路途中多沟通

从与客户见面后的地点到要看的房屋之间一般都会有一段距离，房地产经纪人员应当把这段有限的时间抓紧利用起来，与客户交流和沟通。因为客户在这个时间段的心理状态是处于非常兴奋的状态的，这时候的沟通效果会非常好。

在这时的沟通中应做到以下几点：①要多问多听，充分了解客户的关注点有哪些，以确定看房过程中的应对方案；②适当渗透定金概念与中介费收费标准，可引用其他客户的例子，注意不要直接提出，以免引起客户的反感；③传递该房源性价比高，很受市场关注的信息，以促使客户看房后及早决断。可告诉他：“其他同事还不知道这个房子，他们有好几个诚意客户都想要这样的房子”，“别的店好像也有客户看中了这套房子，正在考虑，我们一定要抓紧去看！”以此拉近与客户的距离，传递紧迫感。

（3）突出讲房子优势

在看房介绍时，要突出讲房子的优势。之所以向客户推荐这套房源，自有其道理，房子的优势就是最基本的道理。所以，在带看中，房地产经纪人员应当理直气壮地讲房子的优势。

从介绍房子情况来说，带看人员一般要做好以下几点：①首先介绍房屋的基本情况，包括房型、面积、结构、采光、小区环境、物业公司、开发商及周边生活设施、未来规划、升值潜力，概括总结该套房屋的优缺点；然后再根据客户的需求，有针对性地进行具体、深入的介绍。②赞美并放大房子的优点（价格低、房型好等），引导客户发现一些不容易发现的优点；认同有缺点，但应轻描淡写把缺点说出来，说这是“唯一的缺点”，对于客户指出的缺点不要过分掩盖，可转移话题将其注意力引到房子的优点上，并指出房子是没有十全十美的。③用比较法说房子，用同小区、同房型、不同装修、不同楼层的房屋价格做比较。④帮助其设计、装修，借此传递假设客户已经同意交易的信息，引导客户先入为主进行思考，造成先入为主的效果，观察客户的反应。⑤在看房介绍时要互动交流，要有适当的提问，了解客户对房屋细节方面的感觉，为下一步签单埋下伏笔。

(4) 落实防止跳单措施

要防止跳单，应当做好以下防范措施：①带看中寻找恰当时机，让客户填写看房确认书，以此表明该看房行为是我们经手办理过的，凭借其手续依据，保障房地产经纪人员的权益。②看房时若业主在场，则需盯紧双方，避免客户和业主有单独的接触，带看的经纪人员在带看过程中要始终出现在客户与业主中间。③要利用或创造与跳单相关的话题，向买卖双方介绍有关自行成交案例带来的危害性，让他们双方自觉打消跳单的念想。

3. 带看后

“带看后”是指看房过程结束，客户与房地产经纪带看人员分手之前的这个时间段。

“带看后”的工作任务主要是要了解、确定客户看房后的反应，以便为下一步业务的开展提供参考依据和应对措施。在“带看后”环节，要做好的工作主要有以下各项：

(1) 根据客户反应，判断客户意向

一般情况下，如果客户看房时间较长、观察较细、对房屋瑕疵提出意见、主动对房屋的装修及家具摆放发表建议、打电话询问家人意见、主动询问价格浮动以及过户贷款问题，即使是以上诸多行为的其中之一，那么我们都可以认为客户对房屋初步产生了购买意向。

(2) 看房结束，邀请客户回店

现场看房结束后，无论客户对所看房屋是何反应，都有必要邀请其回店，就看房情况彼此做一些交流和沟通。回店后可以根据不同情况分别处理：

①客户有明确交易意向的处理

如果客户有意向，回店后可进一步做更深入的洽谈。大多数客户产生购买意向都可以理解为在我们的促销以及房屋本身情况的引诱下的暂时性冲动。如何让客户这种购买意向变得更加强烈和持久？最好的办法就是回到门店。通过与客户的进一步洽谈，一方面能够起到强化客户购买意向的作用；另一方面，如果能够和客户一起把下一步交易的有关事宜进一步明确甚至收取了定金，那就离交易成功更近了一步。切记千万不要让客户独自离开，否则不仅意向会随时间变淡，而且可能由于其他方面的影响，客户已经产生的购买意向发生变化。

②客户不满意此房又有意买房的处理

对这一类客户，我们还是应当邀请他们回店。我们可以说："现在跟我们回店，我们可以帮你算一下费用（目的是了解其经济实力），我们内网上还有许多房源，我们可以在网上查一下其他房源等。"主要目的是让他跟我们回店，再配房子。这种安排，既是对这次看房结果做个交代，同时也是留住客户的必要措施。

（3）加强团队合作，其他同事配合推荐该房屋，打动客户

客户回到门店之前，一定要告知店内同事，让他们做好准备，利用团队的优势，趁热打铁，影响、强化客户购买意向。通常的做法是让同事"推波助澜"，采用的方式有赞美、虚拟、辛苦度几种。

①赞美。其他同事可对客户说："您的眼光真不错，您如果对这套房屋感兴趣，证明您对二手房市场比较了解、懂行的，这套房屋不仅价格低，而且房质好，是最近难得一出的好房子。您的眼光确实独到。"

②虚拟。其他同事可对客户说："您对这套房屋感兴趣？这可怎么办，我的客户也对这套房屋非常感兴趣，但是他最近很忙，要周末才能看房，要我为他保留，没想到您先看上了，我只有再给他找一套了，唉！现在出这样一套房子太不容易了！"

③辛苦。其他同事可对客户说："先生，您是不知道，我们同事为了给您找这套房子，付出了很多的努力，他专门为您量身搜集的房源。不仅如此，还事先和业主议价，说他的老客户诚心买房，业主缠不过他，才勉强答应以这个价格出售！"

（4）妥善处理决意不回店的客户

有些客户出于种种原因，决意不肯回店。面对这种情况，也需要妥善处理。如果客户坚决不回店内，则一定要把客户远远送离看房的地点，其目的，既可以通过送离途中与客户沟通、交流，了解客户对看房的反应，也可以防止客户回去跟业主私下联络。如果客户主动提出要带看人员先走，我们可以回答"我一会儿还有一个客户要来看这套房子，我等他"，从而消除客户跳单的机会。

7.2.3　看房技巧

如何为购房者挑选一套让他满意的好房子，是房地产经纪人员的基本责任和义务。在带看房屋时，怎样看房而不给客户带来买后有缺陷的遗憾，在此提出带看房屋的"十看十不看"的看房技巧：

1. 不看白天看晚上

入夜后看房，能考察小区物业管理是否安全、有无定时巡逻、安全防范措施是否周全、有无摊贩等产生的噪音干扰等。这些情况在白天是无法看到的，只有在晚上才能得到最确切的信息。

2. 不看晴天看雨天

下过雨后，无论业主先前对房屋进行过怎样的装饰，都逃不过雨水的"侵袭"，这时房屋墙壁、墙角、天花板是否有裂痕，是否漏水、渗水，就能一览无余。尤其要格外留意阳台、卫生间附近的地板，看看是否有潮湿发霉的现象。

3. 不看建材看格局

购买二手房时最好是看空房子，因为空房子没有家具、家电等物遮挡，可以清晰地看到整个房子的格局。比较理想的格局是，打开大门先进入客厅，然后是餐厅、厨房，卫生间，再到卧室。如果客厅的门直接面对卧室，则私密性较差。各种功能区最好能有效区分开来，如宴客功能、休息功能等。

4. 不看墙面看墙角

查看墙面是否平坦，是否潮湿、龟裂，可以帮助了解是否有渗水的情况。而墙角相对于墙面来说更为重要，墙角是承接上下左右结构力量的，如发生地震，墙角的承重力是关键，如墙角出现严重裂缝，漏水的问题就可能会存在。

5. 不看装潢看做工

好的装潢都会让人眼前一亮，有时高明的装潢可以把龟裂、发霉、漏水等毛病一一遮掩。因此，必须注意做工问题，尤其是墙角、窗沿、天花板的收边工序是否细致，这些地方往往容易被忽视。如果发生问题，对这些细小处进行修缮是很麻烦的，挑出这些小毛病，可以增加和业主讨价还价的筹码。

6. 不看窗帘看窗外

要注意房子的通风状况是否良好，房屋是否潮湿、有霉味，采光是否良好。检查一下房屋的窗户有无对着别家的排气孔。

7. 不看冷水看热水

如果想要知道水管是否漏过水，可以看水管周围有没有水垢。检验浴缸时，要先打开水龙头，看流水是否通畅，等到蓄满水后再放水，看排水系统是否正常。如果房子没有热水供应，一般有两种情况：一是已经很久没人住了；二是可能卖了很久都没卖出去。

8. 不看电梯看楼梯

市区内许多二手房大都是电梯房，电梯的功能固然重要，但楼梯也不容忽视。看一下是否有住家的堆积物、消防通路是否通畅，这对日常生活也很重要。

9. 不看地上看天上

除了看客厅的地板、浴厕的瓷砖、厨房外，还要看看灯饰的路线，看一下天花板是否有水渍，或是漆色不均匀等现象。如果有，表示有可能漏水。可能的话，不妨带上螺丝刀，卸下灯具，打上手电筒，看一下吊顶四角是否有油漆脱落、漏水等现象。

10. 不看屋主看警卫

可以和小区管理员或警卫聊聊天，因为他们是最了解该小区基本状况的人，有时甚至比业主更能客观、准确地告知买家房屋的相关情况，从他们口中获得所需要的信息，有时还能成为买房与否的决定性因素。

7.3　沟通洽谈

7.3.1　认识沟通洽谈

1. 沟通洽谈的概念

沟通洽谈在这里有两层意思：一是"沟通与洽谈"；二是"沟通的洽谈"。

(1) 对"沟通与洽谈"的理解

"沟通与洽谈"在这里包含了两个概念：一个是"沟通"，即人与人之间、人与群体之间进行思想与感情的传递和反馈，以求思想达成一致和感情通畅。在房地产经纪活动过程中，具体体现为房地产经纪人员与业主、客户之间为达成交易而进行的各种信息、想法、观点、意见的传递和反馈的过程。缺乏沟通，就无法使各方的想法达成一致并最终成交。另一个是"洽谈"，即接洽商谈，是指就某一个相关事项的谈判。从经济事务活动的角度来讲，"洽谈"也可以称为"商务谈判"，是指不同的经济实体各方为了自身的经济利益和满足对方的需要，通过沟通、协商、妥协、合作等方式，把可能的商机确定下来的活动过程。

(2) 对"沟通的洽谈"的理解

"沟通的洽谈"的基本含义，是指把沟通作为洽谈的一种重要方式和手段，通过沟通达到成功洽谈的目的。就房地产经纪活动而言，"沟通的洽谈"就是房地产经纪人员借用沟通方式，与业主洽谈、与客户洽谈，以达到与业主和客户订立经纪委托业务合同的目的和撮合业主与客户交易成功的目的。

综合上述的分析，"沟通洽谈"是指借助沟通手段促使洽谈达到目的。

2. 沟通洽谈的目的

交易促成从现象上看，是一项经纪业务活动，是一个业务流程的问题，但从本质上讲，是一个与人打交道、与他人沟通和交流的问题，是一个通过沟通、交流，取得业主和客户的信任、理解和支持，并以此不断缩短业主与客户达成交易的距离，消除双方的分歧，使双方最终取得一致，达成交易的问题。因此，沟通洽谈在交易促成中扮演着极其重要的角色。沟通洽谈的目的就是让房地产经纪人员与业主、客户三方充分了解和认识各方，消除障碍、缩短差距、取得一致、达成交易。

7.3.2　沟通要诀

1. 倾听要诀

倾听能鼓励他人倾吐他们的状况与问题，而这种方法能协助他们找出解决问题的方法。倾听技巧是有效影响力的关键，而它需要相当的耐心与全神贯注。

倾听由4个要素所组成，它们分别是鼓励、询问、反应与复述。

(1) 鼓励：促进对方充分表达意愿。

(2) 询问：以探索方式获得对方更多的信息资料。

（3）反应：告诉对方你在听，同时确定完全了解对方的意思。

（4）复述：用于交流结束时，确定没有误解对方的意思。

2．控制氛围要诀

安全而和谐的氛围，能使对方更愿意沟通。沟通双方彼此猜忌、批评或恶意中伤，将使气氛紧张、冲突，加速彼此心里设防，使沟通中断或无效。

氛围控制技巧由4个要素所组成，它们分别是联合、参与、依赖与觉察。

（1）联合：以兴趣、价值、需求和目标等强调双方所共有的事务，造成和谐的氛围而达到沟通的效果。

（2）参与：激发对方的投入态度，创造一种热忱，使目标更快完成，并为随后进行的推动创造积极气氛。

（3）信赖：创造安全的情境，提高对方的安全感，而接纳对方的感受、态度与价值等。

（4）觉察：将潜在“爆炸性”或高度冲突状况予以化解，避免讨论演变为负面的或带有破坏性的。

3．推动要诀

推动要诀是用来影响他人的行为，使其逐渐符合我们要求的议题。有效运用推动技巧的关键，在于以明白具体的积极态度，让对方在毫无怀疑的情况下接受你的意见，并觉得受到激励，想完成工作。

推动要诀由4个要素组成，它们分别是回馈、提议、推论与增强。

（1）回馈：让对方了解你对其行为的感受，这些回馈对人们改变行为或维持适当行为是相当重要的，尤其是提供回馈时，要以清晰具体而非侵犯的态度提出。

（2）提议：将自己的意见具体明确地表达出来，让对方能了解自己的行动方向与目的。

（3）推论：使讨论具有进展性，整理谈话内容，并以它为基础，为讨论目的延伸而锁定目标。

（4）增强：利用增加对方出现的正向行为（符合沟通意图的行为）来影响他人，也就是利用增强来激励他人做你想要他们做的事。

7.3.3 不同客户洽谈的应对

我们每天都要接触到众多的客户，这些客户的目标是共同的，即要找到一套理想的房子，但是客户的类型却有着很大的差异。用同一种洽谈对策去应对是不可取的。俗话说，“一把钥匙开一把锁”，对于房地产经纪人员来讲，必须根据客户的不同类型，采取不同的应对措施，达到促成交易的目的。

客户的不同类型及应对措施主要有：

1．成熟稳健型

这类客户通常具备丰富的购房知识，对市场分析、各种税费及地区行情相当了解。与经纪人员洽谈时往往深思熟虑、冷静稳健，遇到疑点喜欢追根究底，不易被经纪人员说服。

对策：这类客户虽难以对付，但通常都是有心人，经纪人员应以诚相待，并就房屋的优点及公司信誉详细说明，同时一切说明均须具备充分、合理的理由，以获得客户的信任。

2. 谨慎小心型

这一类型的客户的特征是外表严肃、反应冷淡，对房源广告反复阅读，对业务人员的询问出言谨慎，甚至装着一问三不知，唯恐透露“秘密”。

对策：经纪人员除了详细介绍房屋外还应以亲切诚恳的态度打破客户心理戒线，沟通私人感情，最好是以闲话家常的方式慢慢了解客户的愿望及偏好，争取获得客户的信任和依赖感，随后再切入主题。

3. 犹豫不决型

这类客户对房屋要求并不高，只是经常反反复复拿不定主意，一会儿喜欢三层，一会儿又喜欢五层，有时甚至对带花园的一层也感兴趣，自己也不清楚自己喜欢什么，似乎都喜欢，却总是无法决定。

对策：快刀斩乱麻！经纪人员不必推荐过多的房源让其选择，而应坚决果断地以专业知识说服对方购买特定的房屋，放弃其他的选择，即帮助客户尽快做出决策，让客户心服口服。一个优秀的销售人员绝不会失去这种必成的买卖机会，所以应在了解对方需求后将自己的意志强加于这类客户身上，以促成业务成交。

4. 欠缺经验型

这类客户一般是初次购房（拆迁户居多），对各种购房知识一无所知，喜欢问一些外行话，对建筑面积、使用面积等基本概念一窍不通。最常见的是对房内华丽装修赞叹不已、对外观有感觉，对房子本身的性能均无感觉，当然也就无法关心真实的情况。

对策：房地产经纪人员应不厌其烦地介绍各种房源，有必要培训客户简单的地产知识，让他们了解经纪公司及其以前的经营业绩，使购房客户对经纪人员产生依赖感，甚至是崇拜的感觉，一定不要让对方感觉到恐慌和不安全。

5. 眼光挑剔型

这一类客户思考周密，喜欢挑毛病，对房屋的内外都会有意见，斤斤计较、东扣西减、狠力杀价、态度强硬。

对策：对这种客户决不能“心软”，要“以毒攻毒”，要在气势上压倒对方，更不宜作出让步，否则对方会得寸进尺。应尽力强调房屋的优点，在付款方式及贷款手续的简化中可施以小惠，促其快速作出决定。

6. 行动易变型

这类客户最难捉摸，容易激动，易于受影响，买与不买往往只在一念之间。他们通常缺乏周全的考虑，也缺少主见，甚至下定决心买但在交定金时又反悔，任凭房地产经纪业务人员费尽口舌也无济于事。

对策：如果这种客户有同行业者或其他家庭成员陪同，则要特别留心反对者的理由，一开始即大力强调房屋的特点及优势，并同时暗示该房屋比较抢手，以促使客户快速作出决定，并尽可能快地办理签约手续，以免其反悔。

7.4 客户跟进

我们都知道，在委托交易情况下，房地产交易不是见一次面、打一个电话就能谈成的，需要房地产经纪人员与交易双方反复多次商讨和沟通才能够达到双方都比较满意的效果，并最终签单。在这个中间过程，需要房地产经纪人员不断跟进，使沟通洽谈不断地深入，从而达到交易成功的目的。跟进在交易促成中扮演着重要的角色，在交易促成中发挥着重要作用。

7.4.1 认识客户跟进

1. 客户跟进的基本含义

客户跟进的基本意思，指的是为了维护和发展与交易对象的关系，了解和掌握交易对象的动态变化情况，采取各种方式，与交易对象保持不间断的接触和联系。

在房地产经纪业务活动中，由于房地产经纪人员处于房地产交易的中间人地位，因此，在跟进活动中，跟进的对象，应当包括房源业主和购房客户两种对象。我们在这里讨论的客户跟进，指的就是跟进房源业主和购房客户两种对象。

2. 客户跟进的作用

房地产经纪活动中的跟进客户，是伴随着房地产经纪活动全过程的，即房地产经纪人员从与客户的第一次接触。建立联系关系开始，直至房地产交易结束或客户拒绝房地产经纪机构的服务为止的整个过程。在整个过程中，离开了客户跟进，房地产经纪人员就无法维护和发展与客户的关系，无法了解和掌握客户的动态变化情况，无法针对客户的最新动态情况及时提出应对策略，最终导致无法促成交易成功。

3. 客户跟进的目的

要在房地产经纪活动中持续地、自觉地开展客户跟进，就必须明确客户跟进的目的。客户跟进的目的是什么？概括起来目的有三：一是不断重申经纪机构自身价值和能够给客户方带来的收益；二是增进房地产经纪人员与客户的感情，减少交易障碍；三是动态地了解客户方的需求变化，并据此调整自己的服务策略。

客户跟进的最终目的，是通过不断的、高频率的信息和服务“轰炸”，与目标客户达成互信，并使目标客户越来越清楚地体会到专业服务的价值，刺激目标客户与本经纪机构合作的欲望，从而最终顺利签约、顺利收款、顺利收房。

7.4.2 客户跟进方式

1. 会面跟进

这是最常用的一种客户跟进方式。会面跟进，通过与客户当面交流，可以更直观的了解客户的心理状态和需求变化，同时可以增进彼此的感情和信任度。对于与客户初期接待、洽谈阶段的跟进，以每周一次为宜，但如遇特殊时期（例如：直接竞争对手正在与我们抢份额；客户交易愿望强烈），可以考虑2~3天进行一次会面跟进。

2．电话跟进

这是一种比较节省时间的跟进方式。在电话跟进时切忌流于程式化，一定要在通电话前做好充分的准备，如：确定通话目的；要通过电话向对方了解什么；准备通过电话告诉对方哪些有益的或对方感兴趣的信息；设计好通话的开场白；等等。

3．资料跟进

通过向客户发送相关资料，达到增加与客户接触的机会的目的；达到与对方增进感情、消除隔阂的目的；并最终达到刺激客户促成交易的目的。向客户发送的相关资料包括：房地产经纪机构房源（客源）的新信息；房地产二手房市场发展动态情况；国家宏观经济形势；代理楼盘发售动态；等等。

4．服务跟进

邀请客户观摩房地产经纪机构组织的各项活动，有限度地参加房地产经纪机构组织的公关或促销活动，让客户感受经纪公司的经纪平台价值和服务价值，从而刺激其购买欲，最终促成交易。

7.4.3 客户跟进要诀

在进行客户跟进时，不能使蛮力，而要使巧力，要掌握客户跟进的要诀。

1．选准“领头羊”

客户跟进首先需要解决的是跟对人，即跟进的最好是具有决策权的人，不然跟了很久，最后还是跑了单，或者被别人抢了单，因为你跟进的人没有决策权，他无法对这件事做主，即使他答应你，也有可能变卦！有些经纪人员缺乏经验，曾经吃过这方面的亏，跟了一个多月，最后被别的经纪机构抢了单，原因就是他没有和交易的决策人联系。

2．跟进时间巧安排

跟进时间需要合理安排，间隔时间太长太短都不好；太长了别人都把你忘记了，太短了，又容易让对方产生反感。一般一周或半个月内跟客户联系一次，另外碰上节假日，要记住节日问候。有个房地产经纪人员原来从没注意这些细节，刚好赶上圣诞节，于是他就尝试了一下，结果对方很惊讶，平时接到的陌生电话大都是推销商品或服务的，今天却是节日问候。尽管只是几句话，但说明你在关注他，让他感觉自己很重要，从而加深对你的印象。

3．跟进过程要耐心

跟进工作需要耐心，不能因对方拒绝两次，就没了底气，不愿意再跟下去。要知道，这个客户不但对你是这样，对其他经纪人员也是这样，关键就看谁能最后赢得客户的认可，或许他还需要一段时间的考虑，需要用一段时间来考察你。要学会与拒绝“共舞”，只要相信他有潜在的需求，就应做到永不止步地跟进。

4．力争与客户面谈

跟进工作最重要的还是争取与客户面谈，要知道一次面谈胜似十次电话，因为在面谈中，双方都能够全方位地了解对方，你不仅可以通过语言，还可以通过外在衣着、肢体语言、面部表情，来表达你的思想、感情和情绪。这样会在客户脑海中留下一个全方位的、深刻的印象。打电话跟进，客户可能挂了电话，就忘得一干二净，而面谈，即使他忘了你的名字，至少对你还有些印象的，也许就是这模糊的印象，让你赢得业务。

作为房地产经纪人员，客户跟进的工作是关系到业绩多少、成功与失败的大事，跟进工作做得巧，你会不断地出单，不然只见你整天忙忙碌碌，却不见任何业绩，付出了不少汗水，最终还是一无所获！

附：客户跟进表

表 7－1　　每周客户跟进一览表

询问客户数量				
本周目标询问数量	实际询问数量	可以跟进数量	实际跟进数量	完成情况
需要跟进客户情况				
客户名称	联系情况	预计成交时间	存在问题	解决对策

表7-2　　　　客户洽谈跟进记录表

客户姓名		跟进日期	年　月　日	
跟进事由				
跟进形式	会面	电话		网络
洽谈内容				
客户表现				
客户意见				
客户陪同				
陪同意见				
洽谈结果				
跟进人		日　期	年　月　日	

7.5　处理异议

异议就是拒绝，是与促成交易相对的，是促成交易的“宿敌”。异议是一把双刃剑，既有好处，又有弊端；异议让我们又爱又恨，爱的是，如果没有异议，客户会远离我们而去；恨的是，异议不能消除，我们永远没有效益。促成交易，离不开客户，而只有与客户打交道，就会产生异议。可以说，促成交易的过程，就是从产生异议到消除异议，再到产生新的异议并消除新的异议的不断循环的过程。如果我们能够最终消除客户所有的异议，那我们就是成功者，否则就是失败者。

7.5.1　认识客户异议

1. 客户异议的含义

什么是客户异议？客户异议就是客户的拒绝，无论是明显的还是委婉的，无论是激烈的还是舒缓的，客户就是不满意、不同意、不肯定、不认同、不响应、不行动，总之是以否定的姿态表现出他的态度。例如，你要去拜访客户，客户却说没有时间；你在努力询问客户的需求，客户却隐藏其真正的动机；你向他解说房源，他却带着不以为然的表情；你说这套房屋价有所值，他说想再看看……这些都属于异议的范畴。促成交易的过程中始终存在客户异议，可以说，促成交易的过程就是处理客户异议的过程，处理客户异议的成功就是促成交易的成功。

2. 面对异议的积极心态

房地产经纪人员面对异议应该保持一个什么心态？是保持积极心态，勇于面对，欢迎异议，还是保持消极心态，感到恐惧，躲避异议？这取决于是否正确看待客户的异议。虽然客户的异议并不让人感到愉快，但从另一个角度来体会异议，就会使人保持一个好的心情：异议是客户必然的、正常的表现；异议说明客户仍有可能合作的愿望；异议说明了客户的兴趣、关注和顾虑所在；异议是与客户沟通、了解客户需求、指导客户并同其建立良好关系的绝佳机会；异议能判断客户是否真的有需求；异议能了解客户对你的接受程度；如此等等。总而言之，异议是个宝，促成交易少不了，透过异议能够使房地产经纪人员从中了解到客户的更多信息。

7.5.2 异议产生的原因

客户之所以会产生异议，其原因来自多个方面，主要有以下几种：

1. 客户自身的原因

由于客户自身的原因产生异议。客户自身的原因大致包括：客户拒绝经纪人的合理建议；客户情绪处于低潮；客户没有意愿合作；公司无法满足客户的需求；客户预算不足；客户对公司或经纪服务人员产生误解等。

2. 房源本身的原因

来自产品的原因大致包括：房源使用价值异议；房源功能异议；房源质量异议；房源装修异议；房屋价格异议；楼盘品牌异议等。

3. 房地产经纪机构以及经纪人员的原因

来自房地产经纪机构以及经纪人员的原因大致包括：经纪人员无法赢得客户的好感；经纪人员做了夸大不实的陈述；经纪人员与客户沟通不当；经纪人员展示房源（服务）失败；经纪人员服务意识不强，态度傲慢；经纪人员为难客户、让客户不满意；服务人员对客户的需求不理不睬等。

7.5.3 客户异议的类型

客户的异议是多种多样的，按照不同的标志，可以划分出不同的类型。

1. 按照是否真实的标志划分

（1）真实异议

真实异议通常是就某个问题，表明其真正的态度和观点，直接表态，提出异议。比如客户认为目前没有需要，或对我们的服务不满意，或对我们推荐的房屋持有不同看法，他会直截了当、直言不讳地说出来。

（2）虚假异议

虚假异议通常可以分为两种：一种是指客户用借口、敷衍的方式应付经纪人员，目的是不想有诚意地和经纪人员交谈，不想真心介入交易活动；另外一种是客户提出很多异议，但这些异议并不是他们真正在意的地方，虽然听起来也是异议，但却不是客户真实的异议。

真假异议在形式上并非都是容易辨别清楚的，从单个问题上很难区分，往往需要房地产经纪人员比较熟悉这个客户，了解与这个客户交往的完整过程，从逻辑上来判断其异议的真假。

只有明确了客户异议的真假，才能够对症下药，有的放矢地采取恰当的应对措施。

2. 按照是否直接的标志划分

(1) 直接异议

直接异议从表现出来的形式上看，是直截了当、直言不讳地说出来，而从性质上讲，一般都是真实异议。因为对于真实异议，客户无须躲躲闪闪、遮遮掩掩。

(2) 迂回异议

迂回的异议指客户并不是直接提出异议，而是采取含沙射影、指桑骂槐式的方式，所提出的异议并非是他想的异议，其目的是要借此假像解决真实异议。例如客户希望降价，但却提出其他如品质、外观、户型等异议，以降低产品的价值，从而达到降价的目的。

面对各种异议，房地产经纪人员都应当正确识别其类型，这样才可能采取恰当的策略来应对、处理不同的异议。

7.5.4 异议处理的原则

不同的客户异议，需要采取不同的处理方法和技巧，但无论采取哪种方法和技巧，都需要有一定的原则。从房地产经纪业务实际经验的总结来看，异议的处理应当明确以下原则：

1. 事前做好充分准备原则

不打无准备之仗，这是经纪人员妥善处理客户异议应遵循的一个基本原则。

充分准备应当包括心理准备、客户背景资料准备、异议问题应答提纲准备、异议处理目标准备等。

经纪人员在安排约见客户、处理异议之前就要将客户可能会提出的各种异议列出来，然后考虑一个完善的答复方案。面对客户的异议，做好事前准备可以做到心中有数、从容应对；反之，则可能惧怕、惊慌、不知所措，或不能给客户一个圆满的答复以说服客户。

下面介绍一种编制标准应答用语、用以处理客户异议的程序。在实践中，编制标准应答用语应对客户异议是一种较有效的方法。

标准应答用语编制程序如下：

步骤1：经纪人员共同参与，把各自业务活动中常遇的客户异议写下来。

步骤2：把异议做分类统计，依照出现频率排序，将出现频率最高的异议排在最前面。

步骤3：以集体讨论方式编制适当的应答用语，并编写、整理成文，熟记在心。

步骤4：由经纪人员相互扮演客户，模拟处理客户异议的情景，大家轮流练习标准应答用语。

步骤5：对在练习过程中发现的不足，通过讨论进行修改和完善。

步骤6：对修改过的应答用语进行再练习，并最后定稿备用。可印成小册子发给经纪人员，以供随时翻阅，达到运用自如、脱口而出的程度。

2. 选择恰当答复时机

经验告诉我们，优秀的经纪人员所遇到的客户断然拒绝的机会只是普通经纪人员的十分之一。其原因就在于：优秀的经纪人员对客户的异议不仅能给予一个比较圆满的答复，而且能选择恰当的时机进行答复。可以说，只有懂得在何时回答客户异议的经纪人员才能取得良好的业绩。

何谓选择恰当的答复时机，这不是一个答复得快与慢的问题，而是要了解是何种异议，针对不同的异议，答复的时机是不同的。从如何选择恰当答复时机的角度来看，客户异议可以分成以下几类：常规表层类、逻辑深层类、模糊复杂类和“危险易燃”类。明确了客户异议的这些类型，就可以把握异议答复的恰当时机。

各种客户异议类型答复的恰当时机分别是：

（1）常规表层类异议，尚未提出即予解答

常规表层类的异议是指经纪人员可以根据长期从业的经验，掌握客户异议发生的规律性，知晓客户会提出的那些异议。

将异议消除于萌芽之中，防患于未然，是消除客户异议的最好方法。这样可使经纪人员争取主动，做到先发制人，避免因纠正客户看法或反驳客户的意见而引起不快。比如，经纪人员在谈论房源的优点时，就应该想到客户有可能会从最差的方面去琢磨问题。有时，客户没有提出异议，但其表情、动作及措辞和声调却会有所流露，经纪人员也应该觉察到这种变化，主动解答。

（2）逻辑深层类异议，一经提出立即答复

逻辑深层类异议指的是在常规表层类问题基础上，符合逻辑地产生的异议。这些异议能否产生，要取决于客户对常规问题感兴趣的程度，越感兴趣，产生的异议可能就越多。比如，一客户买房，了解了业主的报价后，逻辑地会提出价格过高的异议。在这里，业主的报价是常规表层类异议，提出价格过高的异议是逻辑深层类异议。

对于客户提出的逻辑深层类异议，在异议提出后立即回答就是恰当的时机。如果不立刻答复这些异议，客户就会感觉到经纪人员不重视、不尊重他们，就不能给客户留下一个好的印象，进而影响促成交易。

（3）模糊复杂类异议，稍加搁置再予答复

模糊复杂类异议指的是显得模棱两可、含糊其辞或比较复杂的异议。对于这些异议，经纪人员暂时保持沉默，稍加搁置再予答复才是恰当时机。具体说来，在以下情况下，经纪人员应暂缓答复：当异议显得模棱两可、含糊其辞、让人费解时；当异议显然站不住脚、不攻自破时；当异议不是三言两语就可以进行辩解时；当异议超过了经纪人员的能力水平时；当异议涉及较深的专业知识，不易为客户马上答复。急于回答客户的此类异议将是不明智的。经验表明，与其仓促答错十题，不如从容答对一题。

（4）“危险易燃”类异议，“剑走偏锋”不予答复

对于极少数“危险易燃”类异议，如无法回答的奇谈怪论、容易造成争论的异议，经纪人员可“剑走偏锋”不予答复。或是一笑置之；或是装作没听见，按自己的思路说下去；或是答非所问，悄悄扭转对方的话题；或是插科打诨幽默一番，最后不了了之。对于“危险易燃”类的异议，可以说，无论是何时答复，都不是恰当的时机。

3. 避免争辩、有理让人原则

处理异议，就是解决矛盾、消除对立、缩小距离，经纪人员这时处在“风口浪尖”

的位置，稍微处理不好就会触及双方的敏感神经，引发冲突。但面对客户的不满情绪、面对客户的指责抱怨，经纪人员一定不要与客户争辩，而要牢牢记住：争辩不是说服客户、处理异议、调解纠纷的好方法，相反只会使事情越来越糟。正如一位哲人所说："你无法凭争辩去说服一个人喜欢啤酒。"一句经纪行话说得好："占争论的便宜越多，吃业绩的亏越大。"

4．"面子"留给客户原则

经纪人员要尊重客户的看法。客户无论是对还是错、深刻还是幼稚，内行还是外行，经纪人员都不能表现出轻视的样子（如不耐烦、轻蔑、走神、东张西望、绷着脸、耷拉着头等）。经纪人员要始终双眼正视客户，面部略带微笑，表现出全神贯注的样子。在交谈时，经纪人员也不能用这类措辞："你错了"、"连这你也不懂"……更不能摆出比客户知道得更多的姿态："让我给你解释一下……"、"你没搞懂我说的意思，我是说……"这些说法明显地抬高了自己，贬低了客户，会挫伤客户的自尊心。

7.5.5 异议处理的方法

1．忽视法

所谓忽视法，顾名思义，就是当客户提出一些反对意见，并不是真的想要获得解决或讨论时，这些意见和眼前的交易扯不上直接的关系，你只要面带笑容同意他就行了。对于一些"为反对而反对"或"只是想表现自己的看法高人一等"的客户意见，你如果认真地处理，不但费时，尚有旁生枝节的可能，因此，你只要让客户满足了表达的欲望，就可采用忽视法迅速引开话题。常用的"忽视法"有微笑点头（表示同意或表示听了你的话）、"你真幽默"、"嗯！高见！"等。

2．补偿法

当客户提出异议且有事实依据时，你应该承认并欣然接受，强力否认事实是不明智的举动，但要设法给客户一些补偿，让他取得心理上的平衡，即让他产生两种感觉：房屋的价格与售价一致；房屋的优点对客户重要，房屋没有的优点对客户而言较不重要。世界上没有十全十美的房屋，但人们会认为房屋的优点越多越好。其实，真正影响客户购买决策的关键点并不多，补偿法能有效地弥补产品本身的弱点。补偿法的运用范围非常广泛，效果也不错。

3．询问法

询问法即是指在处理异议过程中，通过向客户提问达到处理异议的方法。

通过询问，可以把握住客户真正的异议点。经纪人员在确认客户异议重点及程度前，直接回答客户的异议可能会引出更多的异议。通过向客户提问，可进一步了解客户真正的异议点，有助于异议的处理。

通过询问，还可以直接化解客户的反对意见。有时，经纪人员也能透过各客户提出反问的技巧，直接化解客户的异议。

4．"是的……如果……"法

人有一个通性，那就是不管有理没理，当自己的意见被别人直接反驳时，内心总会感到不快，甚至会很恼火，尤其是当他遭到一位素昧平生的经纪人员的正面反驳时。

屡次正面反驳客户会让客户恼羞成怒，就算你说的都对，而且也没有恶意，也会引起客户的反感。因此，经纪人员最好不要开门见山地直接提出反对的意见。在表达不同意见时，尽量利用“是的……如果……”的句法，软化不同意见的口语。

“是的……如果……”源自“是的……但是……”的句法，由于“但是”的字眼在转折时过于强烈，很容易让客户感觉到你说的“是的”并没有包含多大诚意，你强调的是“但是”后面的诉求，因此，在你使用“但是”时，要多加留意，以免失去了处理客户异议的本意。

5. 直接反驳法

在“是的……如果……”法的说明中，我们已强调不要直接反驳客户。直接反驳客户容易陷入与客户争辩而不自知，往往事后懊恼，但已很难挽回。但有些情况你必须直接反驳以纠正客户的错误观点。例如，当客户对企业的服务、诚信有所怀疑或当客户引用的资料不正确时，你就必须直接反驳，因为客户若是对你企业的服务、诚信有所怀疑，你拿到订单的机会几乎是零。例如，当保险企业的理赔诚信被怀疑时，你还会去向这家企业投保吗？如果客户引用的资料不正确，你能以正确的资料佐证你的说法，客户会很容易接受，反而对你更信任。

使用直接反驳技巧时，在遣词造句方面要特别留意，态度要诚恳，本着对事不对人的原则，切勿伤害客户的自尊心，要让客户感受到你的专业与敬业。

熟悉上述异议处理方法，你在面对客户的异议时会更自信。

需要提醒的是，方法固然能帮你提高效率，但前提是必须对异议持正确态度。只有正确、客观、积极地认识异议，你才能在面对客户异议时保持冷静、沉稳，也只有保持冷静、沉稳，你才可能辨别异议真伪，才可能从异议中发现客户需求，才能把异议转换成每一个交易的机会。因此，经纪人员不但要训练自己的异议处理方法，还要培养面对客户异议的正确心理。

7.6 促使下定

促使下定是交易促成的重要环节，完成了促使下定，离促成交易的成功就只有一步之遥了。房地产经纪人员在促使下定环节的基本任务和工作目标，就是关注交易信号、抓住成交机会、促使购房一方交付定金。

7.6.1 认识促使下定

促使下定是指交易双方经房地产经纪人员在促成交易前期做了大量的工作，交易意向基本明确、交易条件基本成熟条件下，房地产经纪人员一旦发现交易双方的成交信号出现，即运用促成成交的方法，及时促使购房方下定决心，交付定金的房地产经纪业务活动。

从前面我们所描述的房地产经纪相关环节来看，经过房地产经纪人员的努力，房源、客源有了，房子看了，通过沟通洽谈、客户跟进和处理异议，业主与客户双方也基本满意，接下来交定金、签合同的环节似乎可以是一马平川、水到渠成了，其实不然。客户方下定，从形式上看，是交定金，但从性质上讲，是他们要“下定决心”的问题。在下定环节，客户在交易问题上的最真实的一面再也没有遮遮掩掩、躲躲藏藏的退路了。这时候，他们的心理状态是高度紧张的、对问题的反应是极其敏感的，房地产经纪人员的表现、态度和情绪以及言语稍有不当，他们双方的交易就可能告吹，房地产经纪人员的前期辛苦与努力就会付诸东流。因此，在下定环节，还极有必要促一促，使客户下定决心，交付定金。

7.6.2 观察交易信号

二手房交易双方选中了自己心目中中意的目标，有了交易欲望和冲动，通常会不自觉地流露出来，而且是通过其语言或行为显示出来。这种表明其可能采取购买行动的信息，就是交易双方的交易信号。

尽管交易信号并不必然会导致购买行为，但是经纪人员可以把交易信号的出现当做促使交易协议达成的最佳时机。业主和客户自己往往不愿意承认自己已被经纪人员所说服，而是通过发出其他暗示信号来告诉经纪人员可以和他签单了，因此客户的交易信号的识别和确认，需要经纪人员有良好的判断力与职业敏感性。

那么房地产交易双方会怎样流露出他们的购买意图呢？房地产经纪人员又可以从哪些方面来观察和发现交易信号？

交易双方发出的购买信号是多种多样的，我们一般可以从三个方面去识别。这也正是经纪人员识别交易信号的三大方法，即：听其言、看其行和察其情。

1. 从语言信号上去识别其购买信号

客户提出并开始议论关于房屋的装修、家具的购置、家人的居住安排、房屋的价格等内容时，经纪人员便可以认为客户已经在发出明确的交易信号，至少表明客户开始对该套房屋感兴趣了。如客户买房子时，询问房屋的细节，这是客户第一次发送出购买的信号。

如果客户不想购买，他是不会浪费时间询问房屋细节的。如果客户接着继续询问该房屋的价格，并开始讨价还价，如“价格是否有一定折扣？”“有什么优惠？”这种以种种理由要求降低价格的语言，就是他再次发出了购买信号。此时客户已经将产品的利益与其支付能力在进行比较。

如果客户继续询问房屋的售后服务细节等问题，这是他第三次发出购买的信号。

客户询问签单时间、售后服务、交款细节、过户手续办理等方面的问题时，就意味着马上签订合同的时机到了。作为一名经纪人员，一定要牢记这样一句话：客户提出的问题越多，成功的希望也就越大。

2. 从动作信号上去识别其购买信号

一旦客户完成了对房屋的认识与情感倾注过程，就会表现出与经纪人员介绍房源时完全不同的动作。一般表现出来的动作是由静变动，仔细翻看有关资料，主动与经纪人员交谈。又比如，客户忽然变换一种坐姿，下意识地举起茶杯，下意识地摆弄钢笔，眼睛盯着说明书或样品，身体靠近经纪人员等。再比如，客户对经纪人员的态度明显好转，热情明显提高等。经纪人员要善于捕捉客户的动作变化，因为这是客户交易心态变化的不自觉外露。

3. 从客户的表情信号去识别其购买信号

人的脸面表情不是容易捉摸的，人的眼神有时更难猜测。但是经纪人员仍可以从客户的面部表情中读出交易信号。如眼神的变化：眼睛转动由慢变快，眼睛发光，神采奕奕；腮部放松；由咬牙深思或托腮变为脸部表情明朗轻松、活泼与友好；情感由冷漠、怀疑、深沉变为自然、大方、随和和亲切。

客户总喜欢用肢体语言来表达他们自己对交易的兴趣，这些肢体语言的变化，需要经纪人员自始至终地专注，就好比雷达一样，不断地扫描购买信号的出现。

这也就是有很多“话语不多”的经纪人员业绩很好的原因。因为他们一边介绍房源，一边观察客户的变化，用了更多的时间与精力来观察客户言词语言和肢体语言的变化，从中发现交易信号。

交易无难事，只怕有心人。只要有心去识别客户的交易信号，适时进入达成协议阶段，交易的成功率就会提高。

7.6.3 运用促成方法

识别出了交易信号，就要抓住第一时机，运用促成交易的方法，力促交易客户下定。促成下定的方法主要有以下几种：

1. 请求下定法

请求下定法又称为直接下定法，这是经纪人员向客户主动提出，直接要求交易下定的一种方法。

（1）使用请求下定法的时机

①若交易双方对价格、付款方式等成交重大问题均无异议，流露出交易的意向，发出交易信号，可又一时拿不定主意，或不愿主动提出下定的要求，经纪人员就可以用请求下定法来促成客户购买。

②有时候交易双方对交易表示出兴趣，但思想上还没有意识到成交的问题，这时经纪人员在回答了双方的提问、确定没有异议之后，也可以提出请求，让交易双方意识到该考虑交易的问题了。

（2）使用请求下定法的优点

①可以快速地促成交易；

②可以充分地利用各种成交机会；

③可以节省促成交易的时间，提高工作效率；

④可以体现一个经纪人员灵活、机动、主动进取的服务精神。

（3）请求下定法的局限性

使用请求下定法如果选择的时机不当，会给交易双方造成压力，破坏成交的气氛，反而使交易双方产生一种抵触成交的情绪，还可能使经纪人员失去促使成交的主动权。

2. 假定下定法

假定下定法也可以称为假设下定法，是指经纪人员在假定客户已经接受交易建议，同意在认同交易的基础上，通过提出一些具体的成交问题，直接要求交易双方签订交易合同的一种方法。

例如，经纪人员小万对张先生说："张先生，您看，假设有了这样一套房子以后，你们上班、孩子上学的路就近多了，每天是不是可以省很多时间，而且汽车油钱也可以省不少，这不是很好吗?"张先生赞许地点点头，小万趁机说："既然您这么中意，那就买了它吧!"

通过假设张先生已经确定购买该套房子，小万把好像拥有以后的那种视觉现象描述出来，直接要求张先生下定。

假定下定法的主要优点是可以节省时间，提高销售效率，还可以适当减轻客户的成交压力。

3. 选择下定法

选择下定法，就是直接向客户提出若干购买方案，并要求客户选择一种购买方法。比如，"您是要一套二的还是一套三的?""您看我们是礼拜二下定还是礼拜三下定?"这里使用的都是选择下定法。

从表面上看来，选择下定法似乎把成交的主动权交给了客户，而事实上却是让客户在一定的范围内进行选择，这样可以更有效地促成交易。

经纪人员在促成交易过程中应该看准客户的交易信号，先假定成交，后选择成交，并把选择的范围局限在成交的范围。选择下定法的要点就是排除客户要还是不要的问题，是以假设客户同意交易为前提。

在运用选择下定法时应当注意，经纪人员所提供的选择事项应让客户从中做出一种肯定的回答，而不要给客户有一种拒绝的机会。

4. 小点下定法

小点下定法又叫做次要问题下定法，或者叫做避重就轻下定法，是经纪人员在利用成交的小点来间接地促成交易下定的方法。

小点下定法的优点是：可以减轻客户成交的心理压力，还有利于经纪人员主动地尝试成交；保留一定的成交余地，有利于经纪人员合理地利用各种成交信号有效地促成交易下定。

5. 让步下定法

让步下定法又称为优惠下定法，指的是经纪人员通过提供优惠的条件促使客户立即购买的一种下定方法。例如："张先生，我们这段时间有一个促销活动，如果您现在下定购买房屋，我们可以给您提供8折佣金优惠。"这个8折佣金优惠也是附加价值。附加价值是价值的一种提升，所以又称为优惠下定法，也就是要提供优惠的条件。

6. 保证下定法

保证下定法是指经纪人员直接向客户提出下定保证，使客户立即下定的一种方法。所谓下定保证就是指经纪人员对客户所允诺担负交易后的某种行为，让客户感觉你是直接参与的，这是保证下定法。

(1) 使用保证下定法的时机

房屋的单价过高，缴纳的金额比较大，风险也比较大，客户对此并不是十分了解，对其购买风险也没有把握，产生心理障碍，下定犹豫不决时，经纪人员应该向客户提出保证，以增强其信心。

（2）保证下定法的优点

可以消除客户成交的心理障碍，增强下定信心，同时可以增强说服力以及感染力，有利于经纪人员妥善处理有关下定的异议。

（3）使用保证下定法的注意事项

应该看准客户的成交心理障碍，针对客户所担心的几个主要问题直接提出有效的成交保证条件，以解除客户的后顾之忧，增强成交的信心，进一步促使成交。

要根据事实、需要和可能，不断地去观察客户有没有心理障碍、切实地体恤对方、向客户提供可以实现的下定保证。

7. 从众下定法

从众下定法也叫做排队下定法，就是充分利用顾客的从众心理，告诉或暗示顾客“大家都买了，您买不买?”这是一种最简单的方法。从众下定法可以减轻客户尤其是新客户担心的风险，增强顾客的信心。但是从众下定法也有一个缺点，即有可能引起顾客的反从众心理——“别人是别人，跟我无关”。

8. 机会下定法

机会下定法也叫做无选择下定法、唯一下定法、最后机会下定法。例如：“我们的房源只剩下三套了”、“我们最后的优惠时间只有一个星期了”……这里使用的就是机会下定法。

9. 异议下定法

异议下定法就是经纪人员利用处理客户提出异议的机会，直接要求客户成交的方法。这种方法也可称为大点下定法，因为凡是客户提出了异议，大多是购买的主要障碍，异议处理完毕如果立即请求成交，往往可以收到趁热打铁的效果。

7.6.4 力促快速交付定金

房地产交易不像普通商品交易过程那么简单。房地产交易面临的问题是：交易周期长、涉及金额大、违约风险高。一般客户在看中一套房子后，通常会考虑很久，犹豫不决，不肯交付定金，致使签约一拖再拖，直至最后有可能“暴单”，使经纪人员的前期工作付诸东流，造成经济上和人力上的损失。因此，一旦发现交易信号，房地产经纪人员就要力促快速交付定金，把客户牢牢掌握在自己手中。而力促快速交付定金的要诀就是：快、准、狠。

1. 快

发现交易信号，就要快速交付定金，这样可以节省更多的时间，为做下单业务做好充分的准备。那么如何才能做到“快”？

可以采取以下对策：

（1）可以强调交易是买卖双方的行为，或者强调业主时间迫切，由于业主方催促而急于签单。不要表现出是由于我们为了自己的业绩和快速成单而催促客户交付定金；否则客户会很反感，认为自己的房子买得贵了或是卖得便宜了。

（2）适时夸大违约责任。买卖双方由于定金关系确立以后，就会产生一定的法律效力，当然违约也要承担一定的违约责任。房地产经纪人员可以告知客户大家都必须守约保持诚信，以免在日后的交易过程当中产生不必要的法律纠纷。顺便可以告诉双方，交易本来是一件开心的事情，交易双方是彼此有缘分才能做成这笔交易，没有必要过不去，更没有必要为了一点小事就违约，给自己的人生道路抹上污点。事情办得早、办得快对交易双方都有好处，一方可以早拿到钱，另一方可以早拿到房子。

（3）可以强调中介方的重要性。买卖双方是通过居间方达成居间协议，若任何一方不配合签约，居间方有权判定其违约。在判定违约责任以前，居间方首先要以“催告函”、“律师函”等书面方式通知交易双方的任何一方，告知逾期多长时间以后不办理手续，将视为该方违约。而作为居间方一定要本着公平、公正，维护双方和自己的利益出发。

2. 准

这个是对签约人员的要求。应当在合同当中约定好各个有效日期，并且不要发生冲突；对双方的违约责任也要表述得清清楚楚，甚至每一笔款项的交接都要写清楚；对各项条款要理解得明明白白，不但自己要了解清楚，还要跟客户讲解清楚，让客户自己心里也有数。不要犯低级错误，各项文本的填写一定要准确无误，不可涂抹。凡是交易方涉及的地方一定要填写完整（例如买卖合同、看房单、居间协议等）。书写合同要尽量一步到位，合同内容一旦确定就不要改来改去，以免客户不耐烦。

3. 狠

因为房地产买卖不像普通商品买卖那样简单，由于涉及金额比较大，相对违约责任就比较大。交易合同由经纪机构制订，相对地将违约责任条款制定得比较严厉，让交易双方不至于违约，交易违约后司法部门也有章可循，可保障守约方的利益。居间方的任务是促成交易双方成交，交易双方成交也意味着居间代理任务基本上算完成了一半。所以要强调“定金不分大小，到账同样重要”，一定要让客户交付定金。

7.7 收付定金

收取定金是房地产经纪人员为了保证促成交易而介入交易双方之间，力保业主依照合同约定收取定金、敦促客户向房源业主交付定金的一项经纪业务活动。作为房地产经纪人员，有必要对有关定金、定金的支付和收取有一个基本的了解和认识。

7.7.1 认识收付定金

1. 定金的概念

定金是一个规范的法律概念，是合同当事人为确保合同的履行而自愿约定的一种担保形式，定金是在合同订立或在履行之前支付的以一定数额的金钱作为担保的担保方式。具体到房屋买卖交易中，定金是买房人在合同订立或在履行之前支付的以一定数额的金钱作为为购买房屋行为担保的担保方式。交付了定金，就表明买房人以定金作为购买房屋行为的担保，要为购买房屋行为的承诺承担责任，对买房人是一种限制和约束。同时，卖房人收取了定金，对卖房人也是一种限制和约束，如果违反合同约定，也要承担违约责任。

2. 定金的特征

根据民法的有关理论，定金具有下列法律特征：

（1）定金是一种金钱担保方式

其担保性体现在法律对定金罚则的规定上，即：给付定金的一方不履行约定的债务的，无权要求返还定金；收受定金的一方不履行约定的债务的，应当双倍返还定金。

（2）定金是通过给付行为设定的

定金合同是实践合同，定金合同自交付定金之日起生效。

（3）定金必须以明确的意思表示约定

当事人要么明确约定其给付的金钱为定金，要么约定了定金罚则的实际内容，否则不构成定金。（《最高人民法院关于贯彻执行〈中华人民共和国担保法〉若干问题的解释》第一百一十八条规定，当事人交付留置金、担保金、保证金、订约金、押金或者订金等，但没有约定定金性质的，当事人主张定金权利的，人民法院不予支持。）

3. 收付定金的两种理解

（1）对收付定金的一般理解

收付定金从本意上讲，是指交易合同中出让方收取的受让方支付的作为担保方式的担保金的行为。如果是只有买卖双方介入的交易，收付定金的行为与其他任何一方组织或个人都是没有关系的，而如果买卖双方的交易存在第三方的参与，如房地产经纪人员介入二手房买卖的交易，那么，收付定金行为就与房地产经纪活动密不可分了。

（2）对房地产经纪中收付定金的理解

在房地产经纪人员介入二手房买卖交易条件下，收付定金可看做是房地产经纪人员为了保证促成交易而介入交易双方之间，力保业主依照合同约定收取定金、敦促客户向房源业主交付定金的一项经纪业务活动。在这项活动中，房地产经纪人员仍然处于中介地位，起着协调双方关系、衔接双方联系、敦促客户向业主交付定金的作用。业主之所以能收取定金，客户之所以会支付定金，在于他们双方中间有房地产经纪机构在促成他们的交易。换句话说，只有房地产经纪人员极力撮合、促成双方的交易，业主才能收取定金，客户才会支付定金。由此看来，收付定金在二手房交易过程中，绝非是简单的卖房方收取、买房方支付的问题，而是房地产经纪人员必须了解、熟悉和介入的一项业务知识。

7.7.2 定金的种类

定金是合同当事人为确保合同的履行而自愿约定的一种担保形式。在法律实践中，为了能够调整针对不同具体情况的关系，定金又分为不同的种类，具体包括：订约定金、成约定金、解约定金、违约定金、证约定金。

1. 订约定金

订约定金，又称为立约定金，是指为担保合同的订立而支付的一定数额的金钱。

订约定金是一方拒绝订立主合同为适用条件，以定金交付为订立主合同的担保，如果一方之后拒绝、签订主合同，应当承担定金处罚。

例如：王某看中了在经纪机构挂牌的位于浦东大道总价120万元的一套三居室房。一经纪人告知王：“你先交8万元定金给上家，一星期内来签订买卖合同。”王不假思索，当场交付。后王因抵押贷款未办成，拒绝签约，并要求取回8万元定金。那么王某的8万元定金能否取回？回答是否定的。

处理结果的法律依据是：最高人民法院《关于适用〈中华人民共和国担保法〉若干问题的解释》第一百一十五条规定：当事人约定以交付定金作为订立主合同担保的，给付定金的一方拒绝订立主合同的，无权要求返还定金；收受定金的一方拒绝订立合同的，应当双倍返还定金。

2. 成约定金

成约定金，指合同成立要件的定金，与要物合同之物的交付作用相同（因其未见有“定金罚则”，故实际非债的担保）。司法解释第一百一十六条规定，当事人约定以交付定金作为主合同成立或者生效要件的，给付定金的一方未付定金，但主合同已经履行或履行主要部分的，不影响主合同成立或生效。成约定金是以定金交付作为主合同成立或生效要件，不交付定金，主合同不生效。例：甲为经纪机构，想买下乙的商铺设立分公司。乙对甲说：“可以，但须先付定金。”甲同意。双方于2月1日签订买卖合同，合同中有一条款约定：“甲必须在3月1日之前交付乙定金20万元，否则合同不生效。”后来甲在3月1日之前未交付乙定金。问该合同是否生效？何时生效？回答是合同无效，因为甲未在约定期间交付。

3. 解约定金

解约定金，是指当事人在合同中约定的以承受定金罚则作为保留合同解除权的代价的定金。解约定金是以一方解除合同为适用条件。设立解约定金必须在合同中作出明确规定，否则对合同规定的定金只能解释为违约定金（一方当事人有利可图时，就会以返还双倍定金或放弃定金以解除合同，这有损诚实信用的原则）。

解约定金的实质在于给予合同当事人于放弃或者加倍返还定金等条件下单方面解除合同的权利；合同中约定了解约定金的，当事人以承担定金损失为代价要求解除合同的，对该合同不能强制实际履行；当事人如果申请人民法院强制实际履行合同的，人民法院应当予以驳回；定金处罚不排除损害赔偿，在守约的当事人损失大于定金上收益情况下，承担了定金处罚的当事人仍然应当承担损害赔偿责任。

解约定金的定金交付后，一方解除主合同的，必须以承担定金处罚为代价。例如：2009年6月初，甲急需资金周转，委托房地产经纪机构挂牌出售房屋。乙看中了这套总价200万元的房子。双方签订了买卖合同，并约定由乙支付给甲定金20万元和首付款70万元，余款于2009年8月底双方在房地产交易中心办理登记时付清。乙于2天内付清了以上两笔款。然而2009年8月周围房价猛涨，甲后悔，故意违约，不愿办理过户登记。乙大怒，提出双倍返还定金40万元和70万元的首付款。经磋商，甲乙同意解除合同，但甲须双倍返还定金。

处理结果的法律依据是最高人民法院《关于适用〈中华人民共和国担保法〉若干

问题的解释》第117规定：定金交付后，交付定金的一方可以按照合同的约定以丧失定金为代价解除主合同，收受定金的一方可以双倍返还定金为代价解除主合同。

4．违约定金

违约定金实际上就是履约定金，即以担保合同的履行而支付的一定数额的金钱。违约定金是一方当事人不履行合同或履行合同不符合约定，致使双方丧失合同目的时应承担的定金处罚。

《中华人民共和国担保法》（以下简称《担保法》）第八十九条规定：当事人可以约定一方向对方给付定金作为债务的担保。债务人履行债务后，定金应抵作价款或者收回。给付定金的一方不履行约定的债务的，无权要求返还定金；收受定金的一方不履行约定的债务的，应双倍返还定金。

实践中违约定金是最常见的定金种类，而某些经纪机构恰恰利用该定金罚则从中设置陷阱，诱使当事人上当。

例如：房地产中介机构混淆合同标的，故意将居间合同的标的混同于房地产买卖合同的标的。事实上，房地产经纪机构履行的是居间合同，而房地产买卖中的买卖双方履行的是买卖合同。标的物的价格不同，定金的幅度当然不同。

案例：某女士到一房地产中介机构看房时相中了一套总价为100万元的二手房。按合同，该女士欣然交付了定金2万元。一星期后，该女士因另有所好看中了其他房子，不想买下该房并要取回定金2万元。房地产经纪机构断然回绝，声称不履行合同，就得收取总价100万元的20%，即20万元的定金。

分析：该案例重点是要理清该女士和合同相对人签订的是何种性质的合同。假如相对人是经纪机构签订的就是居间合同，假如相对人是出卖人签订的就是买卖合同。居间合同和买卖合同是两类完全不同性质的合同。前者提供的是服务（劳务）合同，后者是转移所有权的合同。二者区别大相径庭，与标的物的价格相关的定金也相差甚远。按现有的二手房中介收费的上下家各1%的标准，本例中，该经纪机构与下家收取的居间合同的定金应是2万元。至于该女士如与出卖人签订的是买卖合同，出卖人要收取20万元的定金更是荒唐。按我国法律有关规定，约定定金金额与实际交付额不一致的，以后者为准。上例中，卖方收取的定金是2万元，就以2万元为准。故该女士应承担2万元的定金责任。

5．证约定金

证约定金，是指以交付定金的事实作为当事人之间存在合同关系的证明的定金。证约定金是为证明合同关系的成立而设定的，以证明合同成立为目的。证约定金不是合同成立的必备要件，合同是否成立与定金的交付没有关系。《担保法》及其最高法院司法解释没有对证约定金作出专门规定，但是司法实践认可交付定金的书面证明（如收据）为主合同业已成立的证据，未交付定金，则主合同不成立。事实上，证约定金是一般定金都具有的共性。大多数情况下，定金的证约性质不因当事人专门约定而产生和独立存在，而是由违约定金、解约定金和成约定金所派生。

7.7.3 与定金相关的有关概念

1. 订金

订金与定金仅一字之差，在法律性质上却有天壤之别。订金不是一个规范的概念，在法律上仅作为一种预付款的性质，是预付款的一部分，是当事人的一种支付手段，不具有担保性质。合同履行的只作为抵充房款，不履行也只能如数返还。

《最高人民法院关于适用〈中华人民共和国担保法〉若干问题的解释》第一百一十八条规定："当事人交付留置金、担保金、保证金、订约金、押金或者订金等，但没有约定定金性质的，当事人主张定金权利的，人民法院不予支持。"由此可见，当事人在合同中写明"订金"而没有约定定金性质的，则不能适用定金罚则。因此，购房者签字时一定要认真仔细不要写错，否则到时将后悔不迭。

2. 违约金

违约金是由当事人约定的或者由法律直接规定的，在违约方不履行合同时，偿付给守约方的一定数额的货币。

根据相关的法律法规来看，违约金可分为法定违约金与约定违约金。

法定违约金是指在一些法规中，明文规定的违约金比例或幅度范围；约定违约金是指合同双方当事人在签订合同时自愿约定的违约金比例或数额。而法学理论界又从违约金的法律后果将违约金分为补偿性违约金和惩罚性违约金两种。支持补偿性违约金的学派认为违约金主要是为了弥补守约方受到的损失。持惩罚性观点的学者认为，违约金主要是为了确保合同的履行而事先约定的对违约方进行的一种惩罚。

但从我国的司法实践来看，二者兼而有之，但主要是一种补偿性的赔偿。如《合同法》第一百一十四条规定："当事人可以约定一方违约时应当根据违约情况向对方支付一定数额的违约金，也可以约定因违约产生的损失赔偿额的计算方法。约定的违约金低于造成的损失的，当事人可以请求人民法院或者仲裁机构予以增加；约定的违约金过分高于造成的损失的，当事人可以请求人民法院或者仲裁机构予以适当减少。当事人就迟延履行约定违约金的，违约方支付违约金后，还应当履行债务。"

因此我们在签订合同时要对违约金作出明确的约定，尤其是在现在房地产市场活跃、涨幅较大时期，购房者最好把违约金约定高一点。这样不仅对上家是一个约束，同时也使自己权益遭受侵害后能得到最大限度的赔偿。

需要说明的是，在选择赔偿时只能在定金和违约金中二选其一。

7.7.4 收付定金的业务操作

1. 收付定金的操作程序

(1) 灌输定金意识。尽管收付定金的操作行为是在交易双方已经有了明确的交易意向时才做出的，但是，进行房地产交易，作为买房方的客户，在确定签订购房合同之前，必须交付一定数额的定金的意识，却应当尽早明确。这就需要房地产经纪人员在与客户的接待、跟进、看房、沟通、洽谈等各个业务环节，寻找恰当的机会，向客户灌输定金意识：一方面，要告知客户关于定金的一些基本法律规范的知识；另一方面，也要告知客户交易程序中定金交付的一些操作规范。有了这些前期定金意识的交流和沟通，到了定金交付环节就可以水到渠成、顺理成章地进入交付定金的操作环节。

（2）房地产经纪机构与业主签订房屋出售书面经纪（居间）委托协议。该协议除应当包括房屋基本状况、房价、保留期限、违约责任以外，要特别明确委托经纪机构代业主保管并转交定金的权利的内容。在委托协议书上要加盖经纪机构的印章，协议书双方当事人要签字。

（3）房地产经纪机构与客户签订房屋购买书面经纪（居间）委托协议。该协议除应包括房屋基本状况、房价、委托期限外，要特别明确委托经纪机构向客户收取定金的时间、数额、定金类型及定金处理方法等的约定，委托协议书一定要加盖经纪机构的印章，协议书双方当事人要签字。

（4）凭借业主与客户的委托协议，房地产经纪人员代业主向客户收取定金。房地产经纪人员收取客户定金后，要向客户开具收取定金的收据，在收据中要详细填写收取的事由、金额，并由房地产经纪机构经办人员和客户的交款人当场签字，加盖经纪机构公章。

（5）按照与业主约定的时间及业务进展的要求，将客户支付的定金交付给业主，并向业主索要收取定金的收据，同时将开具的客户收取定金的收据安全、妥善地保管，以备后用。

遵循上述五个步骤交付定金，既能够使业主与客户的定金确保有效收付，也可以最大限度地确保房地产经纪机构及经纪人员不至于因为定金问题而承担责任。

2. 收付定金的风险及其规避

收付定金存在风险，即定金收取方和定金交付方在收取或交付定金后，都会存在不确定性因素带来的损失，这就是收付定金风险。

（1）收付定金的风险

收付定金风险对于房地产经纪机构、业主和客户都是存在的。

①房地产经纪机构收付定金的风险

房地产经纪机构收付定金的风险来自两个方面：一个方面是来自业主；另一个方面是来自客户。

无论是来自业主还是来自客户，其根本原因都是双方或其中的一方违反委托协议，交易无法实现，致使房地产经纪机构为促成交易而进行的前期投入白白浪费，无法得到佣金。

②收取定金方（卖房方）的风险

收取定金方（卖房方）的风险也来自两个方面：

一个方面是来自客户。卖房方（业主）收到买房方（客户）交来的定金以后，客户没有按照房屋买卖合同的要求履行购房责任，致使房屋没有售出。尽管业主能够得到客户交来的定金，但由于市场价格下降变化的原因，房屋已经无法以原有的价格出售，进而错过了卖房的好时机。

另一个方面是来自房地产经纪机构。买房方（客户）将定金交给房地产经纪机构以后，房地产经纪机构没有按照卖房委托协议，将定金按照规定的数额如期交付给业主，或者房地产经纪机构没有按照买卖委托协议的要求为业主出售房屋，致使业主没有得到定金或者错过卖房的好时机。

③交付定金方（买房方）的风险

交付定金方（买房方）的风险同样也来自两个方面：

一个方面是来自业主。买房方（客户）将定金交给卖房方（业主）以后，业主没有按照房屋买卖合同的要求履行售房责任，致使客户没有买到房屋，造成或者是业主失踪，定金难以收回，或者是业主退还定金，尽管可能获得双倍定金的赔付，但由于错过时机，失去市场机会，客户已经无法再以其价格买到同样的房屋，错过买房的好时机的风险后果。

另一个方面是来自房地产经纪机构。买房方（客户）将定金交给房地产经纪机构以后，房地产经纪机构没有按照买方委托协议的要求为客户提供房屋。其后果与前面的相同或相似。

交付定金方（买房方、客户）的风险无论来自哪个方面，对于客户来说，都是难以承受的，也都是需要规避的。

（2）收付定金风险的规避

如何规避收付定金的风险呢？主要措施有以下几点：

①强化收付定金风险意识。规避收付定金风险，首先应当在观念意识上明确收付定金可能存在风险，要慎重对待定金的收付行为，要明确收付定金是一把双刃剑，既有利，也有弊。

②要在合同中通过具体的条款，尤其是在金额、收付款方式、时间等具体要求上明确表述清楚，以此作为一旦发生定金纠纷处理时的法律依据。

③收付定金双方在进行二手房交易活动时，应当委托有一定规模、口碑好、信誉度高、业务操作程序规范的房地产经纪机构，通过这些房地产经纪机构的优质服务，能够较好地避免收付定金可能产生的风险。

7.7.5　定金纠纷的处理

通过了解、认识定金纠纷的处理，可以提高房地产经纪人员参与有关定金收付活动时产生定金纠纷的处理能力。

1. 定金纠纷处理的一般程序

定金纠纷处理的一般程序是：弄清事实，明确责任，依照约定，执行处理。

（1）弄清事实

一旦出现定金纠纷，在处理时，首先是要弄清事实，这是处理定金纠纷的基础。弄清事实，就是要明确产生定金纠纷的具体情况是怎样的，产生纠纷的来龙去脉、基本过程是如何的。只有把纠纷事实弄清楚，才可能准确地界定造成纠纷的责任方。弄清事实最重要的，是要依据能够反映事实的证据，证据是反映事实最可靠的支持。

（2）明确责任

在弄清事实的基础上，需要明确责任，即要确定造成纠纷的责任方，或者主要责任方与次要责任方。明确责任是处理纠纷的重要依据。从现实情况来看，无论是房地产经纪机构，还是买房客户或者卖房业主都可能是造成定金纠纷的责任方，因此，要妥善处理定金纠纷，就必须明确责任。从实践情况来看，在划分责任时，通常当事人各方都会指责别人、为自己辩护，出现“公说公有理，婆说婆有理”，相互推卸责任的状况，对此，只有利用证据和事实来判定责任方。

（3）依照约定

在弄清事实、明确责任、各方认同的基础上，处理纠纷就比较容易了。在比较规范的房地产经纪业务中，由于各方事前在有关合同中都有相关的处理纠纷的条款约定，因此，各方可以按照各自应当承担的责任和有关约定照此办理。

（4）执行处理

如果各方事前没有约定，或者约定不明确，也可以采取相互协商的办法解决；相互协商未果，还可以通过仲裁或诉讼的途径处理纠纷。

2. 定金纠纷处理案例

案情：

买卖双方签订了“定金协议”，约定卖方将其名下110平方米的房屋以160万元的价格卖给买方。双方约定定金为5万元，预付房款80万元（含定金），余款待买方取得房产证后5日内由贷款银行直接划入卖方账户。如买方反悔则没收定金；若卖方反悔则双倍返还定金。当天，卖方把房屋及有关资料给买方，买方也将80万元支付给卖方。

5个月后，卖方书面通知房地产经纪机构，请转告买方“定金协议”暂缓执行，需要买卖双方另行协商等。5天后，买方起诉到法院，诉称卖方因房价上涨而不愿再继续办理产权过户手续，并擅自撬门换锁不让买方装修和入住。请求法院判决双方的二手房买卖合同继续履行，并赔偿经济损失。

争议焦点：定金协议是否就是买卖合同

买方认为双方签订的合同虽名为“定金协议”，但内容包括了房屋坐落地址、室号、面积等基本状况、房价款、付款时间及付款方式、房屋交付、产权过户等房屋买卖合同所应当具备的条款，其实质是一份买卖合同。双方履行了合同大部分义务，自己也支付了50%的房款，房屋也在自己的实际使用中。

卖方则辩称，双方所签署的是“定金协议”，在上述协议中约定待取得房屋产权证后再签订买卖合同。但双方意见有分歧，至今未签订买卖合同，在双方签订“定金协议”时卖方尚未取得房产证，不具备转让房屋的法定条件。

法院判决：合同有效卖方必须交房

法院审理后认为，该“定金协议”虽名称是定金合同，但此“定金协议”已基本涵盖了买卖合同的主要条款，双方的真实意图是签署买卖合同，只是卖方尚未取得房屋的产权证，这才冠以定金协议之名。买方除了支付定金外，还支付了大部分购房款，卖方也把房屋交付给买方使用。双方实际履行的内容超越了定金合同的范畴，而涉及买卖合同的权利义务。遂认定该“定金协议”的性质是房屋买卖合同，现卖方取得了房屋产权证，该买卖合同当属有效，于是一审判决卖方继续交房给买方。

点评：合同性质不仅仅看名称

在实际生活中，看待合同的性质不仅要看合同的名称，还应根据合同的具体内容，并结合双方的签约目的、实际履行情况予以综合认定。从本案中可以看出，名称是定金协议，但在内容上不仅包括了定金数额、定金支付日期等定金合同的内容，还包括了房屋交付、房款支付日期及方式、产权过户等买卖合同的相关内容，此外，“定金协议”虽然也约定了双方均可反悔的违约责任条款，但在合同能够继续履行的情况下，卖方作为违约方无权主动要求适用该条款来承担较低违约责任、达到毁约的目的。

7.8 获取佣金

佣金是房地产经纪人的收入，是对房地产经纪机构和人员开展经纪活动时付出的人力资源、花费的资金和承担的风险的认同和回报。房地产经纪机构和人员获取佣金，是法律赋予他们的权利。在符合法律法规条件下，房地产经纪机构和人员有权利追求佣金的最大化。

7.8.1 认识佣金

1. 佣金的含义与性质

佣金是中介机构开展经纪业务所得到的唯一合理合法的收入，它是由经营收入、劳动收入和风险收入构成的综合体，它是对中介机构开展经纪活动时付出的人力资源、花费的资金和承担的风险的总的回报。国家法律保护房地产经纪机构从事合法经纪活动而取得佣金的权利。

2. 佣金的种类

佣金可分为法定佣金和自由佣金。法定佣金是指经纪人从事特定经纪业务时按照国家对特定经纪业务规定的佣金标准获得的佣金。法定佣金具有强制效力，当事人各方都必须接受，不得高于或低于法定佣金。自由佣金是指房地产经纪机构与委托人协商确定的佣金，自由佣金一经确定并写入合同后也具有同样的法律效力，违约者必须承担违约责任。自由佣金的确定必须以有关法律法规为依据，不得违反其法律精神。

3. 佣金的收取

除法律法规另有规定外，佣金的收取时间由中介机构与委托人自行约定，可以在经纪成功后收取，也可提前收取。房地产经纪机构在签订经纪合同时，应将佣金的数量、收取方式、收取期限及中介不成功时的中介费用的负担等明确写入合同。房地产经纪机构收取佣金后应当开具发票，并依法缴纳税收和行政管理费。房地产经纪机构为了防止“跳单”，可以在签订合同时预收部分佣金或费用，也可与委托人签订“专有经纪合同”。

4. 国家对收取佣金的规定

为了规范房地产中介服务收费行为，维护房地产中介服务当事人的合法权益，建立房地产中介服务收费正常的市场秩序，国家计委、建设部制定并颁发了《关于房地产中介服务收费的通知》，对有关房地产经纪佣金收取的问题予以明确的规定。其基本要点有：

（1）凡依法设立并具备房地产中介资格的房地产咨询、房地产价格评估、房地产经纪等中介服务机构，为企事业单位、社会团体和其他社会组织、公民及外国当事人提供有关房地产开发投资、经营管理、消费等方面的中介服务，可向委托人收取合理的费用。

（2）房地产中介服务收费是房地产交易市场重要的经营性服务收费。中介服务机构应当本着合理、公开、诚实信用的原则，接受自愿委托，双方签订合同，依据本通知规定的收费办法和收费标准，由中介服务机构与委托人协商确定中介服务费。

（3）房地产中介服务实行明码标价制度。中介服务机构应当在其经营场所或交缴费用的地点的醒目位置公布其收费项目、服务内容、计费方法、收费标准等事项。

（4）房地产经纪收费是房地产专业经纪人接受委托、进行居间代理所收取的佣金。房地产经纪费根据代理项目的不同实行不同的收费标准。

房屋租赁代理收费，无论成交的租赁期限长短，均按半月至一月成交租金额标准，由双方协商议定一次性计收。

房屋买卖代理收费，按成交价格总额的0.5%～2.5%计收。

实行独家代理的，收费标准由委托方与房地产中介机构协商，可适当提高，但最高不超过成交价格的3%。房地产经纪费由房地产经纪机构向委托人收取。

交易过程完成后，房地产经纪机构应及时与委托人（或交易双方）进行佣金结算，佣金金额和结算方式应按经纪合同的约定来定。房地产经纪人员在按时完成委托的经纪业务之后，也应善于把握好这一环节，以保护房地产经纪机构的合法权益。

5. 佣金结算

房地产佣金是房地产中介服务机构接受委托，向委托人提供房屋交易信息、订立房屋租赁或买卖合同等媒介服务，并促成双方成交而收取的费用。只要房地产经纪机构为委托人按照约定提供了媒介服务，促成了双方成交，就应该收取佣金；至于是在整个促成交易的开始、中途或结束，国家对此尚无明确规定。在实践中通常有以下几种做法：

（1）在交易促成前提取。在交易促成前提取，通常是当委托人与房地产经纪机构签订了委托居间代理协议后，房地产经纪机构向委托人收取一部分保证金形式的佣金，其余部分在促成交易后再收取。

（2）在交易促成中提取。在交易促成中提取，是指房地产经纪机构在撮合配对成交意向明确情况下，为防范客户“跳单”，向委托人提出要求，预收一部分保证金形式的佣金。

（3）在交易促成后提取。在交易促成后提取，是指房地产交易促成成功后，按照委托协议的约定，向委托人收取佣金。

7.8.2 防范跳单、安全获取佣金的操作技巧

安全获取佣金，是确保房地产经纪机构维护自身利益的关键。而要安全获取佣金，

最关键的是要防止房地产交易双方跳单。

所谓“跳单”，又称为“逃佣”、“跳佣”，指的是二手房的交易双方通过并委托（书面委托、口头委托）房地产经纪机构的房产经纪人代为寻找适合自己的房屋或是买家，但是在通过房地产经纪机构介绍之后却越过房地产经纪机构私下成交而逃避向房产经纪机构缴纳应付之佣金。

跳单的类型可以划分为直接跳单和间接跳单。直接跳单，即委托原房地产经纪机构的本人直接跳过原房地产经纪机构与卖家交易。间接跳单，即委托原房地产经纪机构的本人跳过原房地产经纪机构，但不直接与卖家交易，而是通过其关联关系的人，如亲属、朋友等与卖家交易。对直接跳单，只要房地产经纪机构操作规范，是比较容易防范和处理的；对间接跳单，房地产经纪机构将难以防范和处理。

要防范跳单，在程序上可作如下操作：

1．事前防范

许多房地产经纪人员为了急于做成业务，对业主登记的信息，不事先核实房屋信息，业主登记时也不登记清楚，有客户看客，就直接带客户去看房，这样很容易发生逃单、跳单的问题。因此，要防范跳单，事先就应严格按照房地产经纪业务操作规范操作。俗话说“苍蝇不叮无缝的蛋”，如果你不把机会留给别人，别人就是有心也无力争取。

事前防范的策略如下：

（1）对于新来的房源，特别是网上获取的房源，一定要先亲自实地看房，并且与房主面对面交流，尽量能让房主理解和尊重你的劳动，同时感觉你为他解决问题的诚意，并且让其填写出售房屋登记表，以表示他同意房地产经纪机构帮他卖房。

（2）对新来的客户不要立即带他看房，应先了解他的真实意图，通过他人的说话和行为及其他途径，搞清楚他是否理解和尊重你的劳动，是否有恶意或者不良企图，看房时一定要让他填写看房单。

2．事中防范

首先，出售方在委托房地产经纪机构出售房屋时，房地产经纪机构一定要其签署房屋出售的居间合同，并复印其身份证。这样做的主要目的是证明房地产经纪机构有权出售该房屋，若出售方与买受方跳单，房地产经纪机构可以起诉出售方要求支付佣金。

其次，房地产经纪机构在带买受方看房时，一定要其签署“看房确认书”，而且不能让买受方得到出售方的联系方式，并复印其身份证。这样做的主要目的是证明房地产经纪机构带买受方查看了房屋，实施了居间行为，若买受方跳单，房地产经纪机构可以起诉买受方要求其支付佣金。

再次，房地产经纪机构在买卖双方达成一致意见时，要其签署三方的居间合同。这样做的主要目的是证明房地产经纪机构实施了居间行为，并促使买卖双方达成了一致意见。

最后，不要轻易解除居间合同及退还定金，一旦解除了居间协议，买卖双方跳单私下成交，房地产经纪机构的佣金就很可能打水漂。

3. 事后救济

如果发生逃单、跳单的问题，首先要和对方协商，并且搜集足够的证据，做好打官司的准备；同时还要告知客户跳单的后果。告知通过房地产经纪人的专业工作可以给客户以安全的保障。比如：告知客户跳单的利弊，可以说客户跳单一点好处都没有，首先价格不好谈，其次谈妥后办理手续存在较大的难度，房地产的过户需要一个漫长的过程，而且需要专业知识的辅助，不具备条件的客户业主是不可能顺利地办理手续的，尤其是房产证在银行抵押的，需要赎楼的，还有办公证，请担保公司赎楼，到国土局过户，以及申领新房产证、款项的发放等等，这一切都需要专业人员为其办理，而且更有安全保障，像这样为节省一点佣金的跳单行为，实在是不道德也不明智的。

在接受客户委托之时和客户签署一个简单的委托合同或者看房合同，纯粹是关于防止跳单的事的。条款主题是说：如果客户与某买方/卖方（或者出租人/承租人）直接签署合同达成交易，则中介费双倍支付。但是签署这样的委托合同或者看房合同，事先要对客户说清楚，不要让客户觉得紧张或者不舒服。同时，要尽可能不让买方/卖方（或者出租人/承租人）直接接触。这样做会杜绝很多跳单事件。

为了让跳单失去生存的“土壤”，眼下一些规模较大的房地产经纪机构，比如鸿基、中原、金丰易居等实行的是二手房交易全程“锁定”制：要求在内部的工作程序上都做到规范，一定要与客户签订服务委托书。例如，明确规定客户委托购房必须先签订房屋承购委托书并详细约定相应的违约责任，再为客户上网查找房源进行物业配对。若客户要求上门看房，应请买方先签署“看房确认书”，看房结束后由卖方签字确认。这样在遇到客户违约后房地产经纪机构能成功索回佣金。值得注意的是，有的时候买卖双方并未签署“承购委托书”，仅签署“看房确认书”，而“看房确认书”中对违约金数额是不作具体约定的，就有可能被违约方钻空子。这种操作模式的目的在于明确买卖双方和中介三方的法律地位，从而有效规避了操作规程中公司所面临的法律风险。

7.8.3 跳单案例评析

跳单在实际案例中反映出来的情况也十分复杂，不能一刀切。下面以实际的跳单案例逐一进行剖析，希望能对认识防范跳单、安全获取佣金有所启发。

案例1：2012年1月17日，王先生委托房地产经纪机构出售上海市天等路一套房屋，签署了“房地产居间合同”。2012年2月6日，房地产经纪机构介绍赵女士购买房屋，并签署“看房确认书”。事后，买卖双方私下成交，完成了交易。房地产经纪机构发现后，遂起诉买卖双方要求支付1%的佣金。

法院判决支持了房地产经纪机构的诉讼请求，因为房地产经纪机构进行了居间行为，提供了相应服务。买受方绕开房地产经纪机构与出售方签订房屋买卖合同，逃避向房地产经纪机构支付佣金，应视为房地产经纪机构已完成对交易双方的居间义务，有权收取居间服务费用。

案例2：2012年5月20日，出售方李女士与某房地产经纪机构签署了“房地产居间合同”，委托出售上海市紫云路118弄的一套房屋。2012年5月24日，李女士签署了“服务费确认书”。2012年5月24日，该房地产经纪机构带苏女士看了上海市紫云路118弄的一套房屋，并签署了“看房确认书”与“服务费确认书”。同日，买卖双方及该房地产经纪机构签署了“购房协议书”，房屋转让价格为294万元。后买卖双方通过其他房地产经纪机构签署了正式的“上海市房地产买卖合同”，并办理了交易过户，但是没有向该房地产经纪机构支付佣金。该房地产经纪机构遂起诉买卖双方要求各支付1%的佣金。

法院判决支持了该房地产经纪机构的诉讼请求，法院认为该房地产经纪机构已经促成了买卖合同成立，买卖双方应当按照约定支付报酬。

案例3：买受方倪女士在某房地产经纪机构的陪同下查看上海市恒业路一套房屋，并签署了“看房确认书”。“看房确认书”中约定，买受方在看房后不再私下或通过第三方与出售方接触、交易。之后买受方与出售方通过其他房地产经纪机构成交，并完成了交易。该房地产经纪机构发现后，遂起诉买受方要求其按“看房确认书”的约定支付房价1%的违约金。

法院没有支持中介的诉讼请求，认为“看房确认书”中有关违约责任的约定属于格式条款，具有加重看房人责任的情形，应为无效。居间人在促成合同订立后，才能取得报酬。考虑到居间人从事居间活动会产生一定费用，因此判令买方支持房地产经纪机构人民币200元的必要费用。

案例4：2011年12月15日，夏先生委托房地产经纪机构出售上海市顾戴路一套房屋，双方签署了“房地产居间合同”。2011年12月23日，张先生委托房地产经纪机构以270万元居间购买该房屋。双方签署了“房地产居间合同”，并支付2万元定金给出售方。2012年3月9日，夏先生提出不想出售该房屋，要求解除居间合同，三方签署了“解约协议”，双倍返还定金给张先生，并赔偿房地产经纪机构1万元。事后，房地产经纪机构发现买卖双方私下成交，并且张先生于2012年5月24日办理了房地产权证。房地产经纪机构遂起诉到法院要求支付剩余的佣金。

法院最终判决没有支持房地产经纪机构的诉讼请求，认为房地产居间合同解除，房地产经纪机构再要求买卖双方支付佣金，没有法律依据。

7.8.4 房地产佣金处理标准及纠纷类型评析

房地产经纪机构为了维护自己的利益不受到伤害，通常会使用各种方式促使购房人或售房人签订房地产买卖居间协议并据此收取佣金。签订了房地产买卖居间协议是否就意味着中介有权收取佣金？购房人或售房人在何种情形下无须支付佣金？下面结合具体案例剖析目前房地产居间合同佣金纠纷的常见类型及处理标准。

1．处理标准

根据《合同法》的相关规定，居间人促成合同成立的，委托人应当按照约定支付居间报酬；居间人未促成合同成立的，不得要求支付报酬。因此，在房地产交易市场，房地产经纪机构获取佣金报酬的必要前提应当是促成交易双方的买卖合同成立。

那么，买卖合同成立的标准是什么？签订“房地产买卖居间协议”是否就意味着买卖合同成立？

根据《合同法》相关司法解释，关于合同名称与合同的内容不一致时，依合同的具体内容来确定合同性质的精神和《最高人民法院关于审理商品房买卖合同纠纷案件适用法律若干问题的解释》第五条关于房屋的认购、订购、预订等协议具备《商品房销售管理办法》第十六条规定的商品房买卖合同的主要内容，并且出卖人已经按照约定收受购房款的，该协议应当认定为已符合商品房买卖合同的司法精神；如果“房地产买卖居间协议”不具备买卖合同的主要条款或者虽具备买卖合同的主要条款但出卖人未收取购房款，该“房地产买卖居间协议”的性质应为预约合同而非买卖合同；如果“房地产买卖居间协议”已经具备买卖合同的主要条款且出卖人已经收取购房款，该“房地产买卖居间协议”的性质应为买卖合同。

房地产居间合同是一种特殊的居间合同，买卖合同的订立不代表交易一定能够完成，中介机构全面规范履行居间义务也是其获取佣金的必要条件。故对于类似纠纷，应全面审查合同未能履行的责任以及居间人在此过程中是否依据诚实信用原则，按照法律规定和行业规范全面履行了居间义务，以此作为中介机构是否应获取佣金的衡量标准。如果中介机构已经全面履行了居间义务，促成双方签订买卖合同，此后的履行并非中介机构的责任，那么委托人不能以合同未履行为由拒付中介报酬。相反，如果产权无法过户是由于中介机构的原因，如未能如实告知房屋的相关事宜、未能告知相关法规政策，那么即便双方签订了房地产买卖合同，也不能视为居间成功，中介机构无权获取报酬。

2. 房地产居间合同佣金纠纷常见类型案例评析

案例1:《房地产买卖居间协议》不具备买卖合同的主要条款，其性质为预约合同，买卖合同并未成立，居间人无权收取佣金。

2012年4月12日，刘某（买受人）与上海HK房地产经纪公司（居间人）签订“求购房地产委托协议书”一份，约定刘某委托该公司求购本市浦东新区寿光路某号某室房屋。同日，刘某、HK公司、李某签订“房地产买卖居间协议”一份，约定：经HK公司居间服务，李某将其所有的该套房屋出售给刘某，房价款为218万元，支付方式为一次性付款，交易过程中产生的费用均由刘某承担。协议第六条约定买卖双方应依HK公司的安排签订“上海市房地产买卖合同”或者类似合同。协议第九条约定如买受人或出卖人，或买受人与出卖人未能履行本协议，导致双方的“上海市房地产买卖合同”或者类似合同无法签订的，违约方或者同意解除协议方应向居间人赔偿数额为双方佣金之和的违约金。其后，刘某未按HK公司的安排签订“上海市房地产买卖合同”，HK公司起诉至法院，要求刘某支付佣金。

房屋买卖合同是出卖人转移房屋所有权与买受人，买受人支付价款的合同。本案中，刘某、HK公司、李某三方签订的“房地产买卖居间协议”仅仅对房屋买卖的房价款、支付方式等内容进行了约定且约定房屋买卖双方仍需另行签订“上海市房地产买卖合同”或类似合同，而未对房屋交付时间、过户时间、违约责任等主要条款进行约定，从性质上来说属于预约合同。HK公司尚未促成买卖合同成立，故HK公司无权要求刘某支付佣金。

案例2：“房地产买卖居间协议”具备买卖合同的主要条款，但出卖人并未收取购房款，其性质为预约合同，买卖合同并未成立，居间人无权收取佣金。

2012年5月24日，房地产经纪机构、罗某与案外人李某三方签订了“房地产买卖居间协议”。该协议约定：经房地产经纪机构居间服务，罗某将上海市松江区九亭镇九亭大街某弄某号某室房屋一套出售给案外人李某，房价款为36万元，买卖过程中所有交易税费及中介佣金7 200元均由购买方承付。协议第三条约定，买卖双方应于10日内依房地产经纪机构之安排签订商品房预售、出售合同或房屋买卖合同等。协议第五条约定，若罗某有反悔不卖或不按约定前来签订房屋转让合同及其他违约行为，致使无法完成签订合同之情形，则罗某应双倍返还已收之定金给买方，另外罗某仍应向房地产经纪机构支付房产成交价的2%作为中介服务佣金或违约金，房地产经纪机构随时可以主张权利并追索上述相关费用。协议第六条约定：签订本协议即视为安宇事务所居间成功，罗某及购买方双方均不得单方违约；罗某及购买方各自履约责任由签字人承担。协议同时对房款的支付方式、房屋的交付、产权的过户等作了相应的规定。2012年6月5日，罗某出具确认书，确认因对该协议存有异议，不同意按该协议继续履行，决定不再对所涉房屋进行买卖。后房地产经纪机构起诉要求罗某支付居间费7 200元。

本案中，买卖双方及房地产经纪机构签订的“房地产买卖居间协议”中约定“签订本协议即视为房地产经纪机构居间成功，罗某及购买方双方均不得单方违约”。这种约定的结果是，只要签订了该协议，房地产经纪机构的居间活动就已视为成功，无论买卖双方最终是否成功订立房地产买卖合同，房地产经纪机构都有权收取中介报酬。这一条款的规定事实上限制了委托人权利的行使，加重了委托人的责任，有悖于委托人委托房地产经纪机构居间的初衷，且与《合同法》所规定的“居间未促成合同成立不得要求支付报酬”原则相违背，因此该条款应当认定无效。本案中虽然房地产经纪机构为了促使罗某与购房人交易成功履行了向委托人报告或者媒介的义务，但交易双方的房屋买卖合同最终没有订立，罗某没有达到居间合同的目的，因此根据法律规定其有权不支付中介佣金。

案例3：“房地产买卖居间协议”具备买卖合同的主要条款，出卖人已收取购房款，则买卖合同已成立，若非由于居间人自身原因导致合同未能履行的，居间人有权收取佣金。

2012年7月15日，洪某在居间人上海某房产经纪有限公司的居间运作下，与胡某签订了“房地产买卖居间协议”一份，约定由洪某向胡某购买其位于上海市徐汇区某套房屋。双方在协议中对房屋的基本情况、房屋的总价款、付款方式、付款时间、交付使用日期、办理权属过户的时间、违约责任等事项作出了明确的约定，并同时约定双方在2012年7月20日前签订正式的房屋转让协议并于当日到房产交易中心办理过户手续。协议签订后，洪某依约支付了首期房款人民币5万元，但胡某在协议约定的时间内却未履行约定的义务，经洪某及房地产经纪机构多次催促，胡某却一直借故拒绝履行协议约定的义务。后房地产经纪机构起诉至法院要求胡某支付佣金。

本案中，关于三方之间签订的“房地产买卖居间协议”的性质问题，法院认为，该协议首先是一份三方当事人、两个法律关系的合同，属于合同联立。从性质上判断，其一为居间关系，但另一法律关系是预约合同关系还是买卖合同关系？预约合同相对于本合同而言，内容主要是规定双方当事人应谈判缔结主合同。对于预约合同的当事人而言，承担的只是尽量促成主合同的成立。而在本案中，在名为“房地产买卖居间协议”的合同中，约定了双方当事人的姓名、住所，房地产权属证书名称和编号，房地产坐落位置、面积、房地产的用途或使用性质，成交价格及支付方式，房地产交付使用的时间，违约责任及双方约定的其他事项。参照《城市房地产转让管理规定》第八条所列举的房地产转让合同主要内容，该协议已经具备了房屋买卖合同的主要内容，且出卖人已经收取了购房款，应该认定买卖合同性质。因此，洪某、胡某之间的买卖合同已经成立，由于房地产经纪机构自身原因之外的因素导致合同未能履行的，房地产经纪机构仍有权收取佣金。

■ 主要概念（明确基本认识，准确把握概念）

1. 择优配对

择优配对是指房地产经纪人员在充分了解房源业主和购房、租房客户双方各种需求的基础上，为双方寻找各自满意的对方的一种经纪活动。

2. 需求

需求是“消费者的一种期望”，而这种期望一定是针对消费者日常行为中的某种存在的问题，即“消费者日常行为过程中针对问题的一种期望”。

3. 带客看房

带客看房是指优化配对成功结束后，客户充分了解了房源的基本信息和情况介绍，有交易愿望时，为了让客户进一步对房源有一个实际感受，也是为了让客户验证房地产经纪人员介绍房源的真实可信程度，由房地产经纪人员带领客户实地考察房源实际情况的一种经纪业务活动。

4. 沟通

沟通是指人与人之间、人与群体之间思想与感情的传递和反馈，以求思想达成一致和感情通畅的过程。在房地产经纪活动过程中，具体体现为房地产经纪人员与业主、客户之间为达成交易而进行的各种信息、想法、观点、意见的传递和反馈的过程。

5. 客户跟进

客户跟进就其基本意思，指的是为了维护和发展与交易对象的关系，了解和掌握交易对象的动态变化情况，采取各种方式，与交易对象保持不间断的接触和联系。

6. 客户异议

客户异议就是客户的拒绝，无论是明显的还是委婉的，无论是激烈的还是舒缓的，客户就是不满意、不同意、不肯定、不认同、不响应、不行动，总之是以否定的姿态表现出他的态度。

7. 促使下定

促使下定是指当交易双方经房地产经纪人员在促成交易前期做了大量的工作，交易意向基本明确、交易条件基本成熟条件下，房地产经纪人员一旦发现了交易双方的成交信号出现，即运用促成成交的方法，及时促使交易购房方下定决心、交付定金的房地产经纪业务活动。

8. 交易信号

二手房交易双方选中了自己心目中中意的目标，有了交易欲望和冲动，通常会不自觉地流露出来，而且是通过其语言或行为显示出来。这种表明其可能采取购买行动的信息，就是交易双方的交易信号。

9. 收取定金

收取定金是房地产经纪人员为了保证促成交易而介入交易双方之间，力保业主依照合同约定收取定金、敦促客户向房源业主交付定金的一项经纪业务活动。

10. 定金

定金是一个规范的法律概念，是合同当事人为确保合同的履行而自愿约定的一种担保形式，定金是在合同订立或在履行之前支付的以一定数额的金钱作为担保的担保方式。

基本训练（描述业务情境，提出实训要求）

王先生今年32岁，是个公司白领，年收入6万元，欲购买城南一套三房屋一套。首付房款能力是30万元。房屋面积130平方米左右。

基本训练1：

面对王先生这位客户，作为房地产经纪人员，要促成交易，按照业务程序的要求，请为王先生进行配对。（提示：为王先生进行配对时，还应当了解他更多的需求）

基本训练2：

带王先生看房时怎样介绍房源？

基本训练3：

王先生认为提供的房源房价偏高、交通拥挤、佣金由他付，面对这些异议，我们应当怎样处理？

基本训练4：

王先生同意下定，我们应当怎样处理？

案例分析（运用基本知识，分析案例问题）

案例：李某"一房两卖"惹纠纷

李某有一套房产出卖，与中介公司签订了委托中介直接托收定金的服务协议。后房产出售挂牌信息在该中介公司内部网络上被各网点得知，众多业务人员频繁打电话与李某寻价联系，吵得李某耐不住性子，干脆直接宣布"只要是168万元底价以上，你们谁签了都行"。谁知就因为这句话，麻烦出现了。

几日后，李某经中介人员约见了一位买房者谈好房价，收了4万元定金，签订了二手房买卖合同，可就在半月后办理过户登记时，却发现李某房产已被法院查封，原因是另一个卖主也给中介交了4万元定金，并由中介人员代签了二手房买卖合同且代收了定金，该购房人以李某一房两卖，诉至法院要求李某支付双倍定金8万元。搞得李某莫明其妙。经了解，该中介公司另一业务人员得知李某房产出让信息后，依照李某“只要是168万元底价以上，你们谁签了都行”的指令，在不知道该房产已经被转让的情况下，找到一位买家签了合同并收取了定金。

此后，几方各持己见，后面买家称李某授权中介一房两卖，构成违约；中介称过错在于李某授权不明，不慎重处理寻价，乱发指示，且后一业务员也是中介公司人员，也同样拥有合法授权为由，拒绝赔偿损失。同时，前购房人也以李某一房两卖，导致房产查封交易无法办理为由，要求解除合同，支付房价20%的违约金，并赔偿一切损失。

案例思考问题：

1. 是什么原因造成李某一房两卖？

2. 谁应当承担李某一房两卖的责任？承担什么责任？

3. 李某的房屋应当如何处理？

练习题

一、判断题（运用基本知识，判断对与错）

1. 房地产经纪活动是一种中介活动，它的基本功能和作用就是为交易双方“牵线搭桥”，“牵线搭桥”是房地产经纪活动的目的。

2. 直接询问法是调查者把事先设计好的调查问卷或表格给被调查者，要求被调查人自行填妥，借以搜集所需资料的方法。

3. 择优配对是房地产经纪人员为交易双方缩小选取“对象”的范围，预选3~5个候选对象。

4. “量体裁衣”讲的是在择优配对中，要能够充分体现业主与客户交易双方的客观情况和实际需求，搞“拉郎配”。

5. 带客看房的目的，就是要让客户对他欲交易的房屋、区位、环境等实体状况有一个直观的了解和体验。

6. “沟通与洽谈”其基本含义，是指把沟通作为洽谈的一种重要的方式和手段，通过沟通达到成功洽谈的目的。

7. 倾听能鼓励他人倾吐他们的状况与问题，而这种方法能协助他们找出解决问题的方法。

8. 成熟稳健型的客户思考周密，喜欢挑毛病，对房屋的内外都会有意见，斤斤计较、东扣西减、狠力杀价、态度强硬。

9. 客户异议是个宝，促成交易少不了，透过“客户异议”能够使房地产经纪人员从中了解到客户的更多信息。

10. 让步下定法的优点是：可以减轻客户成交的心理压力，还有利于经纪人员主动地尝试成交。保留一定的成交余地，有利于经纪人员合理地利用各种成交信号有效地促成交易下定。

二、简答题（简要回答基本问题）

1. 客户跟进方式有哪些？
2. 各种客户异议类型答复的恰当时机分别是什么？
3. 如何认识违约金？
4. 定金纠纷处理的程序是什么？
5. 佣金应当在何时收取？

三、业务分析题（运用业务知识，分析说明问题）

带客看房程序分为带看前、带看中和带看后，每个步骤各自都有不同的目的和任务，相互之间又有着紧密联系。

问题1：带看前、带看中和带看后的每个步骤各自有哪些目的和任务？

问题2：带看前、带看中和带看后的每个步骤各自要做哪些业务工作？

四、技能操作题（运用专业知识，训练操作技能）

运用专业知识，编制“每周客户跟进一览表”，填写10位客户的“需要跟进客户情况”栏的具体内容，不要填写相同的内容。

第 8 章　价格谈判

学习目标

1. 知识目标

了解价格谈判的原则，掌握价格谈判的方法和策略，并对一些常见棘手问题的解决方法有所了解。

2. 技能目标

在实际价格谈判中，能有效地运用谈判的策略和技巧，根据不同的客户调整谈判策略；能对现实交易过程中的价格谈判问题进行分析。

学习内容

1. 价格谈判概述
2. 价格谈判的策略与技巧
3. 价格谈判的要点
4. 与客户或业主谈判
5. 价格谈判常见问题及应对策略

引导案例

王东是一家房产中介公司的经纪人。这天店里来了一个客户张女士，经过一番询问，在了解了张女士所需房源后，王东开始为张女士寻找合适的房源。经过几天的寻找，张女士也看了10多套房源，最后相中了一套，使用面积89平方米，南北朝向，中档装修，三室一厅，房主报价63万元。张女士对这套房子比较满意，王东也很高兴，这几天的工作没有白做。但同时，她也挑出了房子的一些缺点：楼层太矮，导致室内采光不足，特别是卫生间太黑，又不通风，除此之外，整套房子没有阳台，晒衣服很不方便。聪明的王东一听，就知道是张女士是在“砍价”。而同时他也知道，这是房主的最低报价，如果就房价达不成一致的话，那么这几天的功夫就白费了。

引导案例引发的思考：

1. 如果你是案例中的王东，又如何与客户张女士进行价格谈判？
2. 如果你是王东，你将如何与房主谈判，以争取房主的降价？
3. 若争取到房主降价后，将如何向张女士报房价？报房价时应注意什么？

房地产作为一种特殊的商品，它的价格高昂，一套房屋动辄数十万乃至数百万元，所以一般而言客户都不会轻易出手。如果客户决定购买，那么绝不要以为他会轻易签约，他肯定会更加详细地了解房屋的结构、质量、环境和升值潜力等等。经过考察如果觉得满意，接下来的就是极具挑战的价格谈判过程。房屋价格谈判是否顺利直接关系到整个交易的成功与否，因此如何根据客户的不同来调整自己的谈判策略以达到最终目的，就显得非常重要。掌握一定的谈判技巧将会大大提高房产经纪人的交易成功率。本章将结合案例，介绍该如何进行价格谈判准备，阐明价格谈判应该遵循的原则和价格谈判的一般做法。同时也将介绍并分析在房地产销售过程中的价格谈判应该掌握的方法和技巧。另外还会介绍房地产价格谈判过程中经常遇到的一些棘手问题，并对应该采取的对策进行说明。

8.1　价格谈判概述

房屋价格是关乎房屋买卖双方利益最核心的要素，在进行房产交易时，不可避免地要与房屋买卖双方进行价格谈判，这直接关系到整个撮合成交的成功与否，因此如何根据客户的不同来调整自己的谈判策略以达到最终目的，就显得非常重要。掌握一定的谈判技巧将会大大提高房产经纪人的撮合成功率。本章将从价格谈判前的准备、谈判原则、谈判技巧以及在谈判过程中常遇见的一些情况等方面进行一一讲述。

8.1.1　价格谈判的原则

对于房地产经纪人员来说，实现客源和房源的匹配，获取佣金是他们的最终目的。但是在具体的操作过程中，有些房地产经纪人员为了尽快尽多地实现房源和客源的匹配，剑走偏锋，做出很多违背基本原则的事情。房屋的价格谈判是房地产经纪人员与客户最直接、最正面的交锋，在这些过程中有一些必须遵循的原则。它们是你成功的基石，忽视这些原则有可能使你在谈判中陷入被动。

1. 维护委托方利益原则

一般而言，房地产经纪人员都会有一定的经纪权限，即价格权限。在价格谈判中，要合理有度地使用委托人赋予的这一权限。不能为了尽快将房屋销售出去而滥用你拥有的一定的价格权限而以低价成交。这样有可能会增加你的经纪量，在短时间内会为你带来一些利益。但是从长远看，这种行为违背职业道德，不仅会极大地损害委托方的利益，而且会给你的职业前景蒙上阴影，因为没有一个委托人会容忍你这种行为。

2. 把握谈判时机原则

价格谈判是一个很具有挑战性的过程，同时也非常敏感。谈判时机原则就是指要在适当的时间、适当的场合与客户进行价格谈判，以达到在短期内以最佳价格成交的结果。因为商业上有一个原则：如果你是卖主，当对方迫切需要时，你再与他商谈价格，自己尽量摆出一种不会讨价还价的绅士态度。当然，这个原则要在实际中真正做到并不容易。客户对价格问题总是很敏感的，他们总是希望通过与你谈判能够降低价格，即使希望渺茫，也会尽量争取。试想一下，对于一套面积 100 平方米、单价 5 000 元、总价 50 万元的房子，如果他能够获得 9.8 折的优惠，也就是有 10 000 元的优惠，那大概相当于普通工薪阶层 3 ~ 5 个月的工资，谁会轻易放弃呢？因此我们要“非谈不可才谈”。也就是说必须在客户对房子已经完全满意，只要价格谈妥，就可以马上成交的时候才与客户商谈价格。否则，在经过一番讨价还价之后，客户还对产品有不满之处而不能下决心购买，那所有的价格谈判都会白费。

3. 遵循互利原则

在任何商业活动中，遵循互利的原则，都是达成交易的前提。商人都是逐利的，不会有人在商场上是不求利的。所谓“无利不起早”就是这个道理。同样，房屋的经纪过程也是一个有买有卖的商业过程。要知道，购房者在购房时也是在做买卖，只有房屋的价值高于价格，他才算是有利可图。永远要记住，对方坐在谈判桌前和你商谈的原因是他相信他可以从谈判中获得好处，即使可能性很小，他也不会就此放弃，因为，那是他进行谈判的目标。因此，互利互惠是谈判中必须遵循的原则。在实际谈判中，有时提出一些高要求并坚决不松口的确是值得的，但有些时候，你必须作出一些让步，因为获利是你们谈判的目的。如果仅仅考虑自己一方获利越多越好，而把要求定得过高，则有可能使对方知难而退，因为他从你这里毫无利益可得，或者获利极少，这样你自己就陷入了僵局。因此在提供房地产中介服务过程中，房地产经纪人员必须明白这一点，但是真正做到这点对经纪人员来说是一个很大的考验。

4. 遵循时效原则

从统计数字上来看，很多谈判都是在期限即将截止前才达成协议的。因此我们认为，谈判如果没有期限，谈判双方都不会感受到任何压力存在，始终觉得“闲庭信步”，离最后的交易成功更是遥遥无期。反之，如果谈判设有期限，谈判双方的心里都会感受到压力，特别是到临近谈判的最后关头，心理状态和谈判气氛会骤然紧张。谈判期限越近，双方的不安和焦虑感会越大，这种不安和焦虑在谈判终止的那天会达到顶点。这也是运用谈判技巧的最好时机。这里所说的时间期限就是要我们在谈判中把握时效性的原则。

所谓时效原则，就是指在条件成熟的条件下，根据自身的条件加快设置谈判期限，加快谈判进程，促使客户尽快达成协议，完成交易。比如说，在房地产价格谈判过程中，讨价还价不可避免。在讨价还价过程中不可急躁，要表现得从容不迫、有耐心，这一点对于买卖双方来说都是如此。你不能表现出过于“恋战”的状态，或者表现得“特别热心”和“强求”。对于谈判者来说，拥有时效感是相当重要的条件之一，你当然应该从容不迫地与对方交谈，但是，在正确而迅速地判断之后，如果你能够提出最理想的交易方案，就能趁对方不备，进行“迅速的猛击”，获取最大的胜利。对房地产经纪人员来说，这一点很重要。因为过长的商谈时间会极大地降低客户的购买欲望，或是让客户有充分的时间来进行权衡，撮合失败的可能性也会随着增加。

8.1.2 价格谈判的准备

房屋价格谈判过程是比较复杂的，如果你想在与客户的价格谈判中占据主导地位，那么在开始阶段建立一个比较坚实的基础是必不可少的。因此，在价格谈判开始前，首先要做好扎扎实实的准备工作，做到知己知彼，才能更好地保证交易的顺利完成。

1. 了解产品

要想在商业谈判活动中取得主动权，就必须做到能够详细地了解自身的产品。这其中既包括产品的优势也包括产品的劣势。在房地产经纪中也是如此，如果房地产经纪人员对自身的房屋的特点、优势都没有一个较好的把握，那么在谈判过程中就很难说服客户签约。一般而言，房地产经纪人员应主要了解房地产的以下特点：

（1）产品的优势和劣势

任何产品都不是完美的，存在优势的同时肯定也会有劣势。那么房地产经纪人员就必须对自己负责的项目的优势和劣势有一个很好的把握。这样才能在与客户的谈判中避重就轻，引导客户认识产品的优点，化解客户对产品缺点的异议，从而更好地促使交易的成功完成。

（2）房地产市场行情和政策状况

市场行情和政策情况影响客户出售或者购房的预期。因此，房地产经纪人员要及时了解当时的市场行情和政策状况。

（3）公司的其他优惠政策

房地产公司会根据自身的经纪情况制定不同的优惠政策。房地产经纪人员应该及时掌握开发商制定的一些促销策略。这些策略实际上相当于给予客户一定的优惠。在客户要求你降价时，你就可以以此来回应。

2. 了解客户

所谓知己知彼，百战不殆。你必须了解客户也就是你的谈判对手的情况，揣摩其购房心理。如果客户比较着急，那你在价格谈判中将占据有利位置。

（1）确认客户购房理由

你必须先让购房者喜欢你的产品，而且也能接受你推荐的产品（合乎他的要求），然后才能进一步产生议价动机。其实，客户之所以会购买你的产品，其主要原因通常是：房屋自身条件与客户需求相符合；客户认为所购房屋具有很大的优势（如大小环境、规划设计等）；客户认为本房屋物超所值，具增值潜力。如果客户是为了投资而购房，那毫无疑问，他既然都已经很清楚你的房子有升值潜力，你更应该守住你的价格。

（2）确定决策人物

如果与你谈判的客户不止一人，而是有两人或三人，那么你必须先搞清楚谁是决策人物，也就是能拿主意的人。在谈判中，你最应注意的就是这个决定性人物的意见。此外，不要忽视其他谈判人士。客户中其他参与谈判的人，虽然没有最终决定权，但你也应尊重他们的意见。尤其是对买房来说，能够一起来买房并参与谈判，绝对是能对决定性人物的意见产生影响的人，他们要么是客户的亲朋好友，要么就是客户所带来的律师或专业人士。

3. 了解自己

（1）明白你的价格权限

在与客户议价时，你必须先清楚自己的权限（职能折扣的额度），也就是你所能给予客户的最低价格。如果你要给客户低于你权限的价格，只能逐级向上申请。在给客户让价时，你绝对不能擅自给出低于你的权限的价格。

（2）注重个人修养，利用个人魅力

在谈判中，房地产经纪人员的个人修养会直接影响到自身的个人魅力。谈判是一种与人打交道的活动，谈判人员的个人素养与魅力会对谈判格局产生直接影响。因此，房地产经纪人员应该注重提高自身修养，应最大限度地利用你的个人魅力去影响整个谈判格局。个人魅力既包括形象魅力，也包括行为举止方面的魅力，更包括性格魅力。每个人的作风都应该具有自己的特色，不必非要掌握我们本来不具备的技巧。以自己特有的作风行事，不但能指导我们去做自己擅长的事情，而且能使我们避免因技巧选择不当而造成的损失。

（3）保持最佳状态

房地产经纪人员应该清楚自己的最佳状态时间。因为在谈判中，你必须保持头脑清醒，否则很容易陷入对方设定的陷阱之中。一般而言上午十点左右是一个人一天中精力最旺盛、头脑最清晰的时候。因此，如果谈判时间能由你掌控，那么你最好安排在上午。

4. 了解降价策略

谈到议价与守价，我们有必要了解一下关于价格的降价策略。一般来说，委托人会先给委托出售的房源制定一个基本的价格，在没有折扣、没有调价（提价或降价）的情况下，这个价格就是最后成交的价格。但是，为了促进经纪，我们通常会以各种折扣和折让或者降价的方式来刺激客户。

5. 了解竞争对手

俗话说“商场如战场”，在商业活动中竞争处处存在。在像房地产谈判这样的商业活动中，更是如此。谈判中，“眼观六路、耳听八方”非常重要。目前，你要对竞争对手的优劣势、竞争对手的动态有全方位的了解，以提防有可能抢走你“面包”的人。在现实中就有很多这样的例子。客户在购买房屋时，肯定是在多方进行过对比的。很多房地产经纪人员也会从客户的口中获取一些竞争对手的信息，比如说你代理销售的楼盘是5 000元/平方米，与你楼盘处于同一档次的竞争对手如果获知你的信息，如果影响交易的因素只有价格的话，你的竞争对手就会采取一些措施。只要是在他们的销售权限内，他们就有可能对价格进行调整，从而来抢夺客源。因此，了解竞争对手非常重要。

6. 坚定必胜的信心

自信是成功的一半。房地产经纪人在谈判中必须保证绝对的信心，无论是对你自己，还是对你所代理的公司、你的产品。要相信“天下没有卖不掉的房屋”，即使目前市场上存在不少空置房，那也只是由于它们的定位不正确，或者销售方式不对，而你的项目绝对不存在这种情况。

要相信，你绝对能将房屋卖掉。不用担心遭受失败的打击，一两次的失败根本不足为奇。在失败的时候，你要坚信，今天的失败就是明天成功的基础。要对产品价格有绝对的信心。即使再高的价格，也有它的依据，绝对不能轻易降价。抛弃底价成交的概念，你要对价目表中各房屋价格具有充分的信心，不能有底价成交就可以了的观念。在销售前，为标价先列出理由，是产生信心最好的方法：进行折价分析（以成本加合理的利润来自圆其说）；只要你能让自己相信这个折价说得相当有理由，即可说服买方。

8.1.3 价格谈判的策略与技巧

谈判是一个讲究策略和技巧的活动。在房屋交易谈判过程中，必须要策略与技巧结合，才能取得最理想的效果。所谓“战略上藐视，战术上重视”也就是这样一个道理。在这里我们介绍一下价格谈判中需要掌握的一些基本策略和技巧。

1. 价格谈判的策略

谈判的最终目的是确定双方都可以接受的价格。在谈判中要注意以下策略的运用：

（1）注意价格谈判的切入时机

如果考虑到双方的要价差距太大，可以建立谈判双方的基本信任，先谈一些具体环节和双方容易解决的问题，这样就可以避免谈判一开始就陷入僵局。这是确保谈判顺利进行的基本前提。

（2）妥协和让步

房地产品价格高昂，一般购房者不会轻易下手。如果决心购买，考虑的因素自然也会很多。因此我们经常会在房地产谈判中发现，双方会因为一些具体问题而互不相让，僵持不下。这时要清醒地认识到，我们的目的是为了达成协议，在有些时候，谈判双方都应该作出一些妥协和让步，这样才能最终达成协议。以下做法可以供参考：

①在价格的设置上要留有妥协的余地，同时准备好让步的幅度和策略。

②可以在不影响大的原则和利益的前提下，对一些小问题和次要的方面作出妥协，但是在大的、核心的问题上决不让步。

③面子留给对方，“里子”留给自己。

④在价格上不让步的同时，可以考虑对方的困难，对付款方式、首付款、付款期限等给予对方一定宽限，这样会让对方感受到你的诚心，也认识到价格问题上你确实已经处于底线了。

⑤注意谈判对手的虚假行为。这些虚假行为，不一定就是说对方对你有何欺骗，只是为了达成他们的目的而采取的一些迷惑性的策略和技巧。比如说，一开始就拒绝你的报价。这可能不是他对价格不满，而是企图在谈判中占上风。另外，也不排除对方缺乏交易的诚意。遇到这种情况，谈判人员应该灵活运用各种谈判技巧，使得谈判取得令自己满意的结果。

2. 价格谈判的技巧

谈判除了讲究策略，同时也必须掌握一定的技巧才会事半功倍。下面我们介绍几种常用的谈判技巧：

技巧一：采取比较法进行谈判

在房地产销售过程中，房地产经纪人员通常采取比较法进行谈判。所谓比较法就是房地产经纪人员以近期的成交记录为例，向买家或卖家分析当前各类市场资料，其目的就是在客户面前树立专业权威的形象，从而促成交易。而且这种比较会让客户清楚当前的市场发展趋势，以及自己购房的目的。比如在二手房交易过程中，通过这样的比较，就可以达到业主减价及买家加价的目的。

技巧二：以附带条件促成交易

对于房地产经纪人员来说，有一条应该谨记在心，那就是房地产销售的价格谈判过程中要谈的不仅仅只是房子的价格，还包括与房子有关的一系列因素，比如房子的位置、周围的配套设施、房子的质量等一些其他的附带条件。要知道在当前房子作为一种特殊的商品，它的价格不是成交的唯一条件，许多其他的附带条件必须一同符合才能达到成交的目的。比如，交房时间、订金多少、交易程序等。同时附带条件的提出时机也非常重要，一般而言，在价格已经比较接近客户的心理承受能力的时候，如果客户有迹象表明比较乐意接受这样的价格，这时候可以适当地提出一定的附带条件，但是切记必须复述条件是否一致才能成交，否则很容易让即将成功的交易化为泡影。

技巧三：运用试探成交法

当谈判进行到一定阶段的时候，如果观察到客户已经有意愿成交，这时候房地产经纪人可以视情况采取试探成交的方法。若试探不成功，客户必然会说出目前仍不能同意成交的理由，此时可以采取处理异议的技巧（在后面我们将提到）进一步解除隐藏在客户内心的异议，从而进一步促成交易的达成。比如说，我们可以假设这样一个场景：

房地产经纪人：“××先生，您对这套房子还满意吗？”

客户：“还可以。”

房地产经纪人：“现在有不少客户看过后都比较满意，希望再看一下，因为这房子性价比很高。另外，您和您太太是否使用公积金贷款？需要贷多少钱？我可以帮您初步算一下。”

客户：“我正考虑是不是可以少付点首付款，要不你帮我问一下可不可以？”

房地产经纪人：“好的，没问题。我先把委托人的条件跟您说一下，然后我再根据我所了解的各家银行的贷款政策把各种情况的贷款比率都算一下好吗？这样您一下就比较清楚了。”

技巧四：有的放矢，明确攻关重心

在实际的楼盘销售过程中，不管是新楼盘还是二手房交易，客户过来选房时一般都不止一个人。因此房地产经纪人员经常会面临“以一对多”的谈判状况。这种情况下就必须做到有的放矢，同时也要明确应该攻关的重点。

例如，当客户不止一人过来时，一般会出现两种谈判状况。

第一种情况：对方有一组人员，但是其中有一个人掌有最后的决定权，我们在这里可以把这个人称为“对方决策者”，其余人员称为“组员”。在谈判过程中要学会怎样根据客户组员的反映准确找出决策者，然后在谈判过程中要特别注意他的反应，因为如果你的意见影响到了决策者，那么对其他的人员就相对容易多了。

第二种情况：要重视“对方决策者”，但是并不是说重视“对方决策者”就能解决一切问题，也不是说就可以忽视其他“组员”。有时候无论经纪人员怎么努力都无法说服“对方决策者”，这种情况下就应该转移目标向“组员”展开攻势，让“组员”们了解你的主张，凭借他们的意见来影响“对方决策者”。这种过程一般会很辛苦，但是谈判就是这样一种艺术，需要持之以恒，才能取得最后的成功。

技巧五：适当让价成交

在谈判中，房地产经纪人员在准确理解对方利益的前提下，努力寻求双方各种互利的解决方案是一种通过正常渠道达成协议的方式。但在解决有些利益冲突问题时，恰当运用让步策略是非常有效的办法。比如，如果确定买方在极力争取优惠价格，并且非常喜欢本产品或很急迫时，通常可以确定已经到达成交边缘，只要适当让价，客户就会马上成交，那么此时如果价格在可接受的范围之内，你可以给客户适当让价，以促成交易的马上达成。要注意：在让价成交时，你必须要求相对条件，让买方马上下定金，能够马上签合同的就不要拖延，收取愈多定金，被退定的几率也会愈小，而且愈早签订合同，对售楼方也愈有利。

此类情况可以设计情境模拟：

我们假设委托人的价格是 5 000 元/平方米；经纪人员的价格权限是 4 800 元/平方米。

经纪人员："××先生，您认为我们的价格太高，那您觉得多少钱合适呢?"

客户："4 800。"

经纪人员："王先生，您太会开玩笑了。要知道，我们的价格是根据成本来制定的，这个价格是绝对不可能的。"

客户："4 850。这是我所能承受的最高价了。"

经纪人员："王先生，说真的，我也很乐意帮您，可是这个价格我还是没有办法接受的。我要是卖给您，委托人就会找我要那个差价了。"

客户："不会的。卖房的委托人奖赏你都来不及，怎么会找你麻烦呢。这个价格可以啦。"

经纪人员："王先生，您就别让我为难了。这样吧，我帮您向委托人申请看看能否适当地降点儿价。如果您觉得这个价格可以接受，我就马上给我们的委托人打电话。"

客户："好吧。"

从上面的模拟情境中我们可以看出，当利益冲突不能采取其他方式协调时，适度恰当的让价技巧的使用会起到非常重要的作用。成功让步的策略和技巧表现在谈判的各个阶段，但是在具体运用让价技巧的过程中必须遵从以下几个原则：

（1）目标价值最大化原则

在谈判过程中，很多情况下的目标并非是单一的目标，在谈判中处理这些多重目标的过程不可避免地存在着目标冲突现象。谈判的过程事实上是寻求双方目标价值最大化的过程，但是这种目标价值最大化并不是可以违背谈判基本的公正、平等原则，因此也避免不了在处理不同价值目标时使用让步策略。之所以要运用让步策略，是因为在谈判过程中，多元的目标之间会经常发生冲突，但是房地产销售人员应该清楚的是这些目标的价值是不一样的，要根据价值的大小和目标任务的紧迫性和重要性来进行排序，优先解决重要问题，在条件允许前提下适当争取其他目标。让价策略的运用就是保护谈判中的重要目标和核心利益，如价格、付款方式等。

（2）刚性原则

房地产价格谈判实际上就是通过磋商，双方各自寻求自己的目标，实现个人利益最大化。为了让交易顺利地进行下去，有时候适度地让步是非常有必要的。但是对于房地产经纪人员而言，要清楚自己的价格权限，也就是自己在谈判中可以使用的让步资源。很明显，每个人的让步资源都是有限的，因此让价策略的使用应该具有一定的刚性原则，否则很难保证自身利益目标的实现。一般而言，让价策略的运用是先多后少，第一次让步需要比较合理，要充分激起买方的谈判欲望，在谈判中期不要轻易让步，每一次让步幅度都要递减，最后的一次让步要表现得非常艰难，必要时要使用请示委托人的策略。同时房地产经纪人员一定要清楚，谈判对手对于让步会产生"抗体"，会进一步刺激其要求降价的欲望。因此让价策略并不是屡试不爽，它的作用也是有限的。即便你拥有的让步资源非常丰富，但是谈判过程中对手对于你的让步的体会也是不同的，并不能保证取得预期的回报。因此刚性原则同样也有几点必须注意：

①要注意谈判对手的需求。任何人的需求都是有一定限度的，也是具有一定差别的。因此让价策略的运用也必须是有限的、有层次差别的。

②让步策略的运用效果有限，每一次让步只能在谈判的一定时期内起作用，是针对特定阶段、特定任务、特定事件起作用的，所以不要期望满足对手的所有意愿，特别是对决策者一类的重要人物更是要严格控制。

③时刻对让步资源的投入与预期效果的产出进行对比分析，做到让价产生的成本投入小于所产生的积极效益。

（3）清晰原则

在作出价格让步时应遵循的清晰原则是指让步的标准、让步的对象、让步的理由、让步的具体内容及实施细节应当准确明了，避免因为让步而产生新的问题和矛盾，如：

①让步的标准不明确，让对方的感觉与你的让步意图不一致，甚至感觉你没有在客户提出的问题上让步，而只是一种含糊其辞的托词而已。

②对于让价表达的方式不当，内容不明确。对于经纪人员始终应该记住的是你的每一次让步都必须让对方明白你的努力付出，也就是说对于让价，你的表达方式要合适，所表达的内容要准确、有力，能让客户明白这一切不是轻易就能实现的，从而让他们感受到你的诚意，促使交易的顺利完成。

（4）弥补原则

在谈判过程中，如果出现不让价就会导致交易失败的情况的话，就必须及时给予客户相应的优惠以便促使交易完成，但是一定是在让价客户马上就签约的前提下。这种时候让价的效果，即投入与产出比是比较高的。另外要做到及时弥补，就是说当你给予了客户让价优惠之后，就要想办法在其他方面均等地甚至是加倍地获取回报。这也同谈判原则中维护公司利益的原则是一致的。

总之，在谈判中，为了交易的顺利完成，适当的让步是必要的，这一点对于谈判双方都如此。但是让步不是轻率的行为，要知道房地产交易的额度是很高的，一不小心就会遭受较大的损失，因此必须谨慎处理。成功的让步策略可以起到"以小博大"，甚至"四两拨千斤"的意外效果。

技巧六：结束谈判的技巧

房地产价格谈判与其他的商业谈判不一样。其他商业谈判可能由于具体的条件不一样谈判的时间相对会宽松一些。房地产价格谈判则对时效性要求比较高，因为一般一个经纪人员不可能为了一单交易而耗费数日的时间，这从经济成本上来说也是不划算的。因此，房地产经纪人员在谈判过程中，视情况如果可以结束谈判，就应该尽快结束。但是同时我们也必须清楚结束谈判并不是将客户送走了事，它是能否实现谈判完美结局的关键，因此特别需要处理技巧。

谈判结束的技巧主要有以下几种：

（1）单刀直入

单刀直入是指在谈判过程中开门见山，不绕圈子，直接进入谈判主题的方法。当买卖双方在价格谈判上僵持一段时间后仍然无法探出对方的低价，这时不妨直奔主题，将谈判的重点直接拉回到价格上："那您认为的合理价格是多少？"

单刀直入的技巧也适用于当客户干脆地拿出现金或支票时，这时就可以直接进入谈判重点，提出双方的要求。

（2）拉入第三方

在谈判的最后阶段，当对方一再要求降价或提出一些确实很难满足的条件时，可以借助第三人（经理或其他客户）与客户进行谈判的方法。例如：当客户开价时，可以迂回地表示自己无权做主（要请示委托人），再询问对方能下多少定金。若确定他能马上支付定金，则可打假电话请示委托人，而后表示委托人答应此价格，但是要求马上签约或在三天内签约。另外，当客户开价低于底价时，除了立即回绝外，可再使用假客户、假电话来拉高成交价格。

（3）假设前提条件

假设前提条件是指在谈判过程中，当对方提出某些要求时，可在此基础上加上前提条件，若对方同意这个前提条件，即可以答应对方的要求。比如：

"要折扣？可以，但必须马上签约。"如果客户提出了一个折扣要求，你可以问他"您今天能定下来吗？"一旦客户说可以，你就说："那好，能定下来，我再去问问我们委托人，看看还能不能有点商量的余地。"

8.2　价格谈判的要点

价格谈判除了要遵从一定的原则、合理使用一些策略与技巧之外，还必须把握一些基本要点。在这里我们从交易的角度来分析哪些要点是我们在谈判中必须注意的。

8.2.1　把握客户的心态要注意的要点

在提供房地产中介服务过程当中把握客户的心态是交易成功的前提。以二手房的销售为例，把握客户的心态要把握的要点主要有这样三个方面：

（1）要表现出能促成这单交易的自信。相信客户肯出 50 万元就一定可以让其加到

51 万元以上，同时相信业主 50 万元肯卖就一定可以说服他 49 万元就卖。

（2）作为房地产经纪人在客户面前要始终体现出自身的价值，摆正自己的位置，谈判过程中要兼顾客户的利益。如果是二手房交易则要对买卖双方的情况都兼顾，不要表现出偏袒任何一方的言行举止。

（3）房地产经纪人要始终牢记的是自己的终极目标是通过提供服务，发挥买卖各方的桥梁作用促使交易成功，从而成功获得佣金。要知道互赢或三方共赢才是“赢”。

8.2.2 向客户说明行情时要注意的要点

在房地产销售过程中，房地产经纪人一般都会向客户说明当前的市场行情，但是这个过程必须注意一些要点：

（1）房地产经纪人向客户灌输行情观时，不能向其灌输真正的市场行情，而是由目的地引导客户接受你介绍给他的价格。实际上就是通过你的介绍让客户产生一个先入为主的印象。

（2）如果是二手房交易，向业主介绍市场行情时，要向其说明真正的市场行情，有时甚至更低，但也不能因此打击业主，要知道二手房交易业主才是房源信息的来源。

8.2.3 谈判过程中要注意的要点

（1）控制情绪，不可与客户或业主发生争执。在房地产价格谈判过程中如果与客户发生冲突，那么也就意味着谈判的终结。这对于房地产经纪人员来说是非常不划算的，因为丧失了获得佣金的机会。对房地产经纪人所依附的机构来说也是不好的，因为又流失了一个客户源。

（2）在二手房交易过程中透露客户或是业主的弱点是大忌，因为这一点已经违反了房地产经纪人公平、公正交易的原则。

（3）房地产经纪人员要根据自己的实际情况向客户提供服务，切不可胡乱承诺客户一些自己力所不及的事情，比如说超出自己价格权限的折扣。谈判是一个严肃的过程，一旦承诺就必须兑现，否则将对房地产公司或是经纪机构的信誉产生严重影响。

8.2.4 买卖双方和中介三方谈价时应该注意的要点

在二手房交易过程中，有时候客户会要求买方、卖方和中介三方同时坐在一起进行价格谈判。在这个过程中房地产经纪人员应该注意：

（1）要把握好约买卖双方谈价的时机。要知道，必须是在买卖双方都认同的付款方式以及自己所要承担的费用前提下各方才能坐到一起。

（2）要通过自己的专业知识和专业服务精神让客户具有安全感，同时向客户反复强调一些细节，让客户觉得你值得信赖。

（3）在三方谈判中房地产经纪人员必须做到公平、公正，不偏袒任何一方。

（4）要记住议价才是谈判的重点。同时应注意客户与业主之间的交流才是重点，应尽量避免自己成为争论的焦点。

（5）不成为焦点并不意味着可以将你忽视，房地产经纪人员应该具有掌握谈判大方向的能力。

(6) 轻易不要在中介费上让步，除非这直接影响到了成交，但是最后的底线是保证公司的利益。

8.3　与客户或业主谈价

根据市场营销学对推销过程的分析段，交易的步骤大致包括寻找客户、接近客户、确认需求和问题、介绍说明、引发兴趣协商谈判、异议处理、促成交易、售后服务等，而顾客的购买心理又大致分为注意、兴趣、联想、欲望、比较、检讨、信赖、行动、满足。因此购买者或是出售者在交易时都会面临着复杂心理因素的影响。这些因素不仅对交易的最终达成产生关键作用，而且对于房地产经纪人来说难以观察和把握。因此作为有经验的房地产经纪人应当具备一定的消费心理学知识，并且掌握一定的心理战术技巧。只要把握客户或业主的心理，就能找到他的心理突破点，从而促成交易的达成，顺利地拿到佣金。不管是二手房交易还是新楼盘销售，价格谈判中房地产经纪人最主要的作用就是沟通协调，并向双方提供专业化服务、促成交易。根据以上原则，我们将这一过程分为以下几个步骤：

8.3.1　了解业主或客户的心理预期

每个人在做事情之前都会有一个心理预期。如果能了解到业主的心理预期就会明白他的底线在哪里，交易成功的可能性有多大。

了解客户的心理预期一般而言有两种做法：第一种，直截了当地问客户他的最低报价是多少；第二种，如果业主本身都不是非常清楚房子的价值，而是要求房地产经纪人员向其介绍，那么房地产经纪人员可以根据当前的市场情况向业主提出一个建议价格，但是要注意的是所报出的价格必须是具备一定的操作空间的价格，而不是为了房源而胡乱报出的价格，因为这直接关系到后面谈判过程中业主的心理预期。

8.3.2　引发客户的兴趣

在现实的交易中，如何引发客户对交易的兴趣是关键，它决定着整个交易是否有存在的必要。房地产经纪人员可以通过对房屋目前的现状以及市场行情，从比较积极的方面向客户推荐。在推荐过程中要注意描述的技巧，要让客户对房屋当前情况或未来的发展产生比较乐观的联想。

引发客户的兴趣，最主要的就是掌握他们的购房动机。对于房地产经纪人员来说，如果想搞清楚客户的购房动机就要采取一些行动，如观察客户行为举动、提问题、仔细揣摩其心理等。对于居家生活类客户，销售时就应该强调该房屋给其带来的环境改善、面积增加、生活方便、居家舒适的生活回报等。比如说多谈室内设计，通过你所掌握的房屋结构知识和室内装潢设计知识向客户提供装修建议。实践证明，最容易引起客户共鸣的话题是空间的美妙想象，即教客户怎样按其实际需要装修房子。感觉空荡荡的房子，你可以让它看上去紧凑、亲切，而略显拥挤的房子你可以通过颜色的变化，使其看上去大一点。所有这一切都能激发客户的想象力，从而让他们对购买产生兴趣。不过前提是房地产销售人员具备这方面的专业知识。

而对以投资为主的客户，则应该强调房屋给其带来的租金收益，升值空间等资本回报。比如说房市当前处于一个相对较低的行情，但是这个房子环境优越，周边既有大型的购物中心，而且离大学也不远。此外，交通也方便，快铁就在旁边，现在出手正当其时。升值只是一个时间早迟的问题，而且相信相对升值空间比较大。房地产经纪人员根据自己掌握的数据和信息对未来市场进行合理预测，目的只有一个，那就是引发业主或客户的兴趣，从而使得交易能够继续进行。

8.3.3 向客户提供解答

房地产是一种特殊的商品，价格高昂，客户在没有解决内心疑惑之前是不会轻易出手的。对于房地产经纪人来说，在成功激起客户对房子的兴趣之后，面临的是客户提出来的一系列问题。客户通常会对经纪人有一种本能的戒备心理，所以首先要做的就是消除客户对自己的这种戒备心，因此有必要通过一些辅助措施来激发对方对自己的好感。关键就是“待之以诚，动之以情”。同时房地产经纪人必须熟悉房源的各项性能、优缺点，这样在介绍时才会十分流畅、信心十足，通过你的专业化服务化解客户对你的质疑。

另外，客户习惯拿其他物业与你所销售的物业进行对比，从而找出其中的缺点并且提出质疑或是要求你对其进行解释。在这种情况下一定不要与客户争辩，因为与其如此，还不如强调我们的物业其他方面的优势、淡化缺点。

还有，客户在提出问题的同时，作为房地产销售人员一定不要打断客户的说话。随便打断客户的提问或是说话，是很不礼貌的，也很容易让客户反感。

最后，回答客户提问时不要滥用专业化术语，要多用具体形象的语句进行说明。即便在使用专业术语或作抽象介绍时，也可以用一些浅显易懂的办法，如谈及绿地面积有10 000平方米时，可以告诉客户绿地面积相当于多少个篮球场大小，这样做可以让客户更直接地理解。

8.3.4 促成交易

在估计客户已经对房源有一定的了解，并且有些心动之后，一定要趁热打铁积极促其成交。具体做法有：

（1）以断言的方式增强客户的信心。如果房地产经纪人已经充分掌握了房源相关知识以及确切的客户情报，在客户面前就可以很自信地说话。不自信的话语是缺乏说服力的。经纪人在与客户的交谈中可以做清楚、有力的结束，从而给对方传递确切的消息，如“您一定会满意的”、“您的选择绝对是可靠的”。

（2）如果是二手房交易，可以带客户去看几套相对较差的房子，形成对比，从而刺激客户的购买欲望。

（3）营造一种紧张的氛围，让客户感觉“机不可失，失不再来”。

（4）主动请求客户成交。经纪人应假设谈判成功，成交有一定的把握，可以主动请求客户成交。一些经纪人缺乏自信，不敢向客户提出成交要求。这种心态会使得销售一开始就比较悲观。反观有自信的经纪人，如果充满自信地向客户提出成交要求，客户有可能被这种自信心所感染，自然而然地会更快作出购买决策。另外，一般来讲，房地产谈判一次性成交的可能性很低，但这并不意味着成交的失败，房地产销售人员可以多次向客户提出成交要求。

8.4　价格谈判的常见问题及应对策略

在房地产价格谈判中，因为要与各种各样的客户打交道，每个人的要求和目的都不一样，因此，我们也会遇到各种问题。但是从目前所掌握的资料来看，一般而言，我们遇到的问题主要有这样几种：

问题一：客户咬定一个价格不松口，高于某个价格就不买了

对于这种情况，首先不要同客户起争执，也不要对他们的要求提出异议。要做的只是礼貌地向其解释。比如说，对客户可以说："我们完全理解您的心情，要是我自己也会像您一样想，我也希望价格越低越好，买房的人都愿意房价越低越好，但是卖房子的人呢，希望房价越高越好。但这些都不是我们能决定的，都是市场决定的。您所期望的这个价位现在真的没有办法满足，即便是现在给您的报价也都是卖家经过反复思考、比较才决定的。相信您之前也去过不少的楼盘看过，对现在的房市也是比较了解的。要不您再考虑一下我们这个价格是否合理，好吗？"

当然有些时候在二手房交易中，有些业主也会出现这种情况，即低于某个价格就不卖了。我们对这种情况的处理办法和前者差不多，也是不能对其产生不满，但是可以换位思考，站在业主的角度去分析。比如说："作为中介我们理解您的价格定位是合理的。但是现在是买方市场，市场上房源很多，谁都想卖高价。我们也希望您卖一个好价钱，这样我们还可以多点佣金。您的房子我们也看过了，很不错，但是毕竟是二手房。您要相信作为专业人员，我们绝对不会把您的房子价格定低，否则会让您受损失，同时也是对我们职业操守的否定。这个是我们根据所掌握的资料、经过市场对比得出的，如果您不相信我们可以按您的价格挂出来，但是到最后您还是要调整价格。要知道现在的房市并不是一成不变的，如果房价再跌损失会更大。所以我建议您以一个比较理性的价格报价，这样可以尽快成交。"

问题二：在二手房交易中，怎样让买卖双方都认为你是"自家人"？

从房地产经纪人的角度要求自己在交易过程中，要遵守公平、公正的原则。但是在价格谈判过程中，如果能让买卖双方都觉得你是可以信赖的"自家人"，交易成功的几率就会大大增加。但是真正能做到这一点挑战经纪人"掌握火候的功夫"。

首先，要尽量向客户或业主双方的想法靠拢，从而展开讨论。

其次，在价格谈判过程中，不要简单地否定任何一方对价格的看法，而是找出双方的分歧所在，帮助他们分析问题，并且提出自己独立的想法和建议。

再次，在把价格向另一方传递时，不能原文直述，而是应该加上自己的想法，指出其中合理的地方，并且礼貌地征询另一方的意见。

最后，在价格谈判陷入僵局时，要善于做“润滑剂”。为此，可以将双方分开，逐个交流，先认同他的看法，然后委婉地指出其中不合理的地方。

问题三：客户一再要求折让导致谈判陷入僵局，怎么办？

对于这种情况，我们分析一般有三种原因：第一，客户知道先前的客户成交有折扣，因此要求得到公平的待遇；第二，有些房地产销售人员在销售过程中急于成交，并且向客户暗示有折扣；第三，客户有打折习惯。

对此我们可以采取以下办法进行处理：

（1）立场坚定，坚持产品品质、坚持价格的合理性。

（2）价格拟定时预留足够的还价空间，并设立几重的折扣空间，由销售现场经理和各等级人员分级把关。

（3）大部分预留折让空间，还是由一线销售人员掌握，但应注意逐渐退让，让客户知道还价不易，以防无休止还价。

（4）为成交而暗示折扣，应掌握分寸，切忌客户无具体行动而自己一泻千里。

（5）若客户确有困难或诚意，应主动提出合理的折扣。

（6）订金收取愈多愈好，便于掌握价格谈判主动权。

（7）关照享有折扣的客户，因为具体情况不同，所享折扣请勿大肆宣传。

问题四：客户在下单的最后一刻提出降价要求，否则就不签合同，怎么办？

在这种情况下，不能一味地迁就客户，必须坚持一定的原则。一般可以这样处理：

（1）首先要明确指出这是一种不诚信的行为，告诉对方“这种行为会产生一系列不良后果且都必须由客户自己承担，比如说如果是二手房交易，依照之前的委托代理合同等资料规定，对于客户认可和同意的房源购买价格临时要求降价的，业主会追究中介和客户的责任。但这不是我们中介的问题，我们不会承担任何责任，对您来说自己也将承受一定的损失，比如不退还押金”。

（2）将在这一过程中客户提出的问题退至客户在谈判过程中没有提出来，如果是在价格谈判过程中提出来，事情还有商量的余地，但是现在即将成交，所以已经没可能再降价了。而且可以要求客户换位思考——如果他本人是业主对于这种情况会不会同意，从而打消客户的这一念头。

（3）再次向客户说明这一房产的优点和目前价格的合理性。

问题五：客户本身很专业，一下子就准确地指出房子的缺点并要求降价，怎么办？

在售楼过程中有时候会遇到一些很专业的客户。他们在购房之前做了充分的准备，已经对房源了解得很清楚了。这时候我们可以这样处理：

首先经纪人要对客户的表现表示钦佩，或是恭维一下：“看来您是一个行家，您对房子真的很了解。”同时很大方地承认客户指出来的房子缺点，但更要强调和解释房源定价的合理性，指出正是因为有一些先天性的不足，所以在定价时已经将这一因素考虑进去了。这也是这房子的价格比同类楼盘价格要低的原因。这样就将客户考虑的焦点从缺点转移到房子的价格上来了。

问题六：客户在签约时还在继续挑毛病，怎么办？

价格的商定并不意味着价格谈判过程的结束。价格谈判过程一直要延续到合同的签订和订单的最终确认。客户在签约阶段还提出各种问题，一般有这样几个方面的原因：

（1）签约人身份认定、相关证明文件等操作程序和对法律法规认识有误。

（2）签约时，具体条款上的讨价还价（通常会有问题的地方是面积的认定、贷款额度及程度、工程进度、建材装潢、违约处理方式、付款方式）。

（3）客户想通过挑毛病来退房，以逃避因违约而承担的赔偿责任。

对此我们可以通过以下措施来应对解决：

措施一：仔细研究标准合同，通晓相关法律法规。

措施二：兼顾双方利益以“双赢策略”签订条约细则。

措施三：耐心解释，强力说服，以时间换取客户妥协。

措施四：职责范围内研究条文修改的可能。

措施五：对无理要求应按程序办事，若因此毁约则各自承担违约责任。

问题七：合同填写错误了怎么办？

合同的确定是价格谈判过程的最后确定步骤，在实际的房地产中介服务过程中有时候会出现合同填写错误的情况。这种情况产生的主要原因不外乎两种：第一，房地产经纪人员的操作错误；第二，门店有关规定需要调整。

出现合同错误必须及时进行更正，否则将会影响到客户最后的抉择，或是对客户今后的生活造成影响，对客户和门店造成损失。对此我们要做的应该是防微杜渐，以预防为主。

一般而言，有三个方面要注意：第一，严格操作程序，加强业务训练；第二，软性诉求，甚至可以通过适当退让要求客户配合更改；第三，想尽各种方法立即解决，不能拖延。

总之，房地产价格谈判是一个从与客户接触一直到订单的签订的一套复杂的商业谈判过程。这中间既包含一定的谈判策略及技巧，也对房地产经纪人员的素质要求比较高，因此要求经纪人员能广泛涉猎各种与之有关的知识，从而进一步提升自己的能力，为个人增加收益的同时，也能为公司争取更大的利益。

一次完美的价格谈判最后的结果应该是双赢或多赢，绝不能将自身的利益建立在损害客户利益的基础之上。另外，本章讲的是价格谈判的策略、技巧以及相关要点和常见的问题，但是这些策略和技巧该怎样使用和在什么时候使用则不是书上的知识所能讲清楚的，所以在实际的操作过程中，房地产经纪人员一定不能生搬硬套这些技巧和策略，更不能将谈判公式化，而应该在实践中不断地结合这些技巧和策略作出符合自己行为方式的判断。

主要概念（明确基本认识，准确把握概念）

1. 时效原则

时效原则就是指在条件成熟的条件下，根据自身的条件加快设置谈判期限，加快谈判进程，促使客户尽快达成协议，完成交易。

2. 比较法

比较法就是房地产经纪人员以近期的成交记录为例，向买家或卖家分析当前各类市场资料，其目的就是在客户面前树立专业权威的形象，从而促成交易。

3. 附带条件法

房地产销售的价格谈判过程中要谈的不仅是房子的价格，还包括与房子有关的一系列因素，比如房子的位置、周围的配套设施、房子的质量等一些附带条件。房子作为一种特殊的商品，它的价格不是成交的唯一条件，其他的附带条件必须一同符合才能达到成交的目的。

4. 目标价值最大化原则

在谈判过程中，多元的目标之间会经常发生冲突，但是这些目标的价值是不一样的，要根据价值的大小和目标任务的紧迫性和重要性来进行排序，优先解决重要问题，保护谈判中的重要目标和核心利益，在条件允许前提下适当争取其他目标。

5. 刚性原则

为了让交易顺利地进行下去，适度地让步是非常有必要的。但是要清楚自己在谈判中可以使用的让步资源，所以让步策略的使用是具有刚性的。

6. 让步的清晰原则

让步清晰原则是指：让步的标准、让步的对象、让步的理由、让步的具体内容及实施细节应当准确明了，避免因为让步而产生新的问题和矛盾。

7. 弥补原则

弥补原则是指当给予了客户让价优惠之后，就要想办法在其他方面获取均等的甚至是加倍的回报。

8. 谈判时机原则

谈判时机原则就是指要在适当的时间、适当的场合与客户进行价格谈判，以达到在短期内以最佳价格成交的结果。

9. 单刀直入法

单刀直入是指在谈判过程中开门见山，不绕圈子，直接进入谈判主题的方法。

10. 假设前提条件

假设前提条件是指在谈判过程中，当对方提出某些要求时，可在此基础上加上前提条件，若对方同意这个前提条件，即可以答应对方的要求。

基本训练（描述业务情境，提出实训要求）

基本训练1：

小刘的客户带着几个朋友一起过来看房，每个人都七嘴八舌地你一句、我一句，小刘都不知道该怎么去跟客户沟通了，也不知道先回答哪个人的问题。如果你是小刘，你会怎么做？

基本训练2：

小李的客户刚一开始就表现出很大的购买兴趣，价格谈判过程也进行得比较顺利，但是临到即将签约的阶段，客户突然提出要小王给予更多的折扣，否则将放弃这次交易。如果你是小王你该怎么做？结合课本知识进行分析。

基本训练3：

你作为一名房地产经纪人员，在委托人许可范围内可以向客户降价15 000元。下面有几种让步方法，你会如何选择？结合所学知识说明这样做的原因。

让步方法：

①15 000元	0	0	一次性降价
② 0	0	15 000元	开始不降，直到最后客户快放弃时再降
③5 000元	5 000元	5 000元	客户要求依次降一次，每次幅度一样
④3 000元	5 000元	7 000元	降价幅度逐渐提高
⑤7 000元	5 000元	3 000元	降价幅度逐渐下降

案例分析

煮熟的鸭子飞了

小王是某经纪机构的经纪人员，一直以来业绩不错，深得公司领导和同事的信任。小王的自我感觉也不错，认为自己的业务水平比一般人高一些，颇有一些得意。

有一次小王接待了一个客户，这名客户着装一般，看上去年纪不大。小王认为这位客户应该没有什么消费能力。在简单地向客户介绍了房源的情况之后小王向客户进行报价："先生，这套房子现在的业主报价是每平方米8 000元。"

客户并没有像小王预期的那样马上做出反应，而是在想了一下之后开始对房屋的各个方面开始了点评："第一，你给我介绍的这套房子的朝向不好，不是坐北朝南，而是朝西北。第二，你没有给我说明你们的周边配套。从我目前所知来看，你周边什么也没有，生活不方便。第三，周边的配套设施不完善势必要影响到房子的升值空间。第四，你房子的公摊面积过大。第五，你没有对这个房子的房屋属性进行说明——它到底是商住楼还是普通住宅？第六，我从网上的论坛评论来看，很多人对这个楼盘的物业管理持怀疑态度，认为物业管理费用有点儿高，而且物业管理的服务水平都或多或少地存在一些问题，你能不能给我解释一下？"

客户的一连串问题把小王问懵了，不知道一下子该回答哪个问题。还没有等小王回答，客户紧接着又开始说："那么这个房子既然存在如此多的问题，价格就应该优惠一些，你们能不能多降点儿价？最多又有多大的降价空间？"

小王回答："先生，我们现在基本上没有什么折扣，看您这么熟悉，想必是对我们的房子做过一定了解了的，我也不瞒您，卖家给我的底线是我最多能给您9.8折。"小王想这下你应该满意了吧。

可是谁知这位客户还是不动声色，不紧不慢地说："现在正在实行房产调控，新政频出，以后的房价肯定还是要跌的，这个价格对我来说还是高了，而且跟同类楼盘比起来价格要高很多，所以你还是没有把你们的最高折扣给我，我对你们的房子确实认真了解过，也比较愿意购买，只要你把价格降下来我马上就签。"

小王一听犯嘀咕了："他怎么知道我们还有降价空间啊？"但还是答应去申请一下，去给卖家打个电话。过了一会小王就跑过来对客户说："我刚才跟卖家申请了，说只要你今天签，卖家愿意在这个基础上给你9.6折。"客户还是不紧不慢的样子，没什么反应，好像摸透了小王。小王说："您还有什么问题吗？"

客户说："没什么问题了，我可以现在就签。但是如果我一次性付款的话，你们能不能再便宜点？"

小王一听，感觉有点火了，心想："弄了半天你是玩我啊，这么优惠了你还要降价。"小王耐住性子跟客户说："不信你去问一下其他地方，这个绝对是最低价了……"

客户还是没有什么反应，就这样不动声色地离开了。小王愣了半天，煮熟的鸭子都飞了。

案例思考题：

1. 小王在整个交易过程中犯了哪些错误？
2. 如果你碰到这样的客户会怎么处理？
3. 在价格谈判过程中，要坚持怎样的放价或折扣优惠原则？

■ 练习题

一、判断题（运用基本知识，判断对与错）

1. 价格谈判前的准备过程可以省略，以节省谈判时间。
2. 谈判前不用提前了解折扣政策，因为在交易的时候会有同事提醒。
3. 价格谈判要坚持维护公司利益原则、把握交易时机原则、遵循互惠互利原则、时效性原则。
4. 价格谈判技巧的作用非常大，不能自己随便乱想，而必须根据书本上的技巧和步骤来操作。
5. 谈判的时候，如果遇到客户不停地要求降价，可以直接将底线告诉客户，接受就成交，不接受就散了。这样既可以让客户知道自己的诚心，也免得浪费彼此的时间。
6. 在房产交易中，如果仅仅是价格没有达成一致，作为销售者可以在中介费上作出让步，以让交易顺利进行。
7. 客户在下单的最后一刻要求降价，否则就不签合同，这时候不能一味迁就客户，要坚持原则。

8. 在谈判时，如果在价格上不让步，可以在付款方式、首付款、付款期限等给予对方一定宽限，这样会让对方感受到真诚，也认识到价格问题上确实已经达到最底限了。

9. 在价格谈判中，并不是一定要遵循“先多后少”的原则，而要根据不同的对手变换谈判策略。

10. 如果买方非常喜欢本产品，在极力争取价格时，如果能够确定已经到达成交边缘，此时可以在价格可接受的范围之内，对客户适当地让价，以促成交易的达成。

二、简答题（简要回答基本问题）

1. 价格谈判前要做什么准备？

2. 价格谈判有哪些策略？

3. 价格谈判策略的使用要遵循哪些原则？

4. 价格谈判技巧中的“放价”技巧有哪些注意要点？

5. 在二手房交易的价格谈判中该怎样与业主进行谈判？

三、业务分析题（运用业务知识，分析说明问题）

在价格谈判过程中，会遇到客户讨价还价。对此房屋销售人员要注意在与客户的价格谈判中必须把握四个原则：①维护公司利益原则；②把握时机原则；③遵循互利的原则；④遵循时效原则。

问题1：价格谈判中为什么要坚持以上原则？

问题2：结合实践分析，价格谈判为什么要遵循互利原则？

四、技能操作题（运用专业知识，体现操作技能）

有一个客户很喜欢你给他推荐的房屋，什么都好说就是在价格上面一直僵持不下。你提出的最优惠价格他都不接受，但是他又说只要满足他的价格要求他就可以下单。碰到这种情况，你该怎么做？

第9章 合同签订

学习目标

1. 知识目标

认识房地产经纪中常用合同的类型；熟悉合同的内容；了解合同风险。

2. 技能目标

能够从事合同签订工作，避免合同常见的风险。

学习内容

1. 熟悉房地产经纪常用合同的类型和内容
2. 掌握合同准备和签订的过程
3. 了解合同风险

引导案例

房屋的附加物未作约定引发的纠纷

2012年9月10日，张某与李某签订“房屋买卖合同”，约定：李某购买张某位于某县城花园小区20楼6门302号房屋；房屋建筑面积105平方米；售价为每建筑平方米人民币2 600元，价款合计人民币273 000元；张某交付房屋的日期为2012年9月25日，交付地点为本契约标的物所在地；如果张某未按期将房屋交付给李某，李某有权向张某追索违约金，违约金支付时间自本契约约定房屋交付之日第二日起至实际交付之日止，每延期一日，张某按李某已支付房价款金额的万分之三向李某支付违约金；李某未按期将房款支付给张某的，张某有权向李某追索违约金，违约金支付时间自本契约约定房款交付之日第二日起至实际交付之日止，每延期一日，李某按应付房价款金额的万分之三向张某支付违约金；交房后，张某协助李某办理房屋过户登记手续。

本契约签订后，双方按时支付了房款和交付了房屋。但是，张某交房后要将房屋内的热水器、炉具等价值6 000余元的物品拆走时，遭到了李某的反对。李某认为这些物品已包含在房款之内，张某无权拆走。张某主张这些物品并未包含在房款之内，李某如需要这些物品可以6 000元购买，否则张某将拆走。因双方不能达成一致，当李某要求张某协助房屋过户登记时遭到了张某的拒绝。

引导案例引发的思考：

1. 合同签订时房地产经纪人应该做哪些准备？
2. 应该着重把握买卖合同的哪些主要条款及内容？
3. 订立中可能存在哪些风险？如何防范？

古人云："修身，齐家，治国，平天下。"通俗地说就是"成家立业"。作为"家"的载体——房产，现在已不仅仅是安身立命之所，更成为人们投融资的标的物，其交易日趋活跃。房地产经纪活动中的合同是房地产交易中必备的书面文件，是确定合同当事人权利和义务的依据。本章将重点介绍有关房地产经纪中最为活跃的买卖、租赁活动等的合同的内容和签订。

9.1　合同的签订

签订合同是房地产经纪活动中一个非常重要的环节，稍有不慎，就可能引发法律纠纷，给公司和自己带来不必要的麻烦。所以，在签订合同时，房地产经纪人必须熟悉合同内容，并认真地按照规定程序和步骤进行操作。

9.1.1　签订前的准备

1. 相关事项的确认

（1）确认当事人的主体资格和权利能力。

对于卖方，要确认其房产的产权及所有权，并要求卖方担保其所有权无瑕疵；是否有共有人，共有人对房产出售是否持相同意见；是否存在他项权利。

对于买方，要确认业主还贷能力如何，谁还贷；如属合同房，是一次性付款还是按揭付款，以及待还款额度、按揭银行、按揭方式、按揭年限、月供款额等。

（2）确认土地用途、土地使用面积、使用年限。

（3）确认房屋的基本状况，包括：建筑物坐落地块、面积、位置、界址等，并尽可能准备建筑物平面图等资料作为合同附件；装饰装修、水电设备的标准和随房产赠送的物品；供水、供电、燃气、通信、光纤电视等设施的交付承诺和有关权益及责任。

（4）确认交易相关款项，包括：房屋价款和双方认可的付款方式及付款时间；交易应付的税费及因交易产生的相关费用的支付；维修基金及预交契税的归属；佣金的额度及支付方式。

（5）确认交易的确切时间、房产交付使用的条件和时间。

（6）确认办理产权登记的有关事宜。

（7）确认双方责任及争议解决方法。

（8）确认其他双方要求的特定问题。

2. 主动联系业主和客户，提醒相关事项

在约定的签约日期前一两天，房地产经纪人应主动联系业主和客户，再次确认签约的具体时间，并提醒当事人带齐签约所需资料。

对于卖方，产权人及其共有人均需带上个人身份证和与房产产权相关的证明资料等；如需委托人代理签署，委托人需带上法律认可的委托书和个人身份证。

对于买方，需带上本人及其共有人的身份证、购买房产需要的定金和佣金。

3．梳理可能发生的问题

（1）回顾与客户的销售洽谈情况，对客户的关注问题和顾虑事项适时与业主沟通，逐一落实清楚，为签约做好准备。

（2）分析设想签约时可能发生的情况，并设计应对方案，以防不测。

4．选择签约环境

创造良好的签约氛围，保持签约现场干净、整洁、安静。

5．准备其他相关事项

准备好公司需配备的相关证件、印章、收款收据等。

9.1.2 签订的过程

1．准备合同

整理好一式几份的合同文本及相关附件，合同条款及附件应尽可能体现买卖双方的权利和义务，做到自愿、公平、诚信。主要负责的经纪人应对合同进行全面的审核，做到买卖双方对合同无异议。（合同的具体内容详见9.2）

2．签约准备

将客户资料进行复印，并开好定金及佣金收据（佣金收取后，可视具体情况将定金转交房产业主，由业主签名并加盖印章确认）。

3．现场签约

买卖双方确认合同约定事项后签署合同（签名并加盖印章）。

4．明确权证变更事宜

为买卖双方确定办理权证变更的大致时间，并做好相关事宜的安排。

对于需办理按揭的客户，提醒客户在约定时间内准备好以下材料：身份证、户口簿、婚姻证明（未婚证、结婚证、离婚证及民政部门开出的其他证明）、首期款复印件、个人收入证明、按揭银行的存折、个人近一年内的银行流水账等。

5．后续服务

探听业主收到款项后，是否有其他置业投资的意向，以便提供后续服务。

【注意事项】

客户到达后，先单独确认客户是否准备好个人资料、定金及佣金。

尽量让当事人详尽了解合同主要条款，并提醒其应注意的事项，避免日后因误解而产生纠纷；尽量防止双方有问题无法进行说服；尽量避免客户在当场议价，获取业主心理认同；如有多余差价，注意差价去留的安排，以保证佣金的全额收取。

9.2　合同内容的把握

合同条款是合同条件的表现和固定化，是确定当事人权利和义务的依据。从法律文书的角度而言，合同的内容就是指合同的各项条款。因此，合同条款应当明白、准确、肯定和完整，而且条款之间不能相互矛盾，否则，将影响合同成立、生效、履行以及实现订立合同的目的。所以，在大量的房产销售和租赁等交易中，房地产经纪人准确理解条款含义有着重要的作用。

9.2.1　房屋买卖合同

房屋买卖合同是房屋出卖人转移房屋的所有权与买受人、买受人支付价款的合同。房屋买卖合同的内容是双方权利和义务的条文化，反映了当事人订立合同的目的和要求，是当事人承担责任的依据。

1. 合同内容

房屋买卖合同主要包括下列条款：

（1）当事人（或委托代理人）的名称或姓名和住所等基本信息；

（2）若为商品房，其建设依据、销售依据和销售方式；

（3）房屋的基本状况——坐落位置、结构形式、用途、面积（包括建筑面积、所有公摊公用建筑面积）、土地使用性质及年限；

（4）房屋价款的计价方式与总价款、付款方式和付款时间；

（5）交付使用条件和期限；

（6）装饰装修、设备标准及承诺；

（7）供水、供电、燃气、通信、道路、绿化、光纤电视等配套设施的交付承诺和有关权益、责任（如为商品房，还需明确公共配套建筑的产权归属）；

（8）面积差异的处理方式；

（9）办理产权登记/变更等有关事宜；

（10）违约责任——不能履行合同的违约方需承担的责任；

（11）解决争议的办法；

（12）合同双方认为应当约定的其他事项。

2. 签订方法

在房屋买卖合同中，应当根据示范文本所载明的事项或房屋买卖合同的基本要求，认真填写相关条款的内容。

（1）清楚描述当事人有关事项

当事人为法人，应写明法人的公司全称、公司注册地址、营业执照注册号、企业资质证书号、法定代表人的姓名及公司联系电话与邮政编码。

当事人为公民个人，应写明姓名（以居民身份证上所载明的姓名为准）、家庭住址及联系电话；如果是外国人或非大陆中国居民，应当注明其国籍或所在地区和护照或身份证明。

当事人通过委托他人签订合同的，委托代理人为公民个人的，应当写明委托代理人姓名（以居民身份证上所载明的姓名为准）、住址及联系电话；委托代理人为委托代理机构的，应当写明该机构的名称（以在工商登记部门登记的名称为准）、注册地址、营业执照注册号、法定代表人、联系电话、邮政编码。

【注意事项】

在房屋买卖合同中，当事人的姓名应当依其合法有效的身份证件如身份证或其户口簿所载明的为准，乳名、笔名或者昵称、绰号等不能作为订立合同时的姓名；法人或者其他组织的名称应以在国家有关部门所登记、注册和全称为准，简称或者变更后未经登记、注册的名称不能作为订立的名称。

当事人双方签订的房屋买卖合同书，应当由双方签字或者盖章，以做到使合同的双方当事人具有确定性并使双方签订的房屋买卖合同具有可执行性。为了避免事后纠纷，当事人也可以到公证机关对双方签订的房屋买卖合同进行公证。

（2）明确合同主要条款的相关内容

①商品房买卖

需写明开发商以何种方式、取得于何处、编号为多少号的地块土地使用权；写明该地块土地面积、规划用途和土地使用年限；注明商品房现定名或暂定名；注明建设工程规划许可证号和施工许可证号；写明交易房屋为商品房、经济适用房还是预售房（注明预售房的批准机关和房屋预售许可证号）。

②房屋基本情况

首先，需写明房屋的坐落地点、结构、面积、产权证号及发证机关等。比如房屋的坐落位置，应具体写明其为建设项目中的第几幢（座）、第几单元（层）、第几号房（其房屋平面图应作为房屋买卖合同附件，房号以附件上表示为准）。

其次，写明该房屋的用途、结构、层高。关于用途应说明为住宅用房、商业用房还是商住两用房；关于结构应说明是砖混结构还是钢筋混凝土结构；说明该房屋层高为多少，建筑层数地上多少层，地下多少层，阳台是封闭式还是非封闭式等。

最后，应说明该房屋的面积，即合同约定或产权登记的建筑面积共多少平方米；其中，套内建筑面积多少平方米，公共部位与公用房屋分摊建筑面积多少平方米（有关公共部位与公用房屋分摊建筑面积构成说明应作为合同附件）。

【注意事项】

订立合同必须有明确的数量规定，没有数量，合同是无法履行的。必须明确所售房屋的销售面积、分摊的共用建筑面积和共用建筑部位；明确是以建筑面积还是以套内建筑面积为依据进行面积确认及面积差异的处理方法。

③房屋质量方面的条款

需明确房屋功能、朝向；明确所用建筑材料、装饰装修、设备标准；明确配套及附属设施等。

④房屋价款

应明确包括过户登记费、房屋保险费、契税及房屋大修基金等相关费用。买卖合同的当事人应当对价款及其是否包括相关费用写清楚，同时要特别注明价款所用的币种和货币单位（人民币或其他币种）。

出卖人与买受人可以选择约定按下述方式之一计算所售房的价款：A. 按建筑面积计算，所售房单价为何种货币的每平方米多少货币单位，总金额为何种货币的多少货币单位；B. 按套内建筑面积计算，所售房单价为何种货币的每平方米多少货币单位，总金额为何种货币的多少货币单位；C. 按套（或单元）计算，所售房总价款为何种货币的多少货币单位。

⑤付款期限和方式

在房屋买卖合同中应当明确、具体地写明付款期限，如订明日期是某年某月的哪一日，或者是在哪一期间内履行。

应订明买受人对所购房屋是一次性付款还是分期付款或者采取其他方式。此外，付款方式如为汇票、支票、现金或者信用证等，也应在合同中载明。

⑥房屋交付期限和方式

在合同中应当将房屋交付时间订立得具体、明确，不得模糊（如不得在合同书中签订几个月或几年之后交付等不确定性的时间）。具体来讲，房屋买卖合同中应当订明出卖人在某年某月某日前，依照国家和地方人民政府的有关规定，将具备某条件，并符合本合同约定的房屋交付买受人使用。对合同可能延期交付的情形亦可订明：如遇到不可抗力等原因，除双方协商同意解除合同或变更合同外，出卖人可据实予以延期。

对于房屋的交付方式，应当在合同中约定是以出卖人将房屋交给买受人实际占有、使用作为交付，还是以办理房屋的产权登记作为交付。

⑦房屋买卖合同的违约条款

合同中的违约责任条款，是当事人在不履行合同义务或履行合同义务不符合约定条件时承担违约责任的依据。对违约责任在合同中事先作出约定，可以避免合同纠纷发生后违约责任承担的不确定性，并有利于合同当事人控制合同的未来风险。拟订时应遵循：A.《合同法》等有关法律的强制性规定；B. 根据自愿性原则对违约责任作出约定，明确其具体范围及承担方式。

【注意事项】

根据《合同法》规定，在房屋买卖合同当事人违约时，违约定金条款和违约金条款不能同时发生适用的效力，而其适用的选择权由非违约方当事人决定。因此，最好不要在合同中将两者同时约定。

当事人对定金的数额的约定，不得超过主合同标的额的20%，超过部分无效。

9.2.2 房屋租赁合同

房屋租赁合同是指房屋出租人将房屋提供给承租人使用，承租人定期给付约定租金，并于合同终止时将房屋完好地归还出租人的协议。就合同形式而言，一般同房地产买卖合同相似。房屋租赁是属于房地产的债权经营活动，比房地产其他的交易活动相对复杂。

1. 出租条件

有下列情形之一的房屋不得出租：

（1）未依法取得房屋所有权证的；

（2）司法机关和行政机关依法裁定、决定查封或者以其他形式限制房地产权利的；

（3）共有房屋未取得共有人同意的；

（4）权属有争议的；

（5）属于违法建筑的；

（6）不符合安全标准的；

（7）已抵押，未经抵押权人同意的；

（8）不符合公安、环保、卫生等主管部门有关规定的；

（9）有关法律、法规规定禁止出租的其他情形。

2. 主要内容

（1）当事人（或委托代理人）的名称或姓名和住所等基本信息

（2）房屋的基本状况

坐落位置、建筑面积、结构形式、用途、装饰装修和设备标准、房地产权证/房屋所有权证编号。

（2）租赁用途

双方约定的租赁用途需遵守国家和本市有关房屋使用和物业管理的规定。

（3）交付日期和租赁期限

应明确期限到具体的年月日，以及续租的相关约定。

（4）租金、支付方式和期限

明确租金按建筑面积计算还是按套计算；明确租金支付的具体时点以及逾期支付的违约责任。

（5）保证金和其他费用

明确保证金的具体数额、归还方式和归还期限；明确租赁期间水、电、煤气、通信、设备、物业管理等费用的承担方式。

（6）房屋使用要求和维修责任

明确租赁期间，房屋及其附属设施损坏或故障的责任划分，以及维修费用的承担方式。

（7）房屋返还

明确返还期限、返还时的状态以及逾期返还的违约责任。

（8）转租、转让和交换

(9) 解除合同的条件

(10) 违约责任

不能履行合同的违约方需承担的责任。

(11) 合同双方认为应当约定的其他事项

【注意事项】

1. 查验租赁物业的合法性

租赁物应满足《城市房屋租赁管理办法》。

2. 审查房屋买卖合同当事人的主体资格

出租人必须为该租赁物业的房地产权利人、代管人或法律规定的其他权利人。

9.2.3 房地产经纪合同

房地产经纪合同属于服务合同的范畴，是当事人房地产经纪人为促成委托人与第三方订立房地产交易合同而进行联系、提供信息、介绍房地产性能与特点等活动而达成的，具有一定权利和义务关系的协议。一般由委托方提出任务，经纪人在完成合同约定的任务后由委托人支付佣金。

根据房地产经纪业务内容的不同，可分为房地产居间合同、房地产代理合同两种形式。

1. 房地产经纪合同的主要内容

房地产经纪合同的内容由当事人约定，具体内容根据当事人不同需要会有所变化，但其主要条款具有共性，一般包括以下几个方面：

(1) 当事人名称和住所

主体不明确，合同的权利义务关系就无法明确。因此，订立经纪合同时，应当明确双方单位名称、责任人名称、自然状况及身份证明；明确委托关系或方式，使合同履行具备法律效力。

(2) 合同标的物的基本状况

对标的物（即房地产）的描述应当清楚、明了，并明示当事人与标的物关系的各项内容。

(3) 服务事项与服务标准

此条款表明房地产经纪人的服务能力和服务质量，委托事项须具体、明确。比如，居间服务是提供订约机会，还是媒介合同的成立；代理服务是否涉及市场销售可行性论证、制订销售计划、明确销售任务、接受客户咨询、与客户谈判、签约、办理登记过户手续等内容。由于劳务活动的不确定性，该条款在履行过程中经常会受到委托人的争议，或在进行中协商、补充，使内容得到调整。

(4) 劳务报酬或酬金

酬金是完成服务的价款，是提供劳务服务的代价。房地产经纪合同是有偿合同，必须明确酬金的标准、计算方式、支付时间、支付方式和退赔等方面。

（5）合同的履行期限、地点和方式

履行期限直接关系到合同义务完成的时间，也是确定违约与否的因素之一。合同中应明确约定委托事项履行的期限、履行的地点、履行的方式、履行中的变更及处理方式等。如开发商与房地产经纪机构签订的销售代理合同中一般须明确某一具体的时间销出某具体数额的房产，可以以平方米计算，也可以以套或栋计算。

（6）违约责任

违约责任是指当事人不履行合同时应承担的法律后果。违约责任的形式有违约金、赔偿金和继续履行合同。签订合同时，应对违约条件和具体数额明确约定，以督促当事人履行合同义务，保护守约方的利益。如由于居间人的不实报告或隐瞒实情造成委托人利益损害，委托人可按合同约定就居间人的违约行为要求赔偿损失。又比如，代理商在接受委托后，即着手市场调研，进行广告宣传，而此时委托人（如开发商）却单方终止委托，决定自己销售。此种情况下，委托人应承担合同约定的违约责任，赔偿代理商因从事前期工作所产生的损失。

（7）解决争议的方式

在我国，合同争议的解决方式主要为协商、调解、仲裁和诉讼四种。房地产经济合同纠纷主要是关于合同权利与义务的争执，涉及因房屋买卖合同无效履行等情况产生的纠纷，因意向金或定金的处理产生的纠纷，因中介服务费的支付和计算产生的纠纷，因经纪机构的不适广告、盲目许诺、违规销售等产生的纠纷等等。所以，合同应当明确选择解决合同争议和纠纷的具体途径。如当事人没有作明确选择，则需通过诉讼来解决。

（8）其他补充条款

当事人认为还应该特别约定的除上述条款以外的条款。

2. 签订合同需要注意的事项

（1）房地产权利人可以是有民事行为能力的成年人，也可以是无民事行为能力的未成年人和成年人。无民事行为能力的房地产权利人应经其法定监护人或法定代理人代理才能与房地产经纪机构签订房地产经纪合同。

（2）作为房地产经纪合同标的物（即房地产或房屋）的权属应明确，未办理产权或产权不明确的房屋往往会引起合同纠纷，如已设定抵押权、权属状况不明确、被法院查封、冻结等的房地产。

（3）签订房地产代理合同应注意以下事项：

①根据项目实际情况和商谈结果，明确代理方式是一般代理、独家代理还是包销。

②买方代理业务中，合同尽量约定经纪人应提供的备选房源数量；对客户有特定要求的，酬金标准不能等同一般代理标准的应特别约定。卖方代理业务中，合同应明确：交易价格范围、价格的底线；代理期限、具体时间的销售数额、销售面积比例；不同价格、销售进度下酬金计算标准，酬金分期支付的约定时点和前提条件；销售费用（策划、广告等）；明确售房宣传广告的约定，如售房宣传广告方案的最终确定权应在合同中明确归属于开发商等。

（4）签订房地产居间合同应注意以下事项：

①房地产转让居间合同应写明转让居间房地产的详细坐落情况，尤其要明确委托房地产的房地产产权证号、其他权利情况；明确居间方未完成居间合同委托事项时应退还的佣金数额和方式；明确三方违约责任的处理办法。

②由于租赁交易双方权利义务关系存续时间较长，相互间会产生较为复杂的债权债务关系，由此引起委托人对房地产经纪机构的责任要求会比较复杂。房地产租赁居间合同往往就房地产经纪机构是否有责任担保承租人按时交租及支付有关公用事业费用等问题的补充限制性条款。

9.3　合同签订中防范风险的措施

法律是一把双刃剑，一方面保护当事人正当合法的利益，另一方面对其不当与违法利益进行限制或禁止。房地产经纪人应当具有相应的风险防范知识，使双方当事人签订的合同避免存在漏洞，从而避免相应的交易风险与法律风险，有效维护各方的权益。下面就房地产经纪行为中签订的合同主要条款，提出应对、防范其漏洞和风险的一些措施。

9.3.1　合同当事人事项的风险防范措施

1. 认真审查合同当事人的主体资格

当事人应当以自己的名义凭自己的身份证件签订合同，代理人应当取得他人授权委托并在授权范围内签订合同。为了避免合同纠纷和减少买卖风险，在房屋买卖的一方当事人持有他人房屋产权证、身份证复印件以他人名义签订房屋买卖合同时，应当要求其提供授权委托证明，认真审核其具有作为买受人或出卖人的资格和相关手续。如果不具备相应的资格或不能提供相关手续等，就应当拒绝其签订合同。

2. 保证合同当事人具有确定性

签订合同时，应当由当事人双方签字或者盖章，以做到使合同的双方当事人具有确定性并使双方签订的房屋买卖合同具有可执行性。为了避免事后纠纷，也可以到公证机关对双方签订的房屋买卖合同进行公证。

9.3.2　合同标的物的风险防范措施

作为合同标的物的房屋须为依法可转让和出租，符合房屋出售和出租的条件，须为出卖人或出租人所有或有处分权。对依法不享有所有权或处分权的标的物，如非法占有的他人房屋等，出卖人无权出卖。未经所有人或有权处分人同意买卖的房屋，须事后经有权处分人的同意，否则买卖行为无效。在财产共有的情况下，应当征得其他共有人的同意；否则，所订合同无效，且需承担由此产生的法律责任。

1. 合同中与数量有关事项的风险防范措施

为了防止与合同标的物数量有关的约定存在漏洞，与数量有关的条款必须明确。如约定房屋面积、分摊的共用建筑面积和共用建筑部位；对于销售期房、按图纸计算商品房销售面积的，在签订合同时最好对住房全部竣工后的房屋实测面积与合同中的约定面积的差异处理作出约定；属于免费赠送地下室、车库、停车位或者室内装修的，应当在合同中对赠送的面积、地点及装修标准写明。

对房屋的价款、货币种类及其单位应准确写明，而且应当对房屋的附属设施或添加物的价款写明，并应注明这些相关费用的承担方。

房地产经纪合同中应明确委托标的物的数量、价格，酬金的标准和计算方式，违约罚金等。

2．房屋质量方面条款的风险防范措施

为了防止合同对房屋的质量约定存在漏洞，在合同中应当对房屋的质量有明确的要求，尽量了解所交易房屋是否存在国家标准或行业标准。如房屋买受人在购买商品房时，应当要求在商品房交付使用时，提供住宅质量保证和住宅使用说明书。住宅质量保证书应当列明工程质量监督单位核验的质量等级、保修范围、保修期和保修单位等内容。

租赁用房产应明确其装修、附属设施和设备等的状况和数量。

3．履行期限和履行方式的风险防范措施

为了防止合同的履行期限、方式及履行条件的约定存在瑕疵，对相应条款的订立必须严谨、规范、不得模糊。比如，房屋买卖或其经纪合同中，对于一次性付款，最好订立具体的日期或某某日以前，不得采用“某月某日后”或“几天或几个月后”的表述；对于分期付款的，在合同中应当载明付款的次数以及每次付款的具体日期或具体时间段，避免采用“某一时间段内分几次付款”这样的模糊表述；尤其应当避免未定付款期限的合同出现。经纪合同必须明确酬金的支付时间和支付条件等。

为了避免合同当事人违约责任的不确定性，在合同中应订明当事人逾期不履行合同约定的违约责任条款，明确违约方支付违约金的具体比例或金额。

4．缔约过失的风险防范措施

增强法律意识，仔细审查合同约定条款，避免签订后才发现有遗漏的事项或要求，从而引发改变或撤销合同约定的纠纷。对于房地产经纪人，应诚实守信、忠于职责，缔约前不能为了吸引客户而隐瞒房屋的使用状况、交易人情况、交易价格、交易相关费用等；不得超越自己业务能力接受委托而迟迟无法完成对委托人的承诺等，以避免合同不能成立、无效或被撤销而引发纠纷。

5．合同不规范的风险防范措施

尽量采用示范合同文本，采用行业服务收费标准，以避免下述纠纷的产生：房地产交易行为与经纪行为混淆的合同纠纷；居间行为与代理行为混淆的合同纠纷；权利义务不对等的合同纠纷；服务标准和收取的佣金标准差异的合同纠纷。

主要概念（明确基本认识，准确把握概念）

1．房屋买卖合同

房屋买卖合同是房屋出卖人转移房屋的所有权与买受人，买受人支付价款的合同。

在该合同关系中，依照约定交付房屋并转移所有权的一方当事人称为出卖人即卖房人；接受房屋并支付价款的另一方当事人成为买受人即买房人。

2. 商品房买卖合同

商品房买卖合同是指房地产开发商销售自己所开发的商品房时，与购房者签订的买卖合同。2000 年国家建设部、工商行政管理局根据《中华人民共和国合同法》和近几年商品买卖中存在的问题，制订了《商品房买卖合同示范文本》（建住房［2000］200 号文），自 2000 年 10 月底实施。

3. 二手房买卖合同

二手房买卖合同是指房屋产权人将其依法拥有产权的房屋通过买卖转让给他人时，双方就房屋的买卖所签订的协议。它是一方转移房屋所有权与另一方，另一方支付价款的合同。目前建设部还没有制订统一的合同示范文本，但很多地方政府已经制订了二手房买卖合同示范文本。

4. 房屋租赁合同

房屋租赁合同是指房屋出租人将房屋提供给承租人使用，承租人定期给付约定租金，并于合同终止时将房屋完好地归还出租人的协议。就合同形式而言，其一般同房地产买卖合同相似。

5. 房地产经纪合同

属于服务合同的范畴，是当事人房地产经纪人为促成委托人与第三方订立房地产交易合同而进行联系、提供信息、介绍房地产性能特点等活动而达成的，具有一定权利和义务关系的协议。根据房地产经纪业务内容的不同，分为房地产居间合同、房地产信托行纪合同、房地产代理合同三种形式。

基本训练（描述业务情境，提出实训要求）

某中介公司接受李某和王某夫妻两人的委托，为他们促成购买一套面积在 120 平方米左右的房屋。2010 年 5 月，中介公司经纪人杨某为他们找到一套建筑面积为 122.65 平方米的房屋，李某看后较为满意，遂由中介安排买卖双方签约事宜。

基本训练 1：

经纪人该为双方的签约做哪些核实工作？

基本训练 2：

签约当天，经纪人需要做些什么？

基本训练 3：

买方李某的丈夫王某常年在外地不能亲自签约，请问是否可继续进行房屋买卖？卖方签约时需要注意哪些事项？

基本训练 4：

请根据基本知识，列明房屋买卖合同的主要条款应包括的内容。

案例分析（运用基本知识，分析案例问题）

老陈卖房记

陈某于2011年从出国朋友那里承租一套两室一厅的房子，2012年朋友取得国外永久居住权，决定处置国内的房产，考虑到和陈某是多年的朋友，就以低价出售给陈某，陈某仅花了16 000元便购得该房的所有权，但由于种种原因陈某的土地使用证和房屋产权证一直未拿到。2012年陈某和外地打工的王某就房屋买卖达成口头协议，将该房以7万元的价格卖给王某，在陈某将房屋交付给王某的当日，王某就将房款全部付清。二人约定待陈某拿到两证之后再去办过户。王某将买来的房屋用来出租，由于地处闹市区，客源一直不断，且租金也很高。这让陈某后悔不已。2012年3月陈某拿到两证，王某知道后多次催促陈某办理过户登记手续，陈某提出当初出售价格太低，王某须再付10 000元才去办理过户手续。王某本来不愿意，考虑到两家是邻居，便同意再增加6 000元，陈某坚持要10 000元，双方协商不成。2012年6月王某到当地法院起诉陈某，要求陈某履行过户手续。

案例思考问题：

1. 2012年时陈某对该房屋拥有何种权利？
2. 王某购买该房产时面临的风险有哪些？如何避免？
3. 上述纠纷解决方式有哪些？

练习题

一、判断题（运用基本知识，判断对与错）

1. 《合同法》规定，租赁期不得超过15年。
2. 产权不明确的房产包括已设定抵押权、权属状况不明确、被法院查封、冻结等的房地产。
3. 合同签订时对房屋的交付时间可明确为几个月或几年之后交付。
4. 房屋租赁是属于房地产的债权经营活动，比房地产其他的交易活动相对简单。
5. 无民事行为能力的房地产权利人不能与房地产经纪机构签订房地产经纪合同。
6. 出租抵押房屋不用经抵押权人同意。
7. 在房屋买卖合同中，当事人的姓名应当依其合法有效的身份证件如身份证或其户口簿所载明的为准，乳名、笔名或者昵称、绰号等不能作为订立合同时的姓名。
8. 当事人对定金的数额的约定，不得超过主合同标的额的20%，超过部分无效。
9. 在房屋买卖合同当事人违约时，违约定金条款和违约金条款能同时发生适用的效力。所以，最好在合同中将两者同时约定。
10. 房地产租赁居间合同往往是就房地产经纪机构是否有责任担保承租人按时交租及支付有关公用事业费用等问题的补充限制性条款。

二、简答题（简要回答基本问题）

1. 商品房买卖合同应包括哪些内容？

2. 合同中与数量有关的事项包括哪些？如何防范相应的合同风险？

3. 房地产经纪合同包括哪些内容？

4. 房地产居间合同签订时需要注意哪些事项？

5. 房屋租赁合同应该具备哪些主要条款？

三、业务分析题（运用业务知识，分析说明问题）

张山委托仲和房地产经纪公司代理出售转让一套个人产权住房，代理合同约定佣金为5%，且房屋出售转让的最低价不低于20万元，合同有效期为3个月。试分析：

1. 代理合同的哪条约定不妥？如何处理？

2. 若100天后，仲和公司才找到合适的购买者，而此时张山已经将此房出租，此房是否可以转让？如何处理？

四、技能操作题（运用专业知识，体现操作技能）

王某欲出售与妻子共有的商品房一套。该房屋坐落地址为成都市青羊区××路××号××花园2栋3楼6号，11层框架小高层结构，建筑面积141.15平方米，其中公摊16平方米，房屋报价110万元，在成都富房置换公司登记并委托出售。李某此前曾在富房置换委托购买房屋，获得此房信息后愿出价98万元分三次付款购买上述房产。通过成都富房置换公司与双方沟通洽谈，最后以104万元成交。双方协商：于2010年3月26日签订协议，同时李某支付定金5万元；于2010年5月15日办理房屋交易手续，相关费用李某支付；双方过户更名后，李某付王某人民币80万元，其中包括定金；待王某搬家结清费用、交门钥匙后，李某将全部房款余款付给王某（所付款项不开任何收据凭证，以收条为准）；中介方负责办理交易手续，中介服务费15 600.00元，王某和李某各付一半，待交易完成、房屋过户后一次付清；双方如违约应负违约责任，赔偿经济损失10万元；王某应保持室内完好，负责结清房屋所欠的一切费用，包括水、电、煤气、供暖费、电话、有线等。

2010年3月26日双方签订协议时，明确附件内容为：甲方应保持室内设施齐全无损坏，室内双人床、小鱼缸、电脑桌椅、茶几，背投音响，DVD、功放机、饮水机一台、空调、沙发、钟、鱼缸、花瓶、茶几、圆凳8个、壁画，南屋壁柜、沙发、电视、双人床，厨房冰箱、饭桌、炉具、油烟机，卫生间洗衣机、太阳能，北屋立柜、梳妆台，以上物品归乙方所有。

问题1：请根据上述信息，拟订二手房买卖合同。

问题2：请根据上述信息，拟订王某与中介公司的委托出售协议。

问题3：请根据上述信息，拟订李某与中介公司的委托购买协议。

第10章 过户登记

■ 学习目标

1. 知识目标

了解二手房过户资料、二手房过户程序及二手房过户流程。

2. 技能目标

能够运用二手房过户的相关知识，具体进行不同种类的二手房过户程序。

■ 学习内容

1. 二手房过户资料
2. 二手房过户程序
3. 二手房过户不同类型具体流程

■ 引导案例

2013年1月北京刘先生看中了一套中介公司介绍的房源。房屋位于北京市某区，房主为乔女士，该房屋为乔女士在2011年向银行按揭购得。在中介公司的主持下，刘先生与卖房者签订了《北京市存量房（二手房）买卖合同》。刘先生向卖房者乔女士支付了定金20万元，也按照总价的2.5%向中介公司缴纳了中介费，并打算向乔女士一次性支付房款人民币150万元。

引导案例引发的思考：

1. 二手房过户需要哪些资料?

2. 卖方有贷款、买方一次性付款的情况下，房屋中介公司如何办理二手房过户手续?

二手房是指已由房屋土地管理部门颁发房屋所有权的有效证件，已经在房地产交易中心备过案、完成初始登记和总登记的再次上市进行交易的房产。二手房是相对开发商手里的商品房而言，是房地产产权交易二级市场的俗称。二手房，是可在房地产二级市场流通，买房人具有完全处置权利的房屋，包括商品房、允许上市交易的二手公房（房改房）、解困房、拆迁房、自建房、经济适用房、限价房等。

相对于购买新建商品房而言，购买二手房有着较为明显的好处，如价格相对便宜、配套设施成熟、选择范围广泛、产权清晰、购房风险小等。正因如此，近两年来我国的二手房市场可谓蓬勃发展。但众所周知，二手房交易、贷款的手续比新房复杂。因此，作为房地产经纪人，对二手房过户的相关资料和程序应当有必要的了解。

10.1　二手房过户资料

二手房过户是指在二手房买卖中双方达成意向，签订买卖合同后，在房地产有关政府管理部门办理缴纳税费、产权登记、领取新的产权证件等一整套流程的行为。二手房过户手续需要有关当事人双方共同到市行政服务中心房管局窗口申请办理。

要办理二手房过户手续，买卖双方当事人需提交相关资料。目前，房产交易部门正在逐步简化相关手续，以下介绍的是最复杂的情况。

10.1.1　卖方需提供的材料

（1）产权人身份证（非本地户籍人士还应提供暂住证，企业需提交营业执照，机关、事业单位需提交组织机构代码证（副本）及单位介绍信或法人授权委托书；登记人为未成年人或无民事行为能力人，由其监护人提交相关证明并代为办理）；

（2）户口本；

（3）房屋所有权证；

（4）原购房发票（复印件）、原购房合同；

（5）共有产权人声明；

（6）属于夫妻共同财产的，所有权人及配偶需提供结婚证原件（结婚证丢失或单身未婚的提交由户籍所在地民政部门出具的证明）；

（7）产权人印章；

（8）国有土地使用权证；

（9）已购公有住房、成本价购房、优惠价购房、经济适用房等房产，出售转让时还应提供相关的审批和申请手续；

（10）房产买卖合同；

（11）房款收条；

（12）由测绘机构出具的房产平面图；

（13）维修资金缴存证明（在买卖过户登记时申请维修资金过户后生成缴存证明或房屋专项维修资金交款通知单）；维修资金是指商品住房和公有住房以及商业用房出售后建立的专项用于房屋共用部位、共用设施设备保修期满后的大修、更新、改造的资金；

（14）登记机关认为必要的其他文件及资料。

10.1.2　买方需提供的材料

（1）买方本人身份证件（非本地户籍人士还应提供暂住证）；

（2）户口本；

（3）本人印章；

（4）外籍人士需提供护照、居留证、工作单位证明；

（5）港、澳、台人士需提供身份证、回乡证、外批单；

（6）买卖合同；

（7）契税完税证、销售不动产统一发票办证联；

（8）如需要贷款购房的，还应提供贷款银行所需的相关手续；

（9）登记机关认为必要的其他文件及资料（如：买方若涉外，需出具国家安全事项审查意见书；申请人提交的证明文件原件是外文的，应当提供中文译本）。

买方本人或卖方相关权利人因特殊情况不能亲自到场办理买卖过户手续，需要委托办理二手房过户手续的，应当公证委托他人办理，同时提供委托公证书原件、受托人有效身份证明等材料。

10.2　二手房过户基本程序

二手房过户是商品房买卖的最后一个阶段。根据我国《物权法》的规定，商品房买卖双方进行房屋的过户登记，买方取得房屋产权证后，房屋所有权才发生转移；双方只签订房屋买卖合同，但未进行过户登记的情况下，房屋所有权不发生转移。因此，房屋产权的过户对于二手房买卖双方来说意义重大。在过户阶段中一般要经过产权过户、权属登记、缴纳契税和交易手续费等与房屋交易有关的税费等步骤，最后才能取得房屋所有权证和国有土地使用权证。

1. 签订房屋买卖合同

如果卖方提供的房屋合法，可以上市交易，买卖双方签订房屋买卖合同（或称房屋买卖契约）。买卖双方通过协商，对房屋坐落位置、产权状况及成交价格、房屋交付时间、房屋交付、产权办理等达成一致意见后，双方签订至少一式三份的房屋买卖合同。至于二手房的具体价格，应由双方协议最终确定成交价。当交易双方对成交价格有分歧或争议时，可以委托有资质的专业评估机构进行评估。但是这种评估结果对于买卖双方来说，只能作为参考价格，最终交易价格的确定仍以买卖双方的协议价格为准。

2. 申请过户

买卖双方共同向房地产交易管理部门提出申请，接受审查。买卖双方向房地产管理部门提出申请手续后，管理部门要查验有关证件，审查产权，对符合上市条件的房屋准予办理过户手续，对无产权或部分产权又未得到其他产权共有人书面同意的情况拒绝申请，禁止上市交易。

申请过户一般应履行如下手续：

（1）填写相关表格，申请过户。表格包括："房地产转让申请审批书"、"房地产买卖合同"、"买方确认单"等。

（2）查档。持产权证、交易审批表到查档窗口查档。查档的主要目的是验证房屋所有权人身份的真实性，查证房屋产权的完整性、真实性和可靠性，包括：检查当事人提供的材料是否合法、有效；房屋产权是否清晰，有无权属纠纷或他项权利不清的现象；有无设立抵押权；是否被查封；买卖已出租的房地产，承租人是否放弃优先购买权；买卖共有的房地产，共有人是否放弃优先购买权等。查档结果出来后取回。

3．产权过户

产权过户是卖房人和买房人进行交易、更换房屋产权不可缺少的重要环节。产权过户在市或各区县房地产交易所办理。办理过户手续时，买房人应携带购房合同正本、结算单、身份证、个人印章等，这些手续都应该是买房人亲自办理的，如果不能亲自办理而需他人代办，买房人一定要出具委托书，委托书上必须加盖所在单位或街道办事处的公章（有些区县房地产交易所要求同时具有公证处的公证书）；如果购房者正在外地，那么则必须在当地的公证处作公证，把公证书带回来；如果购房者正在国外，还应加盖我国驻当地大使馆的公章。

买卖双方到市或区、县房地局管理部门办理产权过户手续。程序如下：

（1）买卖双方持身份证、户口本、买卖合同、申请过户所填写的表格等有关文件证明到市交易所或各区、县交易所进行登记；

（2）交易所在双方登记后，将依据有关的法规对房地产买卖行为进行审核，并向主管部门报批，等报批后再通知买卖双方来交易所办理过户手续；

（3）买卖双方在接到通知后，携带身份证、户口本、图章等同时到交易所，在缴纳了契税后，就办妥了产权过户手续；作为证明，交易所会给买方发房屋卖契，并将有关文件送到市房地局或各区、县房地局。

4．缴纳税费

办理房屋过户手续时，买房人要缴纳契税、买卖手续费和印花税等。交纳税费后，领取契证，并领取证回执。税费的构成比较复杂，要根据交易房屋的性质而定。比如房改房、危改回迁房、经济适用房与其他商品房的税费构成是不一样的。

关于税收的具体收取标准是：

契税。房屋均价低于各区房管局指导价格的收取标准为：90平方米以下且首套购房的，契税为评估价格的1%；90～144平方米之间的，契税为评估价格的1.5%；144平方米以上或房屋均价高于各区房管局指导价格的契税收取标准为评估价格的3%。

土地出让金为计税价格的1%（土地性质为出让的免征此费用）。

个人所得税为1%（房屋购买不足5年或不是唯一一套住房的征收）。

营业税。普通住宅不足2年的，营业税为交易全额的5.55%，2年以上的免征；非普通住宅不足2年的，营业税为交易全额的5.55%，2年以上的为交易差额的5.55%。

关于费用的收取标准，各地有所不同。成都市房产管理局的规定是：缴纳交易手续费，住宅按建筑面积收取，每平方米3元，非住宅按成交价或指导价的0.35%收取。缴纳转移登记费，住宅为每件80元，非住宅为每件550元。

5．申领房屋所有权证

房屋买卖双方经房地产交易部门办理买卖过户手续后，约十个有效工作日内，买方应持房地产交易部门发给的房产卖契以及有效身份证件，申领房屋所有权证。房管机关依照申请人填写的申请书和提交的证件，进行产权审查。凡房屋所有权来源清楚，符合有关法律和政策，证件齐全的，应发给房屋所有权证。自房屋所有权证签发之日起，买方开始取得房屋所有权。凡未办理产权登记领取房屋所有权证的当事人，以及已发生产权转移现状变更，但未办理房屋所有权转移变更的当事人，其所有权不受国家法律保护，不能进行买卖、交换、赠与、析产和调换，不得改建和扩建。

10.3　二手房交易过户不同类型具体流程

二手房交易过户流程大致都需要经过产权过户、权属登记、缴纳契税和交易手续费等步骤，但根据不同的交易情况具体的流程会有所不同。具体类型分别为：卖方无贷款、买方一次性付款；卖方无贷款、买方按揭付款；卖方有贷款，买方一次性付款；卖方有贷款、由担保赎契而买方按揭付款；卖方有贷款、由现金赎契而买方按揭付款。下面基于这五种情况对二手房交易过户的具体流程进行分析：

10.3.1　卖方无贷款、买方一次性付款的情况

在二手房买卖中，如果卖方没有向银行贷款，而买方准备一次性付款购买该房，那么此时二手房过户流程如下：

1．签署“房屋转让合同”

买方、卖方、经纪方三方签署房屋转让合同，买方支付定金给卖方（或由经纪方代收、经纪方托管卖方定金），卖方交“房地产权证”原件给经纪方。

2．查档

为落实权证状态，经纪方凭“房地产权证”原件查档，取回查档记录；凭查档有效单，经纪方转交卖方托管定金。签署房屋转让合同之前已查档的则直接将定金交给卖方。

3．支付房款

买方于申请产权转让递件当天支付购房全款或首期款（一般为总成交价的三成）给买方或由经纪方托管。

4．申请产权转移递件

经纪方陪同买卖双方一起到国土房管部门签署正式“房地产买卖合同（现售）”，并到国土部门递件，买方领取收文回执，交由经纪方保管。若一方是境外人士或境外公司，需到公证处公证“买卖合同”后支付公证费。

5．审批

由国土房屋部门审核递交的申请资料，审批合格后，批准产权转移。

6．缴纳税费

国土房管部门出税单，买卖方（或经纪方代）缴过户税费，包括契税、买卖手续费、印花税，权属登记费、房屋所有权工本费等。

7．付清房款

买方之前如果只支付首期款，则需支付全部房款余额给卖方。房款由经纪方托管，经纪方需将托管的购房款转付给卖方。

8．出证

缴税后颁发新证，由办证人员凭回执陪同买方领取新“房地产权证”。

9．交接物业

买卖双方带“买卖合同”一起到物业管理处交接物业，卖方结清物业相关费用。

10．结清尾款

经纪方将预收的剩余款项结清给卖方。

10.3.2　卖方无贷款、买方按揭付款的情况

在二手房买卖中，如果卖方是一次性付款购得该房，而买方准备按揭付款购买，那么此时二手房过户流程如下：

1．签署“房屋转让合同”

买方、卖方、经纪方三方签署房屋转让合同，买方支付定金给卖方（或由经纪方代收、经纪方托管卖方定金），卖方交“房地产权证”原件给经纪方。

2．查档

为落实权证状态，经纪方凭“房地产权证”原件查档，取回查档记录；凭查档有效单，经纪方转交卖方托管定金。签署房屋转让合同之前已查档的则直接将定金交给卖方。

3．物业评估

委托评估机构对用于抵押的物业进行评估。在向银行办理抵押贷款前，应当委托评估机构对该房屋进行价格评估，该评估也是银行放贷的依据。通常不少二手房购买者为了能向银行多贷款，减低首付压力，会示意评价机构将该房屋尽量评高。但是银行为了规避风险，按揭贷款的评估价通常会比真实成交价要低。

4．申请按揭

经纪方协助买卖双方向银行申请按揭贷款，贷款银行对申请人提交的资料进行审查，符合条件的予以批准。批准按揭后，买方将首期款存入经纪方指定银行账号或直接交付卖方。

5．银行出具“承诺函”

经纪方提交评估报告、房屋转让合同、买方首期款证明、收入或资产证明、买卖双方身份证复印件，银行批复出具承诺函。

6．申请产权转移递件

经纪方陪同买卖双方一起到国土房管部门签署正式“房地产买卖合同（现售）”，并到国土部门递件，买方领取收文回执，交由经纪方保管。若一方是境外人士或境外公司，需到公证处公证“买卖合同”后支付公证费。

7．审批

由国土房屋部门审核递交的申请资料，审批合格后，批准产权转移。

8．缴纳税费

国土房管部门出税单，买卖方（或经纪方代）缴过户税费，包括契税、买卖手续费、印花税，权属登记费、买卖合同公证费、按揭合同公证费、抵押登记及他项权证

办理费、评估费、房屋所有权工本费等。

9. 出证

缴税后颁发新证，由办证人员凭回执陪同买方取“房地产权证”，并办理抵押登记，首期款由经纪方保管的可将首付款转给卖方。如买方是境外人士，需进行抵押合同公证并支付公证费。

10. 银行放款

抵押登记完毕，银行发放贷款，将贷款直接划入卖方账号。

11. 交接物业

买卖双方带“买卖合同”一起到物业管理处交接物业，卖方结清物业相关费用。

12. 结清尾款

经纪方将预收的剩余款项结清给卖方。

10.3.3 卖方有贷款、买方一次性付款的情况

在二手房买卖中，如果卖方是向银行贷款购得该房屋且尚有贷款未还，而买方准备一次性付款购买该房，那么此时二手房过户流程如下：

1. 签署“房屋转让合同”

买方、卖方、经纪方三方签署房屋转让合同，买方支付定金给卖方（或由经纪方代收、经纪方托管卖方定金），卖方交“房地产权证”原件给经纪方。

2. 查档

为落实权证状态，经纪方凭“房地产权证”原件查档，取回查档记录；凭查档有效单，经纪方转交卖方托管定金。签署房屋转让合同之前已查档的则直接将定金交给卖方。

3. 支付房款

买方支付卖方所欠银行的全部贷款金额，由担保公司指定的银行进行资金监管。

4. 签署担保协议

买卖双方签署一次性付款担保的“担保协议”，买方提供资金监管协议及冻结资金的单据给担保公司。

5. 赎契

担保公司审批并与该指定银行签订“保证合同”或出具“不可撤销保证书”；该指定银行放款给担保公司指定账户；担保公司专人查档后（三天有效），担保公司代为卖方付清卖方贷款银行按揭余款，卖方贷款银行办理注销抵押登记，并取回“房地产权证”，由担保公司保管。

6. 申请产权转移递件

经纪方陪同买卖双方一起到国土房管部门签署正式“房地产买卖合同（现售）”，并到国土部门递件，买方领取收文回执，交由经纪方保管。若一方是境外人士或境外公司，需到公证处公证“买卖合同”后支付公证费。

7. 审批

由国土房屋部门审核递交的申请资料，审批合格后，批准产权转移。

8. 缴纳税费

国土房管部门出税单，买卖方（或经纪方代）缴过户税费，包括契税、买卖手续费、印花税，权属登记费、房屋所有权工本费等。

9. 付清房款

买方需支付剩余房款给卖方，结清合同中约定的房屋买卖价格。

10. 出证

缴税后颁发新证，由办证人员凭回执陪同买方领取新“房地产权证”。

11. 交接物业

买卖双方带“买卖合同”一起到物业管理处交接物业，卖方结清物业相关费用。

12. 结清尾款

经纪方将预收的剩余款项结清给卖方，经纪方与买卖双方的中介关系终结。

10.3.4　卖方有贷款、由担保赎契而买方按揭付款的情况

在二手房买卖中，如果卖方是向银行贷款购得该房屋且尚有贷款未还，由担保公司担保赎契，而买方准备按揭付款购买该房，那么此时二手房过户流程如下：

1. 签署“房屋转让合同”

买方、卖方、经纪方三方签署房屋转让合同，买方支付定金给卖方（或由经纪方代收、经纪方托管卖方定金），卖方签署“担保服务协议”。

2. 卖方签署全权公证委托书

卖方提供相关材料（身份证原件、复印件、“房地产权证”复印件、房屋抵押贷款合同原件、供楼存折原件、银行欠款清单、查档单）；买方提交相关资料（身份证原件、复印件、收入证明）。

3. 物业评估

委托评估机构对用于抵押的物业进行评估。在向银行办理抵押贷款前，应当委托评估机构对该房屋进行价格评估，该评估也是银行放贷的依据。

4. 申请按揭

经纪方协助买卖双方向银行申请按揭贷款，贷款银行对申请人提交的资料进行审查，符合条件的予以批准。批准按揭后，买方将首期款存入经纪方指定银行账号。

5. 银行出具“承诺函”

经纪方提交评估报告、房屋转让合同、首期款证明、买方收入或资产证明、买卖双方身份证复印件，银行批复，出具承诺函给担保公司。

6. 赎契

担保公司审批并与该指定银行签订“保证合同”或出具“不可撤销保证书”；该指定银行放款给担保公司指定账户；担保公司专人查档后（三天有效），担保公司代为卖方付清卖方贷款银行按揭余款，卖方贷款银行办理注销抵押登记，并取回“房地产权证”，由担保公司保管。

7. 申请产权转移递件

经纪方陪同买卖双方一起到国土房管部门签署正式“房地产买卖合同（现售）”，

并到国土部门递件，买方领取收文回执，交由经纪方保管。若一方是境外人士或境外公司，需到公证处公证“买卖合同”后支付公证费。

8. 审批

由国土房屋部门审核递交的申请资料，审批合格后，批准产权转移。

9. 缴纳税费

国土房管部门出税单，买卖方（或经纪方代）缴过户税费，包括契税、买卖手续费、印花税，权属登记费、买卖合同公证费、按揭合同公证费、抵押登记及他项权证办理费、评估费、房屋所有权工本费等。

10. 出证

缴税后颁发新证，由办证人员凭回执陪同买方取“房地产权证”，并办理抵押登记，首期款由经纪方保管的可将首付款转给卖方。如买方是境外人士，需进行抵押合同公证，支付公证费。

11. 银行放款

抵押登记完毕后，银行发放赎楼的剩余贷款，将贷款直接划入卖方账号。

12. 交接物业

买卖双方带“买卖合同”一起到物业管理处，由卖方结清物业相关费用后，向买方交接物业。

13. 结清尾款

经纪方将预收的剩余款项结清给卖方，经纪方与买卖双方的中介关系终结。

10.3.5 卖方有贷款、由现金赎契而买方按揭付款的情况

在二手房买卖中，如果卖方是向银行贷款购得该房屋且尚有贷款未还，由融资公司现金赎契，而买方准备按揭购买该房，那么此时二手房过户流程如下：

1. 签署“房屋转让合同”

买方、卖方、经纪方三方签署房屋转让合同，买方支付定金给卖方（或由经纪方代收、经纪方托管卖方定金），卖方签署“担保服务协议”。

2. 卖方签署全权公证委托书

卖方提供相关材料（身份证原件、复印件、“房地产权证”复印件、房屋抵押贷款合同原件、供楼存折原件、银行欠款清单、查档单）；买方提交相关资料（身份证原件、复印件、收入证明）。

3. 物业评估

委托评估机构对用于抵押的物业进行评估。在向银行办理抵押贷款前，应当委托评估机构对该房屋进行价格评估，该评估也是银行放贷的依据。

4. 申请按揭

经纪方协助买卖双方向银行申请按揭贷款，贷款银行对申请人提交的资料进行审查，符合条件的予以批准。批准按揭后，买方将首期款存入经纪方指定银行账号或直接交付卖方。

5. 银行出具“承诺函”

经纪方提交评估报告、房屋转让合同、首期款证明、买方收入或资产证明、买卖双方身份证复印件，银行批复，出具“承诺函”给融资公司。

6. 赎契

融资公司代为卖方付清银行按揭余款，银行办理注销抵押登记，并取回“房地产权证”，由融资公司保管。

7. 申请产权转移递件

经纪方陪同买卖双方一起到国土房管部门签署正式“房地产买卖合同（现售）”，并到国土部门递件，买方领取收文回执，交由经纪方保管。若一方是境外人士或境外公司，需到公证处公证“买卖合同”后支付公证费。

8. 审批

由国土房屋部门审核递交的申请资料，审批合格后，批准产权转移。

9. 缴纳税费

国土房管部门出税单，买卖方（或经纪方代）缴过户税费，包括契税、买卖手续费、印花税，权属登记费、买卖合同公证费、按揭合同公证费、抵押登记及他项权证办理费、评估费、房屋所有权工本费等。

10. 出证

缴税后颁发新证，由办证人员凭回执陪同买方取“房地产权证”，并办理抵押登记，首期款由经纪方保管的可将首付款转给卖方。如买方是境外人士，需进行抵押合同公证，支付公证费。

11. 银行放款

抵押登记完毕，银行发放贷款，将贷款分别划入融资公司和卖方账号。

12. 交接物业

买卖双方带“买卖合同”一起到物业管理处，由卖方结清物业相关费用，向买方交接物业。

13. 结清尾款

经纪方将预收的剩余款项结清给卖方，经纪方与买卖双方的中介关系终结。

主要概念（明确基本认识，准确把握概念）

1. 二手房

二手房是指已由房屋土地管理部门颁发房屋所有权的有效证件，已经在房地产交易中心备过案、完成初始登记和总登记的再次上市进行交易的房产。

2. 房地产二级市场

房地产二级市场，是指土地使用者经过开发建设，将新建成的房地产进行出售和出租的市场，一般指商品房首次进入流通领域进行交易而形成的市场。

3. 二手房过户

二手房过户是指在二手房买卖中双方达成意向、签订买卖合同后，在房地产等有关政府管理部门办理缴纳税费、产权登记、领取新的产权证件等一整套流程的行为。

4. 二手房过户资料

二手房过户资料是指办理二手房过户手续，买卖双方当事人需提交的相关资料，包括身份证、户口本、房屋买卖合同、房产证等。

5. 产权人身份证件

产权人身份证件是指能表明产权人身份的各种法律证件，包括身份证，非本地户籍人士需提供的暂住证，企业需提交的营业执照，机关、事业单位需提交的组织机构代码证（副本）等。

6. 维修资金

维修资金是指商品住房和公有住房以及商业用房出售后建立的专项用于房屋共用部位、共用设施设备保修期满后的大修、更新、改造的资金。

7. 过户登记的法律效力

过户登记的法律效力是指商品房买卖双方进行房屋产权的过户登记。买方取得房屋产权证后，房屋所有权才发生转移；双方只签订房屋买卖合同，但未进行过户登记的情况下，房屋所有权不发生转移。

8. 申请过户

申请过户是指买卖双方共同向房地产交易管理部门提出申请，管理部门查验有关证件，审查产权，对符合上市条件的房屋准予办理过户手续，对无产权或部分产权又未得到其他产权共有人书面同意的情况拒绝申请，禁止上市交易。

9. 物业评估

物业评估是指房地产专业估价人员，以房地产为对象，根据委托人不同的估价目的，按照一定的估价程序，在综合分析影响房地产价格因素的基础上，对房地产价格客观合理地估计、推测和判断。

10. 赎契

赎契是指原业主在银行办理了房屋按揭贷款手续（商业贷款、公积金、商业与公积金组合贷款、抵押贷款），在未还清欠银行贷款的情况下打算转换产权人，需要提前终止贷款合约，将尚欠银行的款项提前偿还给银行，银行方解除房屋他项权利限制的行为。

■ 基本训练（描述业务情境，提出实训要求）

基本训练1：

张小姐一次性付款购买了李先生按揭的（尚有贷款未还清）一套位于成都市草市街的商品房住宅。在办理该套商品房过户手续时，告知张小姐和李先生他们各自应当准备哪些过户资料。

基本训练2：

向张小姐和李先生解释，办理该套二手房过户的具体流程。

案例分析（运用基本知识，分析案例问题）

担保贷款购新房

小王来成都打工已经有十年了，从一个普通的职员做到了技术总监的位置。能在成都拥有一套自己的房产是自己一直追求的目标，可自己的存款怎么也没有房价涨得快，与自己交往多年的女朋友也因为一直没有固定的住所而迟迟没有结婚。于是小王决定通过银行贷款的方式购买房子。小王通过某中介公司看中了位于金牛区的一套68平方米的小两居，通过中介的协调，与房主协商以75万元成交。通过向银行咨询，小王所购买的房产，经评估公司预评的价格为65万元，按照银行的要求，小王可以向银行申请45万元的贷款。小王核算了自己的积蓄后对贷款额很满意。但是按照银行的贷款模式，小王必须和房主办理完毕过户，领取到了新的房产证并与银行办理完抵押登记手续以后才能将45万元的贷款支付给房主，这个时间大概需要两个月。房主坚决不同意自己的房产都过户两个月以后才拿到尾款，何况自己卖房子的钱也是要支付自己购买的房产的房款，所以肯定无法等那么久。

就在小王犯难的时候，银行向他介绍了担保公司，只要小王提供简单的身份证明及支付少额的担保费，担保公司即可为他提供贷款担保，这样房主就可以在过户完毕时拿到全部的房款。就这样，小王和房主在银行办理贷款手续的同时与担保公司签订了担保合同，办理了相关手续。担保公司经过审核决定为贷款提供担保。银行审批通过以后，小王与房主即办理了过户手续，过户完毕的第二天，房主就拿到了全部房款。

小王终于顺利通过贷款购买到了自己称心如意的房子，经过简单装修以后，立即回老家和女朋友领取了结婚证，搬进了新房。

案例思考问题：

1. 买方贷款购买二手房，具体的过户流程是什么？
2. 买方按揭购买二手房，需如何在银行办理按揭手续？
3. 如需在购买二手房过程中找担保公司提供贷款担保，应如何办理担保手续？

练习题

一、判断题（运用基本知识，判断对与错）

1. 在二手房买卖中，自房屋所有权证签发之日起，买方开始取得房屋的所有权。
2. 办理二手房过户前可以不签订房屋买卖合同。
3. 二手房的具体价格，应由买卖双方委托的具有资质的专业评估机构进行评估后确定。
4. 在二手房过户程序中，应当在办理完房屋过户，买方取得房产证后，由买卖双方缴纳各项税费。
5. 二手房过户前，须经国土房屋部门审核资料，批准产权转移。
6. 买卖双方必须亲自参与办理二手房过户手续。
7. 在二手房过户手续中，契税的收取标准是统一的。

8. 买方于申请产权转让递件当天支付购房全款或首期款给买方或由经纪方托管。

9. 所有的二手房过户，都要委托评估机构对房屋进行评估。

10. 在委托评估机构进行物业评估中，银行为了规避风险，按揭贷款的评估价通常会比真实成交价要高。

二、简答题（简要回答基本问题）

1. 要办理二手房过户手续，如果买方或卖方无法亲自到场办理，该如何处理？

2. 什么是立契过户程序？

3. 办理二手房过户，买方应提供哪些资料？

4. 在卖方无贷款、买方按揭付款的二手房交易中，具体的过户流程是怎样进行的？

5. 申请过户时，买卖双方应当持产权证、交易审批表到查档窗口查档。查档的目的是什么？

三、业务分析题（运用业务知识，分析说明问题）

我国法律规定，买卖二手房须办理二手房过户手续；二手房过户手续需要由有关当事人双方共同到房管局申请办理。

问题1：简要说明二手房过户的重要性。

问题2：简要说明各种二手房具体的过户流程应当如何操作。

四、技能操作题（运用专业知识，训练操作技能）

运用专业知识，参与办理某一类型的二手房过户。

参考文献

[1] 刘薇. 房地产经纪实务 [M]. 北京：化学工业出版社，2010.

[2] 刘红一，郭险峰. 房地产市场营销 [M]. 北京：北京大学出版社，2010.

[3] 周云，倪莉. 房地产概论 [M]. 北京：中国环境科学出版社，2006.

[4] 郭松海. 房地产基础知识 [M]. 北京：中国环境科学出版社，2005.

[5] 谢经荣. 房地产金融 [M]. 北京：中国人民大学出版社，2012.

[6] 余源鹏. 房地产中介经纪人实用业务知识两日通 [M]. 北京：机械工业出版社，2008.

[7] 李开国. 民法总论 [M]. 武汉：华中科技大学出版社，2013.

[8] 梁慧星，陈华彬. 物权法 [M]. 北京：法律出版社，2010.

[9] 符启林. 房地产法 [M]. 北京：法律出版社，2009.

[10] 凌学东. 房地产法案例评析 [M]. 北京：对外经济贸易大学出版社，2010.